KB124451

조셉 머피

끌어당김의
기적

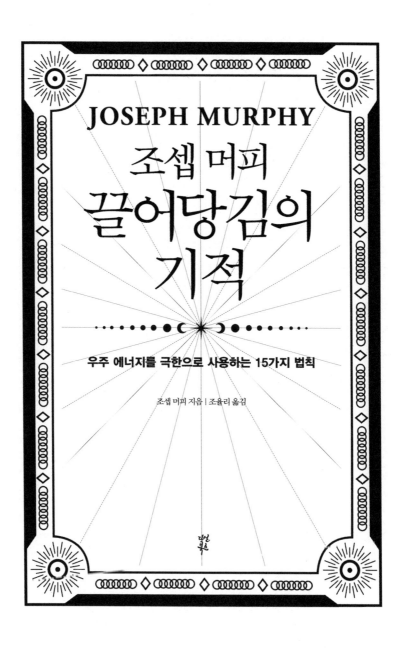

JOSEPH MURPHY

조셉 머피
끌어당김의 기적

우주 에너지를 극한으로 사용하는 15가지 법칙

조셉 머피 지음 | 조율리 옮김

내게 가장 좋은 것만
끌어당기는 자석이 되어라

내 안에는 신비한 능력이 있다. 나는 이를 우주 에너자이저라 부른다. 세상에는 단 하나의 지고한 에너지이자 권세가 있으며, 세상의 모든 에너지는 단지 우주 에너자이저의 변형일 뿐이다. 이 책은 우주 에너자이저, 즉 행동하는 우주의 의지를 주제로 한다.

우주의 의지는 모든 생명 안에 있으며 전지전능한 생령이다. 에너지는 과학자가 영(우주의 의지) 대신 사용하는 용어다. 에너지라는 단어는 그리스어 'energeia'에서 왔는데, 여기서 'en'은 '안에서in', 'ergon'은 '일work'을 뜻한다.

모든 종류의 에너지는 궁극적으로 일로 측정된다. 그러니 에너지는 일할 수 있는 능력으로 정의될 수 있다. 에너지는 여러 방식으로 나타난다. 즉 여러 형태의 에너지가 있다. 이 책은 기계적인 에너지가 아닌 마음속 생각, 이미지, 꿈과 영감에 생기와 활력을 불어넣고 우주의 스크린에 전달하는 인간의 능력을 다룬다.

아인슈타인을 비롯한 과학자는 에너지와 물질의 상호호환성과 상호교환성에 대해 지적했는데, 인도의 고대 경전《베다》는 물질은 영의 가장 낮은 차원이고 영은 물질의 가장 높은 차원이라고 가르친다. 다시 말해 물질은 형태를 갖춘 에너지 또는 영이다.

우주는 영원한 빛이자 생명의 집이고, 에너지는 우리가 우주의 의지라고 부르는 것이다. 생명은 대부분 그곳에 실제로 존재하는지 모르는 힘을 흡수한다. 내가 작동시키지 않아도 발전기는 잠재적인 동력이 존재할 가능성이 있을 때 알아서 회전한다. 하지만 내게 발전기, 그러니까 자석같이 무언가를 끌어들이는 역동적인 특성이 있다면 그 힘의 원천은 항상 불꽃이 튀면서 돌아가고 우주의 에너지를 끌어당길 힘을 생성할 것이다. 그러기 위해서 나는 자가발전기, 즉 자발적으로 행동하는 사람이 되어야 한다.

이 신성한 에너지가 인생에서 본연의 자리를 찾아가서 성취를 위한 길을 열게 하라. 강렬하고도 실제적인 힘은 나를 인도하고 스스로를 표현할 수 있는 새로운 문을 열어 준다. 실패, 질병, 결핍, 제한 속에서 나를 해방시킨다. 게다가 이 보이지 않는 지성은 나의 문제를 해결하고 어려움을 없애며 부와 자유, 기쁨을 누리고 더 높은 차원에서 자신을 표현할 새로운 기회의 왕도에 올려 놓는다. 모든 면에서 나와 조화를 이루고 마음이 맞는 파트너와 동료, 배우자를 끌어당긴다. 그로 인해 내가 꿈꾼 것보다 더 크게 번영하고 성공할 수 있다.

이 책은 내 안의 발전기, 즉 우주 에너자이저를 발견하고 이를 이용하는 방법에 대해 이야기한다. 에너자이저는 나의 인식이고 스스로 있는 자 또는 생명의 원리다. 이는 내 몸에 있는 행위자로, 우주에도 존재한다. 스스로를 드러내기 위해 하나의 에너지는 현재의식과 잠재의식으로 분화되었다. 현재의식은 잠재의식에 아이디어와 이미지를 전달하고, 잠재의식은 생각과 이미지가 삶에서 어떤 형태나 기능 또는 경험으로 드러나는지를 결정한다.

우주 에너자이저는 나의 길을 비추고 스스로 운명을 빚고 만들어 나아갈 수 있게 한다. 우주 에너자이저는 괴로운 마음에 평화를, 상처 입은 마음에 무한자의 치유하는 사랑을 가져오는 마력을 지니고 있다. 우주 에너자이저, 즉 내 안에 있는 우주 의지는 나에게 영감을 주고 내가 알아야 할 모든 것을 알려 준다. 나는 마음과 가슴을 열어 받기만 하면 된다.

이 책은 내 안의 우주 에너자이저를 발견하고, 나에게 좋은 것만을 끌어당기는 힘으로 만드는 방법을 알려 준다. 이를 위해 제1부에서는 내면에 잠들어 있는 우주 에너자이저를 발견하고 이 힘을 이용해 삶을 정신적·영적·경제적·사회적으로 완전히 바꿔 놓은 사람들의 이야기를 들려 준다.

제2부에서는 우주 에너자이저가 어떻게 작용하는지 그 원리를 구체적으로 알려 준다. 15가지 우주의 법칙을 이용해 행복과 자유, 마음의 평화로 나아가는 길로 이끌어 준다. 이 신비한 힘을 익히고 사용하기 시작하면 다양한 상황에서 문제를 해결하고 인생에서 본연의 자리를 찾을 수 있으며 지금보다 더 풍족한 삶을 누릴 수 있다.

제3부는 주역에 대해 설명한다. 주역은 종교와 철학이 생겨나기 이전부터 존재했던 고대의 지혜를 정리한 책이다. 주역은 우주의 법칙을 해석해 모든 질문에 적용할 수 있는 만능 열쇠다. 주역의 핵심은 우주와 조화를 이루는 것인데, 이는 잠재의식을 통해 내면의 우주 에너자이저에 귀를 기울여 마음의 평화를 얻고 조화를 이루는 것과도 맞닿아 있다. 이 책의 가장 큰 특징은 주역의 풀이를 성경의 구절과 연결시켜 설명하는 점이다. 놀랍게도 동서양의 믿음과 사상의 근간이 되는 주역

과 성경이 하나의 진리를 이야기하고 있다.

　이 책을 읽고 여기서 소개하는 간단한 기법을 적용하면 인생을 함께할 파트너, 모든 면에서 쿵짝이 잘 맞는 친구, 사업 또는 전문 분야에서 이상적인 동료를 끌어당기고, 나와 조화를 이룰 수 있는 아이디어와 계획 및 목표를 가진 비슷한 결의 영들을 끌어당긴다. 우주 에너자이저는 내게 필요한 재산과 이상적인 집을 줄 수도 있다. 그리고 나를 번영하게 하여 마음이 소망하는 바에 따라 내가 되고 싶은 사람, 하고 싶은 일, 가지고 싶은 것을 가질 수 있게 한다.

　이 책이 삶에서 언제나 충실한 안내자이자 동반자가 되게 하라. 자주 읽을수록 더욱 빠르게 조화·건강·평화·풍요가 담긴 거대한 보물창고의 문을 열 수 있을 것이다. 공포와 결핍, 좌절이 내게서 영원히 사라질 때까지 진정으로 이용할 수 있는 우주 에너자이저의 지식을 이해하며 나를 기다리는 긍정적인 변화를 향해 앞으로 나아가 보자.

차례

서문 내게 가장 좋은 것만 끌어당기는 자석이 되어라   4

제1부   내 안의 우주 에너자이저를 깨워라

1 우주 에너자이저는 모든 해답을 알고 있다   16

2 부가 나를 통해 흐르게 하는 우주 에너자이저   24

3 부를 막힘없이 흐르게 하는 우주 에너자이저   38

4 올바른 기도의 힘으로 깨우는 우주 에너자이저   48

5 모든 피해로부터 보호해 주는 우주 에너자이저   58

6 직관으로 인도하는 우주 에너자이저   66

7 장애물을 극복할 힘을 주는 우주 에너자이저   74

8 답을 밝히고 삶을 변화시키는 우주 에너자이저   84

9 온갖 축복을 가져다주는 우주 에너자이저   94

10 기적적인 치유를 일으키는 우주 에너자이저   102

11 생각을 바꾸고 목표를 이뤄 내는 우주 에너자이저   112

12 내 안의 숨겨진 보물로 인도하는 우주 에너자이저   122

13 사랑의 힘을 증폭시키는 우주 에너자이저   128

14 상상력의 무한함을 알려 주는 우주 에너자이저   136

15 꿈을 빠르게 현실로 만드는 우주 에너자이저   146

16 선의의 순환으로 번영하는 우주 에너자이저   156

17 만능 해결사가 되어 주는 우주 에너자이저   164

제2부 　우주 에너지를 내 것으로 만드는 끌어당김의 법칙

1 　모든 문제를 해결하는 기도의 법칙 　　　　　174

2 　소망을 이루어 주는 믿음의 법칙 　　　　　188

3 　부정적 패턴을 정화하는 치유의 법칙 　　　　200

4 　우주의 섭리로 둘러싸인 보호의 법칙 　　　　220

5 　가장 올바른 길을 밝히는 인도의 법칙 　　　　240

6 　실패의 두려움을 물리치는 용기의 법칙 　　　250

7 　내면의 힘과 지혜를 받아들이는 안전의 법칙 　266

8 　습관적 사고로 활력을 얻는 영양의 법칙 　　276

9 　위대한 진리에 집중하는 사랑의 법칙 　　　　284

10 　신념을 지키고 자신감을 키우는 긍정의 법칙 　296

11 　서로를 축복하는 관계의 법칙 　　　　　　306

12 　걱정과 불안을 없애는 평화의 법칙 　　　　320

13 　무한으로 번영하는 증가의 법칙 　　　　　330

14 　상상을 현실로 만드는 창조의 법칙 　　　　342

15 　우주의 힘을 끌어당기는 생명의 법칙 　　　352

제3부 주역을 통해 밝혀 낸 우주의 비밀

1 주역의 가르침 368

2 주역의 기본이 되는 팔괘 373

3 주역은 어떻게 미래를 볼 수 있는가 383

4 삶의 본질을 알려주는 주역 391

5 주역에서 자주 사용하는 용어 399

6 주역으로부터 답을 구하라 403

7 주역의 신비로운 괘 해석하기 409

8 주역에서 인도를 받은 사람들 415

9 주역 64괘의 의미 422

저자 소개 578

제1부

내 안의 우주 에너자이저를 깨워라

JOSEPH MURPHY

─────── 나는 내면에 있는 우주 에너자이저의 힘을 활용해 좌절과 질병, 가난과 절망의 한가운데에서 스스로를 일으킨 사람들을 보았다. 그들은 온전하고 건강하며 번영한다. 몸 안에는 활력과 에너지, 열정이 가득하다. 우리는 모든 것을 가르쳐 줄 수 있는 무한한 힘과 연결되어 있다. 열린 마음과 받아들이는 자세만 있으면 된다. 새로운 생각과 아이디어에 영감을 받은 사업가, 주부, 택시 운전사, 요리사 등 사회 각계각층 사람들의 경험을 나는 알고 있다. 이러한 생각과 아이디어는 큰 재물을 안겨다 주었으며, 승진을 하고 숨겨진 재능을 발휘할 수 있는 더 큰 기회를 끌어당겼다.

우주 에너자이저는 이미 전 세계 수백만 명의 사람들에게 널리 알려져 있다. 수천 년 동안 명성을 드높인 사람들도 우주 에너자이저에 관해 알았다. 이 힘을 인지하고 삶에서 사용하는 것은 타고난 권리다.

마음과 몸, 사업을 비롯해 인생의 모든 방면에 신성한 힘이 흐르게 하는 법을 배운다면 이제 더는 제한과 부족, 어려움으로 점철된 삶을 살지 않아도 될 것이다. 생각과 느낌, 상상력과 믿음이라는 날개를 가진 독수리처럼, 무한한 자원을 가지고 자신의 삶을 통제하는 기쁨으로 가득 찬 왕국으로 날아오를 것이다.

신비로운 기적을 일으키는 힘이 내 마음속에 이미 있다. 그 힘은 내 생각에 반응하므로 즉시 사용할 수 있다. 이 힘은 레이저 빔이나 수소폭탄, 원자폭탄, 핵미사일보다 강력하며 전 세계에 있는 모든 에너지, 폭발물보다 강하다. 이것은 무한자 또는 우주 의지의 끝없는, 고갈되지 않는 힘이다. 이 힘과 의식적으로 접촉하면 자신의 사업과 가정생활, 경제활동에서 우주 에너자이저가 어떤 방식으로 작동하는지 알 수 있다. 나 역시 그로 인해 멋진 결과들을 쟁취할 수 있다.

내 안에는 모든 것을 알고 모든 것을 보는 우주 에너자이저가 있다. 우주 에너자이저는 전지전능하고 어느 곳에나 있으며 하늘의 작용이 기 때문에 모든 질문에 대한 답을 갖고 있다.

1
우주 에너자이저는
모든 해답을 알고 있다

세상에는 단 하나의 근본적인 에너지, 즉 우주 에너자이저만 존재한다. 우리는 우주 에너자이저의 통로이며, 우주 에너자이저는 창조적으로 발산될 곳을 찾고 있다. 우리는 이 신성한 에너지가 흐를 수 있는 투명한 통로가 되어야 한다. 전류가 전구를 중심으로 흐르듯, 우리 한 명한 명은 신성함의 중심이 되어야 한다.

우주 에너자이저는 조화롭고 평화로우며 리듬감 있고 기쁘게 흐른다. 이 힘이 내 안에서 건설적으로 흐를 때 우주 에너자이저와 조화를 이루는 방식으로 행동하고 건강·평화·무한자의 모든 부를 삶에서 드러낼 것이다.

후회나 자책, 원망 그리고 모든 형태의 부정적인 사고에 빠지면 신성한 에너지는 우리 안에 갇혀 온갖 문제를 일으킨다. 다음은 내면의 우주 에너자이저를 발산시키기 위한 확언이다.

자신이나 다른 사람에 대한 부정적인 생각을 품은 나를 용서하며 더는 그러지 않기로 합니다. 나는 전 세계 모든 이에게 사랑과 선의를 퍼뜨립니다. 다른 사람들을 용서했습니다. 그 사람들을 마음속으로 떠올렸을 때 어떠한 상처도 없습니다. 우주 의지의 사랑·빛·조화·진리·아름다움·풍요·안정감이 나를 통해 자유롭고 즐겁게 흐른다고 주장합니다. 내가 꿈꿔 왔던 것보다 더 많이 번영하고, 더 큰 축복을 받았음을 압니다.

이러한 태도는 신성한 에너지가 흐를 수 있는 투명하고 열린 통로를 만든다. 밤낮으로 이 확언을 세 번 반복하라. 눈이 이 진리에 집중하고 귀가 이 진리를 들으면, 눈과 귀는 이제 나를 위해 기능할 것이며 진리가 잠재의식 깊은 곳으로 가라앉을 것이다. 잠재의식은 반드시 실현하려는 강박적인 습성이 있기에 나는 삶의 모든 측면에서 우주 의지의 무한한 부를 표현하도록 압박을 받고 이끌릴 것이다.

우주의 의지는 생명이고 그 생명은 지금 나의 생명이다. 생명은 힘이며, 내게 필요한 걸 공급한다. 세상을 만들어 낸 창조적인 원천이 바로 생명의 원리다. 세상 만물은 태초에 창조되었고 창조 활동은 지금도 계속되고 있다.

은행원 친구가 말했다.

"나는 신보다 우주 에너자이저라는 용어를 선호하네. 이 둘이 같은 대상을 뜻하는 걸 알고 있어. 물론 우주의 에너지인 신께서 우주를 창조하고 모든 진화 과정을 시작했으며, 끝을 알 수 없는 불변의 길에서 우주를 창조하신 것도 알고 있지."

이 은행원은 매일 아침 5~10분씩 시간을 내어 조용한 서재에서 마음을 가다듬고 굳게 주장했다.

활력을 불어넣고 원기를 되찾게 하는 우주 에너자이저가 내 안에서 활발하게 활동하며, 나의 모든 존재를 에너지와 활력, 젊음, 정력과 힘으로 채웁니다. 하루하루 매 순간 나는 더 강해지고 더 건강해집니다. 더 행복해집니다. 나의 정신적·영적 배터리가 이제 우주 에너자이저의 활력으로 충전됩니다.

은행원은 넘치는 열정을 뿜어내며 앞으로, 위로 그리고 우주의 의지를 향해 나아가고 있다.

우주 에너자이저가 나를 위해 일하게 하는 법

우주 산업 분야에 종사하는 젊은 과학자에게 잠재의식의 깊은 곳으로부터 멋진 아이디어를 어떻게 낚아 올렸는지에 대해 들었다.

그는 마음을 가라앉히고 원하는 답을 생각했다. 우주 에너지가 생각에 반응하여 자신을 통해 흐르리란 것을 알았다. 그는 생각의 줄기를 모두 연결해 아주 사소한 가르침에도 조용히 귀를 기울였다. 때로는 해결 방안 전체가 현재의식에 그래프처럼 나타나곤 했다. 그는 우주 에너자이저만이 답을 안다는 것을 알고 있었다.

현재의식은 마음이 차분할 때 깊은 곳에서부터 지혜와 인도, 해답을 받는다는 걸 기억하라. 현재의식으로 문제를 해결할 수 없을 때, 거대한 조직의 최고 경영자가 된 듯 확신을 가지고 잠재의식에 요청을 넘겨라. 그러면 주관적인 힘이 활력을 얻어 해답으로 이어질 것이다.

알고 싶거나 답을 받았으면 하는 일이 있다면 아이디어는 최대한 명확해야 한다. 여러 각도에서 곰곰이 생각해 보라. 높은 수준의 주의를 기울이면서 현재의식, 추론하는 마음으로 문제를 해결하려고 시도해 보면 잠재의식의 지혜에 활력을 불어넣을 수 있다. 잠자리에 들 때 조용히 잠재의식에 이렇게 말하라.

이 문제에 주의를 기울여 해답을 알려 주십시오.

아침에 일어나면 입술 주변에 답이 맴돌 수 있다. 또는 믿음과 자신감을 가지고 내가 잠재의식에 요청을 넘겼다는 것을 깨달아라. 그러면 신성한 질서에 따라 답변을 받을 수 있을 것이다. 해답이나 데이터가 필요한 바로 그 순간, 갑작스러운 섬광처럼 떠오를 것이다.

《기도가 당신의 인생을 바꾼다》의 저자인 윌리엄 파커의 부탁으로 애너하임의 교회에서 강연한 적이 있다. 모임에 참석한 한 남성이 세션이 시작되기 전 내게 말을 걸어왔다. 그는 평생 경마에 지대한 관심을 가졌고, 전국 곳곳을 다니며 유명한 경마장에 간다고 했다. 경주 전날이면 잠들기 전에 출전하는 말들의 과거 성적을 점검하고 연구한다. 그 다음 말의 이름 하나하나를 읊으며 잠재의식에 이렇게 말한다.

이 중에서 1등으로 들어올 말을 알려 주십시오.

잠새의식은 언제나 답을 알려 준다고 덧붙였다. 그는 누가 봐도 풍요로우며, 하고 싶은 일을 언제든 할 수 있는 돈을 가지고 있었다.

그는 이러한 믿음을 가지고 모든 각도에서 말을 연구하고, 어떤 말이 이길지 답을 구하는데 집중함으로써 상당한 재산을 쌓았다. 내일의 우승마는 언제나 생생한 꿈으로 나타났다. 훈련과 연구 그리고 말에 대한 관심이 잠재의식에 있는 우주 에너자이저를 깨웠고, 특정 경주에 생각을 집중시키면 그 결과를 꿈에서 보았다.

남성은 경마 예상표와 과거 성적을 참고해 경주에 나갈 말들의 모든 정보로 마음을 채웠다. 잠자기 전에는 승리하는 말에만 집중했다. 이는 어둠 속에서 생각을 서서히 무르익게 하는 잠재의식에 새겨졌고, 잠재의식은 해답을 현재의식에 활짝 펼쳐서 보여 줬다.

우주 에너자이저는 지혜롭다

우리는 세상의 온갖 어려운 문제에 대한 해답을 지닌 무한한 현존에 둘러싸여 있다는 것을 깨달아야 한다. 전능한 신, 전지의 신, 편재하는 신, 언제 어디서나 계속되는 유일한 섭리라고도 불리는 무한한 현존은 인간의 생각에 응답한다.

'전능'이라는 용어는 우주 전체의 힘과 에너지를 가리키는데, 이러한 힘과 에너지는 실상 내 안에도 있다. 우주 의지는 우주의 어느 곳에나 존재한다. 얼마나 많은 에너지가 개인 안에 흐르는지는 중요하지 않다. 그것은 무한한 에너지원이기에 고갈될 일은 절대로 없다.

무한함에는 분열이 없다. 나는 존재하는 모든 에너지를 물려받는다. 개인individual이라는 단어는 분리dividual가 불가능in하다는 뜻이다. 무한함은 나눌 수도 곱할 수도 없다. 전능함의 총체는 내가 어디에 있든 존재한다. 나는 무한자의 모든 부와 능력, 지혜를 물려받는 사람이다. 이 모든 걸 받으면서도 다른 사람에게 아무것도 빼앗지 않는다.

우주 에너자이저를 지칭하는 또 다른 용어는 '전지'다. 우주 에너자이저는 모든 지혜이자 모든 것을 알고 모든 것을 본다. 이 지혜가 온 세상과 우주의 은하 그리고 나를 창조했다. 신체의 작용 과정과 기능을 속속들이 알고 있다. 우주 에너자이저는 모든 지혜이므로, 우주 에너자이저만이 태양 아래 모든 문제에 대한 해답을 알고 있다.

우주 에너자이저를 일컫는 또 다른 용어는 '편재'다. 모든 곳에서 존재를 드러낸다는 의미다. 우주 에너자이저는 내 안에 있고 온 주변에 있다.

우주 에너자이저에 대해 말하는 또 다른 용어는 '언제 어디서나 계속되는 유일한 섭리'다. 우리는 지고한 지혜가 온 우주를 만들었으며, 모든 시간의 주기와 지구 및 행성의 회전을 지배한다는 걸 인식할 수 있다. 원리와 법칙이 리듬감 있고 조화롭게 움직이며, 우주 전체를 조직적으로 지배하는 것을 본다. 우리는 지칠 줄 모르는 에너지와 놀라운 수리적 확신을 마주하고 있다.

몇 주 전 한 사업가와 대화를 나눴다. 그는 동업 자금을 어떻게 마련했는지 알려 주었다. 내 책을 읽은 그는 잠들기 전 잠재의식에 다음과 같이 말했다고 한다.

잠재의식은 지혜롭고 모든 것의 해답을 알고 있습니다. 저는 금광 개발업체인 캠벨레드레이크와 홈스테이크에 관심이 있습니다. 이 둘 중 어느 주식을 사야 더 빠르게 수익을 낼 수 있는지 알려 주세요.

사업가는 긴장을 풀고 마음을 완전히 내려놓은 후 깊은 잠에 빠졌다. 꿈에 어떤 사람이 나와 캠벨 수프 통조림을 따면서 같이 먹자고 권했다. 그는 잠에서 깬 후 잠재의식이 캠벨레드레이크를 알려 줬음을 즉시 깨달았다.

그는 캠벨레드레이크 주식 몇천 주를 사들였고, 단기간에 40포인트가 상승하여 8만 달러의 이득을 남겼다. 덕분에 6만 달러를 내고 번창하는 사업의 지분 절반을 취득할 수 있었다.

그는 나에게 앞으로 금 관련주가 좋을 것이라고 귀띔했고 실제로 폭등했다. 그는 우주 에너자이저를 불러 해답을 요청했고 답이 나타나리라는 확신에 차 있었다.

- 우주 에너자이저는 우리의 인생에서 행동하는 우주의 의지다.

- 생각은 에너지다. 나의 생각이 우주 의지의 생각과 일치할 때 우주 의지의 능력은 나의 선한 생각과 함께한다.

- 과학자들은 에너지라는 용어를 사용하는데, 이는 만물에 생기를 불어넣는 전능한 생령, 우주의 의지를 일컫는다.

- 세상에 있는 모든 에너지, 즉 기계·전기·원자 에너지는 하나의 보편적인 우주 에너지의 변형일 뿐이다.

- 인간은 자신의 꿈과 이상, 마음의 열망에 활기를 돋우고 생명을 불어넣을 수 있으며 우주의 스크린에 실현할 수 있다.

- 창조를 위해 우주 에너자이저는 스스로를 두 가지 원칙, 즉 남성적인 원칙과 여성적인 원칙으로 나누었다. 이 둘은 현재의식과 잠재의식을 나타낸다.

- 내면에 있는 우주 에너자이저는 나를 인도하고 표현의 새로운 문을 열어 줄 수 있다. 실패, 질병, 결핍, 제한으로부터 해방시킨다.

- 보이지 않는 지성, 우주 에너자이저는 문제를 해결하고 어려움을 없애며 내가 꿈꿔 왔던 것보다 더 번영하게 만들어 준다.

- 우주 에너자이저는 나의 길을 비춘다. 스스로의 운명을 빚고 만들어 내며 형성할 수 있게 한다.

- 우주 에너자이저는 괴로운 마음에 평화를 가져다주고, 언제 어디서나 알아야 할 모든 것을 알려 준다.

2
부가 나를 통해 흐르게 하는
우주 에너자이저

부는 삼차원의 삶에서 원하는 음식, 옷, 에너지, 활력, 창의적인 아이디어, 영감, 돈, 안락과 동의어로 여겨지기도 한다. 내면의 우주 에너자이저와 규칙적이고 체계적으로 조화를 이루면, 무궁무진한 보물창고에서 필요한 모든 것을 언제든 끌어다 쓸 수 있다.

최근 퇴직한 한 임원과 이야기를 나눴다. 그는 게토의 아주 열악하고 제한된 환경에서 자랐다. 한 선생님이 그에게 필요한 만큼의 돈을 모두 가지고 있다면 그 돈으로 무엇을 할 건지, 어떻게 사용할 건지 생각해 보라고 했다. 그리고 돈을 활용할 수 있는 모든 건설적인 방법을 마음속으로 곱씹어 보라고도 했다.

그래서 그는 어릴 적부터 이미 돈을 갖고 있다고 여기고 이를 현명하게 사용하는 법에 대해 자신과 내면의 대화를 나눴다. 그는 대학을 졸업하고 자신만의 사업체를 열고 멋진 여성과 결혼하고 세계 곳곳을 여행하는 상상을 했다. 번듯하게 자란 아이들의 교육에 모든 비용을 대고 자녀들이 진학할 대학에 상당한 금액을 기부하는 이미지도 마음속에 품고 다녔다.

그는 돈을 버는 것에 관해서는 생각하지 않았다. 어떻게 하면 더 현명하고 분별력 있고 건설적으로 돈을 분배할 수 있는지만 고민했다. 실제로 장학금을 받았고 우수한 성적으로 졸업한 후 부유한 여성과 결혼했다. 자기 사업을 통해 크게 성공했고 백만장자가 되어 은퇴했다.

이 임원의 비결은 내면의 말, 즉 자신과 조용히 나누는 대화였다. 목표와 내면의 소리를 일치시키면 응답을 받고 결과를 얻을 수 있다. 돈은 마음속의 생각이자 이미지일 뿐이고, 내면의 말이 외부 세계로 드러난다는 것을 그는 직감적으로 간파했다.

연구실에서 일하는 한 엔지니어를 만난 적이 있다. 그는 군대에 관한 특정 연구 때문에 팀원들과 머리를 싸매고 있었다.

"저는 침착하게 건물의 다른 편으로 가서 긴장을 풀고 혼자만의 시간을 가졌습니다. 그리고 잠재의식에 이렇게 말했죠."

나는 잠재의식에 이 요청을 넘기고 있습니다. 잠재의식이 공학적 문제에 대한 해결책을 보여 줄 것을 압니다. 나는 이 문제가 잠재의식에서 끓게 내버려 둡니다. 잠재의식이 해답을 얻으면 현재의식에 보여 줄 것입니다.

다음 날 그는 현재의식에서 명확한 답을 받았고 모든 문제가 빠르게 해결되었다. 회사는 상당한 비용을 절약할 수 있었고, 엔지니어는 승진해서 회사의 주니어 파트너가 되었으며 연봉도 크게 인상났다.

연봉을 5배 올린 방법

며칠 전 라디오에서 연봉 4만 달러를 받으며 지역 은행에서 일하던 한 부지점장의 이야기를 들었다. 그는 성장해서 더 큰 성과를 달성하고 금융에 대한 전문 지식을 더 넓은 방면에서 멋지게 쓰고 싶어 했다.

그는 마음속에 정신적인 패턴과 틀을 세웠다. 그리고 무한자의 에너지와 생기가 마음속 깊은 곳에 원하는 이미지를 새길 거라고 명확하게 주장했다. 그는 이를 반복하며 습관으로 만들었다.

어느 날 은행에서 일하던 중 큰손 고객이 텍사스로 가서 자신의 금융 고문이자 이사가 되어 줄 것을 제의했다. 부지점장은 큰손 고객이 제시한 10년짜리 파트너 계약에 사인을 했다.

이제 그는 기막히게 멋진 집에서 살고 회사가 여행 경비를 대주며 전속 기사가 모는 차를 타고 다닌다. 연봉도 20만 달러가 되었다. 우주 에너자이저는 성공 이미지를 마음에 관통시켰고, 그 나름의 방법으로 실현시켰다.

오랜 친구인 데이비드 하우 박사가 주관한 세미나에 참석하기 위해 라스베이거스에 갔을 때의 일이다. 호텔에서 한 남성과 면담을 했는데, 그가 4년 전 라스베이거스에 도착했을 때 전 재산은 고작 20달러였다. 그는 곧장 웨이터로 일하기 시작했고 때때로 주방 설거지도 겸했다. 그의 성실한 태도를 유심히 지켜보던 어떤 손님이 내 책을 선물로 주었고, 그는 열심히 읽은 후 자신이 가장 원하는 네 가지를 종이에 적었다.

부가 자유롭고 즐겁게 나에게 흐릅니다.

무한한 지성이 높은 차원에서 나를 표현할 수 있도록 안내합니다.

나는 주변 환경이 아름다운 집을 가지고 있습니다.

나는 멋진 여성과 결혼해서 행복하게 삽니다.

내 책을 꼼꼼하게 읽은 그는 잠재의식에 원하는 바를 명확하게 새기기로 했다. 매일 밤과 아침에 천천히 의도를 담아 확언했다. 생각과 이미지가 비슷한 경험과 조건을 끌어당김을 알았고, 잠재의식에 인상을 남기는 이 기법이 인생의 부와 성공, 조화의 조건을 확립하는 수단이란 것을 이해했다.

부를 가져다주고 본연의 자리에 있게 하고 아름다운 집과 인생의 동반자를 내려 준 내면의 무한한 현존에 감사했다. 그는 요청한 모든 것을 마음속에 가지고 있다고 굳게 믿었다.

기도를 시작한 지 몇 주 후 그는 서비스 총괄 책임자로 승진했다. 레스토랑에 왔던 고객이 아주 부유한 여성을 소개해 주었고 그녀와 결혼했다. "첫눈에 반했습니다"라고 그가 말했고, 부부는 매우 행복한 결혼생활을 하고 있다. 아내는 라스베이거스에 아주 아름다운 집을 소유하고 있었고 현재 그곳에서 함께 산다. 이제 그에게는 아내와 함께 운영하는 사업체가 있고 직원도 고용했다. 그에게는 하고 싶은 일을 언제든할 수 있는 돈도 있다.

종이에 적었던 네 가지를 모두 성취하는 데 석 달도 걸리지 않았다. 마음의 작용을 믿고 반복해서 확언했기 때문이다. 잠재의식에 인상을 남기면 표출된다는 것을 그는 깨달았다.

우주 에너자이저는 내가 진리라고 주장하는 것에 생기와 활기를 불어넣고 에너지를 공급한다. 무한자의 모든 권능은 내가 정신을 쏟는 중심점을 통해 흐른다.

직장에서 우주 에너자이저를 사용한 방법

전자공학을 전공한 젊은 대학원생이 있었다. 그는 자기 분야에 관심이 아주 많았다. 열정이 열렬히 샘솟으니 엄청난 정신 에너지가 발산되었고 놀랍도록 새로운 아이디어가 마음속에 선명하게 떠올랐다. 그는 그 아이디어가 '난데없이' 떠올랐다고 했다.

그는 몸담고 있던 전자공학 연구소에 엄청난 혁신을 가져왔고, 22세의 젊은 나이에 3만 달러의 연봉을 받았다. 이 모든 것은 우주 에너자이저에 대한 믿음과 자신이 택한 일을 향한 열정 덕이다.

"열정 없이는 아무것도 이룰 수 없다."

랠프 월도 에머슨의 말이다. 열정enthusiasm의 어원은 그리스어로 '신에게 홀리다'라는 뜻이다. 관심을 두거나 추구하는 대상이 있을 때 그 대상을 흡수하거나 마음속으로 소유한 대상을 통제하는 것을 말한다. 그는 다음과 같이 끊임없이 확언했다.

무한한 에너지가 나에게 생기를 불어넣고 지탱합니다. 창의적인 아이디어가 내 안에서 펼쳐지며 내가 알아야 할 모든 것을 드러냅니다.

그는 우주 에너자이저가 주는 답을 받아 목표를 달성하리라는 믿음이 있었다. 그리고 긍정적인 믿음이 불러일으킨 열정을 따랐다. 실제로 '영감을 받았다'라고 느낀 순간들이 있었다. 성취라는 새로운 세계의 문이 그에게 열린 것이다.

노예의 아들이 백만장자가 되다

기차 식당칸에서 일하던 32세의 요리사 밀턴 그랜트는 최고가 되고 싶었다. 그의 수중에는 중고 청소차밖에 없었고 학교는 3학년까지만 수료했지만, 성공하고 싶었기에 바닥에서부터 열심히 일했다.

40세가 되던 해 그는 처음으로 100만 달러를 벌었다. 노예였던 부모님 밑에서 빈곤하게 태어난 흑인이 놀라운 위업을 이룬 것이다. 현재 로스앤젤레스의 가족저축 및 대출협회 이사회 의장이자 대주주가 된 그는 이렇게 말했다.

"더 나은 삶이 있다는 사실을 알고 있었습니다. 그 삶을 찾는 건 제 몫이었지요. 인생 초기에 저는 현금의 필요성을 깨달았습니다. 충분한 현금이 있으면 제가 넘어져도 다치지 않게 받쳐 주는 푹신한 쿠션이 되어 준다는 걸 말이지요."

하지만 젊은 시절의 그랜트에게는 현금이 없었고, 1891년생인 그랜트는 11남매를 부양하기 위해 학교를 그만두어야 했다.

"구두를 닦고 동네 구두 가게에서 잡일을 했습니다. 나중에는 요리를 배우기 위해 설거지 담당으로 취직했고요. 요리사가 입는 깔끔한 흰색 유니폼이 정말 호기심을 돋우더군요. 열세 살 때는 시카고에서 주급 2.5달러를 받으며 설거지를 했습니다. 그러다 결국은 수석 요리사로 승진했지요. 당시 철도청에서 흑인이 맡을 수 있는 일 중 가장 높은 직급이었습니다."

철도청의 일자리는 안정적이었고 그랜트의 사회적 지위도 꽤나 높아졌다. 하지만 아직 젊었기에 야망이 넘쳤다.

"전 재산인 150달러를 들고 캘리포니아로 향했습니다. 그 돈으로 중고 트럭을 사서 쓰레기 수거 일을 시작했고, 처음에는 한 달에 20달러밖에 벌지 못했습니다. 하지만 항상 책임감 있게, 신속 정확 깔끔하게 서비스를 제공했습니다. 그러자 노력이 보상을 받았고, 불과 몇 년 만에 저는 월 6000달러를 벌었습니다."

그 후 그랜트는 양돈 농장을 샀고, 자신이 수거한 음식물 쓰레기를 돼지의 먹이로 주었다. 그의 수익은 다시 치솟았다. 번 돈으로 부동산에 손을 댔고, 소규모 저축대부조합 매입으로 이어졌다. 그랜트의 리더십으로 저축대부조합은 번창했고, 오늘날 미국 서해안 지역에서 가장 큰 은행 중 하나가 되었다.

"스스로 목표를 세우고 그 목표에 도달하기 위해 노력한다면 찢어지게 가난한 사람도 백만장자가 될 수 있습니다. 모든 성장은 자신으로부터 시작된다는 것을 잊지 마십시오. 진심으로 그렇게 믿는다면 무엇이든 될 수 있습니다. 항상 그랬던 것처럼 오늘날 미국에서도 가능한 이야기입니다.

저는 제가 백만장자라고 생각하지 않습니다. 비록 제가 몇백만 달러를 가지고 있긴 하지만요. 저에게 백만장자는 지폐 뭉치를 한가득 쥐고, 운전기사가 모는 큰 리무진의 뒷자리에 타고, 명품 옷을 입는 사람입니다. 저와는 다릅니다. 저는 여전히 제 차를 직접 몰고 매일 사무실에 나갑니다. 그리고 은퇴할 계획도 없지요."

지금도 그랜트는 아내 플로라와 함께 1달러도 소중히 여기며 차근차근 부를 쌓아 올리고 있다.

젊은 날 어려운 환경 속에서도 그랜트는 더 나은 삶이 있다는 결론에 이르렀고 풍요, 안정 그리고 좋은 삶에 대한 비전을 품었다. 비전이란 내가 보고 있는 것, 주의를 기울이는 것, 삶에서 가닿고 싶은 곳을

말한다. 밀턴 그랜트처럼 우리도 자신만의 비전이 있는 곳으로 나아가
야 한다. 자신을 위한 목표를 세우고 열정을 가지며 무엇보다도 선의,
즉 사랑을 품어라. 사랑은 건강과 부, 성공의 법칙을 실현하고 모든 문
제를 극복한다.

소망에 활기를 불어넣고
삶의 부를 성취하는 법

이 장을 쓰던 중 뉴욕에서 장거리 전화가 걸려왔다. 전화를 건 여성
은 고통에 휩싸여 감정적으로 황폐해져 있었다. 청구서는 쌓였고 세금
납부 기한도 다 되었다. 남편은 직장에서 해고되었고, 아들의 대학 마
지막 학기 등록금도 내지 못했다. 집을 내놓았지만 12개월 동안 팔리
지 않았다. 많은 사람이 보러 왔지만 다시 연락을 준 이는 없었다.

나는 필요한 것을 공급해 주는 내면의 근원과 모든 문제를 해결하는
우주의 지혜가 있음을 알려 주면서 그녀에게 다음의 확언을 제안했다.

우주 에너자이저는 나의 이상과 소망, 계획에 생명을 불어넣어 줍니
다. 이 집을 원하고, 그로 인해 번영할 때 맞는 구매자를 끌어당기리
라는 걸 알고 집을 무한한 현존에 맡깁니다. 내게 필요한 것을 즉각적
이고 끊임없이 공급해 준다는 걸 압니다. 언제 어디서든 필요한 것을
모두 마련해 줍니다. 지금 이것을 받아들입니다. 영원히 실제하고 변
하지 않으며 끝없는 부에 감사합니다. 신성한 질서에 따라 남편에게
멋진 길이 열림에 감사드립니다.

그녀는 하루에 서너 번씩 확언했고 그 내용을 절대로 부정하지 않았다. 우주 에너자이저는 생각과 이미지에 흐르며 잠재의식에 이를 주입했다.

어느 날 옆집에 사는 변호사가 현관문을 두드렸다. 결혼을 앞둔 아들을 위해 그녀의 집을 사겠다는 것이다. 집 앞에 '팝니다' 간판이 1년 동안이나 세워져 있었는데도 옆집 변호사는 최근에야 눈에 들어왔다고 말했다. 남편이 다니던 직장에서는 그를 다시 불러 더 높은 자리를 제안했다. 이 확언을 한 지 몇 주 후 남편의 유일한 형제이자 독신이었던 누나가 유산으로 25만 달러를 남겼다. 그리고 귀금속은 올케인 그녀에게 물려줬다. 모든 문제가 한 달 안에 해결되었다.

에너지는 방출될 때까지 내 안에서 펼쳐지지 않는 법이다. 모든 것은 본질에 따라 증가하고 배가된다는 것을 기억하라. 에너지·활력·사랑·기술·능력·부는 힘의 다른 형태다. 부·성공·인도·올바른 행동의 씨앗을 뿌려라. 씨앗을 뿌리는 행동이 없다면 땅에는 어떠한 식물도 싹트지 않고 열매를 얻지 못한다. 땅은 나의 잠재의식을 말한다.

정신적 대가를 지불하라

오클라호마시티에서 '잠재의식의 비밀'을 주제로 유명인사 대상 세미나를 열었을 때였다. 그리스 출신의 남성이 나를 찾아와 경제적으로 더 나아지는 방법에 대해 물었다. 그는 오클라호마시티에서 35년 동안 온갖 일을 했는데 여전히 생계를 걱정해야 할 처지였다. 마음에 관한 책을 여러 권 읽었지만, 내용을 실천한 적은 한 번도 없다고 했다.

그에게는 미국으로 건너오기 전 어머니에게 받은 부적이 있었다. 어머니는 행운의 목걸이가 많은 돈을 가져다줄 거라고 했다. 그는 행운의 목걸이에 달린 펜던트를 '빨간 돌'이라고 불렀다. 나는 그에게 펜던트를 다시 유심히 살펴보라고 했다. 내 눈에는 꽤 값나가는 물건으로 보였기에 보석상에 가서 감정을 받아 보라고 제안했다. 빨간 돌의 정체는 루비였고, 가치는 3만 달러였다. 이 남성은 가족에게 필요한 것을 제대로 해주지 못한 채 35년 동안 궁핍하게 살아왔다. 모든 건 목에 걸고 있는 값진 물건에 대해 무지했기 때문이다.

남성은 내면의 부뿐만 아니라 외면의 부에 대해서도 모르고 있었다. 구하면 얻으리라고 했다. 그는 답을 구했고 마침내 그 해답을 얻었다. 나는 그에게 자주 사용할 수 있는 간단한 확언을 주면서 규칙적으로 적용하면 평생 부족함이 없으리라고 알려 주었다. 그는 다음 확언을 하루에 두세 번씩 3~4분간 반복했다.

우주 의지는 언제나 도움을 주는 분입니다. 우주의 부가 나의 삶에 자유롭게 순환합니다. 언제나 넘칠 정도로 넉넉합니다.

그는 내면 깊은 곳에 진리를 써나가면 잠재의식이 반응해서 좋은 것을 차고 넘칠 정도로 끌어당긴다는 사실을 이해했다. 나아가 재정 상태에 관해 말할 때는 부정문으로 끝내지 않았다. 생활비가 모자르다는 생각이 들 때마다 그는 즉시 다음과 같이 확언하면서 마음을 다잡았다.

우주 의지는 내가 필요한 것을 즉각적으로 마련해 주고 지지해 줍니다. 신성한 질서에 따라 생활비가 충당됩니다.

모든 거래는 마음에서 이루어진다. 정신적으로 대가를 지불하고 받아들이지 않는 한 삶의 객관적인 차원에서 아무런 결과도 경험하지 못할 것이다. 마음을 통하지 않고는 무언가를 얻거나 잃을 수 없다.

부는 마음속에 있는 생각과 이미지다. 나는 그가 잠재의식에 있는 보물을 포함하여 새롭게 찾은 부에 큰 열정을 가졌기에 삶에서 결코 부족함이 없으리라고 확신했다. 우리는 잠재의식에 엄청나게 큰 부를 소유하고 있다. 이를 인식하지 못하고 사용하지 않고 높이 사지 않을 뿐이다.

풍요의 대가는 믿음이다

한 영업사원과 이야기를 나눈 적이 있다. 1년에 6000달러밖에 벌지 못한다는 그에게, 삶에서 좋은 결실을 거두려면 부의 씨앗을 심어야 한다고 설명해 주었다. 다시 말해 무언가를 얻으려면 먼저 주어야 한다.

이 영업사원은 유일한 현존이자 힘이고 원인이자 만물의 실체인 우주 에너자이저 안에는 이미 모든 것이 있기에, 자신이 줄 것은 아무것도 없다고 말했다.

아니다. 그렇지 않다. 내면의 우주 에너자이저를 참된 원천으로 인지하기만 하면 된다. 우주 에너자이저에 관심을 기울이고 충성하며 자신이 원하는 대상에 에너지와 생명, 사랑과 관심을 쏟으면 이에 상응하는 결과가 따를 것이다. 우주 에너자이저에 믿음을 대가로 지불하면 인생의 모든 방면에서 믿음대로 이루어질 것이다.

그가 줄 수 있는 것은 부동산이었다. 그는 사람들에게 부동산을 살

돈이 있으며, 부동산 거래는 모두가 부유해지는 신성한 교환이라고 주장했다. 그는 자신의 말에 주의를 기울이고 관심을 갖는 잠재 고객에게 자신감과 소망을 불러일으킨다고 확언했다. 마음속에서 땅을 정신적으로 소유하면 객관적으로도 소유할 것이라고 말이다. 확언을 시작한 후 판매가 두드러지게 늘었고, 6개월 만에 그는 5만 달러의 중개 수수료를 보상으로 받았다.

며칠 전 어느 젊은 여성과 면담을 했다. 그녀는 몇 년 동안 관공서에서 속기사로 일했다. 어느 날 아침 그녀는 라디오에서 '내면의 생각을 바라보고 그 생각이 내 인생의 목표에 부합하는지 확인하라'는 내 강연의 일부를 들었다고 한다.

"제가 외부 세계에서 원하는 것을 내면에서 거부하고 있다는 걸 깨달았어요. 그런 식으로 행동하는 걸 멈췄지요. 승진을 하고 연봉을 올리고 삶에서 번영하려면, 내면의 말과 이루어졌으면 하는 소망이 일치해야 함을 깨달았습니다."

그녀는 '아무런 미래가 없어' '월급이 쥐꼬리네' '절대 승진 못 할걸' 같은 생각을 하며 지냈었다. 그 결과 잠재의식은 내면의 말을 받아들였고, 제한적이고 불행한 상황에 계속 머물렀다.

이제 그녀는 기존의 순서를 뒤엎고 삶의 목표·목적과 조화를 이루는 온전하고 건설적인 내면과 대화하기 시작했다. 그녀는 마음속 소망이 실현되었음을 의미하는 문장을 쓴 후 하루에도 여러 번, 특히 잠들기 전에 반복했다. 그녀는 다음과 같이 확언했다.

나는 대단한 수입을 올립니다. 나는 부유하고 행복하고 자유롭습니다. 나에게는 영적인 마음을 가진 멋진 남편이 있습니다. 나를 원하고

나의 진가를 알아봐 줍니다. 나는 나를 가장 높은 수준으로 표현하고
있습니다.

그녀는 자신이 확언하는 내용의 실체를 느낄 수 있을 때까지 이 말
을 반복했다. 내면이 말을 하기 시작하면 모든 소망이 이루어진 것이나
다름없다. 그녀는 내면의 말이나 대화가 언제나 현실로 드러난다는 사
실을 알고 있었다.

한 달 후 월급이 인상되었고 승진해서 원하는 부서로 갔다. 이동한
부서의 관리자가 그녀에게 청혼했고, 나는 결혼식 주례를 서는 기쁨을
누렸다.

- 모든 문제에는 해결책이 있고, 모든 질문에는 답이 있다.

- 인도와 영감, 새로운 창조적인 아이디어를 우주 에너자이저에 구하면 모든 소망을 이루게 하는 답을 받을 것이다. 신성한 법칙에 따라 새로운 근원과 기법이 드러날 것이다.

- 인간은 태양으로부터 에너지를 얻는 법을 배우고 있다. 믿음과 확신을 가지고 우주 에너자이저를 향해 나아갈 때 해답이 나올 것이다.

- 우주 에너자이저는 응답을 주는 습성이 있다.

- 우주 에너자이저가 자신이 만든 마음속 틀을 통해 흐른다는 사실을 진정으로 알고, 자신이 원하는 결과를 정신적 패턴으로 만들어라. 그러면 신성한 질서에 따라 소망이 현실에서 이루어질 것이다.

- 원하는 바를 글로 적고 하루에 몇 번씩 읽으며 이 모든 게 지금 실제로 이루어졌다고 주장하라. 이루어지리라는 것을 알면서 이 과정을 반복하면 잠재의식에 새겨지고, 실제로 이루어진다.

- 원하는 것을 얻으려면 대가를 치르는 법을 배워야 한다. 이는 잠재의식에 정신적으로 상응하는 것을 반드시 세워야 한다는 뜻이다. 내가 치러야 하는 대가는 믿음이다.

- 받으려면 먼저 주어야 한다. 씨앗을 땅에 뿌려야 수확할 수 있듯이, 우주 에너자이저가 나의 이상과 희망, 열망을 통해 흐르도록 활력과 에너지를 물어넣어 주어야 한다. 그러면 기도의 응답을 받는 기쁨을 느낄 것이다.

3

부를 막힘없이 흐르게 하는
우주 에너자이저

대화를 할 때 '돈'이라는 단어를 기피하는 사람들이 있다. 대신에 '공급, 풍요, 부유함'이라는 단어를 사용한다. 진정으로 원하는 것은 돈이지만 낡고 이상한 관념에 빠져 돈을 원하는 건 잘못이라고 생각한다. 이것은 매우 불합리하다. 돈은 좋고 또 좋은 것임을 깨달아야 한다. 돈은 한 국가의 경제를 튼튼하게 유지하는 우주의 수단이다.

번영하기를 바라는 교사가 있었다. 교사는 돈을 '더러운 돈'이라고 일컬었다. 나는 그에게 돈에 대한 태도를 바꿔야 한다고 설명했다. 돈을 비난하는 태도 탓에 돈이 들어오기는커녕 멀어진다.

그는 내 설명을 듣고 우라늄, 납, 코발트, 니켈, 구리 그리고 종이를 더럽고 악하다고 말하는 행동이 어리석음을 깨달았다. 지폐는 우리에게 아무런 해를 끼치지 않는다. 니켈, 구리 등 다른 금속과의 유일한 차이점은 금속을 이루는 원자와 분자 그리고 원자를 이루는 전자와 양성자들이 종이와는 다르게 배열되어 있을 뿐이다. 내 조언에 따라 실천하기 쉽고 현실적인 기법을 적용하니 그의 수입은 수배나 불어났다. 교사는 다음의 진리를 밤낮으로 5분씩 확언했다.

나는 지금부터 돈을 신성한 물질로 봅니다. 이 모든 것이 하나의 영으로부터 나오기 때문입니다. 질료와 영, 에너지가 하나라는 것을 압니다. 돈이 삶에서 끊임없이 순환한다고 주장하고 명합니다. 나는 현명하고 건설적으로 돈을 사용합니다. 돈이 눈사태처럼 풍족하게 흘러들어 옵니다. 돈은 마음속 아이디어이며 좋고도 매우 좋은 것입니다.

한 달쯤 지나 그는 승진했고 연봉도 대폭 인상되었다. 한 번도 만난 적 없는 이모에게서 전혀 예상치 못한 상속도 받았다. 누구나 우주 에너자이저를 사용할 수 있고, 우주 에너자이저는 내가 요청하는 바의 본질에 따라 응답을 주는 습성이 있다.

믿는 만큼 돈은 들어온다

외과 간호사가 나를 찾아왔다. 그는 '공급'해 달라고 기도하고 있다고 했다. 본뜻은 '돈'이었지만 돈이라는 단어를 사용하지 않았다. 돈을 '더러운 돈'이라고 부르는 습관이 있다고 인정했다.

나는 그녀에게 우리가 비난하는 대상은 날개를 달고 멀리 날아간다고 설명해 주었다. 그녀는 지금 얻고자 하는 대상을 비난하는 동시에 갈구하고 있으니 이는 앞뒤가 맞지 않는다고 했다. 이야기를 나누는 동안 그녀는 금, 은, 납, 아연, 구리, 철이 사악하지 않음을 깨달았다.

간호사는 모든 사람이 돈을 원하며, 단지 모든 사람에게 고루 돌아가기에 충분하지 않을 뿐이라는 사실에 눈을 떴다. 이에 따라 그녀는 이런 진리를 깨달았다고 확언하기 시작했다. 음식, 옷, 집, 자동차 등으로 나를 표현하며 풍요롭게 살고 싶다는 욕망과 소망, 충동은 모두 신성하고 좋은 것이다.

나는 돈이 좋고도 아주 좋은 것임을 알고 또 믿습니다. 밤낮으로 나는 모든 면에서 전진하고 성장하며 확장하고 있습니다. 현명하고 분별력 있으며 건설적으로 돈을 사용합니다. 신성한 인도를 받으며 가장 높은 차원에서 자신을 표현하고 있습니다. 돈은 삶에서 언제나 자유롭게 순환합니다. 나는 경제적으로 튼튼합니다. 영원히 살아 있고 존재하며 변하지 않는 무한한 부에 감사합니다.

그녀는 아침, 오후, 저녁에 이러한 진리를 되뇌며 돈에 대한 부정적인 발언이나 생각을 하지 않도록 했다. 그러자 갑자기 의대에 가야겠다는 강한 마음이 일었다. 그녀는 의대를 졸업해 의사가 되었고, 나중에는 의대 교수와 결혼했다. 돈은 이제 삶에서 아낌없이 순환하고 있으며 언제나 넉넉했다.

우리는 정신적·영적·금전적·지적 영역을 넘어 모든 방면으로 뻗어나가기 위해 이 자리에 있다. 충만하고 행복한 삶을 살기 위해 이 자리에 있는 것이다. 그러자면 하고 싶은 일을 하고 싶을 때 할 수 있을 만큼의 충분한 돈을 가져야 한다. 아름다움과 고급스러움 그리고 인생의 좋은 것들에 둘러싸여 있어야 한다.

돈의 진정한 의미를 보라. 돈을 교환의 상징이자 매개체로 보아야 한다. 돈은 부족함으로부터 자유로워지는 것을 의미한다. 또한 돈은 아름다움, 풍요로움, 세련됨, 고급스러움, 좋은 삶을 상징한다. 돈은 오랜 세월 동안 소금, 소, 양, 구슬, 다양한 종류의 장신구 등 여러 형태를 취해 왔다. 고대에는 양이나 염소, 황소 등을 몇 마리 소유했는지에 따라 부의 등급을 나누기도 했다. 돈이 어떤 형태를 취하든 마음의 법칙을 올바르게 활용하면 언제나 넉넉할 것이다.

확언을 할수록 가난해졌던 이유

사업가가 나를 찾아왔다. 더 많은 매출과 순수익을 올려 더 번창하게 해달라고 기도해 왔지만 아무런 성과도 얻지 못했다고 했다. "나는 부자입니다. 나는 번영합니다. 돈은 나에게 자유롭게 흐릅니다. 나는 성공합니다"와 같은 확언을 했지만 그는 오히려 더 가난해졌다.

그와 더 이야기를 나눠 보니 결핍감이 너무 지배적이었던 나머지 "나는 번영합니다" 등의 말에도 부족, 한계, 판매 부진 등 정반대의 분위기를 불러일으키고 있었다. 그러니 실제로도 결핍이 더 심해지는 경험을 한 것이다.

나는 두 아이디어가 있으면 잠재의식은 둘 중 더 지배적인 기분이나 느낌을 받아들인다고 그에게 설명했다. 설명은 종종 치유를 일으키기도 한다. 그는 현재의식과 잠재의식을 일치시키는 것이 해답임을 깨달았다. 그러면 모순이 사라질 터였다. 잠재의식은 내가 정말로 의식적으로 믿는 것, 확신과 지배적인 감정을 받아들인다. 그는 다음과 같이 확언함으로써 잠재의식의 협조를 구했다.

매일매일 매출이 개선되고 있습니다. 매일 더 많은 고객이 찾아오고 있습니다. 고객들은 만족하고 축복을 받습니다. 나는 삶에서 매일매일 더 많은 돈을 벌고 있습니다. 나는 계속해서 발전하고 성장하며 재정적으로 앞으로 나아가고 있습니다.

이 말들은 마음에서 갈등을 일으키지 않았다. 왜냐하면 매출이 증가하거나 더 많은 돈을 벌 수 없다는 내면의 목소리가 없기 때문이다. 이 접근법이 받아들일 수 있고 심리적으로 온전하다는 것을 깨닫자 원하는 결과가 생겨났다. 그는 정신적이고 영적인 실천법을 계속 충실히 따랐고, 4개월도 안 되어 일이 너무 많아져 직원 둘을 추가로 채용했다. 그는 돈이 눈사태처럼 풍족하게 흘러들어 오는 것을 깨달았다.

돈이 꾸준하게 흘러들어 오는 방법

"어떻게 하면 더 많은 돈을 벌 수 있을까요? 내가 원하는 것을 어떻게 이룰 수 있을까요?"

젊은 은행 직원이 내게 물었다. 나는 그에게 간단히 답해 주었다. 습관적인 사고는 잠재의식에 뚜렷한 경로와 흔적을 만들기에 내면의 말을 올바른 방향으로 이끌면 원하는 것을 모두 얻을 수 있다고 말이다.

외부 세계에서 경험하는 모든 것은 내면의 말에서 시작된다고 강조했다. 만약 원하는 만큼의 돈을 이미 가지고 있다면 어떻게 말하고 생각하고 행동할 것인지 그에게 물었다. 그는 아내를 위해 아름다운 집을 사고 캐딜락 자동차를 몰며 세계를 여행하고, 가까운 대학에서 경제학을 배우겠다고 했다. 그래서 나는 다음과 같이 읊으며 내면과 대화를 시작하라고 권했다.

나는 아주 아름다운 집을 가지고 있습니다. 나는 전 세계를 여행하고 있습니다. 멋진 새 캐딜락도 갖고 있습니다. 럿거스대학교에서 경제학을 공부합니다.

그는 거울을 보며 면도를 할 때, 출근할 때, 은행에서 업무를 볼 때 그리고 식당에서 밥을 먹을 때도 규칙적으로 내면과 대화를 나눴다. 확언한 것을 절대로 부정하지도 않았다.

그러자 이 모든 것이 이루어졌다. 그는 현재 은행장보다 훨씬 더 많은 돈을 벌고 있다. 인생에서 돈이 자유롭게 순환하고 있으며 바라던 일을 모두 성취했다. 회사의 지원을 받아 럿거스대 스토니어은행대학원의 경제학 특강도 수강할 수 있었다.

은행원은 원하는 모든 것을 이미 가지고 있다는 전제로 내면과 대화를 나눴다. 마음속에 있는 생각과 이미지라는 점에서 이 모든 건 실재한다. 모든 거래는 마음속에서 일어나기 때문에 원하는 것을 먼저 마음속에서 소유해야 한다. 그는 내면의 말이나 대화가 우주의 스크린에 표출되리라는 것을 깨닫고 목표와 목적을 계속 주시했다.

인생에서 원하는 모든 것에 상응하는 내용을 정신에 세워야 한다. 내가 원하는 것에 흥미를 기울여 보라. 생각은 감정을 유도한다. 이를 반복하다 보면 잠재의식에 새겨지고 반드시 이루어진다. 이게 바로 마음의 법칙이다. 잠재의식에 쉽게 새겨질 만한 짧은 구절을 떠올린 다음 자장가처럼 계속 반복해서 말하라. 다음 같은 간단한 문구를 추천한다.

내 삶에서 돈은 자유롭고 즐겁게 순환하고 있으며 언제나 우주의 의지가 넉넉하게 챙겨 준다는 것을 의식적으로 주장하고 있습니다.

아침에 5분, 밤에 잠들기 전 5분 동안 이 문구를 반복하면 부에 대한 아이디어가 잠재의식에 새겨지고 돈에 대한 의식이 생긴다는 걸 발견할 것이다.

현재의식이라는 펜으로 잠재의식에 부의 개념을 쓴다면, 잠재의식은 내가 예상하지 못한 방법으로 응답할 것이다.

'생계를 잇기에도 빠듯해' '임대료를 낼 수 없어' '새 차를 살 여유가 없어' 이런 생각으로 확언을 부정하지 않도록 조심해야 한다. 어떠한 경우에도 '안 된다'라는 단어를 사용하지 마라. 잠재의식이 이를 그대로 받아들여 좋은 것이 흘러야 할 길을 막기 때문이다.

원하는 만큼 자주 확언을 반복하라. 지금 무슨 일을 하는지 그리고 왜 그런 일을 하는지 아는 만큼 결과가 따라온다. 마음의 법칙을 적용하면 잠재의식에 새기는 인상은 모두 표현될 것이다.

무일푼에서 거부로

가난한 이민자 부모가 미국에서 새로운 삶을 꾸려나가기 위해 고군분투하는 동안 13세의 어린 피터 트레이너는 보스턴 근처 농장에서 일하며 하루 4달러를 벌었다. 20년 후 그는 이렇게 말한다.

"요즘 저는 1분에 4달러 정도의 수입을 올리고 있죠."

트레이너는 주로 의사의 돈을 맡아 투자하는 레버리지펀딩시스템즈의 대표로 600만 달러를 벌어들인다. 1500명 이상의 의사가 그에게 투자를 위탁했다. 트레이너가 말했다.

"저는 아버지께 성공을 배웠습니다. 아버지는 2차대전 이전부터 넥

타이와 중고 의류 등을 팔아 생계를 유지했죠. 낡은 고물차에 옷을 싣고 전부 팔기 전에는 집에 돌아오지 않으셨던 기억이 나요. 심지어 자정이 넘어도 옷이 다 팔려야만 돌아오셨어요. 폴란드 이민자인 아버지는 돈과 일에 대해 굉장히 구세대적인 분이셨지요."

끊임없이 목표를 세우고 성공을 거둔 그는 미다스의 손으로 불렸다.

"저는 무슨 일을 하든 성공에 초점을 맞추었습니다. 고등학교 때는 수업이 끝나면 매일 잔디를 깎았어요. 곧 조경 업체에서 아르바이트를 했고, 2학년이 될 무렵에는 1년에 1만 8000달러를 벌었습니다."

트레이너는 보스턴대학교에서 공부를 마치고 1961년에 서부로 갔다.

"성공하기 위해 캘리포니아에 왔습니다. 저는 성공한 사람들을 관찰하고 그들의 스타일, 기법, 규율을 따라 했습니다."

펜뮤추얼보험에 취직한 그는 첫해에 300만 달러 상당의 보험을 팔아 판매 신기록을 세웠다. 3년 차에는 1200만 달러 상당의 보험 계약을 해서 업계 1위의 보험왕에 올랐다. 성공 가도의 절정에 오른 트레이너는 더 높은 봉우리를 찾아 펜뮤추얼을 떠났다. 그는 투자 회사를 직접 설립하기로 했다.

"보험 가입 분야에서 의사가 최고의 잠재 고객임을 깨달았습니다. 의사는 많은 돈을 버는 데 반해 현명하게 투자할 시간이 없는 경우가 많았지요. 그래서 그들의 돈을 불려 주는 '레버리지펀딩'을 시작했습니다. 물론 제 돈도 불어나고요."

트레이너는 레버리지펀딩의 경영권을 방어할 만큼의 지분을 보유하고 있다. 이 회사는 작년에 200만 달러 이상의 수익을 올렸다. 또한 그는 영화 제작에 투자하는 프로덕션의 지배 지분을 보유하고 있고, 그 프로덕션에 본인의 이름을 달았다.

"성공이란 단지 옳은 방식으로 정진하느냐 아니냐의 문제입니다. 사안을 주의 깊게 분석하고 논리적으로 움직인다면 실용적이지 않은 아이디어는 없습니다."

피터 트레이너가 가진 것은 좋은 아이디어뿐이었다. 좋은 아이디어에 영양분을 공급하고 유지했더니 잠재의식은 멋진 방식으로 부를 끌어들였다. 우리 역시 성공이나 재물, 부를 꿈꿀 수 있다. 그렇게 하면 잠재의식이 지금은 상상할 수 없는 방식으로 내가 가진 좋은 것을 수천 배로 불려 줄 것이다.

- 잠재의식에 쉽게 각인할 수 있도록 부와 관련된 짧은 문구를 골라 계속해서 반복하라. 이 문구가 의식 깊은 곳에 가라앉으면, 잠재의식의 법칙은 강제성이 있기에 부로 표출될 것이다.

- 확언한 내용을 부정해서는 안 된다.

- 현재의식과 잠재의식은 한뜻이어야 한다. 마음속에서 갈등을 일으키지 않아야 원하는 결과가 이루어진다.

- 내면의 우주 에너자이저와 규칙적이고 체계적으로 조화를 이루면, 무궁무진한 보물창고에서 필요한 모든 것을 끌어다 쓸 수 있다.

- 돈을 많이 벌고 싶다면 이미 많은 돈을 가졌다고 상상하며 무엇을 할지 생각하라. 하고 싶은 일을 할 수 있는 돈을 전부 가진 것처럼 이야기하고 행동하라. 현명하게 돈을 쓸 방법에 관해 내면의 자신과 대화하라.

- 내면의 말과 인생의 목표가 일치하면 기도에 응답을 받을 것이다. 어떻게 하면 돈을 현명하고 분별력 있게, 건설적으로 분배할 수 있을지에 대해 끊임없이 고민하라.

- 우리는 충만하고 행복한 삶을 살기 위해 이 자리에 있다. 원하는 일을 하고 싶을 때 할 수 있는 모든 돈을 가져야 한다. 돈은 한 국가의 경제를 튼튼하게 유지하는 수단이다.

- 돈은 어떤 형태가 되었든 좋고도 아주 좋은 것이다. 돈을 자유와 아름다움, 풍요로움, 세련됨, 호화로움과 좋은 삶의 상징으로 보아라. 돈과 친해지면 언제나 원하는 것을 가질 수 있다.

4

올바른 기도의 힘으로 깨우는
우주 에너자이저

"사람들은 2 더하기 2가 4가 되지 않게 해달라고 기도한다."

기도를 하면서 우주 에너지를 바꾸려 들지 마라. 효과적인 기도는 자신을 우주의 참됨과 일치시키는 것이다. 나의 삶이 생명·사랑·진리·아름다움·기쁨·풍요를 표현하는 중심점이 된다. 한마디로 기도는 가장 높은 곳에서 우주의 영적인 진리를 묵상하는 것이다.

우주 에너자이저는 사람을 가려서 법칙을 적용하거나 중단하지 않는다. 특별히 선호하는 대상도 없다. 우주의 법칙은 모든 이에게 똑같이 적용되며 사람을 차별하지 않는다. 기도는 습관적인 사고와 이미지, 믿음에 대한 우주 에너자이저의 응답이다. 그래서 세상에는 사람 수만큼이나 다양한 형태의 기도가 있다.

엔지니어가 확립된 수리적 원리 안에서 생각하거나 화학자가 근본적인 화학 결합의 법칙이라는 관점으로 생각하는 것처럼 기도란 보편적인 원리와 영원한 진리의 관점에서 생각하는 것을 의미한다. 다르게 말하면 모든 생각은 행동과 발현으로 이어지는 경향이 있기에 생각은 곧 기도라고도 할 수 있다. 말은 표현된 생각이다. 단어는 창조적이고 세상에는 단 하나의 창조력, 즉 우주 에너자이저만이 존재한다.

《천로역정》의 저자 존 버니언의 말이다.

"말이 없어도 진심을 담은 기도는, 진심이 담기지 않은 말 많은 기도
보다 낫다."

우리는 공통의 근원을 가지고 있으며 하나의 보편적인 물질로 이루
어져 있다. 우리는 하나의 생명의 원리, 즉 우주 에너자이저의 원리로부
터 나왔다. 그러므로 진리의 측면에서 보면 우리는 모두 이어져 있다.

전 세계 모든 사람과 들짐승, 세상 모든 것에 사랑과 선의를 품고 기
도하자. 인간은 자신이 만물, 그러니까 하늘의 새, 바다의 물고기 그리
고 실제로 성장하는 모든 것과 본질적으로 하나라는 사실을 반드시 느
껴야 한다.

우주 에너자이저는 모든 것을 창조한다. 모든 것이 내부에서 만들어
지고 그로부터 나온다. 우주의 어떤 것도 다른 것과 대적할 수 없다. 자
기 자신과 싸울 수는 없기 때문이다. 우리는 엄청나게 큰 전체의 일부
분이며, 그 중심이 되는 본성과 우주 의지의 영혼이다. 소크라테스는
이렇게 말했다.

"우리는 기도할 때 축복을 구해야 한다. 신은 나에게 가장 좋은 것이
무엇인지 알고 계심을 믿고 기도해야 한다."

올바른 방법으로 기도하는 방법

정신적·영적·물질적·경제적 측면에서 온갖 종류의 부가 넘치는 왕
도를 걷기 위해서는 다른 사람의 길에 장애물을 두지 말아야 한다. 또

한 다른 사람을 시기 질투하거나 원망하지 말아야 한다. 내 생각은 창조적이므로 다른 사람에 관한 생각도 인생을 살아가면서 스스로 만들어 갈 수 있다.

성공의 사다리를 타고 올라가 재산을 모은 나보다 잘난 동창이나 직장 동료를 부러워하고 질투하는 모습은 우리 주위에 흔하다. 친구나 동료에 대해 부정적으로 생각하거나 그들의 부를 비난하면, 내가 기도로 구하는 부와 번영이 날아가 버린다. 이는 들숨에는 "우주의 의지가 나를 번영하게 하십니다"라고 하면서 날숨에는 "부자가 되고 승진하며 월급 인상을 받은 저 친구 때문에 분합니다"라고 하는 것이나 다름없다.

영국의 계관 시인 앨프리드 테니슨은 이렇게 말했다.

"기도는 세상이 꿈꾸는 것보다 더 많은 걸 이루어 준다. 친구를 위해 손을 모아 기도하지 않는다면, 눈먼 자의 배를 채우는 양과 염소보다 우리가 나은 게 무엇이 있겠는가."

기도란 본질적으로 건설적인 관점에서 하는 것이다. 올바른 기도는 우리 모두 안에 있는 우주 에너자이저가, 내가 진실로 받아들이는 정도까지 원하는 소망을 이루어 준다는 영적인 전제를 바탕으로 이루어진다. 건설적인 사고와 행동은 우주 에너자이저와 조화를 이루고, 생각의 본질에 따라 반응한다.

진정한 기도란 지속적이고 건설적인 태도를 견지하며 확신에 이르는 것이다. 먼저 나의 잠재의식에 소망이 쌓이면, 창조적 법칙의 일부로서 해답이 발현된다. 그 해답이 발현되었는지 여부가 내 안에 확신이 있는지를 판단하는 척도가 된다. 만약 나의 마음이 어떤 아이디어를 완전히 받아들였다면 정반대의 상황을 상상할 수 없을 것이다.

생명의 원리 또는 우주 에너자이저는 수많은 방법으로 인류를 치유·축복하고, 회복·번영시킨다. 그렇지 않았다면 이 우주에는 어떠한 디자인도 어떠한 화학물질도, 하나로 결합하는 어떠한 힘도 존재하지 않을 것이다.

궤양을 앓고 있던 여성의 이야기다. 그녀는 의사가 처방한 약을 먹고 있었는데 끊임없이 '약이 잘 듣지 않아. 궤양이 더 심해졌어'라고 생각했다. 사실 친척을 향한 분노 때문에 그녀의 마음속에는 적대감으로 가득했다. 그녀의 가슴속에 억눌려 있던 분노로 인한 모든 생각이 궤양을 일으키는 원인이 된 것이다.

그녀는 우주의 의지에 병을 낫게 해달라고 기도했지만, 그 기도가 오히려 자신의 궤양에 나쁜 영향을 주고 있다는 것을 몰랐다. 그녀는 적개심과 억눌린 분노, 원망으로 가득 찬 마음으로 기도하고 있었다. 잘못된 기도였다. 나는 그녀가 스스로에게 무슨 짓을 하고 있는지에 대해 간단하게 설명해 주었다. 그녀는 이제 다음과 같이 확언한다.

나는 생명의 넓은 바다에 시댁 식구를 완전히 놓아줍니다. 그들의 화합과 건강, 평화를 기원합니다. 그중 한 명이 떠오를 때마다 나는 다음과 같이 확언합니다. 나는 당신을 놓아줍니다. 우주의 사랑이 함께하길 빕니다.

또한 병이 나으면 더는 목발이 필요하지 않으리라는 걸 깨달으며 의사와 약에 대한 비판을 멈추기로 마음먹었다. 그녀는 자신과 다른 사람의 결점을 찾는 일도 그만두었다. 그녀는 분노에 가득 찬 부정적인 생각이 궤양을 만들어 냈다는 걸 깨달았다. 조화롭고 평화로우며 사랑스러운 생각을 하자 그녀의 몸과 마음도 온전하게 회복되었다. 그녀는 다음과 같은 삶의 진리를 확언하는 습관을 들였다.

나는 모든 이와 만물과 함께 평화로운 상태에 있습니다. 먹고 마실 때 신성한 인도를 받습니다. 우주 에너자이저로부터 나오는 평화·조화·힘·활력·에너지가 내 안에 가득합니다. 생명력은 내 존재를 통해 자유롭고 즐겁고 조화롭게 흐릅니다. 나는 온전하고 완전합니다.

이러한 진리로 마음을 채우고 부정적인 생각을 품었던 자신을 용서하고 친척들을 마음속에서 놓아주니 멋진 평화의 감각이 찾아왔다. 그녀는 이제 새로운 삶을 찾았다. 그녀는 더 친절하고 고귀해졌고 모든 면에서 삶이 이전보다 더 나아졌다.

"형제의 집으로 오는 배가 내 집으로도 온다."

이 오래된 진리를 기억하자. 태도를 바꿔 다른 사람의 성공과 부를 진심으로 기뻐할 때 자신이 꿈꿨던 것보다 더 크게 번영할 것이다.

목표와 나를 일치시켜라

1년 넘게 대장염으로 고생한 여성과 이야기를 나눈 적이 있다. 진정제와 식이요법으로 통증은 어느 정도 완화됐지만, 체중이 많이 줄어 새 옷을 사야 할 정도였다. 마음속 깊은 곳에 자리한 원망, 적개심, 억눌린 분노 때문이었다.

그녀는 시어머니가 자신을 고통의 바퀴에 묶어 놨다고 했다. 나와의 면담을 통해 그녀는 시어머니를 용서하겠다는 명확한 결정을 내렸다.

그리고 치유할 수 있다는 믿음을 가지고 확언했다.

시어머니에 대한 부정적이고 파괴적인 생각을 품은 자신을 용서하고 더는 그러지 않겠다고 결심합니다. 시어머니 생각이 들 때마다 즉시 내 생각에 영적인 소독약을 바르고 '시어머니를 우주의 의지에 놓아 줍니다. 시어머니가 인생의 모든 축복을 누리길 기원합니다'라고 확언합니다.

몇 주 후 그녀는 정기 검진을 받았고 아무 문제가 없는 걸로 판명되었다. 우주 에너지를 건설적으로 사용한 것이다.

우주 에너지가 삶의 목표를 성취하게 해야 한다. 성취하지 못한 소망, 꿈, 목표가 있다면 마음속의 걱정이나 두려움 같은 감정 때문일 수도 있고 성취를 막는 장벽 때문일 수도 있다.

목표와 나를 일치시켜 정신적·정서적으로 하나가 되어라. 목표를 성취하는 모습을 마음속에 자주 그림으로써 마음속 이상에 활기를 불어넣어라. 집을 지을 때 벽돌 하나하나를 쌓아 올리듯, 차근차근 그려 나간 에너지는 잠재의식이 생각과 느낌의 자질로 가득 찰 때까지 점차 커지고 확대될 것이다.

인내심을 가지고 나의 비전에 충실하면, 우주 에너자이저가 정신적 패턴을 통해 흐른다. 나의 소망이 삶의 의식적인 영역에서 인식의 주관적인 상태로 넘어가면 잠재의식을 통해 구현된다.

"내면의 목소리가 내 목표와 일치합니까?"

자신에게 이렇게 물어보자.

"그럼요. 내면의 목소리는 인생 목표가 실현되었을 때 제가 큰 소리로 내뱉을 말과 완전히 같습니다."

이렇게 답한다면 기도의 응답을 받는 기쁨에 빠질 것이다.

사랑은 기도의 힘을 강하게 한다

몇 달 전 의사 친구가 심각한 법정 소송에 휘말렸다. 그는 상대방이 거짓말과 허위사실로 자신을 고소했다는 점에 매우 짜증이 났고 당황스러웠으며 마음 깊이 분노했다. 소송은 그에게 불리한 방향으로 흘러 갔다. 나는 그에게 성공적으로 기도하려면 먼저 적개심과 원망을 없애 야 한다고 설명했다. 그는 규칙적이고 체계적으로 다음과 같이 확언하기 시작했다.

우주 에너자이저의 무한한 정의와 사랑, 조화와 진리는 이 소송에 관련된 모든 사람의 마음과 가슴에서 움직이고 있습니다. 진리는 나의 방패이자 보호물입니다.

상대에 관한 생각이 떠오를 때마다 그는 다음과 같이 확언했다.

우주의 사랑이 당신의 영혼을 가득 채웁니다.

그렇게 일주일 정도가 지나자 그는 깊은 평화를 느꼈다. 소송은 법원에서 기각되었다. 의사 친구는 확언을 통해 태도가 바뀐 후 사랑이 무언가를 끌어당기는 자석과 같음을 깨달았다. 그는 점점 더 많은 환자를 끌어당겼고 놀라울 정도로 환자들의 아픔을 잘 치유했다.

자성은 우주 에너자이저의 발산이다. 그는 주변 사람들에게 사랑과 힘, 활력을 발산하고 있었다. 그는 스스로를 변화시켰고 끊임없이 사랑의 전류를 내뿜었다. 그의 자장에 들어가는 모든 사람이 축복을 받았다. 이전의 그는 화가 많았고 증오와 원망으로 가득 찬 마음 때문에 자성도 없었다. 이는 우주 에너자이저의 전류를 차단하는 것이나 다름없었다. 환자와 돈을 잃고 있었다. 이제 그는 사랑을 안다. 사랑은 자신과 반대되는 모든 성질의 것을 녹인다.

영국의 비평가 새뮤얼 테일러 콜리지는 이렇게 말했다.

"기도를 잘하는 사람이 사랑도 잘한다."

바라는 미래를 시각화하라

랠프 월도 에머슨은 이렇게 말했다.

"기도는 진리에 관한 연구이자 미지의 무한함을 향한 영혼의 진격이다. 무언가를 배우지 않고서 진심으로 기도한 사람은 없다."

하와이에서 가장 아름다운 섬 마우이의 한 저택에서 소규모 강연을 한 적이 있다. 강연에 참여했던 사람 중 한 명이 어떻게 자신의 삶을 바꿨는지 들려주었다.

그녀는 기도 요법, 긍정적 사고 및 마음 훈련에 관한 책을 많이 읽었지만 정작 자기 인생은 엉망이라고 생각했다. 외롭고 답답했으며 재정 상태는 당혹스러울 정도로 좋지 않았다. 변변한 직장을 구하지 못해 아르바이트만 전전했다.

그녀는 취미로 그림을 그렸는데, 어느 날 앞으로 살고 싶은 집을 그렸다. 일종의 정신적 설계도였다. 그녀는 큰 종이 한쪽에 자신의 그림을 붙이고 다른 쪽에는 '연봉 2만 5000달러'라고 적었다. 또 다른 쪽에는 '멋진 남성과 행복한 결혼 생활을 합니다'라고 썼다. 그리고 수영장 그림도 그렸다.

그녀는 집에서 자주 시선이 머무는 곳에 그 종이를 붙였다. 이 그림들이 우주 에너자이저가 흐를 수 있는 정신적인 틀을 점차 형성할 것을 그녀는 알고 있었다. 우주 에너자이저가 이 틀을 통해 흐르며 자신의 소망에 에너지와 활력을 불어넣으리라는 것도 알고 있었다.

그녀는 잠재의식에 인상을 새겼다. 소망을 신념과 결부시키는 건 정신적 연습을 마무리하는 작업이다. 몇 주 후 그녀는 이 모든 것을 진짜로 소유하고 있다는 느낌을 받았다. 마음속으로 가진 사람이 진정한 주인이고, 소유에는 발현이 뒤따른다.

얼마 지나지 않아 치과 진료를 위해 호놀룰루를 방문했다. 호텔에서 오랜 친구를 만났는데 친구가 자기 오빠를 소개해 주었다. 친구의 오빠는 그녀에게 첫눈에 반해 청혼했다. 이제 그녀는 호주 시드니에 있는 수영장이 딸린 아름다운 집에서 멋진 남편과 함께 산다. 그는 그녀가 원하는 곳에 마음껏 쓸 수 있도록 1년에 2만 5000달러의 용돈을 준다.

그 집에 모였던 우리는 그녀의 순박함과 마음의 법칙에 대한 믿음, 자신감 그리고 우리 모두의 내면에 있는 무한한 힘의 경이로움에 감명받았다. 그녀는 다음의 확언을 가장 좋아한다고 소개했다.

나는 승리한다. 나는 내 안의 힘을 받아들인다.

- 기도를 하면서 우주 에너자이저를 바꾸려고 들지 마라. 우주 에너자이저는 어제도 오늘도 영원히 변하지 않는다.

- 기도는 삶의 영원한 진리와 자신을 일치시키고 삶에서 생명, 사랑, 진리, 아름다움, 기쁨, 풍요를 발산하는 중심점이 된다.

- 사랑은 위대한 자석이다. 더 많은 사람을 끌어당기고 놀랄 만한 치유를 할 수 있다. 사랑은 자신과 다른 성질의 모든 것을 녹인다.

- 모든 생각은 행동과 발현으로 이어지는 경향이 있다. 그런 의미에서 생각은 기도라고 볼 수 있다.

- 생각은 내가 아는 유일한 무형의 힘이다. 매일의 생각이 나를 만든다.

- 기도할 때는 반드시 모든 사람과 모든 일을 평화롭게 느껴야 한다. 모든 생명과 본질적으로 하나임을 깨달아야 한다.

- 온 세상을 평화롭게 느낄 때 우주 에너자이저는 나를 통해 흘러나와 삶의 모든 빈 그릇을 채운다.

- 기도란 본질적으로 건설적인 관점에서 생각하는 것이다.

- 우주 에너자이저는 나를 치유하고 번영시켜 준다.

- 치유를 받으려면 타인을 향한 모든 비판과 비난을 멈추고 부정적인 생각을 품은 자신을 용서해야 한다.

- 나를 짜증 나게 하는 모든 이에게 축복을 내리자.

- 나를 괴롭히는 사람이 떠오를 때마나 다음과 같이 담담하게 확언하라. "우주의 사랑이 당신의 영혼을 가득 채웁니다."

5
모든 피해로부터 보호해 주는
우주 에너자이저

세상의 모든 경전은 우주 에너자이저, 즉 우주의 기적적인 힘의 보호와 지도를 받는 내 안의 현존에 관해 가르친다. 다양한 배경을 지니고 서로 다른 교리를 믿는 사람들이 신비로운 이 힘을 인식했고, 기적을 일으키는 힘을 묘사하기 위해 은유와 비유를 사용했다.

구약은 '광야'를 통해 이스라엘 백성의 길고 고된 40여 년의 여행을 설명한다. 이스라엘 백성은 낮에는 구름 기둥, 밤에는 불기둥의 보호를 받았다. 성경에서 불은 끊임없이 생명을 불어넣고 정화하는 성령의 불 또는 우주 에너자이저를 나타낸다.

불은 우주의 지성이 꿈이나 밤의 환영을 통해 계시하는 해답을 의미하고, 밤은 어둠과 잠자는 시간을 뜻한다. 구름은 모든 피해로부터 벗어나 안전한 상태에서 신성한 현존에 관한 생각에 잠기는 묵상을 상징한다. 또한 우주 의지의 영원한 사랑이 만드는 신성한 원에 둘러싸여 행복한 삶을 살고 있음을 스스로 느끼고 깨닫는 것을 의미한다.

이집트의 피라미드를 방문한 적이 있다. 가이드가 알려 주길 고대에는 상인 무리가 사막을 가로지를 때 낙타를 탄 사람이 불타는 숯불을 채운 화로를 손에 들고 앞장섰다고 한다. 화로에서 올라오는 연기는 수 킬로미터 떨어진 곳에서도 볼 수 있었고, 뒤처진 사람들도 이정표로 삼아 방향을 잡고 길을 찾을 수 있었다. 가이드는 대열에서 이탈한 사람들도 불꽃을 볼 수 있다고 말했는데, 이것이 성경에서 밤의 불기둥으로 표현되었을 것이다.

불기둥은 빛이나 잠재의식 깊은 곳에서의 경고, 계시, 복잡한 문제에 대한 해결책으로 솟아 나오는 지성을 상징한다.

멕시코시티를 여행하던 중 도시 외곽에 있는 피라미드 유적지에서 어떤 남성을 만났다. 그는 한국 전쟁에 참전했는데, 당시 그가 타고 있던 전투기가 피격당해 불길에 휩싸였다고 했다. 그의 표현을 빌리자면 '불타는 용광로'였다.

하지만 그는 우주 에너자이저가 자신을 보호해 주리라는 믿음이 있었었기에 평온을 유지할 수 있었다. 그의 내면은 자신이 다치거나 화상을 입지 않을 거란 걸 직관적으로 알고 있었다. 그는 머리카락 한 올도 그슬리지 않았고, 비행기에서 낙하산을 메고 뛰어내려 목숨을 보전했다. 현재의식의 변화된 상태나 고차원적인 생각에 머무르면 불타지 않는다는 걸 스스로 증명한 것이다.

이것이 밤의 불기둥이다. 우주 에너자이저는 낮에는 피어나는 사막의 연기 기둥의 모습으로, 밤에는 불꽃이 날아오르는 불기둥의 모습으로 언제나 길을 가리킨다. 나를 보살펴 주는 우주의 사랑이다.

모든 피해로부터 자신을 보호할 수 있다

최근 베트남에서 귀국한 전 육군 병장과 대화를 나눈 적이 있다. 그가 베트남에서 복무하는 동안 겪었던 흥미로운 이야기를 들려주었다.

어느 날 오후 부대원들과 순찰 도중 여섯 명의 적군(베트콩)과 마주쳤다. 그들의 이동을 먼저 감지하고 매복해 있던 적군의 총에 그를 제외한 부대원 전원이 사망했다. 제대로 된 대응조차 하지 못하고 일어난 참변이었다.

그런데 적군은 병장만은 똑바로 바라보지 않았다. 말을 걸거나 시선을 주지도 않았다. 그저 죽은 부대원들의 주머니를 뒤져 무기를 비롯한 모든 걸 챙긴 뒤 떠났다. 병장은 매우 놀랐고 이해할 수 없었다.

부대로 무사히 복귀한 그는 켄터키에 사는 어머니에게 자신이 겪은 일에 관해 편지를 썼다. 그리고 어머니에게 놀라운 답장을 받았다.

"아들아, 그들은 너를 보지 못했을 것이다. 너를 보거나 만질 수도 없었을 거야. 왜냐하면 내가 매일 '내 아들은 적의 눈에 보이지 않습니다. 우주의 의지는 아들의 피난처이자 요새입니다'라고 기도하기 때문이지."

어머니는 아들이 적의 눈에 띄지 않고 우주의 보호를 받으리라고 지속적으로 확언했다. 이는 아들의 잠재의식에 전달되었고, 잠재의식은 그곳에 새겨진 인상과 명령에 따라 반응했다.

샌프란시스코에 사는 남성과 면담한 일도 소개하겠다. 그는 자신이 어떻게 파산 위기에서 보호받았는지에 대해 말해 주었다. 사업을 잘 꾸려나가고 있었지만 적자가 났고, 아무리 노력해도 적자를 메울 수 없었다. 그는 창업 당시부터 함께했던 직원들을 신뢰했다. 그는 내면으로 주의를 돌려 더 높은 자아에 다음과 같이 말했다.

나는 모든 걸 알고 있습니다. 무엇이 잘못되었는지 압니다. 해답이 또렷하게 현재의식, 즉 추론하는 마음속으로 들어오리란 걸 믿습니다.

며칠 동안은 아무 일도 일어나지 않았다. 넷째 날 밤이었다. 영업 종료 시간에 번뜩 다시 가게로 돌아가야 할 것 같다는 예감을 받았다. 서둘러 가게로 갔더니 두 직원이 담배, 위스키, 면도기 같은 물건들을 박스에 담아 차에 싣고 있었다. 그는 이 둘을 해고했고 아들을 야간 매니저로 고용했다. 그러자 사업은 급속도로 번창했다. 아마 그들이 계속 물건을 빼돌렸다면 6개월 안에 파산했을 거라고 그는 덧붙였다. 내면의 우주 에너자이저에 해답을 구하자 응답을 받은 것이다.

2차대전 때 승선하고 있던 배에 어뢰를 맞았던 선원과 이야기를 나눈 적이 있다. 임시로 만든 뗏목을 타고 10~12시간 동안 표류하던 그는 큰 소리로 이렇게 외쳤다고 한다.

"저를 구해 주세요! 제가 여기 있는 거 아시잖아요!"

그는 마음의 법칙을 알지 못했다. 그의 간청과 애원은 우주 에너자이저에 닿지 못했지만 맹목적인 신념은 닿았다. 노르웨이 선박의 선장은 어떤 이유에서인지 즉흥적으로 항로를 바꿨고, 당직을 서던 선원이 우연히 그를 발견해 구조될 수 있었다.

이 남성이 목숨을 구한 이유는 구조될 거라고 부조건 믿으며 위험을 무릅쓰고 나아갔기 때문이다. 우주 에너자이저는 맹목적인 믿음에 따라 응답했다.

다리 절단을 피한 남성의 이야기

코미디쇼 〈래프 인Laugh-In〉의 스타 댄 로완은 다리 암이 의심되어 수술을 받을 예정이었다. 수술 전날 의사는 그에게 최면을 걸었는데 결과는 놀라웠다. 로완은 어떠한 의학 교육도 받은 적이 없는데, 최면 상태에서 오른쪽 다리에 자라는 혹이 죽은 조직의 비암성 축적이라는 걸 의사에게 말했다. 다음 날 질병의 상태를 알아보기 위한 예비 수술을 통해 로완의 말이 맞았음이 증명되었다. 댄 로완은 말했다.

"2년 전 전문의는 오른쪽 허벅지에 생긴 큰 종기가 암일 수도 있으니 수술을 준비하자고 했습니다. 엉덩이부터 다리를 잘라 내야 할 수도 있다고요. 다리를 자른다는 말에 화가 나 친구인 레이몬드 라스콜라 박사에게 전화를 걸었습니다. 최면을 걸어 환자의 마음과 소통한 후 탁월한 진단을 내리는 친구죠."

베벌리힐스의 소아과 및 임상최면 전문가 라스콜라 박사는 이렇게 답했다.

"저는 로완을 깊은 최면에 빠뜨렸고, '관념운동 질문기법'을 사용했습니다. 이해하기 힘든 복잡한 의학 용어를 사용해 질문을 던졌습니다. 최면 상태에서 잠재의식은 의학 용어를 모를 수 있어도 질병의 원인은 밝힐 수 있답니다.

깊은 최면 속에서 로완으로 하여금 손가락을 움직여 질문에 '예' 혹은 '아니요'로 답하게 했습니다. 로완의 현재의식은 몸에서 일어나는 일을 이해할 수 없었지만, 잠재의식은 감지할 수 있었죠. 로완의 답변을 통해 저는 종기가 악성이 아니라는 걸 알았고 정확한 원인을 짚어 낼 수 있었습니다. 다음 날 외과 의사가 수술한 후 제 진단이 맞았다는 사실이 확인되었습니다."

로완이 말했다.

"라스콜라 박사는 제 답변을 살펴본 후 종기는 죽은 조직의 축적이며 매일 인슐린 주사를 놓아서 생긴 거라고 진단했습니다. 제가 당뇨병 환자라 매일 아침과 밤에 인슐린 주사를 맞거든요. 피부에 축적된 건 아주 작은 혹처럼 보이지만 위험하지는 않고, 대개는 저절로 사라진다고 합니다.

큰 안도감이 들었어요. 수술 전날 저는 외과 의사에게 다리를 잃을 일은 일어나지 않으리라고 말했습니다. 다리 안쪽에서 무엇을 발견할 건지도 말해 주었죠. 수술대에서 다리를 뼈까지 절개해 보니, 라스콜라 박사가 진단한 그대로였다는 걸 발견했습니다.

저는 언제나 인간의 마음의 힘을 깊게 믿었습니다. 마음의 힘이 신체를 제어하는 걸 보면 정말이지 놀랍습니다."

이 사례는 언제나 나를 치유하고 회복시키고 보호하는 잠재의식의 지혜를 보여 준다. 잠재의식의 무한한 지성은 세포로부터 몸이 만들어지는 신체의 모든 과정과 기능을 알고 있다. 지혜가 충만한 잠재의식은 모든 문제의 해답을 아는 유일한 존재이기 때문이다.

아인슈타인은 말했다.

"신은 과학자이지 마술사가 아닙니다."

우주의 의지를 모든 전자와 원자, 우주 만물을 이해하고 창조한 무한한 지성으로 간주하라. 보호의 현존은 인류를 치유하고 구원하고 축복하고 번영케 하는 모든 형태의 에너지를 사용하는 법을 알고 있다.

우리는 스스로 작용하는 영적인 법칙에 따라 우리를 인도하고 보호하고 보살피는 무한한 지성이 존재한다는 진리를 인식하고 믿고 받아들이는 법을 익혀야 한다.

우주의 의지를 수리적 불변의 법칙으로 온 우주를 지배하는 우주 최고의 과학자로 인식하라. 또한 사고력, 추리력, 상상력, 새로운 발명과 발견의 능력을 부여하는 무한한 지성이자 무한한 마음이 모두에게 내재하고 있음을 인식하라. 우주의 의지는 모든 지혜와 능력의 무한한 저장소를 사용할 수 있게 하고 꿈에도 생각하지 못한 영적인 힘을 드러내게 한다.

- 우리는 세상의 온갖 어려움과 문제에 대한 해답을 지닌 무한한 현존에 깊게 파묻혀 있다.

- 우주 에너자이저는 전능하다. 세상에는 단 하나의 힘만 있을 뿐이다.

- 우주 에너자이저는 지혜가 충만하다. 모든 것을 알고 모든 것을 본다.

- 우주 에너자이저는 우주와 은하계를 창조했고 모든 이에게 내재한다.

- 보호의 현존은 세포로부터 몸이 만들어지는 신체의 모든 과정과 기능을 알고 있다. 신체를 회복시키고 치유하는 무한한 힘이다.

- 보호의 현존과 우주 에너자이저는 언제 어디서나 존재한다.

- 우리는 무한한 보호의 현존을 믿는 법을 배워야 한다.

- 지혜가 충만하고 만물을 사랑하는 무한한 보호의 현존은 마법이 아니라 스스로 실행하는 영적인 법칙을 통해 우리를 인도하고 보호한다.

- 세상의 모든 종교가 우주 에너자이저, 즉 우주의 기적적인 힘의 보호와 지도를 받는 내 안의 현존에 관해 가르친다.

- 아인슈타인은 신이 과학자이지 마술사가 아니라고 말했다. 신을 수리적 불변의 법칙에 따라 우주 전체를 지배하는 우주 최고의 과학자라고 생각하라.

- 사람은 자신의 기도에 스스로 응답한다. 우주 에너자이저는 맹목적인 믿음에 반응한다.

6

직관으로 인도하는 우주 에너자이저

우주 에너자이저의 힘은 즉시 사용할 수 있으며 생각을 통해 제어할 수 있다.

일요일에 내 강의와 수업을 듣는 한 젊은 여성에게 전화를 받았다. 그녀는 교통사고가 났을 때 생긴 일을 알려 주었다. 친구 둘과 함께 차를 타고 고속도로를 달리다가 남성이 운전하는 차가 그들 쪽으로 접근했다. 충돌을 피하지 못할 것 같아 운전자는 두려움에 휩싸였다. 그녀는 사랑을 담아 말했다.

우주의 의지는 언제나 존재하는 도움이자 우리의 피난처입니다.

남성의 차는 갑자기 다른 차선으로 방향을 바꿔 마주 오는 트럭과 추돌했다. 그는 차에서 의식을 잃은 채 튕겨 나갔지만 크게 다치지는 않았다. 죽음이 확실해 보이는 상황에서 모두가 목숨을 구한 것이다.

직관의 목소리를 듣는 법을 배우다

"그가 어떤 사람인지 진작에 알았더라면 이렇게까지 고생하지 않았을 거예요."

교사가 나를 찾아와 말했다. 그녀는 잘못된 사람과 사랑에 빠지는 실수를 저질렀다. 사람을 외모로만 판단했고, 자신을 괴롭히는 남성과 결혼해서 거의 죽을 뻔했다. 이후로 그녀는 '내면의 가르침'을 의미하는 직관의 목소리에 귀를 기울였다. 직관의 목소리는 해답을 드러내는 잠재의식의 지혜를 뜻하는데, 일반적으로 뚜렷한 예감이나 내면의 느낌 또는 오래 머무는 인식을 통해 답을 드러낸다.

직관은 지성을 초월하는 진리의 스승이지만, 직관의 목소리를 내기 위해서는 추론하는 마음을 사용해야 한다. 그녀는 규칙적으로 이렇게 확언했다.

무한한 지성이 내가 알아야 할 모든 것을 알려 줍니다.

그리고 현재의식, 즉 추론하는 마음속으로 명확하게 다가오는 지시를 따랐다. 그녀는 알려지지 않은 비밀은 아무것도 없으며, 우주 의지는 언제나 도움을 주고 모든 길을 인도하신다고 계속 되뇌었다. 우주 의지는 등불이자 빛이다. 최근에 그녀는 훌륭한 대학 교수와 결혼했다.

"그를 만난 순간 결혼할 줄 알았어요."

그녀가 말했다. 직관적인 지각이었다. 이 둘은 매우 행복하다. 그녀는 지성이 직관적인 지각을 분리해서 추론하도록 내버려 두지 않았다.

내 안의 우주 에너자이저는 언제나 나를 보호하려고 노력하는 경향이 있다. 우주 에너자이저의 중얼거림과 속삭임, 경고는 언제나 생명을 지향한다. 새가 둥지를 짓고 개가 뼈를 묻고 비버가 댐을 건설하는 건 본능이다. 하지만 이런 본능은 신성한 현존과 교감하지 못한다.

본능은 단순하다. 본능은 자기를 보존하려는 특성이다. 직관은 무한자와 조화를 이루고 놀라운 발명품, 발견, 음악, 창의적인 아이디어, 책이나 도서관에서 찾을 수 없는 특별하고 놀라운 지식을 만들어 낸다. 음악, 시, 그림, 과학, 예술, 산업, 건축 분야에서 사람들이 천재성을 최고 수준으로 각색할 수 있는 건 바로 직관을 통해서다.

좋은 인재를 끌어당기는 직관의 힘

우주 의지는 언제나 도움을 주는 분이다. 한 영업 매니저는 직원을 채용할 때 언제나 첫인상이 옳았다고 말했다. 그는 다음의 내용을 끊임없이 기도했다.

무한한 지성은 이 자리에 지원한 모든 지원자의 성격과 수용 능력을 바로 드러냅니다.

"저는 이력서를 거의 보지 않아요. 제 직관을 따릅니다. 30년이 넘는 기간 동안 실수는 딱 한 번이었지요. 그 지원자에게는 놀라운 추천서가 있었고 지인도 그를 적극적으로 추천했어요. 그러나 그는 심보가 비뚤어진 사람이더군요. 그는 우리 회사의 노하우를 경쟁사에 팔아넘겼습니다. 제가 예감을 따르지 않았던 탓에 벌어진 일이었지요."

무한한 지성은 그에게 적임자를 끊임없이 반복해서 드러냄으로써 직관력을 향상시켰다. 그의 직관은 지원자에 대한 잠재의식의 생각과 인상에 대한 내적 인식을 바탕으로 조직과 조화를 이루지 못하는 사람을 거부하게 했다.

종교계에서 소위 수호천사라고 불리는 직관은 인간의 내면에 존재한다. 영업 매니저는 적임자를 알아보는 탁월한 직관력으로 조직에 큰돈을 벌어다 주었다. 우리도 할 수 있다.

직관에 따라 생명을 구하다

최근 오클라호마시티에서 특강을 진행하던 중 젊은 의사에게서 들은 이야기다. 그는 몇 킬로미터 떨어진 곳에 있는 환자를 진료하기 위해 자동차를 타고 출발했다. 그런데 갑자기 내면의 목소리가 들렸다.

"집으로 돌아가. 어머니에겐 네가 필요해."

내면의 목소리와 무언가가 잘못되고 있다는 느낌이 계속 들었고, 그는 차를 돌려 가능한 빨리 집으로 돌아갔다. 집에 도착하니 어머니가 숨을 거칠게 쉬고 있었다. 심장마비였다. 바로 주사를 놓고 침대에 눕혀 안정시킨 뒤 병원으로 옮겼다. 병원에서 어머니는 완전히 건강을 회복했다. 그는 이런 일들이 너무 자주 일어나서 이제 더는 의문을 품지 않는다고 했다.

어머니와 아들의 마음은 언제나 무의식적으로 통한다. 심장마비가 왔을 때 어머니는 아들에게 도움을 청했고, 아들은 그 목소리를 들었다. 투청력이었다. 그가 응답함으로써 어머니는 생명을 구했다.

89명이 넘는 사람의 목숨을 앗아간 대형 항공 참사를 피한 소녀의 이야기다. 버몬트주 벌링턴에 사는 소녀의 전화를 받았다. 그녀는 비행기를 타고 고향 보스턴으로 돌아갈 예정이었는데, 전날 밤 꿈에서 불탄 배와 시체들을 보았다는 것이다. 꿈에서 내가 "비행기를 취소하세요"라고 말했고, 그녀는 곧장 비행기를 취소했다.

당시 소녀는 가족 문제로 나와 편지를 주고받고 있었고, 나는 소녀를 위해 기도했다. 꿈에 나온 나는 그저 전달자였다. 소녀의 잠재의식은 목사의 지시를 따라야 한다는 걸 알았고, 잠자는 동안 생각과 이미지를 투영했다.

내면의 인도를 따르면 기적이 일어난다

잠재의식을 통제하는 건 현재의식이다. 현재의식의 말을 잠재의식이 잘 받아들인다는 것은 널리 알려진 진리다. 작용과 반작용의 법칙에 따라 잠재의식은 현재의식에 반응하면서 삶의 주관적인 차원에서 일어나는 일들에 대해 계속 알려 준다.

최근 한 수사관과 이야기를 나눴는데, 그녀는 이렇게 끊임없이 확언하고 있었다.

우주의 섭리가 나를 인도하고 내가 알아야 할 모든 것을 언제 어디서나 즉시 알려 줍니다.

그녀는 범인을 잡는 자신의 진짜 기술은 첫인상이라고 했다. 일차적으로 받은 느낌이 다른 사람의 정신에서 실제로 일어나고 있다는 것을 그녀는 수년에 걸쳐 발견했다. 가식적인 행동이 아닌 진짜 마음속에 있는 것이 드러나는 법이다. 그녀의 동료들은 첫인상 체포 이론을 비웃었지만, 현장에서 여러 차례 실패를 경험한 뒤에 그녀의 직감과 첫인상이 항상 옳았다는 걸 깨달았다.

예를 들어 한 범죄자를 취조했을 때 그녀는 마약 봉지가 집 어느 곳에 숨겨져 있는지를 마음의 눈으로 보았다. 수색 영장을 받아 동료 수사관들과 집을 수색했고, 잠재의식을 통해 보았던 바로 그 장소에서 마약을 발견했다.

자신이 알아야 할 모든 것을 알려 달라고 잠재의식에 지속적으로 새겼더니 마음속 깊은 곳에서 조건이 조성되어 내가 모르는 방법으로 해답과 해결책을 보여 주었다. 해답은 투시력, 투청력, 예감, 강렬한 느낌 또는 갑작스러운 섬광으로 나타날 수 있다. 그녀는 직관력을 길렀고, 직관은 명예와 존경, 승진, 내적 만족과 성취의 기쁨을 가져다주었다.

사람들이 더 빈번하게 영감과 인도를 받지 못하는 이유는 오감과 외부 세계의 선전으로 인해 산만해져 있기 때문이다. 직관은 곤경에 처했을 때 언제나 도움을 주는 무한자가 편재한다는 확신과 편재의 실현으로 이끈다.

다음은 직관을 불러일으키는 확언이다.

우주 에너자이저는 내 발의 등불이자 내 길의 빛입니다. 진리의 음성을 듣고 순종합니다. 복을 주고 치유하며 나를 영적·물질적으로 번영하게 하는 모든 걸 직관을 통해 귀로 듣고 눈으로 봅니다. 나는 신성한 지혜를 직접 받아들임으로써 영적 직관을 느끼며, 거짓된 것과 참된 것을 명확하게 구별합니다. 우주의 의지는 언제 어디서나 내가 알아야 할 모든 것을 알려 줍니다. 우주의 의지는 언제나 나에게 도움을 줍니다. 감사합니다.

- 직관은 곤경에 처했을 때 언제나 도움을 주는 무한자가 편재한다는 확신 과 편재의 실현으로 이끈다.

- 직관은 본능이 아니다. 본능은 자기 보존일 뿐이다.

- 직관은 무한자와 조화를 이루고, 과학·예술·산업·음악·시·신비 체험 속에서 무한자의 영광을 드높이며 기적을 일으킨다.

- 직관은 인간에게 무한자의 지혜를 드러내고, 시대의 가장 심오한 문제에 대한 해답을 보여 준다.

- 나에겐 산을 움직이게 하는 신앙이 있고 사랑이 없다면 나는 아무것도 아닌 존재다. 사랑이 믿음을 작동하게 한다.

- 신의 사랑이 내 영혼에 흘러들어 오게 하라. 사랑의 햇살이 내 영혼에 들 어오면, 내면에 감추어져 있던 광채를 다른 이에게 발산할 수 있다.

- 내 내면의 신성을 존중하면 절로 모든 사람 안에 있는 신성을 의식적으 로 존중하게 된다.

- 내면에 있는 우주 에너자이저가 내가 봉사할 더 나은 방법을 알려 줄 것 이다. 인생에서 기적이 일으키는 방법이기도 하다.

7

장애물을 극복할 힘을 주는
우주 에너자이저

우주 에너자이저는 우리뿐만 아니라 전 세계를 창조했고, 무한한 치유력은 우리 안에 존재한다. 인간은 스스로를 창조하지 않았다. 손가락을 베이거나 화상을 입었을 때 치유의 현존이 일정 시간 동안 작동한다는 걸 우리는 안다. 치유의 존재는 개와 고양이 그리고 흙 속에도 있다. 세상 모든 남녀는 우주 에너자이저를 통해 의미 있는 관계를 맺을 수 있고, 그렇게 함으로써 질병을 치유하고 문제를 해결할 수 있다.

몇 달 전 나이지리아 출신 여성이 나를 만나러 왔다. 어떤 주술사를 화나게 하는 바람에 죽음의 저주를 받을 위험에 처했다는 것이다. 그녀는 특별한 연구 활동을 위해 미국에 온 상황이었다.

나는 그녀에게 모든 마술과 부두교의 주술은 단순한 암시에 불과하다고 설명해 주었다. 그녀가 불안하고 초조한 이유는 주술에 걸렸다는 어리석은 믿음을 갖고 있기 때문이라고도 덧붙였다.

주술사의 암시나 위협은 아무런 힘도 없다. 하지만 그렇게 믿으면 힘이 생긴다. 암시는 자기 생각의 움직임에 불과하다. 그녀에겐 거부할 힘이 있었고 소위 말하는 악마나 악령의 손아귀에 있지 않았다.

문제는 신체의 모든 기관을 공격하는 스스로 만들어 낸 두려움과 공포였다. 내 지침을 따르면 사람들이 말하는 주술이라는 것을 완전히 무력화할 수 있다고 그녀에게 말해 주었다. 나는 그녀가 완전히 자유로워지고 평화로워질 것이라고 확신했다. 이 여성의 상상력에 불을 붙여 건설적인 아이디어를 받아들일 수 있도록 했다. 하루 세 번 따라 할 수 있는 확언도 가르쳐 주었다.

우주의 의지는 존재합니다. 우주의 사랑의 원이 나를 둘러싸고 있습니다. 우주 의지의 전신 갑주가 언제나 나를 에워싸고 있습니다. 우주 의지의 사랑과 평화와 조화가 나를 감쌉니다. 나는 아주 행복한 삶을 살고 있습니다. 나는 면역력이 있습니다. 이제 신성한 항체를 받았고 나는 자유롭습니다.

우리는 이렇게 기도했다. 이 여성은 두려움과 미신으로부터 치유될 것이라고 확신하면서 돌아갔다. 내가 가르쳐 준 방법을 성실하게 따르니 점차 모든 두려움이 사라졌고 자유로워졌다고 했다.

매우 흥미로운 뒷이야기가 있다. 그녀에게 죽음의 저주를 건 주술사가 끔찍한 고통에 시달리며 죽었다는 것이다. 부정적인 진동을 그녀가 받아들이지 않았기 때문에 그 힘이 곱절로 커져서 주술사에게 돌아간 것이다. 악한 생각이 갈 곳을 잃었기에 그녀가 죽기를 바랐던 주술사의 소망은 곧 자신의 몫으로 되돌아왔다. 두려움은 세상에 유일하게 존재하는 악령 또는 악마지만, 우주의 의지에 대한 믿음과 사랑이 있다면 몰아낼 수 있다.

아프리카, 뉴질랜드, 오스트레일리아 등 몇몇 나라에는 저주 풍습이 있다. 저주를 받았을 때 다른 치료 주술사 또는 마법사가 이에 반하는 주술을 걸면 피해자의 건강이 완벽하게 회복되는데, 이 모든 것의 기본은 암시다. 어떤 사람에게 퍼부어진 부정적이고 끔찍한 암시를 받아들일 경우 그 암시는 비정상적인 공포를 불러일으켜 그를 죽일 수 있지만, 다른 암시를 걸면 주술이 제거되어 그를 치유할 수도 있다.

우주의 치유 원리를 사용한 방법

몇 달 전 한 라디오 청취자가 편지를 보내왔다. 세상 모든 사람은 치유의 은사를 가지고 있으므로 특별한 사람이 치유자로 '선택'받는 건 아니라는 내 말을 들었다고 했다.

우주의 의지는 모든 사람 안에 있고, 모든 사람의 잠재의식에는 치유의 현존이 존재하기에 '특별한' 은총을 받는 건 아니다. 누구든 운전을 배울 수 있는 것처럼 어떠한 사람이든 치유의 법칙을 작동시킬 수 있다. 대기의 면면을 탐색하려면 공기역학의 법칙을 공부해야 하듯, 정신적·영적 치유를 일으키려면 마음의 법칙과 내면의 우주 에너자이저가 작동하는 방식을 알아야 한다.

편지를 보낸 남성은 현재 84세였고 4년 전에 뇌졸중을 앓았다. 당시에는 아무런 활동도 하지 못하고 누워만 있었다. 의사는 그가 다시 걸을 수 있을지 의문이라고 했다.

하지만 아들이 그에게 내 책을 건넸고, 그는 책을 통해 전능하고 지대한 무한한 치유력에 대한 아이디어를 얻었다. 하루에도 몇 번씩 우주의 의지가 자기 안에서 걷고 말하며 자신을 치유하리라 굳게 확언했다.

그는 아들에게 기적적인 치유에 대한 감사의 말을 몇 번이나 했다.

또한 그는 골프장에 선 자신의 모습을 상상했다. 아이언 그립을 느끼고 골프공을 만졌으며 친구들과 대화를 나누고 아들의 축하 인사를 들었다. 그는 정신적 이미지가 현실적인 분위기를 가질 때까지 생생한 감각을 느끼며 모든 상상을 깊이 새겼다.

두 달 후 그는 다시 골프장으로 돌아왔고 걸을 수도 있게 되었다. 인간의 믿음과 훈련된 상상력은 모든 것을 가능케 하는 무한자의 힘을 부활시켰다.

우주의 의지는 우리를 위해 일한다. 하지만 우리를 통해서만 일할 수 있기에 우리가 먼저 원해야 한다.

우주 에너자이저는 행성과 별들이 나아갈 궤도를 안내하는 힘과 에너지다. 몸속에 있는 수십억 개의 세포를 지배하는 힘과 동일한 힘이다. 이 무한한 힘과 치유의 현존은 나를 통해 배출구를 찾고 있다. 우주 에너자이저를 신뢰하고 믿어라. 몸은 피와 살로만 이루어진 것이 아니다. 영적인 물질임을 깨달아야 한다. 이 힘이 나를 통해 흐르도록 하라. 두려움과 의심으로 흐름을 방해하지 말라.

우주 에너자이저는 전능하다. 우주 에너자이저의 힘은 원자나 핵에너지, 레이저 광선, 심지어는 세상의 모든 모터나 하늘을 날아다니는 모든 비행기에서 나오는 힘보다 훨씬 더 크다. 우주의 은하계 궤도에서 별과 태양을 이끌면서, 동시에 지구를 창조한 우주 에너자이저를 생각하라. 내 몸과 재정, 사업, 가정과 삶의 모든 단계에 그 힘이 흐르도록 나를 맡겨라. 삶에 기적이 일어나게 하라.

자신을 용서할 때
치유의 기적이 일어난다

영은 눈에 보이지 않고 영원하다. 쇠하거나 나이 들거나 지칠 수도 없다. 시간을 초월하므로 나이나 형태도 없다. 나는 영이고 나의 신체도 물론 영적이다. 영은 절대 태어날 수도 죽을 수도 없다. 영은 내 실체다. 나의 참된 본성 속에서, 나는 변하지 않는 영이다. 우리가 우리 눈으로 보는 세상은 영의 발현이다.

우리는 존재의 근원과 합일하기를 갈망한다. 나무가 씨앗 안에 있는 패턴에 따라 생명력을 가지고 자라듯, 내면에 있는 영이 모든 자질과 능력, 면모를 펼칠 수 있다. 이것이 진정한 성장임을 깨달으면 갈망이 충족될 수 있다. 50미터가 넘는 거대한 참나무도 처음에는 작은 도토리였다.

우주의 의지 또는 영은 인간 내면에 관여하고, 인간은 내면의 무한한 성령을 진화시키고 묘사하며 드러내기 위해 이 자리에 있다. 세상에는 정신적이고 영적인 법칙과 소위 말하는 물리적인 법칙이 있다. 누구든지 내면에 거하는 정신적이고 영적인 힘을 사용하는 법을 익힐 수 있다. 잠재의식의 법칙은 전자공학이나 화학의 공식처럼 신뢰할 수 있고, 예측 가능한 결과를 균일하게 내보인다.

마음과 영의 법칙에 협력하면 가난·질병·편견·두려움·한계로부터 벗어나는 방법을 배울 수 있다. 질병·부족·한계는 무한한 영인 우주 에너자이저 때문이 아니라 잘못된 생각 때문에 발생한다. 이는 무지와 무관심 또는 소위 말하는 '지구상에 스스로 만드는 지옥', 즉 잘못된 선택에 기인한 것일 수 있다.

공무원 여성이 있었다. 동료가 상사에게 자신을 깎아내리는 거짓말을 해서 급여도 깎이고 낮은 직급으로 강등되었다고 한다. 이 일 이후로 만성 궤양에도 시달렸다.

내 제안에 따라 그녀는 동료는 물론 자신을 용서하기로 했다. 용서는 타인에게 사랑과 선의, 조화 그리고 삶의 모든 축복을 발산하는 것을 의미한다. 정신적·영적·육체적 안녕을 위해 꼭 필요한 결단이다.

상처·고통·실패에 대해 음울한 생각을 하고 과거의 원한과 실수를 떠올리며 원망이나 적대감을 품거나 타인 또는 자신을 비난하면 우주적 힘의 흐름이 멈추거나 막힐 것이라고 설명해 주었다.

그녀의 태도는 무한한 생명과 사랑의 흐름을 방해하고 있었다. 어제는 어젯밤에 끝났다는 걸 깨달아야만 했다. 이 여성은 스스로를 치유하기로 마음먹었다. 부정적이고 파괴적인 생각이 스스로를 해치고 있음을 깨닫고 다음과 같이 확언을 시작했다.

나는 무한한 영을 ○○○에게 발산합니다. 동료가 건강하고 행복하며 평화롭길 기원합니다. 그녀가 생각날 때마다 '나는 ○○○을 놓아줍니다. 우주의 의지가 ○○○과 함께하길 빕니다'라고 확언합니다.

그녀는 이제 자신을 용서하고 더는 원망스럽거나 혐오스러운 생각을 하지 않기로 마음먹었다. 3~4일 후 그녀는 마음속에서 동료를 만날 수 있음을 깨달았고 평온해졌다. 궤양은 10일 만에 사라졌다.

상상력의 힘

"있지도 않은 헛것에 머물 장소와 이름을 부여한다."

셰익스피어의 말처럼 정말로 상상력의 세계는 무궁무진하다. 상상력은 영혼의 눈이라고도 불린다.

베트남에서 돌아온 한 장교가 나를 찾아왔다. 그는 잘못된 주식에 투자해 파산했다고 했다. 많은 빚을 졌고, 돈이 없어 아내를 실력 있는 사립병원에 입원시키지 못하고 현재 주립병원에 있으며, 집도 날릴 뻔했다고 말했다. 그는 이 모든 장애물을 극복할 수 없다고 보았다.

나는 그에게 마음의 법칙을 가르쳐 주었다. 그리고 내 책을 주면서 정신적 이미지와 힘에 대해 읽어 보라고 했다. 일주일 만에 그는 열정과 에너지, 활력이 넘치는 모습으로 돌아왔다. 그는 이렇게 말했다.

"선생님의 책을 읽고 또 읽으면서 '정신적 이미지가 다른 사람에게 부를 창조할 수 있다면, 나를 위한 부도 창조할 수 있어'라고 스스로에게 말했습니다.

저를 아끼는 오랜 전우가 기분 전환을 하라며 경마장에 초대했습니다. 경마장에 가기 전날 밤, 저는 경마에 대해 공부하고 일곱 번이나 창구로 가서 큰돈을 타는 상상을 했습니다. 친구는 저에게 100달러를 빌려주면서 '너는 말을 잘 아니까 내일 큰돈을 벌 수 있을 거야'라고 말했습니다. 저는 이 모든 것이 사실적으로 느껴질 때까지 경주가 끝날 때마다 마권을 들고 창구로 가서 돈을 받는 제 모습을 계속 상상했습니다. 3시간 정도 이런 상상을 하다가 잠들었어요. 그러던 중 놀라운 일이 일어났습니다. 일곱 번의 경주에서 이길 우승마들이 꿈에서 보였어요.

저는 친구에게 우승마의 이름을 알려 주었습니다. 친구는 그 말들에 거액의 돈을 걸었고 그 말이 우승하면 상금의 반을 제게 주겠다고 했어요. 친구는 3만 5000달러의 상금을 받았습니다. 저에게 반을 주었고요. 저 역시 마권을 사서 2000달러를 벌었습니다. 이 돈으로 여러 문제들을 해결했습니다. 지금은 초봉이 2만 5000달러인 멋진 직업이 있답니다."

그는 상상 속의 연극을 만들었고, 마음속에서 자주 연극의 주인공이 되어 모든 상황을 자연스럽게 느꼈다. 그리고 잠재의식에서 모든 장면이 굳어질 때까지 수없이 반복했다.

우주 에너자이저가 꿈을 현실로 이룬 방법

사람들은 찰스 대로우를 대놓고 비웃었다. 대로우는 철도 회사 몇 개, 호텔 몇 채, 은행 한두 개 등을 손에 넣는다면 무엇을 할 것인지 생각하며 시간을 보내던 빈털터리 영업사원이었다.

40세의 대로우가 가짜 종이돈을 쌓아 두고 큰 금융 거래를 하는 백만장자인 척했을 때 사람들은 크게 웃었다. 하지만 대로우는 조롱에 개의치 않고 사람들에게 이렇게 말했다.

"절대 작은 꿈은 꾸지 마."

대로우는 1929년에 직장을 잃었다. 대공황 기간에는 잡다한 일을 하면서 겨우 입에 풀칠만 했다. 1930년에는 상황이 더 안 좋아져서 집세도 못 냈다. 하지만 규모가 큰 금융 거래와 부동산 거래를 하는 모습을 생각했다.

"바닥에 가짜 종이돈과 상상 속의 금융 제국을 펼쳐 놓고 어디에 투자하는 게 최선일까 여러 방안을 궁리하면서 시간을 보냈습니다."

필라델피아 저먼타운에 있는 그의 집을 방문한 친구와 이웃들은 대형 금융 거래가 이루어지는 공상의 세계에 흥미를 보였다.

"모두가 앉아서 많은 돈을 걸고 게임을 하는 것에 흥미를 보일 줄 알고 있었습니다. 물론 가짜 돈이지만요."

그때 갑자기 어떤 생각이 스쳐 갔다. 야유하고 비웃던 친구들조차 이렇게 자신의 금융 제국에 관심이 있는데, 분명 다른 사람들도 좋아할 것이라고 말이다. 그는 게임 세트를 몇 개 더 만들었고, 필라델피아의 고급 백화점 와나메이커스로 가져갔다.

"이후 광고에 한 푼도 쓰지 않았는데 더 많은 세트를 만들어 달라는 전화가 쇄도했습니다. 더는 지하실에서 가내수공업으로 만들 수 없을 정도로 주문량이 늘었지요."

찰스 대로우의 대공황은 끝났다. 그는 부자가 되었고, 1967년 78세의 나이로 세상을 떠날 때까지 필라델피아 벅스 카운티에 있는 4만 5000평 규모의 저택에서 살았다. 무일푼이었지만 큰 꿈을 꾸었던 대로우는 큰돈이 오가는 사상 최고의 보드게임 '모노폴리'를 발명했다.

큰 꿈을 꾸면 그대로 된다. 하지만 꿈을 이루려면 믿음과 자신감의 기반을 반드시 우주 의지의 능력 안에 두어야 한다.

- 무한한 치유력은 모든 곳에 있다. 무한한 치유력은 동물의 세계와 우리가 걷는 땅을 포함해 모두 안에 거한다.

- 마음의 법칙을 배우면 치유의 법칙을 작동시킬 수 있다. 그리고 무한한 치유력은 내 생각과 믿음에 반응한다.

- 치유의 단계는 다음과 같다. 문제나 상황을 바라보지 마라. 무한한 치유력이 내 존재 전체를 가득 채우고 활력을 불어넣고 치유하며 회복시킨다고 생각하라. 매 순간마다 일어나는 치유에 감사하면 기도하는 대로 기적이 일어날 것이다.

- 우주 에너자이저는 세계를 움직이고 은하계를 지배하며, 우주에 행성들을 창조하는 힘이다. 우주 에너자이저에 나를 맡기고 유익한 치유의 힘이 내 몸과 사업 그리고 가정에 흐르게 하라.

- 우주 에너자이저를 통해 인생의 큰 장애물을 극복할 수 있다. 질병이 되었든 재정적인 문제가 되었든 어떤 걸림돌이든 말이다.

- 용서는 모든 사람에게 사랑, 선의, 조화 그리고 삶의 모든 축복을 주는 것을 의미한다. 원한, 원망, 오래된 상처에 매달리면 우주 에너자이저의 흐름이 막힌다.

8
답을 밝히고 삶을 변화시키는
우주 에너자이저

더블린에서 코크까지 기차를 타고 가던 중 한 남성이 무거운 가방을 등에 메고 있는 것을 보았다. 승무원이 그에게 다가가 이렇게 말했다.

"가방을 내려놓으셔도 됩니다. 우리 기차는 승객분과 가방 모두를 태우고 갈 수 있어요."

이 모습을 보면서 이런 생각이 들었다. 사람들은 활기를 앗아가고 삶의 방해물을 만드는 비탄·슬픔·원한·불만·괴로움·적대감이라는 짐을 굳이 등에 지고서 살아간다. 마치 누전되는 전기처럼 우주 에너지가 삶에서 낭비되고 소멸한다.

최근에 나는 한 여성과 면담했다. 그녀는 의사가 처방한 과학적인 식단을 따르며 18킬로그램을 감량해서 정상 체중으로 돌아왔다. 나는 그녀가 마음속에 지니고 있던 짐 때문에 과체중이 되었다고 설명했다. 그녀가 위대한 진리를 따르면 자유로워질 것이라고도 알려 주었다.

그녀의 짐은 남편을 향한 깊은 증오와 억눌린 분노였다. 남편의 외도를 알고 나서 속으로는 크게 분노했지만 겉으로는 용서하는 척했다. 남편을 미워하는 마음이 풀리지 않자 자신도 미워졌다. 왜냐하면 미움으로 가득한 마음속에서 계속 부정적인 감정만 만들고 있었기 때문이다. 모든 증오는 자기혐오이며 치명적인 독이다. 남편을 미워했던 여성은 남성과 멀어지기 위해 '살'이라는 앞치마를 두르며 미워하는 마음을 애써 달랬다.

나는 그녀에게 우주 에너자이저는 조화롭고 평화로우며 즐겁고 리듬감 있게 흐르지만, 그녀가 마음에 둑을 세워놨기 때문에 활력이 흐르지 못해서 피곤하고 지치며 잠을 못 자고 편두통이 생기는 것이라고 설명해 주었다. 그리고 아름다움·매력·활력·마음의 평화에 도움이 되지 않는 것은 모두 밖으로 던져 버리라고 제안했다.

그녀는 자신에게 무슨 짓을 하고 있는지 깨달았다. 음식이 문제가 아니라 스스로가 평화와 건강, 행복을 빼앗는 정신적인 독을 만들어 내고 있었던 것이다. 그녀는 명확하게 결정을 내렸고 더는 거짓말 속에서 살지 않겠다고 다짐했다. 바로 변호사를 찾아가 이혼하고 싶다고 말하고, 남편과 그의 정부를 찾아가 직접 축복을 빌어 주었다.

그녀는 우주 에너자이저의 중심점이 되기로 결심했다. 그리고 무한자의 생기와 에너지를 불어넣는 힘이 자기 안에 흐르고, 자기 존재가 신성한 사랑으로 넘쳐 나고 있다고 단호하게 주장했다.

우주 에너자이저는 곧 사랑이므로, 우주 에너자이저와 스스로를 일치시키면 사랑이 자신과는 성질이 다른 모든 것을 녹인다. 얼마 지나지 않아 그녀는 모든 나쁜 감정과 비통함, 증오가 녹아내린 것을 발견했다. 그녀는 과체중의 원인이 된 고소하고 달콤한 음식에 대한 모든 욕망과 멀어졌고 아름다움과 우아함, 매력을 되찾았다.

활력 에너지를 낭비하는 걸 멈추다

공무원으로 일하고 있는 여성이 일터에서 문제가 있다며 나를 찾아온 적이 있다. 그녀는 매우 예민했다. 동료 직원들이 자신을 시기하고 질투해서 관리자에게 자신에 대한 거짓 이야기를 전하고 있다고 했다.

그녀는 동료들을 원망하면서 자신을 구속과 속박의 집에 가두고 있었다. 스스로를 굴레에 가둔 것이다. 다른 이들에게 자신을 해칠 힘을 실어 주며 자신의 활력 에너지를 소진하고 있었다. 그 결과 퇴근하고 집에 오면 완전히 기진맥진했고 우울해졌으며 예민해져서 불면증에 시달렸다.

내 제안에 따라 그녀는 사무실에서 생기는 사소한 골칫거리와 부정적인 분위기, 험담에 신경 쓰는 걸 그만뒀다. 이렇게 짜증스럽고 사소한 것들은 내면의 에너지를 계속 갉아먹는다. 결국 가치 있고 사랑스러운 것에서 마음이 멀어진다. 모든 축복의 근원인 우주 에너자이저에서 착하고 선한 것이 나오는 것도 막는다.

그녀는 매일 아침뿐만 아니라 하루 중 시간이 날 때마다 우주 에너자이저와 자신을 동일시하면서 다음과 같이 확언했다.

내 안에 있는 상담자이자 길을 보여 주시는 분이자 모든 것을 마련해 주는 근원, 지상의 권세에 전심전력을 다해 충실하고 충성하며 헌신하겠습니다. 우주 의지의 활력을 받았습니다. 우주의 의지는 저의 상사이자 고용주입니다. 나를 인도하고 돌봐 주고 지탱하고 나를 강하게 합니다. 우주의 의지는 모든 직장 동료를 통해 생각하고 말하며 행동합니다. 그들 중 누군가가 생각나면 즉시 '우주의 의지는 우리를 사랑하고 돌봐 줍니다'라고 확언합니다.

그녀는 이러한 진리를 한결같이 고수했다. 내면이 변하자 외면도 변했다. 달라진 세계에서 평화를 찾았고, 원망·분노·적개심 같은 쓸데없는 짐을 지는 것도 멈췄다. 이 작은 여우들이 생명의 포도원, 즉 몸과 마음 안에 흐르는 기쁘고 활기 넘치는 우주 에너지를 망치게 두지 않았다. 그녀는 인생의 사다리를 타고 올라가 이제는 관리자가 되었다. 그녀의 여정은 앞으로도 위를 향해 나아갈 것이다.

풍요로운 삶을 표현하려는 우주 에너자이저

우주 에너지는 건설적이고 조화로우며, 리듬감 있고 즐겁게 움직인다. 우리가 만약 조화와 사랑의 원칙을 거스르거나 앞으로 나아가려는 생명의 경향에 반하는 방식으로 생각하고 행동한다면 심신이 괴로워진다. 이는 내가 나에게 벌을 내려서 그렇다.

인생의 계획·목적·목표가 정해졌을 때 우주 에너지는 더 활발히 흐를 수 있다. 우리는 비전이 있는 곳으로 향한다. 여기서 비전이란 내 마음이 보고 있는 것, 주의를 기울이는 것, 집중하고 있는 이상을 말한다. 목표에 도달할 수 있음을 깨달았을 때 우주 에너자이저는 나를 대신해서 흐르며, 내 꿈을 이루는 데 필요한 모든 것을 나에게 끌어당긴다.

나는 로스앤젤레스부터 캘리포니아 남부 지역까지 송출되는 라디오 프로그램을 진행하고 있다. 어느 날 청취자에게 편지가 왔다.

"저는 삶이 불행하고 돈이 부족하단 이유로 상사, 조직, 아내 또는 다른 누군가를 계속 비난했습니다. 박사님 라디오를 들으니 스스로가 좋은 일을 막고 있었다는 걸 깨달았습니다. 짐을 던져 버린다는 것의 의미를 설명해 주셨지요. 그 이야기를 듣고 저도 제 짐의 무게를 덜어 내기로 결심했습니다. 분노는 소중한 에너지를 매우 빨리 태우고 분비샘들과 혈압에 영향을 미치며 활력 에너지를 완전히 소진하고 고갈시킨다는 것을 이제야 알았습니다."

그의 사례는 타인을 향한 비판과 비난, 억눌린 분노가 어떻게 유기체 전체를 괴롭히고 우주 에너자이저의 정상적인 흐름을 방해하는지 보여 준다. 그는 다른 사람들의 행동과 방식이 자신에게 영향을 끼치지 않는다는 걸 깨달았다. 중요한 건 내가 어떻게 반응하느냐였다. 사실 문제를 일으키고 발전을 방해한 것은 나 자신의 생각이다. 다른 사람이 어떻게 하는지는 관계없다. 그 문제에 대해 내가 어떻게 생각하고 반응하는지가 중요하다. 이 청취자는 다음과 같은 진리로 마음을 채웠다.

모든 사람이 나의 형제라는 걸 알고 있습니다. 다른 사람의 안에 있는 신성에 경의를 표합니다. 나를 비난하는 모든 이를 축복합니다. 나를 비방하는 사람들을 위해 기도합니다. 다른 사람들이 성공하는 것을 보고 기뻐합니다. 나는 지금 모두를 놓아줍니다. 그들을 평화롭게 보내 줍니다. 마음의 창을 열고 우주의 힘이 나에게 밀려들게 합니다. 나는 완벽하게 정화되었습니다. 나는 평화로운 상태에 있습니다. 우주의 사랑이 내 마음을 채웁니다. 다 괜찮습니다. 나는 우주의 사랑을 반사합니다. 모든 이를 절대적으로 사랑합니다.

그는 진리를 되뇌면 믿음과 기대가 잠재의식에 가라앉고 경험으로 나타나 삶의 모든 측면에 적용되리라는 것을 알았다. 그의 삶은 한 달 만에 송두리째 바뀌었다. 이제 더는 활력 에너지를 깡그리 태우지 않았고, 언제 어디서든 내면의 평화와 사랑을 발견했다. 또한 건강과 부를 위한 통로도 이제는 열어두었다.

생명을 하나의 흐름으로 본 여성의 이야기

몇 년 전 남편과 사별한 여성이 외롭고 쓸쓸하다며 상담을 요청했다. 그녀는 같은 동부 지역에 살면서도 아무런 연락도 주고받지 않는 가족으로부터 소외되었다는 느낌을 받았다.

내 제안에 따라 그녀는 마음속에 있는 자기 부정과 외로움, 친인척에 대한 비난과 양로원 안에 사는 다른 사람들에 대한 반감 등 마음의 짐을 버리기 시작했다. 안녕에 이바지하지 않는 모든 것을 당당하게 버린 후 다음과 같은 확언을 시작했다.

우주 에너자이저는 생명과 사랑, 진리, 아름다움의 흐름으로 삶에서 기분 좋은 관계와 조화·풍요·안정감을 창조하며 내 안에 흐릅니다. 나는 우주 에너자이저의 중심점입니다. 내 마음과 가슴은 모든 생명의 축복에 열려 있습니다. 유럽으로 멋진 여행을 가게 해주심에 감사드립니다. 부가 사방에서 나에게 흘러들어 오고 있습니다. 나는 사랑의 법칙을 따르면서 살고, 내가 바라는 것을 모두에게 바랍니다.

이러한 진리를 매일 여러 차례 되뇌자 그녀 주위에는 우주 에너지가 흐르는 핵이 형성되기 시작했다. 몇 주가 흘렀다. 난데없이 딸이 전화를 걸어 6주짜리 유럽 여행에 같이 가자고 했다. 모든 비용은 자신이 내겠다고 했다. 여행길에서 그녀는 은퇴한 교수를 만났다. 둘은 진지한 만남을 이어가다 런던에서 결혼했고 스페인에 정착해 행복한 노후를 보내고 있다. 이렇게 행복한 적이 없었노라 편지에 적혀 있었다. 그녀는 정원을 가꾸고, 이웃의 자녀들에게 일주일에 두 번씩 영어 수업을 하며 인생 최고의 시간을 보내고 있다.

그녀는 이제 원한이나 불만, 나쁜 감정을 지니고 있지 않다고 했다. 또한 예전에 가졌던 죄책감이 자신을 일종의 노예 상태로 위축되게 했다는 점도 깨달았다. 자신을 깔보는 걸 상쇄하기 위해 끊임없이 애쓰고 있었다는 걸 그제야 깨달은 것이다.

자신을 용서하고 스스로를 높게 평가하라. 나는 무한자의 자녀다. 나를 보살펴 주며 온 우주와 그 안의 만물을 창조한 신성을 건전하고 경건하게 온전히 존경하라. 열등감이나 거부당할지도 모른다는 두려움을 뿌리 뽑는 가장 빠른 방법은, 매일 아침저녁으로 5분간 거울을 보면서 다음을 소리 내어 확언하는 것이다.

내 안의 우주 의지를 찬미합니다. 우주의 의지는 치유하고 회복시키며 모든 걸 아름답게 합니다. 내 안의 선함을 셀 수 없이 많은 방법으로 늘리십니다.

우주 에너자이저를 활성화하면 사랑·평화·조화·풍요가 흐르고 놀랄 정도로 현실에서 그대로 경험할 것이다.

죄책감 때문에 저지른 실수

마음속에서 동료들을 계속 낮잡아 보던 대기업의 젊은 임원을 상담했다. 그에게는 주변 사람들의 결점을 찾는 일종의 집착이 있었다. 그는 그들의 능력과 재능, 도덕과 윤리 기준을 쉬지 않고 비판했다.

나는 그에게 다른 사람들을 끌어내리려는 행동은 자신을 높이기 위한 행위임을 지적했다. 그는 자신의 단점과 열등감을 그들에게 투영하고 있었다. 그는 자기 눈으로 본 다른 사람의 모습을 좋아하지 않았고, 이러한 태도는 적대감과 호전성을 낳았다. 이 젊은 임원의 마음에서는 쉬지 않고 전투가 일어나 활력 에너지를 축내고 있었다. 그는 삶을 더 풍요롭게 만드는 흐름을 놓치고 있었다.

이런 마음이 시작된 이유는 이전의 결혼 생활에 있었다. 전처가 임신했을 때 남성은 부인을 버리고 멕시코에서 이혼 서류를 작성한 후 재혼했다. 임신 이전부터 전처와 말다툼이 잦았고 앞으로도 사이좋게 지낼 수 없을 것 같았지만, 그는 전처와 아이에 대한 죄책감으로 인해 항상 방어적인 태도를 취하고 있었다. 모든 일에 민감했으며 짜증도 잘 냈다. 내가 물었다.

"지금의 아내를 버리시겠습니까?"

"아니요, 저는 지금 행복합니다. 애가 둘이에요. 매우 예쁘답니다."

나는 지금의 그가 20년 전에 아내를 버렸던 사람과 같은 사람이 아님을 지적했다. 정신적·영적·감정적·육체적 측면에서 나튼 사람이 되었다. 이 단순한 이유로 그는 지금 좋은 삶을 사는 것이다. 그리고 앞으로도 계속 충만하고 행복한 삶을 살고 싶어 했다.

생명의 원리는 벌하지 않는다. 법칙을 잘못 사용하고 부정적인 생각을 하기에 스스로에게 벌을 주는 것이다. 영원한 진리에 따라 생각을 바꾸기로 하는 순간 잠재의식은 자동으로 반응하여 과거는 잊히고 더는 기억이 나지 않는다.

잠재의식의 법칙은 선과 악, 신조, 교리, 종교적인 설득과는 무관하다. 법칙은 모든 이에게 적용되고, 좋은 사람이든 나쁜 사람이든 구분하지 않는다. 불의한 자에게도 정의로운 자와 동일하게 햇빛이 비치고, 선한 자와 악한 자 모두에게 비가 내린다.

마음의 법칙은 도덕적인 판단을 하지 않는다. 법칙은 언제나 정해져 있고 모든 사람에게 적용되며 중립적이다. 도덕성은 동기부여와 마음의 법칙을 사용하는 방법에 달려 있고 생각에는 보상이 따른다. 내 아이디어나 소망, 계획 또는 목적은 본질에 따라 좋을 수도 있고 나쁠 수도 있다. 좋은 것을 택하면 좋은 일이 따라올 것이다.

새로운 시작은 새로운 끝이다. 믿음·자신감·사랑·선의로 마음을 채우면 건강하고 행복하며 평화롭고 안정감 있는 삶을 살 것이다. 그는 변호사의 도움을 받아 백방으로 전처를 찾았다. 전처에게는 딸이 있었는데, 시기로 보니 자기 아이였다. 그는 변호사를 통해 익명으로 3만 달러를 보냈고 놀라울 정도의 안도감을 느꼈다.

그는 자기 안의 우주를 드높이기 시작했다. 그리고 동료들과 전처에게 사랑·평화·선의를 보냈다. 그들이 모두 행복하길, 직장에서 승진하고 삶의 모든 측면에서 축복을 누리길 기도했다. 죄책감과 열등감이라는 방해물의 정체를 찾은 후 평화와 화합이 그의 마음속 가장 위에서 군림하고 있다. 그는 이제 "형제의 집으로 오는 배가 내 집으로도 온다"라는 말의 의미를 안다. 20년 동안 보지 못했던 딸이 최근에 그를 찾아와 즐겁게 재회했다. 이렇듯 사랑은 법칙을 완성시킨다.

- 사람들은 슬픔과 원망, 자책, 적대감 같은 과도한 짐을 짊어지고 살아간다. 이는 정신적인 독약이며 활기와 열정, 에너지를 빼앗아 가고 유기체 전체를 약하게 만든다.

- 우주 에너자이저와 신성한 사랑이 흘러들어 올 수 있도록 마음과 가슴을 열고 감정의 짐을 버리는 방법을 배우자. 사랑은 자신과는 다른 모든 성질의 것을 녹인다.

- 인생에 확실한 목적, 목표, 비전이 있으면 우주 에너자이저가 내 존재 전체에 활력을 불어넣으며 나를 대신해서 흐른다. 창의적인 아이디어와 영감이 흘러나오고 모든 문이 열리며 꿈이 이루어진다.

- 모든 증오는 자기 혐오이며 실제로도 스스로에게 독이 된다.

- 다른 사람을 비판하고 비난하는 행동은 나의 승진과 성장, 확장을 막는다. 다른 사람을 비판하고 비난하며 폄하할 때 스스로 그러한 자질을 내면에서 만들고 있음을 알아야 한다.

- 사람은 자신의 단점, 부족함, 열등감을 타인에게 투영하는 경향이 있다. 다른 사람이 어떻게 말하고 행동하는지는 관계없다. 그 문제에 대해 내가 어떻게 생각하느냐가 중요하다.

- 내 안에 있는 우주 의지를 드높이고 다른 사람의 신성에 경의를 표하라. 다른 사람들이 번영하고 승진하며 삶의 모든 축복을 누리길 빌어 주자.

- 삶의 외부 세계에서 경험하는 모든 것이 원인은 내 안에 있다. 가졌으면 하는 것을 이미 가진 것처럼 생각하고 말하고 행동하라.

9
온갖 축복을 가져다주는
우주 에너자이저

세상에는 하나의 힘, 하나의 현존, 하나의 근본과 하나의 물질이 있다. 우주 에너자이저와 조화를 이루는 법을 배우라. 그러면 새로운 능력 속에서 진정한 자아를 발휘하며 영적으로 성숙해질 것이다.

나는 고차원에서 에너지를 받고 있으며, 내 안에 있는 힘을 사용해 모든 일을 하고 있다고 주장하라. 그러면 우주 에너자이저가 나에게 불을 붙이고 불꽃을 일으킬 것이다. 즉 내가 실제로 감지하고 인식할 수 있는 전기 에너지이자 힘을 방출한다. 내면의 우주 의지와 맞닿는 것은 고압 전선에 손을 대는 것과 비슷하다. 결과가 뒤따른다.

체중이 40킬로그램밖에 안 되는 여성이 있었다. 남편이 트럭 밑에 깔려 꼼짝도 못 하자 그녀는 트럭을 들어 남편을 빼냈다. 몇 시간 후 네 명의 남성이 똑같은 트럭을 들어 올리려 했지만 불가능했다. 이 여성의 힘과 에너지는 항상 존재했다. 힘과 에너지가 있다고 가정하자 우주 에너지가 반응한 것이다.

처칠은 가정이 사실로 굳어진다고 했다. 베트남에서 돌아온 참전용사와 대화를 나눈 적이 있다. 그는 정글에서 처음 길을 잃었을 때 매우 두려웠다고 한다. 하지만 이내 멈춰 서서 자신에게 이렇게 말했다.

"괜찮아. 우주의 의지도 이곳에 나와 함께 있어."

그는 예전에 고향 산속에서 길을 잃고 도로를 찾아 헤매던 중 하천에서 낚시하던 한 남성에게 길을 물었던 순간을 떠올렸다. 남성이 알려준 방향이 옳다고 가정하고, 그 길을 따라가니 곧 큰 도로에 다다를 수 있었다. 마찬가지로 그는 지금도 우주의 의지가 자신을 기지로 인도해주리라고 가정했다. 그는 걷기 시작했고 몇 시간 뒤에 위생병을 만나 치료받을 수 있었다. 가정이 사실로 굳어졌고, 우주의 스크린에 객관화됐다. 전능하신 생령은 언제나 내 안에 거하신다.

체스터필드 경은 이렇게 말했다.

"어떤 사람들은 위대함을 간직하기만 하다가 죽는다."

나는 스스로 발전기가 되어 올바른 생각과 감정, 마음의 태도를 통해 숨겨진 힘을 발산할 수 있다. 역동적으로 행동하며 우주 의지의 잠재력을 높여야 한다. 그러지 않으면 잠재력이 나와 점점 멀어질 것이다. 내 안에 있는 힘은 알라딘의 지니처럼 램프에서 풀려날 것이다. 다음과 같이 확언하며 에너지가 신체의 혈관을 통과하도록 하라.

무한자의 에너지와 지혜가 내 안에 가득하고, 지금 내 혈관을 통과합니다.

인생의 축복을 경험하다

멀리 사는 한 사업가가 전화를 걸어온 적이 있다. 그녀는 사업과 가정 상황이 너무 안 좋고 통제 범위를 벗어났다고 불평했다.

나는 사업가에게 내 생각과 느낌, 행동과 반응을 통제함으로써 현실의 상황도 지배할 수 있다고 말해 주었다. 또한 조화롭고 평화로우며 행복한 인생을 살 책임이 있다고 강조했다. 긍정적인 생각을 마음에 새기고 역동적인 생각을 내면의 귀로 들어야 한다고 조언했다. 그래야 잠재의식으로 뚫고 들어가 에너지를 방출할 것이기 때문이다.

사업가의 삶은 오랫동안 비가 내리지 않은 땅처럼 메말라 있었다. 남편에 대한 두려움, 원망, 증오로 가득했고 사업에 대한 패배감으로 가득 찼다. 그녀는 사업 첫해에 아름답고 조화롭게 큰 성공을 거두었다고 이야기했다. 자기 덕분에 성공할 수 있었다고도 했다. 나는 그녀에게 가정생활의 실패와 불화에 대한 책임도 져야 한다고 지적했다. 몇 주가 지나고 나는 그녀에게 아름다운 편지를 받았다. 혼잣말로 노래를 부르기 시작했다는 내용이었다.

"저에게 축복의 비가 내릴 거예요."

그녀는 축복의 비가 내린다는 생각에 푹 빠져 있었고 그 생각은 잠재의식으로 들어갔다. 그때부터 모든 것이 바뀌었다. 사업이 잘되기 시작했다. 신규 고객이 늘었으며 남편은 승진했다. 이제 그녀는 삶의 새로운 열정에 사로잡혀 있다. 스스로에게 승리의 노래를 부르기 시작하니 모든 쓸쓸함과 적대감이 녹아내렸고, 우주 에너자이저가 조화·건강·평화·풍요가 되어 그녀를 통해 흐르기 시작했다.

또 다른 사업가의 이야기다. 그는 미래에 대해 불안해했다. 달러가 평가절하되거나 파산하거나 불치병에 걸릴지도 모른다는 생각에 빠져 있었다. 나는 그가 잠재적인 에너지의 흐름을 막고 있다고 설명해 주었다. 흐름을 막았기 때문에 삶의 효율이 떨어졌다.

두려워할 일은 없다. 내면에는 두려움을 쫓는 해독제가 있다. 바로 우리 내면에 거하는 우주의 의지다. 이 권능은 최고이고 전지전능하며 어느 곳에나 있다. 무엇도 그를 반대할 수 없으며 가로막거나 해칠 수 없다. 그는 내 조언에 따라 다음과 같이 확언했다.

우주의 힘은 나를 인도하고 모든 방면에서 길을 알려 줍니다. 우주의 사랑은 나를 감싸고 안아 줍니다. 이 힘은 조화와 활기, 올바른 행동과 신성한 사랑으로 내 안에 흐릅니다. 우주의 힘은 나를 사랑하고 돌봐 줍니다. 이제 나는 두렵지 않습니다.

그는 확언하는 습관을 들였다. 이렇게 자신을 단련하기 시작하자 두려움에 대한 집착이 사라지고 사랑의 빛이 두려움을 녹였다. 영원한 진리를 지속적으로 반복함으로써 삶에서 무한자의 힘이 활기 넘치고 강력하게 발휘될 수 있도록 했다. 두려움은 모든 선한 일에 대한 믿음으로 바뀌었다. 무한한 존재와 힘에 대한 새로운 믿음은 마음속에 통로를 만들었다. 그리고 모든 생각은 이 통로에서 흘러나와 저마다의 특성과 색깔을 취했다. 이제 그의 모든 생각은 믿음과 자신감, 사랑과 선의로 물들었다.

더 많은 힘과 에너지를 얻은 방법

최근 수업에서의 일이다. 나는 누구나 마음을 연다면 우주 에너지와 힘을 부여받아 위대한 일을 할 수 있다고 설명하면서 다음과 같은 인생의 모토를 세우라고 권했다.

'나를 강하게 하고 바른 길로 인도하는 우주 의지의 권능을 통해 놀랍고 멋진 일을 할 수 있다.'

세션이 끝나갈 때쯤 매일 아침 거울을 보며 다음과 같이 확언하기로 한 남성과 약속했다.

나는 우주의 아들입니다. 승리는 나의 것입니다. 환희는 나의 것입니다. 성공은 나의 것입니다. 부는 나의 것입니다. 조화는 나의 것입니다. 우주 의지는 나의 동역자입니다. 정말 멋집니다!

우주의 아들이란 내면에 우주의 의지가 거하고, 우주가 신이자 아버지이자 생명의 원리이자 만물의 창시자이며 세상에 존재하는 단 하나의 창조적 원리임을 깨닫는 사람을 뜻한다.

우주의 의지를 침묵의 동역자이자 안내자이자 급여를 주는 분, 문제를 해결해 주고 조언을 건네주는 분, 공급의 원천이자 언제나 즉각적이고 지속적으로 지원해 주는 분으로 믿어라.

수업은 5주 동안 진행되었고, 그는 매일 아침 이 확언을 반복했다. 셋째 주가 되자 놀라운 일이 일어났다. 이사회가 그에게 회장직에 앉아 달라고 요청했고, 5만 달러의 급여는 물론 상당한 규모의 판공비도 약속했다. 이 남성에게는 새로운 아이디어가 지속적으로 떠올랐고, 한번은 직관적인 목소리가 문제 해결법을 알려 준 덕에 회사가 10만 달러를 절감하기도 했다.

남성은 내면에 엄청난 힘과 지혜가 잠들어 있다는 걸 깨달았고, 힘과 지혜를 불러내서 반응을 느꼈다. 그가 나에게 말했다.

"삶에서 나를 이길 수 있는 것은 아무것도 없음을 이제야 알았습니다. 힘을 끌어당기는 법을요."

형식적인 믿음으로는
축복을 받을 수 없다

다른 여성의 이야기도 들어 보자.

"저는 종교를 믿는데 신심이 아주 깊습니다. 십계명과 황금률, 교회의 교리를 믿죠. 그런데 저는 성공하지 못했고 겨우 먹고살 만큼만 벌지요. 직장에서 행복하지도 않아요. 기도해도 아무런 답을 얻지 못해서 좌절하고 있습니다."

기도가 응답을 받지 못한 것은 종교를 형식적으로만 믿었기 때문이다. 그녀는 교회의 교리와 신조를 믿는다고 말만 앞세우고 실천하지 않았다. 관습적인 측면에서는 선했지만 그녀는 정반대를 기대했다. 마음은 자책으로 가득 차 있었고 동료들을 원망했으며, 우주의 의지가 사람들을 벌한다고 믿었다. 그는 교회의 교리와 신념, 신조를 머리로만 동의하고 찬성했다. 형식적인 신념이었고 피상적이었다.

나는 그녀에게 정말로 중요한 건 마음속 깊이 간직하고 있는 믿음, 즉 감정을 담은 지지와 뿌리 깊은 신념뿐이라고 말해 주었다. 종교는 나를 한데 묶는 마음가짐이다. 그녀의 마음을 지배하는 건 자책이었다.

나를 한데 묶는 생각이 진정한 종교다. 자신과 인생, 무한자에 대한 지배적인 신념이 진정한 종교인 것이다. 잠재의식의 가정·신념·믿음은 현재의식의 행동을 좌우하고 통제한다.

이 여성은 거울 요법을 실천했다. 매일 아침 5분씩 거울 앞에 서서 진정한 마음을 담아 소리 내어 확언했다.

나는 무한자의 딸입니다. 무한자는 나를 사랑하고 돌보아 줍니다. 내 안에 있는 무한자를 찬미합니다. 나는 온전하고 완벽하고 사랑스럽고 조화롭습니다. 무한자는 높은 곳에서 영감을 줍니다. 무한자는 나를 통해 기적을 행합니다.

자책하거나 원망하는 생각이 들 때마다 그녀는 즉시 확언을 하며 생각을 끊어냈다. 한 달 뒤에 그녀는 성공한 과학자와 결혼했다. 이제 자신을 새롭게 바라볼 수 있었고, 인생의 위대한 진리와 사랑에 빠졌다. 기적은 내가 기도하는 대로 일어난다.

- 우리는 모두 우주 의지의 자식이다. 나를 강인하게 하는 우주의 힘으로 모든 일을 할 수 있다고 주장하라.

- 세상에는 단 하나의 힘, 현존, 원인과 물질만이 있다. 모든 생명은 대부분 그곳에 실제로 존재하는지 모르는 힘의 가정으로 움직인다. 힘이 존재한다고 가정하면 높은 곳으로부터 힘을 일으킬 것이다.

- 나는 발전소다. 올바른 생각과 감정, 마음가짐을 가졌다고 가정하면 숨겨진 힘을 발산할 수 있다.

- 무한자의 에너지와 지혜로 가득 차 있다고 주장하라. 그러면 힘이 나의 정맥과 동맥으로 빠르게 흐를 것이다.

- 자신이 원하는 모든 것을 실제로 물리적으로 가진 것처럼 바라던 결과를 얻었다는 관점에서 생각하라. 내면의 말, 즉 자기 자신에게 속삭이는 말이 모든 소망을 실현해 준다.

- 목표 또는 소망과 정신적·정서적으로 합일하여 하나가 되어라. 이렇게 하면 우주 에너자이저가 잠재의식의 힘을 활성화하여 목표와 소망을 실현시킬 것이다.

- 승진이나 부, 결혼 등 이루려는 바가 있다면 내면의 말, 즉 자기 자신과의 조용한 대화가 삶의 목표 또는 욕망과 부합하는지 확인하라.

- 마치 기도가 응답을 받은 것처럼 반드시 내면에서 말하도록 하라. 소망이 이루어졌다는 관점에서 내면의 말이 나오게 하라.

- 내면의 말은 언제나 현실로 드러난다는 것을 잊어서는 안 된다.

10

기적적인 치유를 일으키는
우주 에너자이저

모든 치유는 개인의 믿음에 따라 이루어진다. 잠재의식은 내 안에 있는 창의적인 능력이고, 현재의식이 잠재의식에 새긴 건 무엇이든 삶에서 드러난다.

생각은 믿음의 표현이다. 그러므로 잠재의식에 새긴 것은 모두 내가 믿는 바에 따라 재현된다. 질병으로 표면화되는 그릇된 믿음은 질병을 일으키는 일차적인 원인이고, 몸 상태는 부차적인 원인일 뿐이다.

성경에 기록된 인간의 정신적·육체적 질병은 먼 옛날부터 현재까지 계속되고 있다. 성경에 묘사된 질병의 상태와 증상은 오늘날 거의 모든 병원에서 볼 수 있다. 물론 성경에 그 질병들이 의학 용어로 기록되어 있는 것은 아니다.

각기 다른 종교를 믿는 전 세계의 사람들이 정신적이고 영적인 법칙을 적용하면 엄청난 치유의 결과가 일어난다는 사실에 눈을 뜨고 있다. 의학과 정신의학, 심리학 등의 분야에서 정신적·정서적 갈등이 모든 파괴적인 질병의 근본 원인이라는 증거가 제시되고 관련 논문이 출판되고 있다.

며칠 전 택시 기사와 아주 흥미로운 이야기를 나눴다. 택시 기사의 어머니는 입버릇처럼 이렇게 말했다.

"어머니랑 할머니처럼 나도 언젠가 관절염으로 다리를 절겠지."

어렸을 때는 이 말을 듣고도 경각심을 갖지 않았다. 어머니가 실제로 관절염으로 다리를 절고 입원하는 날까지 말이다. 기사는 어머니에게 내 책을 가져다주면서 꼭 읽어 보라고 이야기했다.

주치의는 어머니가 평생 휠체어를 타야 한다고 했다. 하지만 어머니는 내 책을 읽었고, 관절염 상태를 만든 건 자신의 잠재의식이라는 것을 깨달았다. 잠재의식은 모든 이에게 똑같이 적용된다. 어머니와 할머니처럼 관절염에 걸릴 거라는 부정적인 말을 몇 번이고 되풀이한 탓에 잠재의식은 그 말을 곧이곧대로 받아들였다. 그녀는 생각을 바꿔야 한다는 것을 깨닫고 잠재의식이 받아들일 때까지 하루에도 몇 번이고 다음과 같은 확언을 했다.

내 안의 생령은 무한한 치유력입니다. 나는 이제 잠재의식에 온전함·생명력·완벽한 건강이라는 씨앗을 심습니다. 신성한 사랑이 나를 통해 흐릅니다. 사랑은 자신과 다른 모든 것을 녹입니다. 우주의 평화가 내 영혼을 채웁니다. 무한한 치유력이 지닌 활력과 지성이 잠재의식 가장 깊은 곳까지 뚫고 들어가 스며듭니다. 자유롭고 즐겁게 걸을 수 있을 때까지 잠재의식이 믿음을 강하게 붙들고 있음을 압니다.

아들도 어머니를 위해 비슷한 방식으로 확언했다. 어머니는 휠체어를 타고 집으로 돌아왔지만 한 달 만에 완전히 치유되어, 이제는 일요일마다 내 강연을 들으러 직접 온다.

치유력을 발산시키는 방법

몇 달 전 나는 잠재의식에 있는 무한한 치유력을 믿었던 한 어머니에게 일어난 놀라운 일을 지켜볼 기회가 있었다. 그녀는 내게 보여 주기 위해 다섯 살짜리 아들을 데려왔다. 아이는 건강하고 튼튼해 보였는데, 어머니는 아들이 심한 천식 발작으로 고생하고 있다고 했다. 복용하는 약이 항상 잘 듣는 건 아니었기 때문이다. 남편은 아들이 태어나고 얼마 뒤에 세상을 떠났고, 천식 증상은 여섯 달 전부터 시작되었다고 했다.

나는 이 어머니에게 아들이 완벽하게 건강해진 모습을 볼 수 있을 거라 말했다. 성 아구스티노는 이렇게 말했다.

"보지 못하는 것을 믿는 게 믿음이 아니라면 무엇이 믿음입니까?"

어머니는 우주 에너자이저에 대한 믿음을 입증하기로 했다. 그녀는 정신적이고 영적인 법칙에 대해 놀랄 정도의 지식을 가지고 있었고 나에게 이렇게 말했다.

"믿음의 기도가 감각적인 증거에 의해 거부당하더라도 계속해서 믿는다면, 믿음이 잠재의식에 쌓여 이루어지리라는 걸 알고 있어요."

하루에 3~4번씩 그녀는 차분하고 조용한 상태에서 "엄마, 우주의 힘이 나를 낫게 했어요. 기분이 정말 좋아요"라고 아들이 말하는 걸 상상했다. 그녀는 계속해서 이런 정신적인 이미지를 떠올렸다. 한 달이 지나갈 때쯤, 소년은 천식 발작에서 완전히 자유로워졌다.

그녀는 마음을 단련했다. 그리고 자신의 마음이 만든 건설적인 생각과 이미지가 눈에 보이지 않는 틀을 거쳐 현실에 나타나리라는 것을 알았다.

우주 에너자이저는 모든 사람에게 생기를 불어넣는 생명의 원리다. 예를 들어 외국에 있는 동생을 위해 기도하고 싶다고 치자. 잠재의식에서 모든 사람은 하나이기에 각각을 나누는 딱딱하고 고정된 구분선 같은 건 없다. 사랑하는 사람을 생각할 때 내 잠재의식은 시공간을 뛰어넘는다. 그러므로 그 사람이 온전하고 아름다우며 활력이 넘치고 사랑스럽다는 걸 생각하면, 사랑하는 사람은 이러한 생각을 골라내 자기 안에서 부활시킨다. 사랑하는 사람이나 친구를 향한 현재의식의 행동 그리고 이를 받아들이려는 상대방의 의지는 서로 화합을 이룬다.

우주 에너지 또는 생령은 완전하게 언제 어디서나 동시에 존재한다. 부재 치료를 하거나 내 눈앞에 없는 사람을 위해 기도할 때는 내가 나에게 하는 것처럼 아픈 친구의 잠재의식에 온전함과 생명을 불어넣을 수 있다. 그리고 믿음과 신념에 따른 결과를 볼 수 있을 것이다.

이 장을 쓰던 중에 조지아에서 장거리 전화 한 통이 왔다. 나에게 전화한 여성은 여섯 살 아이가 죽어 가고 있다고 했다. 의사가 준 약을 먹여도 열이 내리지 않고 희망이 없어 보인다고 했다.

나는 아이 안에 있는 치유력을 믿고 자신감을 가지면 아이가 이에 응답할 것이라고 설명해 주었다. 어머니는 내 제안에 따라 열과 증상 그리고 체질에 대해 곱씹는 것을 멈췄다. 그리고 감정을 실어서 다음의 확언을 했다.

우주 에너자이저, 즉 전능하신 생령은 내 아이의 생명입니다. 평화의 강이 아이의 존재를 구석구석 채웁니다. 우주의 사랑이 아이의 영혼을 가득 채웁니다. 생기를 불어넣어 주고 치유하며 조화를 가져오는 힘이 아이의 몸과 마음에서 드러납니다. 이제 생명력과 지성이 부활

합니다. 감사합니다.

어머니는 치유력이 아이의 잠재의식을 가득 채워 자체적으로 치유가 일어나고 건강이 회복되리라는 것을 의식하면서 약 한 시간 반 동안 이 기도를 반복했다. 30분 후 아이는 정상 체온을 되찾았다. 아이는 강아지와 놀아도 되냐고 물었고, 배가 고프니 먹을 것을 달라고 했다. 의사는 어머니에게 이렇게 말했다.

"제가 아닙니다. 더 높은 힘이 하신 일입니다."

마음의 독소를 빼라

아래의 단계들을 따르면 나 또는 내가 기도하는 사람의 몸에 독소가 쌓이는 것을 막을 수 있다.

정신적·영적 치유의 첫 번째 단계는 지금 이 순간부터 눈에 나타나는 상태를 두려워하지 않는 것이다. 두 번째 단계는 부정적인 생각의 산물이 현재 상태이며 계속해서 존재할 힘이 없음을 깨닫는 것이다. 세 번째 단계는 내면의 우주 에너자이저의 치유력을 높이는 것이다.

현재 상태가 잘못된 것이라고 선언하라. 내 안에서 그 사람을 높이고, 아픈 사람이 본래 지녀야 하는 모습, 즉 행복하고 즐거우며 자유로운 모습을 보아라. 나의 소망이 구현되리라고 믿으면 말(생각과 느낌)이 곧 현실로 드러날 것이다.

뉴욕의 한 목사와 이야기를 나눈 적이 있다. 그는 내 책에 나오는 기법을 활용하여 흡족한 결과를 얻었다고 알려 주었다. 아내는 결핵을 앓고 있었는데 치료를 받아도 효과가 없었다. 날씨가 따뜻한 애리조나주 투손에서 여름 내내 요양을 했는데도 차도가 보이지 않았다.

목사는 하루에 3~4번씩 마음을 가라앉히고 긴장을 풀며 모든 걸 내려놓았다. 그런 다음 내면의 보이지 않는 치유력과 이야기를 나누는 자신의 모습을 상상했다. 마음속으로 이렇게 말했다.

아내를 기적적으로 치유해 주셔서 감사합니다.

마음이 감사함으로 넘칠 때까지 이를 계속 반복했다. 아내도 같은 기법을 계속해서 따랐다. 그달 말 객담 검사를 비롯한 모든 검사에서 아무런 이상이 없다고 나왔다. 무한한 치유력이 있는 곳까지 마음과 가슴을 드높이니 치유력이 발산되었다.

내면의 말이나 목소리는 언제나 밖으로 드러나는 법이다. 내면의 말과 인생의 목표 또는 소망은 일치해야 한다. 이 일화에서 부부 내면의 말은 온전해지고 아름답고 완벽해지겠다는 목표와 일치했다.

영적인 마음 치유를 실천하는 이상적인 방법은 모든 생각을 증상과 신체 상태에서 완전히 분리하여 내가 기도하는 대상을 순수한 영적인 존재라고 생각하는 것이다. 다시 말해 내면의 영이나 우주 에너자이저와 자신을 동일시하고 영의 참됨이 내가 도우려는 사람의 참됨이라고 주장하는 것이다.

이 기법을 따르다 보면 영은 전능하고 어떤 조건에도 예속되지 않는다는 것을 알 수 있다. 영을 구성하는 활력·지성·온전함·힘을 환자가 지금 표현하고 있음을 확언하면, 환자는 내가 확언하는 진리를 열린 마음으로 선뜻 받아들인다. 그러면 그의 잠재의식이 치유자의 건설적인 영적 생각으로 채워진다. 온전함·활력·힘이 다시 솟아나고 건강이 질병을 밀어낸다.

죽음의 문턱에서 용서의 힘으로 되돌아오다

한 여성이 나를 찾아왔다. 그녀의 남편은 일반적으로 섬망증이라고 부르는 진전섬망으로 고생하고 있었다. 환각을 겪고 심방이 불규칙적으로 뛰는 심방세동도 있었다. 의사조차 죽는 건 시간문제라고 했다. 그녀는 나에게 병원에 와달라고 부탁했다. 남편은 우크라이나 키이우에서 지내던 시절에 매일 아침 내 라디오 프로그램을 들었고, 내가 와주길 바라고 있다고 했다.

"모든 게 끝났어요. 전 죽어 가고 있습니다. 저는 지옥에 가나요?"

남편은 만성 알코올 중독자였고 모르핀 진정제를 맞은 상태였지만 일관되게 이성적인 태도를 유지했다. 침대 옆에 앉아 그와 대화를 나누는 동안 자신이 저지른 숱한 범죄를 털어놓았다.

그는 이제 교회를 나가지 않았지만 구시대적 종교 사상은 여전히 믿고 있었다. 나는 그에게 생명의 원리는 결코 유죄 판결을 내리지 않는다고 설명했다. 우리의 마음에 스스로 내리는 심판이 지옥(제한과 속박)과 천국(평화·조화·건강 등)을 만든다고 말이다. 나아가 과거의 모든 잘못을 스스로 용서하고 다시는 그런 범죄를 저지르지 않겠다고 결심하기만 하면 된다고도 말했다.

또한 원한이나 원망을 품고 있던 사람뿐만 아니라 다른 차원으로 이미 넘어간 사람을 모두 놓아줄 수 있다고 알려 주었다. 우리는 함께 손을 잡고 모든 사람을 놓아주었다. 나는 그에게 형식적인 기도는 해답을 주지 않으며, 그 대신 과거에 원망했던 사람의 건강·행복·평화·축복을 진정으로 바랄 때 내면 깊은 곳에서 일어나는 진정한 마음의 변화가 그 해답이 될 것이라고 말했다.

그는 열 명 정도의 이름을 이야기했다. 자신이 해를 끼친 사람이라고 했다. 우리는 우주의 사랑·평화·기쁨·축복을 이들 한 명 한 명에게 쏟아붓기 시작했다. 갑자기 그가 빛나고 행복해 보였다. 이제 하늘에 있는 어떠한 힘도 자기에게 벌을 내리지 않을 것이라는 깊은 내적 믿음을 가졌기 때문이다.

그는 전부 용서받았다고 느꼈다. 그는 긴장하지 않았고, 그가 말하는 '천국'에 갈 준비가 되어 있었다. 담당 의사와 간호사는 그의 신체적 능력이 괄목할 만큼 향상되었다는 것에 주목했다. 의사가 말해 준 새로운 예후에 따르면 그는 살 수 있었다. 며칠 만에 그는 완전히 건강을 되찾았다. 그 남성은 이제 활기와 열정이 넘쳐흐른다.

자신과 타인을 용서하고 여유로운 태도를 보이며 우주의 의지에 나를 넘겨주니, 고통·두려움·죄책감·증오의 존재로부터 마음과 몸이 즉시 해방되었다. 그의 신체는 새로운 마음가짐에 기적처럼 반응했다. 마음속 자유와 평화라는 내적 감각이 우주 에너자이저의 치유력을 발산시켜 새로운 사람이 되었다. 자책은 지옥이고 자기용서는 천국임을 그는 깨달았다. 자기를 용서하면 마음이 평화로워진다.

어떤 생명이든 털끝도 해치지 않으면서 소망을 실현할 수 있다. 내가 옳다고 생각하고 느끼는 행동을 하고, 법칙을 건설적으로 사용해서 모든 사람을 향한 선의를 품으면 된다. 다른 이들에게 마음을 뻗으면 그 사람들도 비슷한 방법으로 나에게 반응할 것이다.

우리는 모든 이를 용서해야 한다. 필요하다면 하루에 천 번 또는 끊임없이 용서하는 정신을 가져야 한다. 나의 마음은 원칙이다. 원칙을 올바른 방법으로 사용할 때 원한을 부르지 않는다. 그동안 수학, 화학 또는 전기의 원리에 대해 무지거나 잘못된 방식으로 사용했다고 치자. 하지만 지금부터 당장 올바른 방법으로 사용하기 시작하면 같은 원리를 적용하더라도 다치거나 비난받거나 처벌받지 않을 것이다.

생명의 원리는 결코 나에게 벌을 내리거나 처벌하지 않는다. 법칙을 잘못된 방식으로 사용하고 부정적으로 사고하기에 스스로 벌을 주는 것이다. 과학적 정신의 법칙에 기반을 두고 나를 용서할 수 있다는 놀랍고 멋진 진리를 배워야 한다.

내가 법칙을 올바르게 사용하기 시작하면 잠재의식은 행동이 나에게 돌아오도록 방향을 바꾼다. 알코올 중독자든 마약 중독자든 범죄자든 아무런 차이가 없다. 잠재의식의 법칙은 나에게 어떠한 원한도 품지 않는다. 내가 새로운 사람이 되어 어제도 오늘도 영원히 변하지 않는 우주의 진리를 따르는 삶을 살겠다고 진지하게 결심한다면 부정적으로 반응하지 않는다.

마음가짐을 바꾸고 우주의 사랑과 조화가 우리 삶에서 최고로 군림한다는 것을 인정할 때 모든 태만·죄·실수·범죄·적대감·원망이 사라진다. 신성한 사랑과 조화, 평화가 마음과 가슴을 지배하고, 강박적인 습성을 지닌 잠재의식의 법칙은 나에게 우주 의지의 자질과 속성을 표현하도록 강제할 것이다. 내가 걷는 모든 길은 즐거움의 길이 될 것이며 평화로 이어질 것이다.

- 오늘날 다양한 종교를 믿는 전 세계의 사람들은 정신적·영적 법칙을 적용했을 때 엄청난 치유의 결과가 일어난다는 사실에 눈뜨고 있다.

- 모든 치유는 개인, 의사 또는 치료사의 믿음에 따라 일어난다. 잠재의식은 창조적 매개체이자 신체의 치유자다. 현재의식이 잠재의식에 무엇을 새기든 잠재의식은 한결같이 그 내용을 재현한다.

- 우주 에너자이저 또는 무한한 치유력은 모든 사람에게 생기를 불어넣는 생명의 원리다.

- 정신적·영적 치유의 첫 번째 단계는 지금 이 순간부터 질병이나 상태를 두려워하지 않는 것이다. 현재 상태는 부정적인 생각의 산물이며 계속해서 존재할 힘이 없음을 깨닫는 것이 두 번째이고, 내면에 있는 우주 에너자이저의 치유력을 높이는 것이 세 번째 단계다.

- 모든 결점과 단점은 우주의 사랑과 조화, 평화가 나를 지배할 때 완전히 용서받는다. 그러면 잠재의식이 이에 따라 반응하고, 마음의 법칙은 강박적인 습성이 있으므로 즐거움과 평화의 길을 갈 수밖에 없다.

- 다른 사람의 부를 시기하고 질투하면 부를 얻는 데 큰 걸림돌이 된다.

- 생각은 창의적이다. 다른 사람을 향해 품은 모든 생각이 내 마음과 몸, 상황에서 일어난다.

- 다른 사람을 시기하고 질투하면 결핍과 제한을 더 많이 끌어당겨서, 스스로를 더 가난하게 만든다.

- 주변 사람들의 성공을 기뻐하고 건강과 부 그리고 무한자의 모든 부를 누리길 진심으로 기원해 주자. 사랑과 선의는 법칙을 실현하게 한다.

11

생각을 바꾸고 목표를 이뤄 내는
우주 에너자이저

오랜 세월에 걸친 경험을 통해 나는 사람들이 왜 성공하지 못하는지 깨우쳤다. 우주 에너자이저에는 행복을 추구하는 본성이 있다. 그 힘이 흐르는 통로를 이전에 있었던 사건이나 경험에 대한 죄책감, 자기 비난, 자책에 빠져서 막고 있기 때문에 사람들은 성공하지 못한다.

또한 자신을 비롯해 다른 사람을 용서하기로 마음먹은 사람들은 언제나 아름다운 방식으로 꽃을 피우며 매력적인 삶을 살기 시작했다는 것도 알았다. 그들이 진지하게 소망하는 모든 것은 신성한 질서에 따라 결실을 맺는다. 자책은 실패와 고통을 부를 뿐이다. 자신을 용서하면 행복·평화·승리의 삶을 살 수 있다.

죄sin라는 말은 표적을 놓친다는 뜻의 그리스어에 기원을 둔다. 그리스의 궁수들이 과녁에 활을 쏘지 못했을 때 그들은 죄를 지었다sinned 또는 표적을 놓쳤다고 말했다. 나의 목표·소망·목적·이상이 내 표적이다. 목표에 도달하지 못하거나 목표를 달성하지 못하는 건 죄를 짓는 일이다. 건강과 부, 마음의 평화 그리고 나의 진정한 모습을 표현하지 못하는 건 진정한 의미에서 죄라고 할 수 있다.

정부에서 일할 좋은 기회를 받아들인 한 젊은 여성이 조지아주에서 로스앤젤레스로 이사했다. 대화를 나눠 보니 그녀가 매우 수줍고 소심하며 다소 내성적인 사람이란 걸 알았다.

그녀는 일터에 남성이 없다고 불평하며 자신에게 맞는 남성을 만나 결혼하고 싶다고 했다. 그녀는 가정을 꾸리기를 원했으며 사랑하고 사랑받기를 원했다. 여성은 인생에서 무엇을 원하는지 깨닫지 못했기 때문에 진정한 의미의 죄를 짓고 있었다.

내 조언에 따라 그녀는 누군가가 자신을 원하고 필요로 하며 진가를 알아본다고 느끼기 시작했다. 그녀는 자주 조용한 목소리로 다음과 같이 확언했다.

누군가가 나를 원하고 필요로 합니다. 나는 사랑받고 있으며 진가를 인정받고 있습니다.

멋진 남성의 초대를 받아 최고급 레스토랑에서 식사하고 그와 콘서트, 영화, 오페라를 보러 다니는 상상을 하기 시작했다. 그녀는 수첩에 바라는 바를 모두 적었다. 원하는 것들이 점차 잠재의식에 새겨지고 실제로 이루어지리라는 것을 알면서 자주 소원 목록을 훑었다.

그녀는 코스타메사에서 진행한 내 수업에 참석했다. 거기서 멋진 엔지니어를 만났고 둘은 사랑에 빠졌다. 엔지니어는 그녀를 고급 레스토랑으로 데려갔고, 같이 여러 공연을 관람했다. 결혼 전 선물로 멋진 자동차도 받았다. 나는 결혼식 주례를 서는 기쁨을 누렸다.

마음속 깊은 곳의 흐름이 훈련된 상상에 응답하여, 신성한 질서에 따라 마음에 품은 소망을 이루어 주었다. 그녀는 놀라움으로 가득 찬 행복하고 매력적인 삶을 살고 있다.

용서한다forgive는 말은 ~에게 주다give for라는 뜻이다. 그녀는 결핍과 외로움, 한계를 느낄 때마다 소원이 이루어졌다는 분위기를 심으며 대체했다. 그녀는 인생의 목표를 깨닫고 죄를 짓는 것을 멈춤으로써 과녁에 명중시켰다.

에너지의 흐름을 막고 있었던 남성

생각을 바꾸고 바꾼 생각을 고수하기로 마음먹으면, 과거의 모든 오류와 단점, 실수를 용서할 힘이 생긴다. 영원한 진리에 기초해 건설적이고 조화롭게, 사랑스럽고 평화롭게 생각하기 시작하는 순간, 잠재의식은 건설적인 생각과 이미지에 반응할 것이고, 더는 과거가 기억나지 않을 것이다. 새로운 시작은 새로운 끝이다.

마음의 원리는 시공간을 뛰어넘는다. 생명을 주는 패턴으로 잠재의식을 채우기로 하는 순간, 우주 에너자이저가 잠재의식을 정화하여 자유로워진다. 생명의 원리는 결코 벌을 주지 않는다. 부정적으로 사고하는 우리가 생명의 법칙을 오용하여 스스로를 벌주는 것이다. 무지만이 유일한 죄이며 처벌과 세상의 불행은 무지라는 죄를 지은 결과다.

빈곤에 시달리면서 주변 사람들의 부와 성공을 시기하고 질투하던 남성과 이야기를 나눈 적이 있다. 어떤 단체에 가입하여 구원을 받았다고 했지만 여전히 가난하고 병들었으며 궁핍했다. 스스로를 용서하지 않은 게 분명했다. 우리가 원하는 삶을 세상에 나타내려면 반드시 믿음을 보여 주어야 한다고 그에게 설명했다. 우주의 의지, 전능하신 생령이자 생명의 원리가 우리 안에 있으며, 무한한 지성에게 요청하면 응답을 받으리라고 설명해 주었다. 설명을 이해한 그는 부족하다는 생각이 들 때마다 다음과 같이 확언하면서 부정적인 생각을 즉시 밀어냈다.

우주의 의지는 저의 즉각적이고 영원한 공급자이자 지지자입니다.

점차 그의 마음은 만물의 진정한 원천이 될 수 있는 조건을 갖추었다. 우주 에너자이저는 그를 대신해 흐르기 시작해 새로운 활력과 에너지, 창의적인 아이디어를 주었다. 또한 놀라울 정도의 소득을 올리는 직책도 받았다. 무한자의 에너지는 생명의 영원한 진리에 반응하여 흐른다. 그는 최근에 나에게 이렇게 말했다.

"주변에 마법을 부렸더니 멋진 일이 일어났습니다!"

우리는 어떤 아이디어를 수용하고 그 아이디어의 분위기를 유도하여 마음의 천에 엮는 능력이 있다. 나와 소망이 하나가 됨을 느낄 때 우주 에너자이저가 대신 움직여 소망을 이루어 준다. 이것이 바로 우리 안에서 작동하는 창조적인 법칙이다. 그러한 지식은 삶에서 기적을 일으킨다.

사업에 실패하고 주식 때문에 상당한 돈을 잃은 한 남성과 면담을 한 적이 있다. 주식에서 잃은 돈은 가족에게 꼭 필요한 돈이었다. 그는 회개해야 한다고 말했다. 자책감과 우울감에 빠져 있었다.

나는 그에게 '자책'은 인간의 감정 중에 가장 파괴적이라고 설명해 주었다. 그의 마음가짐은 정신적인 고름을 몸 전체로 퍼뜨려, 유기체 전체를 약화하고 정신을 일종의 만신창이로 만들었다. '회개'는 내 생각을 건설적인 방향으로 바꾸는 것을 의미하며, '용서'는 인생에서 목표 또는 이상과 나를 일치시키는 것을 뜻한다고 말해 주었다. 그는 이 말을 주의 깊게 듣고 성공과 번영이라는 아이디어를 곱씹기만 하면 된다는 것을 깨달았다. 그렇게 실천하니 주관적인 힘은 성공을 위해 필요한 모든 일을 스스로 하게 만들었다. 그는 매일 밤 잠들기 전 성공과 번영에 대해 되새기기 시작했다.

그는 성공과 번영이 자신에게 어떤 의미인지 생각했다. 무한자는 지구를 만들든 나무나 우주를 만들든 모든 일에서 언제나 성공한다는 걸 떠올렸다. 무한자가 내면에 있음을 묵상하면서 인생에서 승리하기 위해 태어났다고 마음에 새겼다. 대인관계와 자신이 택한 분야에서 성공하고 우주의 풍요를 언제나 끌어 쓸 수 있다는 사실을 곱씹었다.

성공은 이제 나의 것입니다. 부는 이제 나의 것입니다.

그는 매일 밤 잠들기 전 5~10분 동안 천천히 그리고 차분하게 이 확언을 반복하면서 잠재의식에 인상을 남겼다. 졸린 상태의 마음은 더 수용적이고 수동적이라 잠재의식에 인상을 남기기도 더 쉽다.

이 뒷이야기가 흥미롭다. 그는 갑자기 대중 연설과 비즈니스 관리과정, 주식 투자 과정을 듣고 싶은 마음이 생겼다. 오늘날 그는 매우 성공적인 브로커로서 놀라운 수입을 올리고 있다.

나는 몸과 마음으로 먹는 것의 결정체다

댈러스에 있는 교회에서 몇 번의 특강을 하던 중 호텔에서 한 형사와 대화를 나눴다. 그는 적어도 20번은 총에 맞았다고 했다. 지근거리에서 누군가가 총을 쏘는 일이 종종 있었는데, 그때마다 기적적으로 피해 갔다는 것이다. 총기 고장으로 발사 자체가 안 된 적도 있고, 총알이 스쳐간 적도 있다고 했다. 그는 밤낮으로 다음과 같이 기도했다.

우주의 전신 갑주가 나를 에워싸고 있습니다. 나는 아주 행복한 삶을 살고 있습니다. 우주의 의지는 나의 피난처이며 구원의 노래가 나를 에워쌉니다.

그는 이 기도문을 가장 좋아한다. 기도를 반복하고 믿음과 기대감을 품으며, 우주의 사랑이 자신을 위해로부터 보호하고 우주 에너자이저는 믿음에 따라 반응한다는 확신을 잠재의식에 깊이 새겼다.

고기를 먹거나 커피를 마신다고 해서 지혜와 이해심이 넘치고 풍요로운 삶을 사는 건 아니다. 또한 곡기를 완전히 끊는다고 해서 그러한 삶으로 인도받는 것도 아니다. 절제와 금욕의 삶을 살면서 현명하고 강하고 튼튼하며 부유해져라. 결혼해서 열 명의 아이를 두고 육식을 하고 커피를 마시면서도 깨어 있고 영감을 받으며 성공하고 번영할 수 있다.

내 안에 있는 우주를 인식하는 것이 지혜다. 세상과 동떨어진 외진 곳에서 견과류나 과일만 먹는다고 특별한 미덕이 발현되지는 않는다. 다른 사람들은 인생을 즐기고 먹고 싶은 것을 먹으며 풍요로운 삶을 산다. 사람은 그가 정신적·영적으로 믹는 섯의 결정체다. 우주의 의지와 모든 것을 긍정하는 진리를 흡수할 수도 있고, 최고급 음식을 먹으면서도 사랑과 인도, 건강과 영감에 굶주려 있을 수 있다.

산 자의 땅에서 우주 의지의 선하심과 인도를 마음껏 먹어라. 우주의 평화와 사랑의 강으로 마음을 채우라. 높은 곳으로부터 영감을 받는 다고 주장하고 사랑의 햇살을 모든 이에게 쏟아붓는 습관을 들여라.

이러한 진리를 반복해서 연습하면 내 세상 전부와 몸, 마음, 사업, 가정생활이 마법처럼 생각한 이미지와 비슷한 모습으로 녹아들 것이다. 무엇을 먹고 마셔야 할지와 같은 사소한 일들을 왜 걱정해야 하는가? 왜 작은 일에 구애받으며 큰일, 즉 무지와 두려움, 미신의 산더미를 처리하는 걸 소홀히 하고 있는가?

인생을 바꾼 진리

열심히 일하는 남성과 이야기를 나눈 적이 있다. 이야기를 하다 보니 굉장히 양심적인 사람이라는 것을 알 수 있었다. 교회의 교리를 따르고 십일조를 내며 꾸준히 기부도 했다. 아픈 사람이 있으면 병문안을 갔고 가족에게 충실하며 친절했다.

하지만 온갖 문제에 시달렸다. 화재로 집이 불탔고 차 두 대는 도난당했다. 두 번의 큰 수술을 받았고, 하지도 않은 일로 고소를 당했다. 부인은 바람을 피웠는데, 부인이 낳은 아이가 자신의 아이가 아니라는 걸 알고 큰 충격을 받았다. 나는 그에게 간단한 질문을 던졌다.

"우주의 의지가 어떤 분이라고 생각하십니까?"

그는 우주 위 어딘가에 계시는, 자신과 동떨어진 존재라고 믿었다. 그리고 우리는 고통받으려고 세상에 왔으며, 우주의 의지는 우리를 시험하기 위해 질병과 고통, 고난을 보낸다고 생각했다. 그는 몇 년 전에 자신이 저지른 죄 때문에 우주가 벌을 내린다고 믿었다. 우주 의지에 대한 이상하고 무지한 개념을 가지고 있었기에, 그러한 믿음의 결과를 온갖 어려움과 문제의 형태로 경험했던 것이다.

나는 그에게 진짜 중요한 것은 실제로 믿는 주관적인 믿음, 마음 깊은 곳에 있는 진실한 믿음이며 사람은 마음속 깊은 곳에 자리한 믿음을 항상 드러내 보인다고 설명해 주었다. 이러한 의미에서 피니어스 파크허스트 큄비 박사는 이렇게 말했다.

"인간은 믿음의 표현이다."

우주의 의지는 하늘 저 멀리에 있다고 생각한 이 남성은 우주 의지가 변덕스러우며 인간의 기분을 오락가락하게 한다고 믿었다. 그는 "신이 그냥 저를 내버려 둔다면 제가 훨씬 더 잘 살 텐데요"라고 말한 사업가와 비슷한 생각을 가지고 있었다.

나는 그에게 우주의 의지에 대해 설명해 주었고, 그는 하루에 세 번 5~6분 동안 느낌을 담아 확언하기 시작했다.

나는 내 안의 우주 의지를 찬미합니다. 나를 치유하고 회복하게 하시는 위대한 분입니다. 절대적인 축복이자 완전한 조화이고, 무한한 지성, 한없는 사랑입니다. 전능하고 가장 높으며 세상의 유일한 현존, 힘, 원인과 물질입니다. 우주의 의지는 사랑이고, 사랑은 사랑이 담기지 않은 일을 못 한다는 걸 압니다. 더 큰 기쁨·행복·사랑·평화·성공·조화를 누리고 완벽하게 건강하며 더 풍요로운 삶을 사는 게 나를 향한 우주의 의지라는 걸 알고 또 믿습니다. 무한자의 활력과 지치지 않는 에너지, 온전함, 아름다움과 기쁨이 나에게 생기를 불어넣고 지탱하며, 우주의 사랑이 나의 영혼을 채운다고 주장하고 느끼며 알고 있습니다. 영원히 살아 있고 존재하는, 변하지 않고 끝없는 부에 감사합니다.

남성은 감미로운 목소리로 매일 이 진리를 노래했다. 그는 이런 생각을 자주 마음속에 품으면 생각이 잠재의식으로 들어가 발현되리라는 걸 알았다.

기도 요법을 시작한 지 세 달이 지나자 삶은 송두리째 변했다. 일단 매우 건강해졌으며 재혼을 했고 용서하는 마음을 가질 수 있었다. 그는 이제 우주의 사랑을 무조건 믿는다. 우주의 사랑은 그의 마음과 몸, 사업과 가정 속으로 들어갔고 사랑과 성질이 다른 모든 걸 녹였다.

올바른 방식으로 기도하다 보면 기적이 일어난다.

- 죄책감은 우주의 에너지가 삶에 흐르지 못하게 막고, 인생의 생기와 열정, 확장 가능성을 빼앗아 간다.

- 자책은 실패와 불행을 가져온다. 자신을 용서하면 기쁘고 행복하며 번영한다.

- 죄라는 말은 표적을 놓친다는 뜻이다. 풍요롭고 행복한 삶, 번영하고 성공적인 삶을 살지 못하면 인생에 죄를 짓는 것이다.

- 용서는 주는 것이다. 우주의 원리에 따라 생각을 바꾸고 바꾼 생각을 고수하면 자신을 용서할 수 있다. 잠재의식으로부터 반응이 일어나 과거는 잊히고 더는 기억나지 않는다.

- 회개는 생각을 바꾸고 영원한 진리, 즉 절대 변하지 않는 진리에 따라 생각하는 것을 말한다.

- 나는 정신적·영적으로 먹는 것의 결정체다. 최고급 음식을 먹으면서도 평화·건강·영감에 굶주려 있을 수 있다. 우주 의지는 내가 배불리 먹든 금식을 하든 상관하지 않는다.

- 우주의 진리를 배불리 먹어라. 내가 마음으로 먹는 것은 무엇이든 아름다움과 대칭, 질서, 비례로 변할 것이다.

- 교회, 종교 또는 어떤 종류의 그룹에 참여한다고 해서 가난이나 질병의 문제가 해결되는 건 아니다. 반드시 믿음을 보여야 한다.

- 나와 소망이 하나가 됨을 느낄 때 우주 에너자이저는 나를 대신해 움직여 소망을 이루어 준다.

12
내 안의 숨겨진 보물로 인도하는
우주 에너자이저

내 안에는 나를 인도하는 원리, 즉 유일하게 해답을 아는 우주 에너자이저가 있다. 베벌리힐스의 한 여성이 나를 만나러 왔다. 그녀는 수천 달러나 나가는 값비싼 다이아몬드 반지를 잃어버렸다고 했다. 여기저기 찾아다녔지만 어디에도 없었고, 어쩌면 도둑맞았을지도 모른다고 생각했다.

나는 마음을 가라앉히고 긴장을 푼 채 모든 것을 내려놓은 후 다음과 같이 내면의 우주 에너자이저에게 이야기하라고 말했다.

당신은 지혜가 충만합니다. 모든 것을 알고 있습니다. 다이아몬드 반지를 지키고, 어디에 있는지 알려 주리라는 걸 압니다. 반지를 찾게 해주셔서 감사합니다.

그녀는 매일 밤 잠들기 전에 이렇게 확언했다. 동시에 상상 속에서 손가락에 낀 반지를 느꼈다. 반지가 만져졌다. 단단했고 이질감은 없었다. 이 여성은 자장가를 부르듯 확언하며 잠들었다. 다섯째 날 밤 갑자기 귀에 울리는 말 때문에 잠에서 깼다.

"차 안을 봐."

급히 주차장으로 달려가 차 안을 뒤졌고, 바닥에 깔린 매트 아래에서 반지를 발견했다. 그녀는 마음속 인도의 법칙을 신뢰하면 언제나 해답이 있다는 걸 깨달았다.

몇 년 전에 한 젊은 교사와 면담을 했다. 그녀는 똑같은 꿈을 계속 반복해서 꾼다고 했다. 일주일에 몇 번씩 깊이 잠이 들 때면 꿈속에서 개 한 마리가 그녀의 가슴을 물어뜯어 아주 괴롭다는 것이다. 한 번은 몸부림치다 바닥에 떨어져 다치기도 했다.

이 꿈은 경고다. 의심할 여지가 없다. 잠재의식이 계속 반복해서 신호를 보낸다는 건 특별한 의미가 있다는 뜻이다. 나는 그녀에게 의사를 만나 보라고 조언했다. 그녀를 진찰한 의사는 가슴에서 두 개의 작은 종양을 발견했다. 종양은 악성으로 변하기 직전이었고, 초기 단계에서 발견되었기에 간단한 수술로 제거가 가능했다.

꿈속에서 가슴을 물어뜯긴 상황은 급성 스트레스 장애를 뜻하고, 개는 충실한 친구를 상징한다. 다시 말해 우주 에너자이저의 인도의 원리는 그녀를 언제나 보호하고 이끌며 지도하려 한다. 그녀는 두려움에서 벗어났고 이제는 건강하다.

삶에서 신성한 인도를 받고 올바른 행동을 하도록 규칙적으로 기도했던 한 영화배우가 있었다. 그녀는 말을 타고 산으로 가는 꿈을 6일 연속으로 꾸었다. 말은 정상에 오르려고 애썼지만 몇 번이나 멈추면서 결국 도달하지 못했다. 말은 감정과 본능을 상징하고, 정상에 도달하지 못했다는 것은 어떤 감정적인 갈등 또는 힘과 능력에 관련된 병에 조만간 걸릴 수도 있음을 의미한다고 그녀에게 말해 주었다.

내 제안에 따라 그녀는 병원 진료를 받았다. 의사는 심박수를 측정한 후 관상동맥 장애가 생기기 직전임을 알아냈다. 의사는 그녀에게 혈관 확장용으로 쓰이는 나이트로글리세린을 처방하고 휴식을 권했다.

그녀의 꿈은 심장마비를 초기에 경고했고, 제때 조치를 받아서 위험을 예방했다. 우주 에너지이저는 언제나 몸을 보호하고 치유하며 회복하고자 한다. 모든 치유의 힘은 우주의 의지에서 나오며 내가 알아보기를 기다리고 있을 뿐이다. 이제 그녀는 건강해졌고 지난 6개월간 아무런 증상도 없었다. 심박수도 흠잡을 데 없고 더는 약도 필요 없었다.

잃어버린 금화의 위치를 알려 주다

마음의 법칙을 깊게 믿고 공부하던 한 변호사가 있었다. 그는 내면의 우주 에너지이저가 자신이 찾고 있던 보물의 위치를 매우 흥미로운 방법으로 알려 주었다고 했다. 변호사의 어머니는 갑작스럽게 캐나다에서 사망했다. 당시 어머니는 혼자 살고 있었기에 이웃이 경찰에 신고했고, 아들은 샌프란시스코에 있다가 연락을 받았다. 그는 캐나다로 날아가 모든 일을 처리했다. 어머니는 아들에게 모든 것을 상속한다는 유언을 남겼다.

언젠가 어머니가 외국 금화를 많이 수집해 놓았다고 하셨던 말씀이 떠올랐다. 100년 전 물품까지 포함된 그 컬렉션을 언젠가는 아들에게 물려줄 거라 하셨다. 하지만 유언장에는 그에 대한 언급이 없었다. 집이나 금고에도 흔적이 없었다. 그래서 그는 잠들기 전 잠재의식에 이렇게 말했다.

이 요청을 잠재의식에 전달합니다. 잠재의식은 금화가 어디 있는지 알고, 신적인 질서에 따라 알려 줍니다. 나는 그 해답을 알아봅니다.

그는 '해답'이라는 단어를 말하면서 잠들었다. 다음 날 아침 다락방을 살펴봐야겠다는 압도적인 예감을 느꼈다. 잡지 더미 밑에 있던 낡은 상자에서 동전들을 찾았고, 캐나다 달러로 5만 달러 이상을 받고 수집품을 처분했다.

몇 달 전에 한 사업가와 면담을 했다. 그는 가게를 운영하고 있었는데, 왜 번창하지 않는지 이해가 되지 않는다고 했다. 매출이 점점 늘기는 했지만 여전히 적자였다. 나는 그에게 인도를 받으려면 다음과 같이 확언하라고 제안했다.

사업에 대해 알아야 할 것을 무한한 지성이 알려 줍니다. 해답이 현재 의식, 즉 추론하는 마음속에 또렷하게 들어옵니다. 마음속에 들어오는 인도를 따릅니다.

며칠 후 그는 외부 회계사에게 장부 검토를 맡겼는데, 가까운 친척이자 평소 믿고 일을 맡겼던 경리가 지난 2년 동안 공금을 횡령하고 있었다는 사실을 발견했다. 그는 상황을 바로잡았다.

사업가는 이제 무한자의 지성이 모든 거래를 지배하고 자신과 직원들이 신성한 인도를 받도록 매일 확언힌다. 그는 자기와 함께 일하는 모든 사람이 조직의 성장과 안녕, 번영의 사슬을 영적으로 연결하는 고리라고 규칙적으로 확언했다. 새로운 태도는 금전을 비롯한 모든 면에 멋진 결과를 가져왔다.

우리도 잠재의식에 질문을 하고 답을 받을 수 있다. 잃어버린 보물을 어디서 찾아야 할지, 내 사업체를 누구에게 넘겨야 할지, A와 B 중에 어느 집을 사야 할지, 주식과 채권 중 무엇을 사야 할지, 동업자와의 관계를 끊어야 할지 말아야 할지, 이사를 가야 할지 남아야 할지 궁금하다면 다음 방법을 따라 보라.

마음을 차분하게 하라. 우주 에너지이저의 본질은 내 생각에 응답한다는 것을 잊어서는 안 된다. 작용과 반작용의 법칙은 보편적이다. 작용은 생각이고 반작용은 더 깊은 마음속에 있는 무한한 지성으로부터 받는 응답이다. 잠재의식은 반응을 보이고 반사적이다. 잠재의식은 사고 패턴의 본질에 따라 반동하고 보상을 주며 반응한다. 올바른 행동과 올바른 결과에 대해 생각할 때 마음속 더 깊은 곳에서 내가 구하는 인도를 상징하는 반작용을 얻을 것이다.

기억하라. 인도를 구할 때는 고요하게 올바른 행동에 대해 생각해야 한다. 우리는 잠재의식이 우리를 장악하고 우리를 지배하는 시점까지 잠재의식의 무한한 지성을 사용할 수 있다. 우리의 행동은 모든 것을 알고 모든 것을 보는 주관적인 지혜에 의해 통제된다. 생각이 옳고 동기가 옳을 때 올바른 일을 하게 하는 무의식적 충동 아래 놓인다. 무엇을 잠재의식에 새기든 잠재의식의 법칙은 강박적인 습성이 있다.

해답은 꿈이나 밤에 보는 환상, 직감, 특정한 상징 또는 성경 구절로 나온다. 만약 주역을 공부한다면 특정한 여섯 개의 선으로 답이 나올 수도 있다. 잠재의식이 작용하는 방식은 너무 깊어서 헤아리기 어렵다.

올바른 해답을 구하는 데 전념하면 응답을 받을 것이다. 마음속 깊은 곳의 지혜가 나를 사용하는 시점까지 그 지혜를 사용하라. 이 기법을 행하면 내가 가는 모든 길이 즐겁고 평화롭다.

- 잠재의식의 인도하는 원리는 모든 것을 알고 모든 것을 본다.

- 신성한 인도를 받는 비결은 내가 요청하는 내용의 본질에 따라 응답을 주는 잠재의식에 무한한 지성이 존재한다는 걸 알면서, 차분하게 신성한 해결책을 생각하는 것이다.

- 무한한 지성이 응답을 줄 것이라고 신뢰하라. 응답을 얻으리라는 믿음과 확신이 있으면 올바른 답을 발견할 것이다.

- 반복되는 꿈은 매우 중요하다. 종종 꿈이나 환상의 형태로 인도가 오기도 한다.

- 세상에는 오직 하나의 영만이 존재하며 믿음에 따라 모든 사람에게 응답을 준다.

- 두려움이 마음의 문을 두드릴 때 신에 대한 믿음이 문을 열게 하라. 믿음이 문을 열면 그곳에는 아무것도 없을 것이다.

- 진정한 종교는 마음 또는 잠재의식에서 나온다.

- 마음속 깊은 곳에서 진정으로 믿는 것이 삶에서 드러나게 된다. 말뿐인 믿음·특정한 신조·신념·규칙·규정에 대해 이론적으로 동의하는 것은 머릿속의 생각일 뿐이다. 중요한 건 마음 또는 잠재의식의 생각이다.

- 나를 지배하는 믿음이 내가 믿는 진짜 종교다. 산 자의 땅에서 신의 선하심을 믿어라. 신의 인도와 사랑을 믿어라. 무한자의 풍요와 부를 믿어라. 그러면 신께서 내 눈에 흐르는 눈물을 닦아 주실 것이다.

- 무한한 치유력인 내면의 우주 에너자이저가 조화와 활력, 온전함으로 나를 통해 흐르고, 치유의 현존으로부터 활력을 얻고 변화했음을 정기적·체계적·의식적으로 확언하라.

13

사랑의 힘을 증폭시키는
우주 에너자이저

사람들은 인도를 받거나 신성하고 올바른 행동을 하게 해달라고 기도하지 않은 채 결혼 생활을 시작한다. 하지만 진정한 의미로 결혼이 되려면 영적 바탕 위에서 이루어져야 하고, 두 마음이 결합해야 한다.

어떤 사람들은 안정감을 위해 또는 가정을 꾸리기 위해 결혼하고 싶다고 말한다. 이건 잘못된 태도다. 안정감은 모든 면에서 더 많은 창조적인 아이디어, 평화를 발산하고 나를 보호하고 인도하는 우주 에너자이저와 조화를 이루는 데서 오는 것이다.

여성이 매우 예쁘거나 돈이 많아서 또는 정치적인 영향력이 커서 결혼하는 남성은 잘못된 기반의 동반자 관계를 시작하는 것이다. 마음을 움직이는 사랑에 기초하지 않았기에 올바르지 못한 결혼 생활이다. 교회에서 식을 올렸다고 해서 신성한 결혼이 되는 게 아니다.

사람은 자신이 내뿜는 정신적·영적 파장에 따라 무언가를 끌어당긴다. 다시 말해 비슷한 것은 비슷한 것을 끌어당긴다. 정신적 태도에 따라 경험이 결정되므로 삶에서 원하는 것과 동등한 것을 정신적으로 확립해야 한다. 성취하고자 하는 이상에 관심을 기울이고 조용히 생각하면 점차 내 마음속에 정신적인 등가물을 세울 수 있다.

땅에 씨를 뿌리면 뿌린 대로 거둔다는 걸 알고 밤낮으로 기도한다면 이상적인 자질과 성품에 맞는 배우자를 만날 수 있을 것이다. 그러자면 다음과 같이 확언하라.

> 무한한 지성은 결혼하기에 합당한 배우자를 끌어당깁니다. 그는 영적이고 저만 바라보며 한결같습니다. 재능 있고 번영하며 성공적인 삶을 삽니다. 그는 정신적·영적·육체적으로 나와 완벽하게 조화를 이룹니다. 그는 나의 이상을 사랑하고 나도 그의 이상을 사랑합니다. 그는 나를 변화시키고 싶지 않고 나도 그를 변화시키고 싶지 않습니다. 그와 나 사이에는 사랑과 자유, 존중이 오갑니다. 그는 아무런 걸림돌 없이 나에게 옵니다. 이것은 섭리를 따르는 행위이며 만물을 새롭게 만듭니다. 내 안의 우주 에너자이저의 지성은 신성한 질서에 따라 우리를 한데 묶어 줍니다.

기도한 후에는 절대 확언한 내용을 부인해서는 안 된다. 왜냐하면 기도의 과정을 무력화할 것이기 때문이다. 이상적인 배우자를 끌어당기고 싶다면 다음과 같이 확언하라.

> 무한한 지성은 나에게 결혼할 만한 이상적인 배우자를 끌어당겨 줍니다. 그는 우아하고 매력적입니다. 정직하고 성실하며 충실합니다. 우주 의지의 위대하고 영원한 진리를 경외합니다. 배우자와 나 사이에는 사랑과 자유, 존중이 오갑니다. 내가 원하는 이러한 자질에 정신

적·영적으로 결합되어 있고 이를 곰곰이 생각하면, 삼투현상에 따라 잠재의식 아래로 가라앉을 것입니다. 신성한 사랑을 통해 신성한 질서에 따라 이상이 구현된 배우자를 끌어당길 것입니다.

이 진리들에 관심을 가지고 밤낮으로 조용히 확언하면 주관적으로 발현되어 올바른 배우자를 자동으로 끌어당기며 상호 간의 사랑과 이해가 존재할 것이다.

결혼은 신성한 이상과 조화 그리고 목적의 순수성에 부합해야 한다. 남편과 아내의 마음과 가슴은 조화와 정직, 사랑과 진실성으로 가득 차 있어야 한다. 결혼이란 서로에 대한 사랑과 존중으로 하나가 된 두 영혼의 결합이다. 두 사람 사이에 참되고 영적인 결합이 있기에 그 누구도 이혼을 바라지 않는다.

나는 70대, 80대, 90대의 결혼식 주례도 섰다. 서로에게 정직하고 진심이었던 커플은 서로를 완벽하게 이해했다. 정직·진실·정의·진정성·사랑의 자녀가 있었기에 결혼식은 경건하고 배려심이 넘쳤고, 부부는 결혼의 영적 중요성을 깊이 이해했다. 그들은 기쁨과 경험을 함께 나누고 싶은 사랑스러운 동반자를 찾았다. 그들의 결혼은 실재의 중심으로 돌아가려는 두 영혼의 진정한 결합이었다.

이혼해야 할까요

이혼은 개인의 문제이며 일반화될 수 없다. 이혼은 어떤 경우에는 옳은 결정일 수도 있고, 어떤 경우에는 틀린 결정일 수도 있다. 이혼하라고 말하기는 쉽다. 하지만 외로운 사람에게 결혼이 답이 아닌 것처럼 이혼도 답이 아닐 때가 많다.

이혼한 사람은 결혼 생활을 유지하고는 있지만 현실을 마주하지 않고 거짓 속에서 살아가는 사람들보다 더 정직하고 고귀하며 진실할 수 있다. 온갖 핑계를 대며 변명하는 사람들이 많다. 정치적, 종교적 또는 사업적 이유로 이혼은 좋지 않다고 말이다. 아이들 때문이라거나 다른 많은 현실적인 이유로 이혼을 하지 않는다는 사람들도 있다.

아이는 서로 싸우고 서로에 대한 적개심만 가득한 부모의 영향을 받으면서 성장하는 것보다 아이를 진정으로 사랑해 주는 한 명의 부모나 친척과 사는 게 더 낫다. 아이들은 가정을 지배하는 정신적이고 정서적인 분위기와 비슷하게 성장한다.

얼마 전 샌프란시스코에서 결혼한 여성과 면담을 한 적이 있다. 그녀는 6개월 정도의 연애를 거친 후 지금의 남편과 결혼했다. 그는 도시에서 가장 비싼 레스토랑과 공연에 함께 갔고, 그녀에게 비싼 선물을 주었다. 그는 자신을 개인 투자자라고 소개했지만, 아내는 나중에 그의 여행 가방에서 코카인과 마리화나를 비롯한 마약을 발견했다.

아내가 증거를 들이대자 남편은 마약 밀매를 인정했고, 물건을 찾으러 멕시코에 자주 간다고 했다. 남편은 아내에게 거짓말을 했다. 아내는 기만당했고 속임수에 넘어갔다.

내 제안에 따라 그녀는 변호사와 상담하고 이혼했다. 그녀는 부유했고 정치적인 인맥이 있었는데, 남편은 그게 결혼의 진짜 목적임을 인정했다. 그런 결혼은 가짜이고 웃음거리이자 가면극밖에 안 된다.

한 이혼한 남성이 다른 종교를 믿는 여성과 재혼했다. 그는 죄책감을 느꼈고 벌을 받을까 봐 두려웠다. 자신이 보기에는 죄를 저지른 것처럼 보였기 때문이다.

성경에서 간통adultery은 우상숭배idolatry를 뜻하는 오래된 단어다. 가장 높고 강한 권력을 지닌 하나의 진정한 의지, 즉 우주 에너자이저가 아닌 다른 그릇된 신에게 충성하고 관심을 기울이는 것을 뜻한다.

성경은 정신적이고 영적인 교과서로, 인간이 마음의 침대에서 악과 동침할 때 진정한 의미에서 간음과 간통을 저지르는 거라고 지적한다. 자신을 비난하고 증오와 원망, 분노, 나쁜 감정에 빠져 사는 사람은 분명 악과 동침하는 것이다.

그는 생명의 원리 또는 우주 에너자이저는 결코 단죄하거나 벌을 주지 않는다는 것을 배웠다. 자신의 생각과 느낌으로 스스로를 비난하고 벌할 뿐이다. 결혼의 규칙과 규정은 주에 따라 다르다. 이는 다양한 신념을 가진 기독교 단체에 의해 만들어졌다.

사랑은 교리와 신념, 인종이나 국적을 따지지 않고 이 모든 걸 초월한다. 우주의 의지는 사람 간에 차별을 두지 않고 모든 이를 똑같이 대한다. 그는 그런 미신적이고 무지한 생각을 품은 자신을 용서하기로 한 이후로 삶의 기쁨을 경험하기 시작했다. 그는 다음과 같이 확언했다.

우주의 사랑이 우리를 하나로 묶습니다. 나는 아내 안에서, 아내는 내 안에서 우주의 의지를 봅니다. 아내를 생각할 때마다 '우주의 의지가 아내를 사랑하고 돌봐 줍니다'라고 확언합니다.

그들의 결혼 생활은 세월이 흐르면서 더 많은 축복을 받았다. 그는 그릇되고 미신적인 믿음으로부터 치유되었다.

우주가 나를 사랑한다

"저는 선생님의 책을 읽고 있습니다. 좋은 남성을 만나 결혼하고 새로운 삶을 살고 싶어요. 남편에게 존중받으며 아이들이 있는 가정을 꾸리고 싶습니다. 어떻게 해야 할까요? 벌을 받을까요?"

몇 년 전 환락의 길을 걷던 한 여성이 이렇게 말했다. 나는 그녀에게 명확하게 결정을 내리고 이상적인 사람이 되기를 진정으로 원한다면 전능한 권세가 그녀 대신 움직여 소망을 현실로 만들어 줄 것이라고 말했다. 우주의 의지(생명의 원리), 즉 우주 에너자이저는 아무도 정죄하지 않는다는 단순한 진리를 강조했다.

과거로부터 등을 돌리고 인생의 목표, 즉 평화와 존엄, 결혼, 행복, 자유와 정신적·감정적으로 합일하면 된다고 조언했다. 그 삶을 계속 이어간다면 우주의 의지와 사랑이 응답할 것이었다. 나아가 평화의 물결이 마음속 메마른 지역으로 움직여 천국의 이슬처럼 내리고, 두려움과 죄책감의 그늘이 물러가리라고 덧붙였다. 자책을 멈추니 세상도 그녀에게 벌주기를 멈췄다. 그녀는 다음과 같이 자주 확언했다.

나는 나 자신을 온전히 용서합니다. 스스로에 대한 부정적인 생각이 들면 '나는 내 안에 있는 우주의 의지를 드높입니다'라고 확언합니다. 우주의 의지는 나를 사랑하고 돌봐 줍니다. 우주의 평화가 내 영혼을 가득 채웁니다. 우주의 사랑이 존재 전체에 넘쳐 납니다. 나는 이제 영적인 생각을 하는 배우자와 마음속에서 결혼합니다. 우리 둘 사이에는 조화·평화·이해가 있습니다. 행복한 결혼 생활, 멋진 가정 그리고 두 아이를 주심에 감사합니다.

내면의 말과 대화는 이미 결혼을 하고 가정과 자녀가 있는 것이나 다름없었다. 그녀는 전문직 남성과 결혼해 아름다운 가정을 꾸리고 쌍둥이를 낳았다. 그녀가 소망하던 모든 게 이루어졌고 우주의 의지를 닮은 고귀한 삶을 살고 있다.

결혼 생활의 행복은 사랑·충성·진리에 대한 헌신, 진실성 그리고 배우자를 정신적·영적으로 드높이려는 소망을 갖고 있는가에 달려 있다. 행복한 결혼 생활을 유지하기 위해서는 부부가 함께 다음과 같이 확언하라. 그러면 우주의 평화가 함께할 것이다.

신성한 사랑·조화·평화 그리고 완벽한 이해가 작용하고, 이를 천상의 결혼 생활에서 경험합니다. 아침, 낮, 밤으로 우리는 서로의 안에 있는 신성에 경의를 표합니다. 우리의 모든 길이 즐겁고 평화롭습니다.

- 결혼은 지상의 제도 중 가장 신성하다. 결혼은 경건하고 신중하게 이루어져야 하며 그 영적인 의미를 깊이 이해해야 한다.

- 진정한 의미에서의 결혼이 되려면 영적인 바탕 위에서 이뤄져야 한다.

- 배우자 각각은 공동의 목표를 형성하는 신성에 경외심을 가져야 하고, 사랑이 두 마음을 하나로 결합해야 한다.

- 혼인을 성립시키는 것은 랍비나 사제, 목사가 아니다. 결혼은 두 사람의 마음 안에서 축성을 받는 것이다.

- 결혼 생활의 행복은 사랑·충성·진리에 대한 헌신, 진실성 그리고 배우자를 정신적·영적으로 드높이려는 소망을 갖고 있는가에 달려 있다. 행복한 결혼 생활을 영위하고 싶다면 함께 기도하라. 그러면 우주의 평화가 함께할 것이다.

- 이혼은 개인의 문제이며 일반화될 수 없다. 이혼만이 유일한 해답일 때도 있고 완전히 그릇된 결정일 때도 있다.

- 이혼으로 인한 낙인은 없다. 거짓 속에서 결혼 생활을 하는 사람보다 진실을 마주하고 이혼한 사람이 훨씬 고귀하고 정직하며 우주의 의지에 더 가깝다.

- 비슷한 것끼리 끌어당긴다. 인생에서 올바른 배우자를 끌어당기려면 내가 흠모하는 배우자의 성격과 자질을 곱씹어 보아라.

- 조용히 앉아 "나는 상대에게 무엇을 줄 수 있을까?"라고 솔직하게 자문하라. 내가 가진 멋진 자질과 재능, 능력을 생각하고 널리 알려라. 그러면 내면에서 그 신호를 받아 줄 것이다.

14
상상력의 무한함을 알려 주는
우주 에너자이저

　인구가 800명밖에 되지 않는 작은 마을의 드러그스토어가 1만 명의 손님을 끌어모아 화제가 됐다.

　허스테드 씨는 1931년에 이 가게를 2500달러에 샀다. 1929년부터 시작된 대공황의 여파로 장사는 잘되지 않았다. 첫 달에 올린 총수입은 고작 350달러였다. 허스테드 씨는 식구들을 제대로 부양하지 못할까 봐 두려웠다. 가게 뒤편에 커튼을 쳐서 공간을 나누고, 아내 도로시와 네 살짜리 아들 빌과 함께 그곳에서 살았다. 이곳은 6년 동안 그들의 집이었다.

　아내는 남편의 번영을 바랐다. 창의적인 아이디어를 찾으면 잠재의식은 언제나 반응하기 마련이다. 더위에 시달리고 먼지를 뒤집어쓰기 일쑤인 운전자들에게 얼음물을 무료로 제공하는 아이디어가 떠올랐다. 마음속에 떠오른 생각과 이미지를 즉시 실행한 결과, 드러그스토어는 그들의 상상 이상으로 번창했다. 성수기에는 하루에 1만 명의 손님을 끌어넣겠고 1년에 100만 달러 이상의 수입을 올렸다. 드러그스토어는 이제 1200평 규모로 확장됐으며 여름에는 150명의 직원이 2교대로 근무하고 있다. 그녀의 생각과 이미지가 아이디어를 즉각적으로 마련해 준 것처럼 우리도 어마어마한 돈이 되는 아이디어를 떠올릴 수 있다.

윌리엄 해리먼은 미국을 가로지르는 철도를 상상했다. 그는 종이 위에 펜으로 미 대륙을 가로지르는 상상의 선을 그렸다. 믿음과 확신이 마음속에 있는 이미지를 뒷받침했다. 철도는 산업과 상업에 혁명을 일으켰고 수백만 개의 일자리를 창출하였으며 헤아릴 수 없을 만큼의 부를 가져다주었다.

상상력은 실제 감각으로 느낄 수 없는 정신적 이미지나 개념을 형성한다. 스탠다드 오일을 창립해 백만장자의 반열에 오른 헨리 플래글러는 자신의 성공과 막대한 부의 주된 비결을 완성된 형태로 사물을 형상화하는 능력이라고 했다. 다시 말해 그는 끝, 그러니까 결말을 상상했고 우주 에너자이저의 모든 힘이 그를 도와주었다.

그는 실제로 프로젝트가 완성된 상태를 상상했다. 눈을 감은 채 지상의 선로와 증기를 뿜으며 달리는 기차 그리고 사람들이 대화하고 웃으며 일하러 가는 모습을 상상했다. 그는 기차의 호루라기 소리마저 들린다고 생각했다. 이처럼 모든 장면을 놀라울 정도로 감각적으로 생생하게 상상했고 완성된 프로젝트의 모습이 자연스러워질 때까지 계속 반복했다. 이를 잠재의식에 새기자 무한자의 모든 힘이 그를 도와주었다. 그리고 끌어당김의 법칙에 따라 꿈을 현실화 하는 데 필요한 것들을 끌어당기는 강력한 자석이 되었다.

펜위크 홈즈 박사는 상상력을 고도로 함양하고 훈련한 친구 아서 스틸웰의 이야기를 들려주었다. 스틸웰이 그 시대의 어떤 사람보다 더 긴 철도를 건설할 수 있었던 건 마음속 깊은 곳에서 솟아 나온 정신적 이미지의 결과라고 했다.

캔자스시티 철도와 남부 철도를 짓는데 정말 기이한 사건이 일어났다. 이 철도의 종점은 아서 항구의 남쪽이다. 하지만 엔지니어들은 갤버스턴이 더 낫다며 그곳을 종점으로 하자고 제안했다. 스틸웰의 마음속에는 직감의 섬광이 스쳤다. 섬광 속에서 갤버스턴에 엄습할 재난이 보였다. 후에 해일이 갤버스턴을 덮쳤는데 만약 그곳에 기차역을 세웠다면 붕괴되었을 것이다.

상상력과 잠재의식의 법칙을 현명하게 사용한 덕분에 그는 자신과 동료들을 비극적인 재해로부터 구할 수 있었다. 잠재의식은 모든 것을 알고 모든 것을 보는 인도의 원리에 대한 믿음과 자신감에 응답했다.

상상력이 의지를 이긴다

한 대기업 매니저는 아름다운 가정을 꾸리고 회사에서는 승진해서 높은 자리에 오르고 상당한 재산도 가지고 싶었지만, 무엇 하나 이루지 못했다.

삶에서 부를 누리고 싶은 소망이 있었지만, 불행히도 평생 금전적으로 부족한 상태를 상상하는 습관을 가졌다. 가난과 결핍에 대한 이미지는 부에 대한 믿음과 기대치보다 컸다. 나는 그에게 프랑스 심리학자 에밀 쿠에가 수년 전 가르쳤던 내용을 설명해 주었다.

"의지(소망)와 상상력이 대립하면 언제나 상상력이 이긴다."

다르게 표현하면 잠재의식은 강제하거나 강요할 수 없고 정신적 상상으로만 움직일 수 있다.

한 장의 사진이 백 마디 말보다 낫다는 말이 있다. 쿠에는 예시를 들어 생생하게 설명해 주었다. 땅 위에 놓인 널빤지를 수월하게 걸을 수 있는 사람이 있다고 치자. 그 사람은 널빤지 위를 걷고자 하는 욕망이 있었고 욕망과 상상이 일치하기 때문에 그 일이 가능했다. 하지만 빌딩과 빌딩 사이인 공중에 놓인 똑같은 넓이의 널빤지 위를 걸을 수 있겠냐고 물어보면, 걷고자 하는 욕망은 있지만 떨어지는 정신적 이미지를 그리기 때문에 떨어지는 이미지가 승리한다고 지적했다.

잠재의식은 두 가지 아이디어 중 더 지배적인 아이디어를 받아들인다. 나는 그에게 부에 대한 확언은 내면의 갈등이 없을 때 가장 큰 효과를 발휘한다고 말했다. 잠재의식은 그냥 뱉는 말이든 진심으로 상상하고 느끼는 것이든 구분 없이 받아들인다.

그는 자신의 잠재의식이 토양과 같다는 것을 깨달았다. 어떤 종류의 씨앗(생각 또는 이미지)이 뿌려지든 그에 따라 열매를 맺을 것이므로, 최고의 결과를 기쁘게 기대하며 살아야 한다. 옥수수, 밀, 귀리를 심으면 자연스럽게 옥수수와 밀, 귀리를 수확하길 기대하는 것처럼 말이다.

그는 최소한의 노력만 기울여도 되는 졸리고 나른한 상태로 들어간 뒤 진심을 담아 욕망과 상상을 일치시켰다. 현재의식은 졸린 상태에서 아주 깊게 가라앉는 경우가 많기에, 잠재의식에 아이디어를 새기기에 가장 좋은 시간은 잠들기 전이다. 왜냐하면 잠들기 전과 잠에서 막 깨어난 때에 잠재의식이 수면 가장 가까이 솟기 때문이다. 잠재의식이 소망을 받아들이지 못하도록 막는 부정적인 생각과 이미지는 이 상태에서는 무력하다. 그는 특히 잠들기 전에 부와 성공을 상상하며 이렇게 확언했다.

나는 밤낮으로 발전하고 성장하고 있으며 관심을 가진 모든 분야에서 번영하고 있습니다. 매일 매출이 늘고 있습니다. 더 많은 돈이 들어옵니다. 긴장이 풀린 지금 이 상태에서 나는 내가 원하는 사랑스러운 집을 상상합니다. 집은 크고 널찍합니다. 예쁜 정원이 있습니다. 정원에 물을 줍니다. 집안을 걸어 다닙니다. 마음속에서 모든 방에 들어갑니다. 서재에서 아들과 놉니다. 바닥에 깔린 아름다운 러그, 덮개를 씌운 의자 그리고 아내를 위한 피아노를 마음의 눈으로 봅니다. 지금 이 상상 속 집에 살고, 아름다움과 편안함을 즐기고 있습니다. 상상 속에서 저는 거액의 돈을 세고 있고, 엄청난 액수의 돈을 은행에 예치하고 있습니다. 은행 매니저가 저에게 축하 인사를 건넵니다. 마음속에서 이 역할을 하면서 살아가고, 이 모든 것에서 오는 감각적인 생생함과 현실감을 즐깁니다.

그는 규칙적이고 체계적으로 하루 두세 번씩 생생한 연극을 계속했고, 정신의 영화를 부정하거나 부인하지 않았다.

두 달 후 그의 꿈은 실현되었다. 그는 모든 요건을 충족하는 집을 물려받았고 그 집은 정신의 영화에서 본 것과 일치했다. 약 800미터 떨어진 곳에 살던 어머니가 갑자기 세상을 떴고, 어머니는 자신이 살던 아름다운 집을 포함한 모든 것을 아들에게 물려주었다. 부동산의 가치는 40만 달러가 넘었다.

그의 잠재의식은 긴장이 풀린 상태에서 하는 확언과 조용한 이미지에 반응했고, 의식적이고 추론하는 마음으로는 결코 상상할 수 없었던 방법으로 결과를 가져왔다. 또한 그는 고용되었던 조직의 총괄매니저로 승진했다.

상상력이 역동적인 에너지를 발산하는 방법

언제나 피곤하다고 불평하는 사람이 있었다. 그는 우울증과 함께 가라앉는 기분을 느꼈다. 그러나 피곤한 건 그의 몸이 아니라 마음이었다. 나는 그를 지치게 하는 건 일이 아니라 일에 관한 생각이라고 설명해 주었다. 불안, 두려움, 원망, 질투, 억압된 분노를 습관적으로 생각하기 때문에 마음이 피곤해진 거라고 말이다. 그는 당장 사고하는 절차를 바꿔 다음과 같이 확언하기 시작했다.

> 우주 에너자이저는 나를 통해 흐르며 활력을 불어넣습니다. 에너지를 주고 존재 자체를 새롭게 합니다. 우주의 의지는 높은 곳에서 영감을 줍니다. 나는 활기차고 열정적이며 모든 사람을 향한 선의로 가득합니다. 나는 동료들을 축복하고 축복의 기도를 쏟으며, 내 안에 있는 우주의 의지를 드높입니다.

계속해서 확언하다 보니 끊임없는 에너지의 흐름이 개발되는 것을 발견했고 부정적인 생각을 멈췄다. 그는 사장이 축하하며 악수를 건네는 모습을 마음속으로 그렸다. 급여가 크게 인상되었으며 승진했다고 말하는 장면을 상상했다. 그는 주관적으로 상상하고 주장하며 진짜라고 느끼면 실제로 일어나리라는 걸 알았다. 그는 이미 승진하고 급여가 인상된 것처럼 정확히 똑같은 방식으로 생각하고 상상하고 말하며 행동하기 시작했다.

그는 내면의 말, 즉 자신과 내면의 대화를 나누고 행복한 결말을 상상하는 것이 우주의 스크린에서 일을 이루어지게 하는 방법이라는 걸 배웠다. 몇 달이 흐른 후 이 남성은 승진하여 부사장이 되었고, 연봉도 두 배 올랐으며 기타 수당까지 받았다.

우주 에너자이저가 구매자를 찾다

우주 에너자이저는 창조적 상상력을 통해 우주의 만물을 만들어 냈다. 우주 에너자이저 또는 무한한 성령의 보편적인 언어는 정신적 이미지의 언어다. 우주의 의지는 인간을 상상하였고, 스스로 상상하는 모습이 되었다. 우주 에너자이저는 세계와 은하계에 대한 아이디어를 창조했다. 우주 에너자이저는 태양과 달, 별 그리고 이 무한한 우주에 담겨 있는 만물과 그 꿈들을 이루어 준다.

남편이 세상을 떠난 후 건물을 팔기 위해 애쓰던 어떤 부인에게 이렇게 말해 주었다.

"신성한 상상력이 가진 활력은 모든 사람 안에 똑같이 있습니다."

그녀는 재정적으로 어려웠다. 건물에는 빈방이 많았으며 몇몇 세입자는 월세를 내지 않았고 동네는 변하고 있었다. 그녀는 파산신청을 해야 할까 봐 두려웠다. 부동산을 매물로 내놓았지만 사겠다는 사람이 아무도 없었다.

나는 여성이 찾는 대상이 그녀를 찾고 있고, 우주 에너자이저의 지성이 올바른 구매자를 끌어당길 거라고 얘기해 주었다. 그녀는 다음과 같이 기도했다.

무한한 지성은 올바른 구매자가 어디 있는지 알고 있습니다. 그는 이 건물로 신성하게 인도됩니다. 그는 그것을 원하고 그 안에서 번영합니다. 신성한 거래가 있고 둘 다 만족합니다.

내 제안에 따라 여성은 상상력을 발휘했다. 그리고 건물을 살 사람이 사무실로 들어와 그녀가 가진 자산에 관심을 표하는 연극을 마음속에서 시작했다. 그 사람이 이렇게 말하는 걸 상상했다.

"사겠습니다. 제게 파세요."

하루에도 몇 번씩 극적인 장면을 꿈꿨고, 그녀의 정신적 이미지와 확언하는 진리를 확실하게 일치시켰다. 이 기법을 연습한 지 며칠 후 한 남성이 건물을 보러 왔다. 관심이 있는 것처럼 보였지만 다음 날 가격이 너무 비싸다고 말했다.

그녀는 다시 나를 찾아와서 이 남성이 건물을 사게끔 자기와 함께 기도해 달라고 했다. 나는 이는 잘못된 접근 방식이며 무언가를 팔기 위해 정신적인 압력을 가해서는 절대 안 된다고 말했다. 왜냐하면 구매자의 권리를 침해하는 것이기 때문이다. 딱 맞는 구매자가 어디 있는지 무한한 지성은 알고 있으며, 그 사람도 그녀의 건물을 원하고 사고 싶어 한다는 걸 설명해 주었다. 건물을 원하도록 만드는 건 어떤 상황에서도 용인되지 않는다. 마음 깊은 곳에서의 작용이 올바른 결과를 가져오리라는 것을 깨달아야 한다. 우리는 믿음으로 일할 뿐 우리가 원하는 걸 다른 사람이 하도록 최면을 거는 게 아니다.

건물이 비싸다고 거부한 남성이 자신의 주치의에게 이야기했다. 의사는 좋은 투자처를 찾고 있었고 그녀의 옆 건물에 살았다. 의사는 재빨리 건물을 사들였고 좋은 거래였다며 기뻐했다. 그녀의 모든 문제가 해결되었다.

에너지를 발산하라

로스앤젤레스의 삼촌댁에서 여름을 보낸 캐나다 출신의 젊은 청년이 있었다. 청년은 너무 지치고 피곤하고 우울한 나머지 정원에 물을 주고 싶은 마음이 들지 않는다고 불평했다. 호스를 들어 올리는 것도 너무 큰 노력이 필요한 일처럼 보였고 걷는 것조차 힘들어 보였다.

하지만 몇 시간 후 한 소녀가 테니스 라켓을 들고 나타나 같이 테니스를 치러 가자고 했다. 청년은 갑자기 솟구치는 기운에 사로잡혔다. 눈에 새로운 빛이 들어왔고, 열정으로 벅차오르기 시작했다. 테니스를 친 후 그녀와 함께 춤을 추러 갔고 자정 무렵 생기와 사랑으로 가득 찬 채로 집에 돌아왔다.

그가 맥이 빠져 있던 이유는 캐나다에 있는 여자친구가 다른 남성과 데이트를 하고 있다는 내용의 편지를 받았기 때문이다. 그러다 새로운 아름다움과 매력을 지닌 소녀가 자신의 삶에 들어오는 것을 보자 생각을 바꿨고, 엄청난 에너지와 생기를 발산했다. 그전에는 불건전하고 우울한 생각이 에너지를 흡수했던 것이다.

사람들에 대한 믿음·사랑·선의를 생각하면 몸과 마음 전체가 반응할 것이다. 매력적인 여성과 함께 즐거운 일을 하는 이미지는 청년에게 순간적인 에너지를 불어넣었다.

- 사람들은 부·성공·번영을 위해 기도하지만 동시에 결핍과 한계의 이미지를 가지고 있다. 소망과 상상은 일치해야 한다. 소망과 상상이 갈등할 때는 상상력이 언제나 이긴다.

- 확언을 통해 현재의식과 잠재의식을 일치시켜라.

- 이미 승진했고 멋진 새 차를 가지고 있다고 생각하고 상상하고 말하라. 마음속에 이상적인 집을 그리고 그 안을 거닐며 정원에 물을 주고 아이들과 함께 놀아라. 생생하고 사실적으로 느껴라.

- 내가 상상하고 진짜라고 느끼는 것이 현실이 된다. 자동차, 승진 등 모든 일에 똑같이 적용할 수 있다. 모든 거래는 마음속에서 이루어진다.

- 마음속에서 실재한다고 믿으면 우주의 스크린에 객관화될 것이다.

- 다른 사람이 무언가를 사게 하려고 확언하거나 최면적인 암시를 걸면 안 된다. 이는 권리를 침해하는 것이다. 잠재의식이 적당한 시점에 적당한 방법으로 딱 맞는 구매자를 끌어당기리라고 믿어야 한다.

- 두려움, 우울, 분노, 원망 등 부정적인 생각은 활력 에너지를 빨아들여 피로감을 쌓고 우울감과 무기력을 유발한다. 생각을 뒤집어 조화·사랑·평화·기쁨·선의에 대해 생각하면 엄청난 에너지를 방출하고 높은 곳으로부터 영감을 얻을 수 있다.

- 우주 에너자이저의 생기를 불어넣고 치유를 일으키며 에너지를 주는 힘이 니를 통해 흐르면 나는 새로워지고 거듭날 것이다.

15

꿈을 빠르게 현실로 만드는
우주 에너자이저

생명의 원리는 언제나 나를 통해 자신을 표현하고자 한다. 생명의 모든 움직임은 보이지 않는 것에서 보이는 것으로, 생각에서 표현으로, 꿈이나 이상에서 현실로, 주관에서 객관으로 옮겨 간다.

기회와 가능성이 샘솟는 무한하고 고갈될 줄 모르는 분수가 내 안에 있고, 모든 꿈을 현실로 만들어 주기를 기다리고 있다. 나는 삶의 풍요를 모든 차원과 방향으로 표현하기 위해, 더 풍요로운 삶을 사는 즐거움을 표현하기 위해 이 자리에 있다. 신성한 현존은 나의 뇌, 손 그리고 입에서 나오는 말의 형태와 기능을 통해 스스로를 표현한다. 잠재의식의 무한한 부를 소진하는 것은 불가능하다.

사람들은 백일몽에 빠져 있다. 사실이라고 하기엔 너무 좋기 때문에 절대로 내 삶에서는 일어날 수 없다고 믿으며 즐거운 일을 공상한다. 이러한 태도는 완전히 시간 낭비이고 정신 전체를 악화시키는 결과를 초래한다. 사실이라고 하기엔 너무 좋은 것은 없다는 걸 깨달아야 한다. 좋은 것은 좋은 것이다. '너무 좋은 것은 오래 지속되지 않는다'는 말도 잘못되었다. 우주 에너자이저의 사랑·빛·영광·부는 어제도 오늘도 영원히 변하지 않는다.

나는 1973년 10월 내내 유고슬라비아(현재는 세르비아, 몬테네그로, 크로아티아 등으로 갈라졌다)를 여행했다. 60명이 특별 가이드 두 명과 함께 버스를 나눠 타고 주요 도시와 역사적 명소를 순회했다.

한 식당에서 젊은 여성이 내 옆에 앉았다. 샌프란시스코 출신인 그녀는 법률사무소에서 비서로 일하고 있었는데, 잡지에서 유고슬라비아 투어 광고를 봤다. 다양한 종교와 언어, 전통, 관습이 유고슬라비아의 주요 특징이라는 말에 그녀는 큰 관심이 생겼다. 비교적 작은 나라인데 다양한 문화가 있다는 사실이 흥미로웠다고 했다.

"가고 싶었는데 돈이 없었어요."

그녀가 말하길 법률사무소의 누군가가 내 책을 권했다고 한다. 그녀는 열심히 읽었고, 잠들기 전에 비행기에 앉아 있는 자신을 상상하기 시작했다. 엔진의 리듬과 비행기가 땅에서 떠오르는 느낌을 마음속에 떠올렸다. 스튜어디스와 상상의 대화도 나눴다. 그녀는 하늘에 뜬 비행기 안에서 샌프란시스코를 내려다보는 상상에 중점을 두었다. 그녀는 이 모든 것의 현실성과 기쁨을 느끼며 비행을 생각하고 이미지화했다.

약 일주일 동안 매일 밤 정신적인 여행을 계속했다. 그녀의 기대와 깊은 소망은 감정과 결합하여 잠재의식의 일부가 되었고, 물리적인 현실로 발현되었다.

한 부유한 여성 고객이 그녀의 상사에게 법률 자문을 받으러 왔다. 소파에서 잠시 기다리는 동안 그녀는 고객과 대화를 나눴다. 그녀는 유고슬라비아 여행에 대해 우연히 알게 됐고, 정말 가고 싶지만 돈이 충분히 모일 때까지 기다려야 한다고 했다. 그러자 고객이 말했다.

"참 신기하네요. 제가 그 여행을 가거든요. 비용은 제가 부담할 테니

같이 가주면 아주 좋을 것 같아요."

그녀는 이 제안이 자신의 기도에 대한 응답임을 알고 즉시 수락했다. 소망에 대한 답변은 외부 사실이 아니라 상상력의 강도에 달려 있다. 도토리를 봤을 때 오감에 기대는 사람은 도토리만 보지만, 훈련된 상상력을 가진 사람은 참나무를 본다.

상상력이 풍부한 삶에 눈을 뜬 사람은 원하는 바를 현실적으로 느낄 때 이루어진다는 것을 발견한다. 인간의 외적 세계와 그곳에서 일어나는 모든 일, 경험, 사건은 내면에 있는 정신적 이미지의 투영이다. 내면에 상상의 세계가 존재하고, 상상한 바에 따라 결과를 내놓는 일상적인 외적 세계가 있다는 것을 인식할 때 사람들은 소망을 실현한다.

결말부터 상상하라

유고슬라비아 여행을 하면서 우리는 호수로 유명한 플리트비체를 방문했다. 말로 형용할 수 없을 정도로 아름다운 폭포와 트래버틴 장벽, 동굴, 잘 보존된 광대한 숲, 송어 낚시로 유명한 곳이다.

플리트비체 국립공원 중심부에 있는 제제로 호텔에서 한 지역 주민과 이야기를 나눴는데, 그는 2차대전 참전용사라고 했다. 제대 후 결혼해서 두 자녀를 두었을 때는 한동안 수입이 부족하다고 느꼈다. 그는 미국에서 정신적·영적 법칙을 공부했고 배운 것을 적용하기 시작했다. 그의 최우선 소망은 더 큰 수입이었다. 가족이 조금이라도 편하게 살고 자녀들이 좋은 교육을 받기를 바랐기 때문이다.

그는 매일 밤 잠들기 직전까지 다음 절차를 따랐다. 상상 속에서 그는 경영진과 사업가들에게 영어를 가르쳤다. 이 장면의 자연스러움과 성취했을 때의 짜릿함을 느꼈다. 그는 응답을 받을 수밖에 없다는 걸 알면서 이 작업을 충실하게 해나갔다.

몇 달 후 한 대기업의 이사가 자기 회사로 와서 미국과 영국, 캐나다와 호주로 출장 가는 회사의 임원들에게 영어 회화를 가르쳐 달라고 요청했을 때 그는 전혀 놀라지 않았다. 그는 엄청나게 높은 수입과 지속적인 연봉 인상을 보장받았다. 그는 회사 동료와 영어권 국가로 출장을 가며 큰 존경과 감사를 받고 있다. 미국에서 오랜 세월을 지낸 유고슬라비아 출신의 남성은 에밋 폭스 박사의 이 말을 기억한다고 했다.

"소망하는 결말을 생각하는 대신 결말부터 생각하라."

다르게 표현하면 지금 소망의 현실성을 상상하고, 상상 속 역할을 하면서 살라는 뜻이다. 상상 속에서의 행동은 소망을 이룬 후 물리적으로 취할 행동과 일치해야 한다.

우주 에너자이저의 통로가 되어라

유고슬라비아에서 세 번째로 큰 도시인 사라예보로 이동했다. '사라예보'라는 이름은 1914년 6월 유럽을 1차대전의 소용돌이 속으로 빠뜨린 치명적인 사건을 상기시킨다.

브리스톨 호텔에서 나는 뉴욕에서 온 관광색 물을 만났다. 그들은 우리 일행이 아니었고, 개별 가이드와 함께 여행 중이었다. 내가 목사라는 이야기를 듣고 면담을 청했다.

남성 여행자는 자신이 매우 불행하고 불만족스러운 삶을 살고 있다고 털어놓았다. 아내는 그와 헤어지고 다른 남성을 만났고, 두 아들은 뉴욕에서 마약을 팔다 감옥에 갔다. 그는 왜 신이 자신을 벌하는 거냐고 물었다. 교회에도 열심히 다녔고 자선 단체에 기부도 했고 가족에게도 잘해 줬고 일도 열심히 하는데 말이다.

자신의 문제를 신이 잘못된 뜻을 품은 탓이라고 말하거나 다른 사람에게 책임을 떠넘기는 건 어리석고 쓸모없는 짓이라고 그에게 설명해 주었다. 우주는 법칙에 따라 다스려진다. 법칙이 존재하는 곳에는 우주의 의지나 타인을 비난할 여지가 없다.

마음의 법칙 또는 다른 법칙을 어기면 그에 따른 결과를 겪는데, 이는 원인과 결과의 법칙일 뿐이다. 마음을 올바르고 조화롭게 사용하면 정신의 승리와 자유, 평화가 보장된다.

나는 그에게 우주 에너자이저가 그를 통해 표현하고자 한다는 것을 납득할 때까지 설명했다. 그러므로 자신이 열린 통로가 되어야 한다고 명확하게 이야기했다. 마음을 분노와 자책으로 가득 채우고 병적으로 화를 낸다면 우주 에너자이저, 즉 생명력이 흐르는 걸 막는 셈이다. 흐름이 막히면 좌절하고 장애물이 생기고 모든 종류의 스트레스와 중압감을 느끼며 악영향이 뒤따른다.

남성은 현재 자신이 해야 할 일은 신성하고 영적인 에너지의 통로가 되는 것임을 깨달았다. 이 책에서는 그걸 우주 에너자이저라 칭한다. 우주 에너자이저의 통로가 되면 삶에서 기적이 일어나고 꿈이 이루어진다.

우주에는 오직 하나의 우주 에너지만이 존재한다. 인간은 선택할 수 있는 고유한 능력을 가지고 있으므로 이 에너지를 건설적 또는 파괴적으로 사용할 수 있다. 우주 에너자이저를 건설적이고 조화롭게 사용할 때 우리는 조화와 건강, 평화를 경험하고 삶은 개선된다. 우주 에너자이저를 파괴적으로 사용하면 스스로를 해치고 발전이 지연된다. 병에 걸리고 실패하며 인류를 축복할 기회마저 낭비하게 된다.

그는 이러한 영적 진동이 자신의 존재 전체에 스며들고 잠재의식으로 들어가리라는 것을 알면서 아침, 오후, 밤 동안 다음과 같이 확언하고, 잠재의식에 머물던 모든 부정적인 패턴도 없앴다.

나는 신성한 에너지의 통로입니다. 우주의 의지는 조화·건강·평화·기쁨·온전함·아름다움·풍요라는 형태로 내 안에 흐릅니다. 나는 모든 측면에서 신성하게 인도받습니다. 신성하고 옳은 행동은 나의 것입니다. 신성한 사랑이 내 영혼을 채웁니다. 신성한 평화가 내 마음과 가슴을 채웁니다. 나는 아내를 우주의 의지에게 내어 주며 삶의 모든 축복을 빌어 줍니다. 우주의 의지는 내 아들들을 인도하고, 자유와 마음의 평화를 줍니다. 아내와 아이들 생각이 날 때마다 "우주의 의지는 아내와 아이들을 사랑하고 돌봐 줍니다"라고 즉시 확언합니다. 부정적인 생각이 떠오를 때마다 "우주의 의지는 나를 사랑하고 나를 보살펴 줍니다"라고 말하며 기존의 생각을 밀어내고 확언합니다.

한 달 후 뉴욕의 집으로 돌아가자 남성이 보낸 편지가 와 있었다. 아내가 용서를 구하고 자신을 기다리고 있었다는 내용이었다. 즐거운 재회였다. 두 아들은 미약을 끊고 출소했으며, 뉴욕에서 영성 관련 공부를 하고 있다고도 했다. 그는 기도하는 대로 기적이 일어난다는 걸 진정한 의미에서 목격한 것이다.

타인의 생각에 힘을 실어 주지 마라

앞의 일화에서 언급한 남성과 함께 투어를 하던 나이 지긋한 여성이 있었다. 그녀도 면담을 위해 브리스톨 호텔에 있는 내 방으로 찾아왔다. 그녀의 문제는 오빠가 빌려 간 1만 달러였다. 사업 빚을 갚는다고 돈을 빌려 간 오빠는 6퍼센트의 이자를 쳐서 2년 안에 갚겠다며 차용증을 썼다. 첫해의 약속 일자가 되었을 때 오빠는 이자를 주지 않았다. 60일 뒤에는 꼭 주겠다고 약속했지만 이조차도 지키지 않았다. 올케는 이렇게 말했다.

"시누이는 부자잖아. 그 돈 안 받아도 되잖아."

매우 원망스럽고 화가 났다. 오빠는 이제 전화도 받지 않고 편지에도 답하지 않는다. 하지만 오빠를 고소해 법정에서 보고 싶지는 않았다. 그리고 진짜 걸림돌은 올케라고 믿었다. 오빠의 사업이 번창해서 돈을 갚을 수 있다는 걸 올케는 알고 있었다.

나는 그녀에게 모든 거래는 마음을 통해 이루어지기 때문에 마음에서 손실을 받아들이지 않는 한 절대 아무것도 잃을 수 없다고 했다. 정신적으로 좋다고 받아들이는 것만 얻을 수 있고, 잃었다고 받아들이는 것만 잃을 수 있다.

나는 그녀에게 '오빠는 돈이 있어도 갚지 않을 거야' '다른 사람 돈은 갚아도 여동생 돈은 안 갚지' '올케가 돈 갚는 걸 막고 있어' '돈을 돌려받지 못할 거야' 같은 생각을 하며 오빠의 지불 능력을 빼앗거나 부정하지 말라고 지적했다.

그녀는 자신에게 진 빚을 갚을 능력이나 의지를 오빠에게서 뺏고 있었다. 올케에게 힘을 실어 주는 걸 멈추고 태도를 완전히 바꾸라고 조언했다. 전능하고 최고인 내면의 우주 에너자이저에 충성하고 충실하라고 했다. 그녀에게 간단한 확언을 알려 주며 따라해 보라고 조언했다. 여성은 매일 밤낮으로 이를 따르겠다고 했다. 다음은 내가 써준 기도문이다.

오빠는 우주 의지의 사람입니다. 우주의 의지는 모든 방면에서 오빠를 번영시킵니다. 오빠는 신성한 질서에 따라 모든 의무를 다합니다. 오빠와 나 사이에는 조화·평화·사랑·이해가 깃들어 있습니다. 나는 이제 상상 속의 장면을 구성하고 "동생아, 돈을 전부 갚을게"라고 말하는 오빠의 목소리를 듣습니다.

여섯 밤 연속으로 이 상상의 연극을 진행했다. 그녀가 내게 보낸 편지에는 오빠로부터 전화가 왔다고 적혀 있었다. 오빠는 돈을 늦게 갚아서 미안하다고 사과하며 1만 달러와 이자를 내일 보내겠다고 했다. 그리고 실제로 그런 일이 일어났다.

고대인들은 상상력을 '신의 작업장'이라고 일컬었다. 상상력을 발휘하여 특정한 꿈이나 열망을 이루라. 특정한 결말을 명확하게 정하고 상상하라. 소망이 이루어진 현실성을 느끼면 결과가 따라올 것이다.

특정한 결말을 상상할 때 나는 확실하게 구별하고 있다. 마음속에서 뚜렷한 이미지와 윤곽을 그리지 않는다면 사과나무와 소나무를, 당나귀와 말을 어떻게 구별할 것인가?

보석상이 꿈을 실현한 방법

이탈리아와 발칸반도 사이에 있는 아름다운 도시 두브로브니크를 방문했다. 나는 한 보석 가게에서 아름다운 수제 팔찌 몇 개를 샀다. 보석상과 유고슬라비아의 상황에 대해 긴 대화를 나눴다. 예전 일에 대해서도 이야기를 나눴는데, 자신은 천주교 신자이며 사업을 시작했을 때 생계를 잇지 못했다고 한다. 하지만 아침마다 성당에 가서 성모님께 번영과 확장의 길을 보여 달라고 기도했다. 어느 날은 캐나다 보석상 한 명이 가게에 왔고, 은팔찌를 보며 감탄하더니 이렇게 말했다.

"이 팔찌들은 몬트리올에서 불티나게 팔릴 것입니다."

그는 팔찌를 1000달러어치 사 갔다. 관세를 고려해도 여전히 높은 수익을 올릴 수 있다고 말이다. 이후 수년 동안 이 캐나다인은 많은 사람을 소개해 주었고 사업은 호황을 누렸다.

보석상은 잠재의식이 기도에 응답하리라고 믿었고, 잠재의식은 믿음에 따라 응답했다. 그는 자기 기도에 스스로 응답했다는 것을 알지 못했다. 보석상은 소위 말하는 맹목적인 신앙을 품었던 경우다.

- 생명의 원리는 항상 나를 통해 표현하고자 한다.

- 생명의 모든 움직임은 보이지 않는 것에서 보이는 것으로 이동한다.

- 내 안에 있는 우주 에너자이저의 무한한 부를 소진하는 건 불가능하다.

- 나의 꿈이 이뤄지지 못할 것이라거나 사실이 되기에는 너무 좋다고 공상에 잠기는 것은 시간 낭비다. 무한자의 부는 어제도 오늘도 영원히 똑같다. 진실이 되기에 너무 좋거나 지속되기에 너무 멋진 건 없다.

- 꿈에 기반해 내가 상상하고 진실이라 느끼는 모든 것이 잠재의식에 쌓여 신성한 질서에 따라 이뤄진다는 것을 깨달아야 한다.

- 마음속 소망이나 꿈의 답변은 상상력의 강도에 달려 있고, 우주 에너자이저가 대신 움직여 신성한 질서에 따라 꿈을 실현해 주리라는 깨달음으로 뒷받침된다.

- 우주는 법칙으로 지배되며 우주 에너자이저는 모든 이를 똑같이 대한다.

- 에너지를 조화롭고 건설적으로 사용하면 조화·건강·평화·풍요의 결과가 나온다.

- 신성한 에너지를 위해 투명하고 열린 통로가 되어라.

- 잃어버렸다는 것을 인정하지 않는 한 어떤 것도 잃어버릴 수 없다.

- 타인의 의지를 빼앗거나 행동을 부인하는 행위를 당장 멈춰야 한다.

16

선의의 순환으로 번영하는
우주 에너자이저

'풍요'를 사전에서 찾으면 극단적이거나 과도한 양 또는 공급이라고 정의한다. 넘치는 부, 충만함, 풍족함, 풍성함이 곧 풍요다. 영적으로 말하자면 풍요는 번영·건강·행복·평화와 삶의 모든 축복이 거듭 파도치는 것을 의미한다.

우주 에너자이저는 에너지와 활력, 창의적인 아이디어, 영감, 부를 마련해 주는 원천이다. 무한자와 조화를 이루는 건 충만하고 행복한 삶으로 인도하는 풍요를 평생 누릴 수 있는 핵심이다.

사람들과 이야기를 하다 보면 부와 성공을 위해 기도하는 게 옳지 않고 천박하다고 생각하기 때문에 그들이 번영하지 못했다는 것을 알게 된다. 이러한 태도는 전반적으로 무지와 미신에 기반한다. 이보다 더 진리에서 멀어질 수 없다. 이 사람들은 보통 두 가지 힘을 믿는데, 여기 적기에는 너무 터무니없다.

세상에는 단 하나의 힘, 원인, 물질이 존재한다. 그게 바로 우주 에너자이저다. 두 개의 힘이 존재했다면 하나의 힘은 다른 힘을 상쇄시킬 것이다. 우주 대신 혼돈이 있을 것이다. 수리적, 과학적 그리고 영적으로 오직 하나의 힘만이 존재한다. 무한자는 둘이 될 수 없다. 무한한 마음은 분열되거나 여러 개로 늘어날 수 없다.

삶에서 좋은 일이 일어나도록 주장하고 번영하기를 주저한다면 눈에 보이는 축복을 스스로 뺏는 꼴이다. 나는 더 풍요로운 삶을 영위하기 위해 이 자리에 있다. 풍요와 번영을 표현하고 무한자의 부를 주장하지 않으면 채권자들에게 둘러싸이고, 심지어 가족들마저 궁핍해질 수 있다.

우주는 정신적이고 영적이며, 세계는 영 또는 우주 에너자이저가 형태를 갖춘 것에 불과하다. 창조주와 피조물은 하나이고 영과 물질도 하나다. 현대 과학에 따르면 에너지(영)와 물질은 서로 호환 또는 교환할 수 있다고 한다. 인도의 《우파니샤드》는 수천 년 전 물질은 영의 가장 낮은 차원이고 영은 물질의 가장 높은 차원이라고 했다. 즉 화폐는 눈에 보이지 않는 풍요가 눈에 보이는 형태를 띤 것이기도 하다.

얼마 전 나는 한 젊은 여성과 이야기를 나누었다. 고등교육을 받은 매우 매력적이고 품위 있는 여성으로 직업도 아주 좋았다. 하지만 자신보다 능력이 부족한 같은 부서의 동료들은 승진을 했는데 그녀는 승진하지 못했다고 했다. 그녀는 사람들이 자신을 질투하기 때문이라고 했다. 사무실 동료들은 자신을 싫어하고 상사에게도 인정을 받지 못한다고 불평했다. 그러나 면담 중에 진짜 문제를 발견했다. 그녀는 동료들을 깔보고 있었다.

"회사 사람들은 다 형편없고 따분해요."

나는 그녀에게 타인에 대한 비판과 비난은 결과적으로 스스로를 비판하고 비난하는 것이나 다름없다고 설명해 주었다. 모든 개인에게는 하나의 마음이 공통적으로 존재하기 때문이다. 우주에서 유일한 사상

가는 자신이며 자신의 생각에 스스로 책임을 져야 한다.

부서 동료들을 경시하는 것은 사실 그녀 자신을 경시하는 것과 같다. 동료들은 무의식적으로 그녀의 진동을 들었고, 그 결과 친구가 없었으며 6년 동안 한 번도 승진하지 못했다.

이 여성은 우주에 하나의 에너지(영)만이 존재하고, 우주 에너지를 건설적이고 조화롭게 사용하기 위해 이 자리에 있다는 것을 알았다. 또한 다른 사람을 비판하고 비난하는 생각을 가지는 것은 이를 파괴적으로 사용하는 일임을 절실히 인식했다. 특히 비통함과 원망, 영적인 자부심은 우주 에너자이저를 오용하는 파괴적인 방법이다.

우리가 부정적이고 파괴적으로 생각하면 신성한 에너지는 잠재의식에 장애물을 만든다. 마치 정원에 물을 주는 호스의 가운데 부분을 스스로 밟는 것과 같다. 그렇게 모든 종류의 결핍과 상실, 한계를 만들어 낸다.

승진하지 못한 이유를 깨달은 그녀는 곧바로 마음가짐을 바꿨다. 나는 그녀에게 다음의 확언을 알려 주고 모든 이에게 평화와 선의를 발산해야 한다고 설명했다. 우주는 하나이며 습관적이고 일상적인 사고에서 조화의 법칙이 우세해야 한다고 했다. 그래야만 비로소 우주 에너자이저가 나를 통해 투명하게 방해받지 않고 흐를 수 있다.

나는 무한자의 딸입니다. 무한자는 나를 사랑하고 돌보아 줍니다. 나는 사무실에 있는 모든 동료 그리고 전 세계 모든 이에게 사랑과 선의를 퍼뜨립니다. 나는 모든 측면에서 신성하게 인도받고 영감을 받습니다. 나는 우주 에너자이저가 공급의 원천이며 언제 어디에서나 모든 욕망이 충족된다는 것을 압니다. 나는 다른 사람의 승진과 성공을 기뻐합니다. 다른 사람을 축복하는 것은 자신을 축복하는 일임을 알고 있습니다. 왜냐하면 우리는 모두 하나이기 때문입니다. 우리에게는 한 명의 아버지 또는 조상이 있습니다. 그것은 바로 생명의 원리입니다. 나는 모든 면에서 앞으로 나아가고 있습니다. 우주의 의지는 내가 꿈꾸는 것 이상으로 번영시켜 줍니다.

그녀는 이러한 진리를 하루에 5~6번씩 큰 소리로 되풀이했는데, 마음이 방황하는 걸 막는 데 도움이 되었다. 반복을 통해 이러한 진리들을 잠재의식에 가라앉혔고, 한 달 후 나는 새롭게 빛나는 젊은 여성을 보았다. 그녀는 회사 부회장으로 승진했고 연봉도 크게 올랐다. 그리고 회사의 의료 컨설턴트와 결혼했다.

우주의 의지를 원천으로 보고 다른 사람들을 사랑하라. 우주 의지의 부를 받을 준비가 되었다는 걸 이해하고 세상 모든 사람에게 무한자의 부와 풍요로운 삶을 나누어 주어라.

풍요로운 삶의 비결을 발견하다

한 스페인어 교사가 감정적인 문제가 있다며 찾아온 적이 있다. 그의 문제는 쉽게 해결되었다. 면담 중 그가 고급 저택에 사는 사람들, 롤스로이스와 캐딜락 등 비싼 차를 타는 사람들을 엄청나게 비판한다는 걸 알았다. 하지만 그도 인생에서 좋은 것을 원했고, 아내와 두 아이를 더 잘 돌보기 위해서는 더 많은 돈이 필요하다는 걸 인정했다. 그런데도 '더러운 돈'이라는 말을 즐겨 썼으며 인생에서 성공의 사다리를 올라간 사람들을 부러워했다.

나는 그에게 세상에 좋고 나쁜 건 없다고 설명해 주었다. 좋다고 생각하면 좋고 나쁘다고 생각하면 나쁘다. 동전 또는 지폐는 무해하다. 돈을 교환의 상징 또는 매개체라는 진정한 의미로 바라봐야 한다고 지적했다. 돈은 인간의 자유, 조화, 아름다움, 호화로움, 세련됨을 상징한다. 돈은 시대를 거치면서 다양한 형태를 취해 왔고, 국가 경제의 건실함을 유지하는 방법일 뿐이다.

이 젊은 교사가 가장 먼저 배운 건 다른 사람을 질투하면 좋은 일의 흐름이 막히고, 돈을 비난하면 돈에 날개가 돋혀 나에게서 멀리 날아가 버린다는 것이다. 남을 시기하는 건 다른 사람을 높이고 나를 깎아내리는 행동이다. 우주의 의지는 풍요의 근원이고 모든 결핍을 즉시, 완벽하게 채울 수 있다. 타인을 부러워하는 것은 우리 자신의 선을 부정하고 스스로를 가난하게 만드는 행동이다. 질투는 일관성이 없다. 에너지 낭비이자 우리의 번영을 가로막는 감정이다.

사랑은 표현되어야만 한다. 사랑은 모든 사람의 건강·행복·평화·풍요와 인생의 모든 축복을 기원하는 보편적인 선의다. 현명하고 친절하게 사람들을 섬기는 것은 진정으로 우주의 사랑을 행동으로 옮기는 것이다. 생명의 원리 또는 우주 에너자이저는 자유롭게 표현해야만 하고 사랑은 생명의 완벽한 표현이다.

신성한 생명은 자유롭고 아무런 제약을 받지 않는 표현이다. 사랑은 평화·온전함·아름다움·기쁨을 의미한다. 다른 사람에 대한 시기·질투·비난은 무한자의 부가 모두에게 돌아갈 만큼 충분하지 않다는 그릇된 믿음이자 다른 사람이 백만장자면 내게 돌아올 현금이 부족하리라는 어리석은 믿음이다. 이는 생명의 표현을 위축시킨다.

사랑이 없다면 우리는 발을 헛디뎌 넘어진다. 젊은 교사는 내 제안에 따라 다음과 같이 확언하기 시작했다.

우주의 의지는 즉각적이고 영원한 공급이자 지지라는 것을 알고 있습니다. 지금 이 순간부터 만나는 모든 사람과 세상의 모든 이에게 사랑·평화·기쁨·선의를 진심으로 발산합니다. 내가 일하는 대학교에서 모든 사람에게 우주의 부와 풍요로운 삶을 주장합니다. 왜냐하면 사랑이 부와 건강, 행복 그리고 풍요로운 삶의 법칙을 이루는 것을 알기 때문입니다. 영원히 살아 있고 존재하며 변함없이 무한한 우주의 부에 감사합니다.

진리를 확언하고 마음속에 진리를 자주 들임으로써 교사의 삶에 기적이 일어났다. 개인적 어려움이 모두 해소되고 사라지는 것만 같았다. 얼굴에 새로운 광채가 났다.

"지난 10년간의 걱정이 싹 잊히는 것 같네요."

그는 승진했고 가장 인기 있는 교사로 뽑혔다. 월급은 한 달 만에 두 배가 되었고, 가정에는 사랑·평화·조화가 피어났다.

정신적으로 진정한 사랑을 의식하지 않는 한 다양한 성취와 활동 그리고 다른 사람들과의 관계는 다소 제한되고 만족스럽지 못할 것이다. 다른 한편으로 우주 의지의 사랑의 통로가 된다면, 즉 마음에서 우러나는 봉사를 하고 모든 이에게 신의를 발산한다면, 삶의 모든 측면에서 번영하고 우주의 풍요를 누릴 것이다.

부부를 위한 풍요의 법칙

모든 방면에서 우주의 부를 드러내려면 남편과 아내는 이상과 동기, 활동을 결합하는 게 중요하다. 남편과 아내가 모든 선의 끝없는 원천이라는 점에 동의하면 부부는 번영한다. 동의란 화합하며 함께 조화를 이루는 것을 의미한다. 절대적인 조화와 모든 축복의 근원인 우주 에너지저와 함께 있는 사람들이다.

남편이 우주 의지의 사람이며 높은 곳으로부터 영감을 받았고, 모든 방면에서 신성하게 인도되었다고 주장하는 아내는 남편으로 하여금 부를 드러내게 할 수 있다. 아내도 번영할 것이다. 왜냐하면 풍요를 생각하고 있기 때문이다. 생각은 창의적이기 때문에 아내 자신을 축복하는 것과 다름없다. 다른 사람을 위해 기도하는 것은 자신을 위해 기도하는 것이다.

남편과 아내의 의견이 일치하지 않고 부딪치면 힘은 흩어지고 손실이 따른다. 이게 바로 많은 부부가 재정적인 어려움을 겪는 이유다. 영적인 마음을 가진 사람은 절대 역행하지 않는다. 여정은 앞으로, 위로, 우주 의지를 향해 나아가므로 영광에는 끝이 없다. 이는 곧 인간이 가야 할 길이다.

- 풍요는 번영·활력·행복·평화·기쁨·삶의 모든 축복과 안락함이 물결치는 걸 의미한다.
- 우주적 에너자이저는 공급의 원천이며 언제 어디서나 우리의 욕구를 충족시켜 준다.
- 부를 달라고 기도하는 것이 잘못되었다고 믿기에 사람들은 부족한 채로 살아간다. 이러한 태도는 순전히 미신 때문이다. 우주의 의지는 우리가 모든 걸 풍성하게 누리게 한다.
- 세상에는 단 하나의 근원과 힘이 존재한다. 두 개의 힘이 있다면 세상에 질서나 설계, 조화는 존재하지 않을 것이다. 한 힘이 다른 힘을 상쇄시킬 것이기 때문이다.
- 무한함은 하나다. 수리적, 과학적 그리고 영적으로 오직 하나의 힘만이 존재한다. 무한한 마음은 분열되거나 여러 개로 늘어날 수 없다. 두 가지 무한함을 가지는 것은 불가능하다.
- 번영과 삶의 좋은 것을 주장하기를 주저하는 사람은 눈에 보이는 축복을 스스로 불필요하게 뺏는 꼴이다.
- 우리가 정신 안에 사랑의 의식을 구축하지 않으면 우리의 사업과 일, 활동, 대인관계는 다소 제한되고 만족스럽지 못할 것이다.
- 사랑은 건강과 부, 성공, 지속적인 공급의 법칙을 실현한다.
- 우주의 사랑은 내 안에 있는 신성을 건전하고 경건하게 바라보고 온전히 존중하는 것을 의미한다.
- 다른 사람들 안에 있는 신성을 존중하고 공경하라.

17

만능 해결사가 되어 주는
우주 에너자이저

"아무에게도 말하지 말라."

이 말은 인생에서 어떤 계획·목표·목적을 세웠을 때 계획이나 발명, 사업에 직접 관여하는 사람, 꼭 같이 논의해야 하는 사람을 제외하고는 그 누구와도 이야기하지 말라는 뜻이다.

과학적 기도를 돕는 영적인 조언자와는 이야기할 수 있다. 하지만 친구나 친척들과 이야기하는 건 현명하지 못하다. 때때로 나의 아이디어를 조롱하거나 희망과 열망에 찬물을 끼얹을 것이기 때문이다.

나의 이상에 대해 적게 말할수록 좋다. 침묵의 법칙을 실천하라. 믿음과 자신감을 가지고 목표에 영양분을 공급하고, 정신적 등가물을 세웠을 때 꽃이 만개하듯 갑자기 해답이 나타날 것이다.

평생의 풍요를 위한 신성한 계획을 세워라. 우주의 사랑은 우주 에너자이저를 최고의 전능한 존재이자 멈추지 않는 공급의 원천으로 인정하면서 내면에 있는 우주 에너자이저에 명예를 돌리고 충성하는 것, 충실하며 헌신하는 것을 뜻한다. 이러한 우주의 사랑은 건전하고 경건하며, 내면의 신성을 온전히 존중하는 사랑의 한 유형이다. 나의 더 높은 자아는 자동으로 다른 사람들을 사랑하게 하며 사랑은 모든 것을 이룬다. 사랑과 선을 더 많이 풍길수록 내가 누릴 풍요의 몫이 더 커진다. 나의 자본은 신성한 마음속에 있는 무한한 생각들로 구성되어 있고, 우주 의지의 생각은 내 안에서 펼쳐진다.

우주 에너자이저와의 관계를 아는 사람은 통로가 되어 외부 매체에 영향을 점점 덜 받고, 근원에 더 기댄다. 우리는 내면의 고갈되지 않는 분수에 의지할 수 있다.

우리는 자기 안에 있는 엄청난 초자연적인 힘을 인식해야 한다. 광활한 우주를 탐험하는 것은 물론 멋진 일이다. 하지만 우리는 우리 마음의 무한한 차원도 탐험해야 한다. 인간은 무한함의 현존 안에 있다.

놀라운 해답을 주는 우주 에너자이저

네바다주 리노에 있는 사교 클럽에서 한 여성과 이야기를 나눈 적이 있다. 그녀는 남편이 카지노에서 딴 돈의 행방에 대해 상담을 해왔다.

그녀가 말하길 남편은 나흘에 걸쳐 15만 달러를 땄고, 그 돈을 자신이 열쇠를 가지고 있는 집의 금고에 넣어 두었다. 얼마 후 남편은 자다가 다음 차원의 세계로 넘어갔고, 금고를 열어 보니 그곳에 돈이 없었다. 여기저기를 뒤졌지만 어디에도 없었다.

나는 일단 마음을 차분하게 가라앉혀 주의를 집중하고, 모든 걸 알고 모든 걸 보는 우리 안에 있는 무한한 지성을 생각하자고 했다. 또한 남편은 우주 의지의 생명과 함께 있으며 빛나는 그의 여정이 영원히 앞으로, 위로 그리고 우주의 의지로 향할 것임을 깨달은 채로 묵상하자고 했다. 우리는 우주 에너지의 무한한 지성이 그녀에게 필요한 돈의 행방을 밝혀줄 것이라고 고요하게 주장했다. 우리는 5분간 침착하게 있었고 받아들일 자세를 취했다.

"그래. 들려. 알겠어. 사랑해."

부인은 침묵 속에서 남편의 목소리를 뚜렷하고 분명하게 들었다고 했다. 지금 이 차원에서 말하는 것처럼 남편의 음색과 억양은 다를 바가 없었다. 그는 그녀에게 돈이 정확히 차고 어디에 있는지 그리고 상자의 열쇠를 어디서 찾을 수 있는지 알려 주었다.

"내가 남편이란 걸 알길 바라. 그날 칵테일 파티에서 당신이 잔을 쏟아서 모두 웃었잖아. 그리고 슬롯머신에서 15달러를 날리기도 했고."

부인은 남편의 목소리가 확실하다고 느꼈다. 차고로 가서 판자 몇 개를 치우자 구석에 철제 상자가 숨겨져 있었고, 상자를 여니 100달러 지폐로 16만 달러가 들어 있었다.

부인은 남편이 메시지를 보냈다고 확신했다. 나 역시 세상을 떠난 남편이 부인과 소통했다고 확신한다. 그는 돈의 행방을 꼭 알려 주고 싶었을 것이다.

모든 사건과 경험, 자료는 잠재의식에 저장된다는 걸 잊지 마라. 우리는 다음 차원에 있는 사람이 보내는 게 분명한 소소한 메시지를 전달하는 내면의 목소리를 내면의 귀로 들을 수 있다.

동시에 두 장소에 나타나다

"사람이 죽었다고 생각할 때 그는 나에게 죽었을 뿐, 사람 자체는 변하지 않는다. 세상에 아무런 변화가 일어나지 않은 것처럼 자연적인 인간의 모든 감각을 간직하고 있다."

이는 큄비 박사의 말이다. 1847년에 정신적·영적 치유를 시작한 큄비 박사는 미국에서 가장 유명한 영적 치유자다. 큄비 박사는 자신의 영체를 응축하여 멀리 떨어져 있는 환자 앞에 나타났다. 그들이 감각으로 자신을 느낄 수 있도록 사람들에게 설교했고 어루만졌다.

부재 치료 중에는 멀리 떨어진 곳에서 환자 머리에 손을 얹었다. 오로지 환자의 주의를 끌고 믿음을 불러일으키기 위함이었다. 혼자 서 있는 환자 앞에 나타나고 자신의 모습을 보았는지 아닌지를 신뢰의 척도로 사용했다.

일례로 그는 뉴햄프셔의 한 여성을 위해 기도하기로 약속했다. 그리고 자신의 신비체subtle body 또는 사차원의 신체에 스스로를 정신적·영적으로 투영하기로 했다. 그 여성은 저녁 식사에 손님 한 명을 초대했는데, 그 손님이 물었다.

"뒤에 서 있는 남성은 누구세요?"

여성은 이렇게 답했다.

"큄비 박사님이세요. 저를 치료해 주고 계십니다."

큄비 박사는 자신의 영체를 응축해서 먼 곳에 나타날 수 있다고 했다. 즉 동시에 두 곳에 있을 수 있었다. 그는 아픈 사람이 온전하고 아름다우며 완벽하다는 신성한 생각에 머무름으로써, 자신의 사무실에서 약 160킬로미터 떨어진 곳에 있는 사람을 위해 기도할 수 있었다. 아픈 사람의 집에서 그 환자를 어루만지며 자신의 존재를 알리고 보이게 할 수 있었다. 큄비 박사는 신체, 환경, 시간, 공간에 구애받지 않는 영적인 존재와 능력이 사람 안에 있다는 것을 알고 드러내 보였다.

이 사례들은 사람 안에 있는 우주 에너자이저의 힘을 보여 준다는 측면에서 매우 흥미롭다. 우주 에너자이저를 사용하고 믿으면, 소위 말하는 기적을 일으킨다.

사람들은 화강암 벽을 뚫고 돌을 순수한 에너지로 바꾸는 레이저 빔의 엄청난 힘에 대해 이야기한다. 이러한 레이저 광선을 사용해 큰 터널을 뚫어 기차가 다니게 할 수도 있다. 레이저는 인간의 현재의식에서 나오는데, 이는 우주 에너자이저이자 전능하고 전지하며 편재하는 지고한 영이다.

수천 명의 선지자, 신비주의자, 시대를 빛낸 사람들은 이 힘을 알고 있었다. 우주의 권능은 유일한 현존이자 힘이며 원인이자 물질이다. 모든 것은 그 안에서 만들어지고 그로부터 만들어지는데, 오로지 단 하나의 힘만이 있기 때문이다.

누구든지 이 힘과 접촉하는 법을 배울 수 있고 세상이 기적이라고 부르는 일을 하도록 삶을 변화시킬 수 있다. 인간의 현재의식 또는 잠재의식에는 세상의 모든 레이저 빔과 핵, 원자력보다 더 강하고 위대하며 강력한 우주 에너자이저가 있다. 이 모든 것은 유일무이한 힘의 근원으로부터 나온 것이다. 이 힘은 무궁무진하고 무한하며, 시대를 초월하고 영원하다.

- 내 가장 깊은 곳에 있는 존재는 영원하고 절대적이다. 온전하고 완전하며 완벽한 불가분의 존재다. 시대를 초월하고 나이 들지 않으며 얼굴이나 형태, 형상도 없다.

- 모든 사람의 마음속에 고요한 현존이 굳게 자리 잡고 있다. 우주 에너자이저는 유일한 현존이자 힘이며 원인이자 물질이다. 이게 바로 인간의 실체다.

- 우주 에너자이저는 전능하다. 세상을 움직이는 힘이 내 안에 있다.

- 자기 안에 있는 엄청난 초자연적인 힘을 인식하라.

- 우리가 사랑하는 사람들은 모두 우리 주변에 있다. 다른 주파수로 구분될 뿐이다. 그들은 사차원의 신체를 가지고 있는데 밀도가 낮고 농도가 묽어서 투시력으로만 볼 수 있다.

- 우리는 감마선, 베타선, 우주선, 전자파, 전자기파를 보지 못한다. 하지만 이것들은 사차원의 우주가 우리 주변에 있고 삼차원에 완전히 스며든 것과 같은 방식으로 우리 주위에 있으며 스며들어 있다.

- 우리는 매일 밤 침대에 누워서, 무지한 사람들이 죽음이라고 부르는 사차원의 세계로 간다.

제2부

우주 에너지를
내 것으로 만드는
끌어당김의 법칙

JOSEPH MURPHY

─────────── 인생에서 마법 같은 일이 일어난 적이 있는가. 여기서 마법이란 우리가 아직 이해하지 못하는 힘이 만들어 내는 효과를 말한다. 이 책이 안내하는 여정의 진가를 안 다음에는 더는 마법처럼 보이진 않겠지만, 경이롭기는 매한가지다.

200년 전 사람이 우리의 모습을 보았다고 가정해 보자. 지구 반대편에서 인터넷으로 정보를 검색하는 모습, CD로 오케스트라 연주를 들으면서 다른 나라에 사는 친구와 문자로 대화하는 모습을 봤다고 가정해 보자. 아마도 그는 우리가 세계적인 마술사라고 확신할 것이다. 하지만 우리는 이 장치들의 작동 원리를 어느 정도 알고 있기에 마법이라 생각하지 않는다.

우리는 전기가 무엇인지 모른다. 전기가 어떤 효과를 내는지는 알아도 전기라는 힘의 내적인 본질은 아직 알려진 바가 없다. 이런 식으로 모든 이는 언제나 특별한 힘을 사용한다. 평소에 마법이라고 부르지 않을 뿐 마법이라 부를 만한 일들이 일상에서 쉽게 눈에 들어온다. 이해할 수 없고 익숙하지 않은 일들만 마법이라고 칭할 뿐이다.

모든 문제에 대한 해결책은 언제나 존재한다. 그 해답은 내 안에서 찾을 수 있다. 우주적 능력이 내 안에 있기 때문이다. 우주적인 마음의 힘은 세상에 존재하는 가장 위대한 힘으로, 이 힘은 무엇을 원하든 나의 소망을 실현할 수 있다. 이 힘은 곧 나의 마음이고, 나의 마음은 우주적인 마음과 하나다.

제2부에는 인생 전체를 재건하는 비결이 담겨 있다. 내면의 우주적 능력을 발견하고 인생의 변화를 이뤄 나가는 방법이다. 인생에서 기적이 일어나려면 무엇을 어떻게 생각해야 하며 마음을 어떻게 다스려야 하는지도 설명한다. 이를 통해 두려움, 걱정, 질투라는 치명적인 정신

적 독을 영원히 없애는 값진 지식을 얻을 수 있을 것이다.

여기서 소개된 기법을 따르면 우주적인 마음에서 나오는 마법적인 힘을 사용하여 건강하고 행복하고 번영하는 삶을 살 수 있다. 나아가 내적 만족감과 성취감도 느낄 수 있다. 마음을 사로잡는 재미있는 일화들을 통해 어떻게 다른 사람들이 내면의 특별한 힘을 사용하여 놀라운 일들을 성취했는지 볼 것이다.

이제 마음의 특별한 힘을 사용해 정신적·영적인 능력을 펼칠 수 있는 멋진 모험이 시작될 것이다. 이 신나는 여정에서는 건강과 부, 사랑을 얻고 자신을 표현할 수 있다. 기쁨과 열정을 가지고 함께 흥미진진한 여정을 떠나 보자.

1
모든 문제를 해결하는 기도의 법칙

기도는 언제나 해결책을 보여 준다. 정말로 그렇다. 믿는 대로 받는 다는 증거는 일상에 널려 있다. 기도는 세상에서 가장 위대한 힘이기 때문이다.

아무리 큰 어려움과 복잡한 문제라도 기도는 문제를 해결한다. 기도 는 행복하고 즐거운 해결책을 가져다주기에 기도를 마친 후에는 이 책 에서 알려 주는 실질적인 단계를 따르면 된다. 왜냐하면 기도가 나의 발걸음을 인도하고 어디로 가야 하는지 알려 줄 것이기 때문이다.

기도는 생각과 믿음의 본질에 반응하는 무한한 지성과 접촉하고 소 통하며 내 생각을 무한한 지성에 일치시키는 행위다. 목적의식을 가지 고 진심을 담아 올바르게 마음의 법칙을 따른다면 기도는 내가 원하고 삶에서 필요로 하는 모든 것을 가져다줄 것이다. 기도는 끊임없이 불가 능하게 보이는 것을 가져다주고, 소위 말하는 불치병을 치유한다. 인류 역사상 기도로 해결하지 못한 문제는 없었다.

나이와 국가, 종교를 뛰어넘어 모든 이는 기적을 불러일으키는 기도 의 힘을 믿었다. 인종과 종교, 피부색과 관계없이 모든 이가 평화를 얻었다. 기도의 놀라운 응답을 받은 사람들은 기도에 반응하는 무한한 지성, 우주의 섭리, 우주적인 마음의 힘, 우주의 의지, 그분, 신이 있다고 의식적·무의식적으로 인정했다. 또한 무한한 지성의 영광을 드높이고 헌신했다.

무한한 지성은 전지전능하고 어느 곳에나 있다. 시간과 공간, 질료 또는 인류의 질곡으로부터 자유롭다는 것을 잊어서는 안 된다. 기도의 힘은 한계가 없다.

60여 년 전 미국 서부에서 한 남성이 살인 혐의로 유죄 판결을 받고, 교수형을 선고받았다. 재판이 끝나고 형 집행을 기다리는 동안 그는 우주의 사랑을 발견했다. 자신을 용서하고 살려 달라고 기도했다. 이 남성은 살인을 저지르고 교수형을 선고받았지만, 그분은 '악인을 구하시는 분'이라는 말씀을 접했다. 그는 이 생각을 마음에 새긴 후 매일 묵상했다.

날이 밝았고 그는 교수대로 끌려갔다. 일반적으로 올가미를 위로 올려서 교수형을 집행하는데, 그날따라 목을 매다는 올가미가 어딘가에 걸려 움직이지 않았다. 사형 집행인은 올가미를 움직이려고 몇 번이나 시도했으나 소용이 없었다. 죄수는 다시 감방으로 돌아갔고, 결국 형 집행이 취소되었다. 이후 몇 년 동안 그는 수감된 다른 죄수들에게 영적인 영감을 주었다.

우주의 사랑은 사람의 지혜로는 도저히 헤아릴 수 없으며 내가 가는 길을 밝혀 준다. 우주의 기적과 축복은 끝이 없다. 그분은 사람을 정죄하거나 심판하지 않는다. 나를 판단하는 건 스스로를 바라보는 나의 관점과 믿음이다. 나는 언제나 어떤 생각을 할지 선택하며, 그 과정에서 내가 어떤 사람인지 판단한다. 하지만 무한한 지성은 나를 완벽하다고 본다. 완전한 자는 불완전한 것을 볼 수 없기 때문이다. 자신을 용서하고 마음과 정신이 정결해질 정도로 현재의식을 고양한다면 과거는 언제 그랬냐는 듯이 잊힌다.

'뿌리는 대로 거둔다'라는 말은 세상의 원리를 지나치게 단순하게 설명한다. 엄밀하게 말하면 우주의 진리를 기도하고 묵상할 때만 뿌린 대로 거둘 수 있다. 악랄한 범죄를 저질렀더라도 우주의 진리를 묵상한다면 과거의 죄를 마음속에서 씻어내고 본래 받아야 할 벌도 피해 갈 수 있다.

하지만 말뿐인 확언과 형식적인 기도로는 상황을 바꿀 수 없을 것이다. 핵심은 우주의 사랑과 평화에 대한 갈망과 바뀌겠다는 강한 의지다. 이 둘이 합쳐지면 힘을 발휘하여 벌을 면하고 파괴적인 사고에서 벗어날 수 있다.

기도는 인생을 바꾼다

20년 전 영국에서 어떤 남성과 오랫동안 이야기를 나눈 적이 있다. 그는 다른 남성을 해친 적이 있다고 고백했다. 흑백논리로 판단할 만한 상황이 아니었다. 자신을 방어했다고 생각했지만 결과적으로 한 사람은 크게 다쳤다.

그는 자신을 변화시켜 정신적·영적으로 다시 태어나기를 간절히 원했다. 면담이 끝날 때쯤 나는 그를 위해 특별한 기도문을 써주었고, 매일 15~20분 동안 기도하라고 했다. 그는 차분하고 조용하게, 사랑을 담아 평화·아름다움·영광·기쁨이 마음과 정신에 흐르면서 그의 몸과 마음을 깨끗이 씻고 정화하며 영혼을 치유하고 회복시킨다고 주장했으며 감각으로 느꼈다. 규칙적으로 기도했더니 우주의 섭리가 점차 그의 안에서 되살아났다.

몇 달 후 그가 말해 주었다. 어느 날 밤 몸과 마음 그리고 자기가 있던 방이 눈부시게 빛났다고 했다. 사도 바울처럼 그는 잠시 빛에 눈이 멀었다. 자신이 기억할 수 있는 것은 온 세상이 자기 안에 있다는 충만함과 우주의 사랑이 주는 황홀함에 푹 빠져 있었다는 것이다. 그 느낌은 말로 표현할 수 없을 정도였다. 영원할 것 같은 순간이었다. 그는 정말로 변했다. 우주의 사랑을 마음과 정신으로 경험하고 표현했다. 나중에 나는 그가 다른 사람들에게 살아가는 법을 가르치고 있다는 소식을 들었다. 지금도 어딘가에서 인생의 진리를 설파하리라고 믿는다.

아서가 상담을 받으러 나를 찾아왔다.

"일자리를 구할 수 없을 것 같아요. 제 잘못이라고 하는 사람도 있을 거예요. 그런데 정말 일을 할 수가 없습니다. 출근해야 한다는 마음이 들지 않아요. 너무 세속적인 일인 데다 저랑은 상관없는 일이에요. 제 마음은 더 높은 곳을 바라보고 있거든요."

"무슨 뜻인가요?"

내가 물었다.

"중요한 건 죽은 뒤 천국에 가는 것이고 그 외에 다른 일들은 사소하잖아요, 그렇죠?"

"꼭 그렇지만은 않아요. 천국은 다른 말로 하면 마음의 평화입니다. 우주의 의식이라는 틀 안에서 육체적 죽음이란 건 없습니다. 죽음은 심리적인 과정일 뿐이에요. 무지와 두려움, 미신, 게으름으로 영적인 능력을 발휘하지 못하는 것만이 세상에 유일하게 존재하는 진정한 죽음이지요. 말씀을 들어 보니 정말 죽을 위험에 처해 있군요."

그는 잔뜩 겁에 질려 애원했다.

"어떻게 해야 할까요? 말씀해 주세요."

"인생에서 신념과 열의, 열정, 자신감을 되살리기 위해 노력하세요."

내 제안에 따라 아서는 자신의 본연의 모습을 표현할 수 있도록 인도하고 정신적·영적·재정적으로 번영하게 해달라고 무한한 지성에게 기도하기 시작했다. 차츰 그는 새로운 관심사에 눈을 뜨고 삶의 짜릿함을 알아가기 시작했다. 그리고 일에도 이 법칙을 열정적으로 적용했다. 그는 곧 취업에 성공했을 뿐만 아니라 높은 자리로 승진했다. 새로운 마음가짐이 인생을 180도 바꿔 놓았다. 그는 자신의 인생이 놀라울 만큼 변했다며 나에게 이렇게 말했다.

"천국에 갈 수 있을지 곰곰이 생각해 보지 않아도 되는 거였네요. 지금 천국에 살고 있으니까요."

용서를 구하는 기도

도린은 사고로 부모님이 돌아가신 후 고모 집에서 자랐는데, 어린 시절 겪은 학대의 상처가 지금까지 가시지 않는다고 했다.

"아직도 그 기억이 저를 따라다녀요. 매일 밤마다 잠에서 깨어 어떻게 하면 어린아이를 그렇게 괴롭힐 수 있는 건지 되묻곤 했습니다. 저는 열심히 노력했지만 소란을 피웠다고, 소리를 냈다고, 집안일을 더디게 했다고, 깔끔하게 치우지 못했다고 벌을 받았어요. 끔찍했습니다."

"왜 그런 식으로 대했다고 생각하세요?"

"그렇게 믿는 사람들이었으니까요. 그들은 제 안의 악마를 내쫓고 있다고 생각했습니다. 제가 하는 일은 악마를 아직도 몰아내지 못한 증거라고 생각했습니다."

그녀의 눈에 눈물이 그렁그렁했다.

"정말 끔찍한 게 뭔지 아세요? 고모와 고모부는 제게 안 좋은 일이 생길 때마다 '당해도 싸다'라는 생각을 주입했습니다. 열심히 노력해도 완벽하지 못한 자신을 용서할 수가 없어요."

나는 도린에게 자신을 용서한다는 건 나에게 상처를 준 사람들까지 용서하는 것을 포함하는 개념이라고 말했다. 그리고 그녀에게 간단하지만 효과적인 확언을 알려 주었다. 우주의 섭리와 무한한 지성이 나를 얼마나 사랑하는지 생각해 보고, 마음을 가라앉히고 긴장을 풀고 잡념을 버린 후 다음과 같이 확언하라고 권했다.

나는 ○○○을 완전하고 기꺼이 용서합니다. 그를 정신적·영적으로 놓아줍니다. 이 문제와 관련된 모든 것을 완전히 용서합니다. 저도 자유롭고 ○○○도 자유롭습니다. 경이로운 느낌입니다.

오늘은 제가 사면을 받는 날입니다. 나는 나에게 상처 준 모든 사람을 풀어 줍니다. 모든 사람이 건강하고 행복하고 평화로우며 인생에서 축복을 누리길 기원합니다. 자유롭고 즐겁게 사랑을 담아 이 기도를 올립니다. 나에게 상처를 준 사람이 생각날 때마다 "나는 당신을 놓아 주었습니다. 인생의 축복은 다 당신 것입니다"라고 말합니다. 저도 자유롭고 ○○○도 자유롭습니다. 정말 멋집니다.

도린은 진정한 용서에 담긴 위대한 비밀을 발견했다. 일단 누군가를 용서하면 기도를 반복하지 않아도 된다는 것이다. 그 사람이 생각나거나 특히 상처를 입은 기억이 떠오른다면, 그 사람의 안녕을 기원하며 "평화가 깃들길"이라고 빌어 주어라. 그런 생각이 들 때마다 그 사람을 위해 기도해 주어야 한다. 며칠이 지나면 그 사람이나 과거의 일에 관한 생각이 점점 덜 떠오를 것이고, 아무 일도 아닌 것처럼 잊힐 것이다.

무한한 지성이 기도에 응답한 방법

오클랜드의 고결한 생각의 사원에서 강의한 적이 있다. 쉬는 시간에 더글러스가 나에게 말을 걸어왔다.

"2년 전 딸이 뉴욕으로 이사 갔습니다. 그 이후로는 딸의 얼굴을 본 적이 없어요. 딸을 만나러 가고 싶은 마음은 간절하지만 그럴 여유가 안 돼요."

"오늘 강의 내용 기억하시지요?"

"네, 물론이죠. 그런데요."

"의구심이 드는 것을 이해합니다. 하지만 의구심을 제쳐 두는 법을 스스로 배워야 합니다. 이렇게 해보세요. 하루 몇 번씩 조용한 곳으로 가서 휴식을 취하세요. 그리고 이렇게 확언해 보세요. '무한한 지성은 신성한 질서에 따라 뉴욕에 있는 딸을 보러 갈 수 있는 길을 열어 줍니다.' 매일 저녁 잠들기 전 뉴욕의 공항에 있는 자신의 모습을 상상해 보세요. 그 장면을 최대한 선명하고 사실적으로 상상해 보십시오. 따님이 반갑게 안아 주며 '아빠, 드디어 만나서 너무 기뻐요'라고 말합니다. 딸의 얼굴에서 기쁨을 보고 딸의 목소리에서 사랑을 느낍니다."

그는 그렇게 하겠다고 약속했다. 오클랜드를 떠나기 전 호텔 방의 전화가 울렸다. 더글러스였다.

"기적이 일어났습니다! 사업을 하던 시절 동업자가 몇천 파운드에 달하는 금액을 저에게 사기 친 적이 있어요. 오늘 시드니에서 어떤 변호사가 편지를 보냈는데, 그 동업자가 지난달에 세상을 떴고, 저에게 5000파운드를 주라고 유언을 남겼다고 합니다. 저는 바로 뉴욕행 항공편을 예약했어요!"

무한한 지성은 지혜가 충만하다. 내 요청에 언제나 응답을 주고 반응한다. 잠재의식의 힘은 너무 깊어서 헤아리기 어렵다.

나는 젊은 시절 군에 복무한 적이 있다. 아이작도 같은 대대에서 복무했다. 어느 날 그는 이런 말을 했다.

"난 늘 의사가 되고 싶었어. 의학 전문 대학원에 지원했는데 2년 연속으로 떨어졌어. 이제 꿈을 포기해야 하나 봐."

"왜 불합격 통보를 받았는데? 대학에서 성적이 별로였어?"

"전혀 아니야. 성적은 평균보다 훨씬 높았지. 교수님들도 추천서를 잘 써주신 거로 알고 있어. 나는 순전히 인종적 편견 탓이라고 확신해. 그 의학 전문 대학원에는 이미 같은 인종 출신이 많아서 나를 떨어뜨린 걸 거야."

아이작이 내린 결론이 맞는지 알 길은 없었지만, 당시는 물론 요즘도 그런 일들이 일어난다는 것은 알고 있다. 어쨌든 자신이 말한 바를 확신한다는 게 보였다. 나는 그에게 무한한 지성은 차별하지 않는다고 말해 주었다. 무엇을 믿느냐에 따라 무한한 지성은 각기 다르게 응답할 뿐이다.

우리는 현재의식과 잠재의식의 관계에 대해 오랫동안 이야기했다.

이야기가 끝날 무렵 아이작은 잠재의식에 문제를 넘겨주기만 하면 잠재의식이 문제에 대한 해답을 보여 준다는 것을 깨닫기 시작했다.

나는 그에게 밤에 잠들기 직전 자기 이름이 새겨진 의대 졸업장을 상상하며 의사 면허증을 가졌다고 확언해 보라고 했다. 면허증을 손에 쥐고 성취감과 자부심을 느끼는 자신의 모습을 상상해 보라고 말이다. 잠재의식에 인상을 남기기 위해 그는 최대한 현실적이고 자연스럽게 마음속에 이미지를 그렸다. 얼마 지나지 않은 어느 날 아침 아이작이 나를 찾아왔다.

"무슨 일이 일어날 것만 같은 예감이 들어. 얼마 지나지 않아 이곳을 떠나야 할 것 같아."

잠재의식이 그에게 알려 주고 있었다. 그날 늦은 시간 지휘관이 그를 잠깐 보자고 불렀다. 인사과 계원은 의학 전문 대학원에 갈 수 있는 프리메드Pre-Med 과정을 수강할 점수가 된다며 선별 검사를 치를 것을 권했다. 잘 해내기만 한다면 육군의 지원을 받아 대학원에 갈 수 있을 터였다. 아이작은 어렵지 않게 시험을 통과했고, 곧 의대 수업을 듣기 시작했다. 그의 무한한 지성은 마음이 원하는 것을 할 수 있도록 문을 열어 주었다.

기도가 감옥의 문을 열다

뉴욕 북부에 수감된 고든을 가족의 요청으로 만난 적이 있다.

"이제 풀려난다고 말해 주러 온 건가요?"

그가 물었고 나는 아니라고 했다.

"그게 아니라면 왜 오신 거지요?"

"지금 처하신 상황을 편하게 느끼도록 도움을 주기 위해 왔습니다."

고든은 버럭 화를 했다.

"세상에, 그만 좀 하시죠! 제 상황이요? 저는 제가 저지르지도 않은 일로 앞으로도 5년은 감옥에 갇혀 있을 거예요. 저보다 더 죄질이 나쁜 놈들은 밖에서 새처럼 자유롭게 훨훨 날아다니고 있어요. 아주 신나게 살고 있죠. 저는 감옥에서 풀려나기를 기도하는 거 빼고는 하루 종일 아무것도 안 해요. 근데 제 상황을 편안하게 느꼈으면 좋겠다고요? 제 정신이 아니시군요!"

고든은 자기가 저지르지 않은 범죄로 감옥에 간 것에 화가 나 있었다. 하지만 이야기를 나누면서 그는 체포되기 전에도 사회와 황금률에 맞서 쓸쓸한 싸움을 하고 있었다고 순순히 인정했다.

"수감되기 훨씬 전부터 이미 감옥에 있었군요. 스스로 내면에 감옥을 지은 거예요. 증오와 질투라는 정신적 감옥이요. 내일 당장 이 감옥에서 나간다고 하더라도 마음속에 지은 감옥은 고든 씨를 따라다닐 겁니다. 하지만 그런 부정적인 태도를 버린다면 몸은 감옥에 있어도 진정한 자유를 찾을 수 있을 겁니다."

나는 고든에게 마음가짐을 바꿀 방법을 자세히 설명해 주었다. 그는 다음과 같이 확언하면서 미워하는 이들을 위해 기도하기 시작했다.

우주의 사랑이 그들 안에 흐릅니다. 모두의 성공과 행복, 평화를 기원합니다.

그는 이 말을 하루에도 여러 차례 반복했다. 밤에 잠들기 전에는 가족과 함께 집으로 돌아가는 모습을 상상했다. 자신의 품에 안긴 어린 딸이 '아빠가 집에 와서 정말 기뻐요'라고 말하는 모습을 상상해 보았다. 고든은 이 장면을 머릿속으로 그렸다. 상상이 너무 사실적이고 자연스럽고 생생한 나머지 그의 일부가 되었다. 그는 자유에 대한 믿음을 잠재의식에 심는 데 성공했다.

확언을 계속하던 그는 더 이상 자유를 위해 기도할 필요가 없음을 느꼈다. 이는 그가 자유를 향한 열망을 주관적으로 구현했다는 확실한 심리적 징표였다. 그는 평화로웠다. 감옥에 갇혀 있었지만 그는 자유롭다는 주관적인 느낌을 받았다. 내면의 깨달음이었다. 주관적으로 자신의 욕망을 실현하니 더는 기도해야겠다는 마음이 강하게 들지 않았다.

몇 달 후 나는 고든이 감옥에서 풀려났다는 소식을 들었다. 고든을 끝까지 믿었던 친구들이 무죄를 증명할 새로운 증거를 발견했기 때문이다. 새로운 삶의 문이 열린 것이다.

기도로 재정적 위기에서 구원받다

라모나는 매주 열리는 '잠재의식의 힘' 강의에 빠지지 않고 참석했다. 어느 날 강의가 끝난 후 그녀는 내게 다가와 훌쩍이기 시작했다.

"어떻게 하면 좋을지 모르겠어요. 제 남자친구인 마이크가 컴퓨터 가게를 하고 있어요. 오랫동안 잘됐었고 성공했다는 자부심도 느꼈었죠. 그런데 갑자기 가게를 닫아야 할지도 모른대요."

"왜요? 무슨 문제가 있나요?"

"모르겠어요. 남자친구 말로는 비용을 댈 수가 없대요. 아파트와 자동차까지 팔아야 할지도 몰라요. 가게에 담보로 잡혀 있거든요. 결혼 이야기가 나오고 있었는데, 이제 못 할지도 몰라요. 빠져나갈 방법이 보이지 않아요. 희망이 안 보여요."

"왜 그런 말을 하나요?"

"있는 그대로 말하는 것뿐이에요! 아니, 무슨 말씀인지는 알겠어요. 제 잠재의식을 실패라는 생각으로 채우고 있다는 말씀이지요?"

"맞아요. 이제 어떻게 해야 하죠?"

"반대로 말해야 해요. 그렇게 배웠어요. 맞죠? 하지만 어떻게요?"

"먼저 마음을 차분하고 고요하게 가라앉혀 보세요. 마음이 다른 생각을 잘 받아들일 수 있는 상태여야 합니다. 그런 다음 마이크와 나를 위한 방법이 있다는 느낌으로 내면을 채우세요."

내 제안에 따라 라모나는 매일 밤 거대한 진리를 읊으며 잠들었다.

잠재의식의 지혜가 우리에게 해결책을 마련해 준다는 것을 압니다. 나는 그 해결책을 받아들입니다. 신적인 질서에 따라 행복하게 마무리되리라는 것을 압니다.

라모나는 꾸준하게 확언했다. 매일 하루에 서너 번씩 남자친구의 문제를 해결할 방법이 있다는 느낌과 분위기 속으로 들어갔다. 기도 기법을 사용하며 라모나는 '상식'을 포함한 감각적 증거를 의도적으로 거부했다. 대신 잠재의식의 지혜에 눈을 돌려 해답을 구했다.

2주도 채 지나지 않아 마이크에게서 전화가 왔다. 기적이 일어났다는 것이다. 방금 가장 큰 거래처로부터 메일을 받았는데, 거래처 실수로 2개월 이상 마이크의 매장에 과다한 비용을 청구했다는 것이다. 마

이크가 대금을 연체했다고 생각했지만 사실은 그렇지 않았다. 거래 계
정의 잔고도 넉넉했다.

믿음을 가지고 기도하니 잠재의식이 응답했고, 위기를 타파할 수 있
는 해결책이 불현듯 등장했다. 우주의 인도를 원한다면 매일 다음과 같
이 확언하라.

어제 무엇을 부정했든 오늘 내가 기도하고 확언하는 진리는 부정을
밟고 일어나 승리를 가져다줄 것입니다. 오늘은 무한한 지성의 날입
니다. 영광스러운 날입니다.

나의 마음은 평화와 균형, 기쁨으로 가득 차 있습니다. 나는 우주의
선하심과 인도, 사랑을 믿습니다. 나는 현재의 생각이 마음 깊은 곳에
인상을 남긴다는 것을 절대적으로 확신합니다. 나의 마음이 원하는
모든 좋은 일들을 거부할 수 없게 끌어들이고 경험하리라는 것을 압
니다. 이제 내 안에 거하는 무한한 지성께 모든 것을 의지합니다. 우
주의 섭리를 믿고 무한한 지성의 힘과 지혜를 신뢰합니다. 나는 평화
롭습니다.

내 안에 임재하신 그분이 나를 부르는 목소리가 들립니다. 나는 우주
의 섭리 안에서 휴식을 취합니다. 다 잘될 것입니다.

- 기도는 언제나 해결책이다. 기도는 내가 이루고자 하는 바를 우주적인 힘의 방향으로 돌리는 것이다. 기도를 하면 무한한 지성이 응답한다.

- 우주의 섭리와 함께라면 모든 것이 가능하다. 무한한 지성은 전지전능하고 반대를 모른다.

- 무한한 지성을 온전하고 완전하게 믿어야 죽음에서 구원받을 수 있다.

- 우주의 사랑과 평화가 나의 가슴속에 스며들게 하라. 그러면 과거의 일들이 지워질 것이며 기억나지 않을 것이다.

- 태도가 변하면 인생 전체가 변한다. 그리고 나의 세상 전체는 마음을 지배하는 확신의 이미지와 비슷하게 마법처럼 변한다.

- 기도할 때 드는 의구심과 두려움을 무시하라. 무한한 지성은 문제를 해결하는 방법을 알고 내가 원하는 바를 성취하는 노하우를 가지고 있다.

- 창조적 지성, 즉 모든 사람 안에 거하는 우주적인 힘은 사람을 차별하지 않는다. 어떤 믿음을 가지느냐에 따라 무한한 지성은 그 믿음에 응답을 준다.

- 내가 증오와 질투, 복수라는 심리적 감옥에 갇혀 있을 때 기도는 감옥의 문을 연다.

- 항상 방법은 있다. 마음의 수레바퀴를 차분하게 하고 우주의 섭리가 해답을 알고 있다는 걸 인지하라. 무한한 지성이 답을 알고 있으니 나도 답을 알게 될 것이다.

2
소망을 이루어 주는 믿음의 법칙

믿음은 결과를 내놓는 사고방식 또는 마음가짐을 뜻한다. 성경에서 말하는 믿음은 영원불변한 법칙과 원리에 확신을 가지는 것이다. 믿음은 생각과 느낌 또는 마음과 정신이 합쳐진 것으로, 온전하고 잘 바뀌지 않는다. 외부의 사건이나 해프닝으로 흔들리는 일도 없다.

위대한 진리들은 매우 명백하다. 가난과 질병에서 날 일으키고 기도에 응답을 주며, 행복과 마음의 평화, 기쁨의 왕도에 올려놓고 온 세상 사람들과 원만한 관계에 이르게 하는 힘과 지혜가 있다.

몇 년 전 동부 해안 지역으로 비행기를 타고 가던 때의 일이다. 옆자리에 앉아 있던 윌리엄은 화학 대기업의 영업사원이었다. 어떤 일을 하느냐고 묻기에 동기 부여 연설가라고 답했다.

"몇 주 전에 선생님을 알았더라면 좋았을 텐데요. 조금이라도 동기 부여가 됐을 거예요."

"무슨 문제가 있나요?"

"부장님이 갑자기 은퇴하신다는 거예요. 아직 퇴직할 나이가 아닌데 말이죠. 그 후 이사님의 연락을 받았습니다. 외부 콘퍼런스 때만 뵙던

분이었는데, 부장 자리를 대신 맡는 게 어떻겠냐고 묻더군요."

"축하합니다."

"아니요, 아닙니다. 싫다고 거절했거든요. 거절한 다음부터 자책하기 시작했어요. 하지만 이미 엎질러진 물인걸요."

나는 가만히 그의 얼굴을 보았다. 마음고생을 한 흔적이 보였다.

"두려웠어요. 아니, 겁에 질렸다는 표현이 맞을 거예요. 제가 그렇게 큰 책임을 감당할 수 있을까요? 완전히 웃음거리로 전락할 게 뻔했어요. 그래서 인생에 찾아온 가장 큰 기회를 거절했어요."

윌리엄은 뼛속까지 부정적인 믿음을 가지고 있었다. 승진한 이후의 삶을 직시하기에는 자신에게 능력이 없다고 생각했다. 윌리엄과 나는 비행기가 착륙할 때까지 이야기를 나누었고, 다음 날 뉴욕에서 다시 만났다. 내 제안에 따라 그는 하루에 몇 번씩 다음과 같은 확언을 했다.

나는 생각과 느낌의 방향을 바꿉니다. 더 이상의 믿음은 필요하지 않습니다. 지금 가진 믿음을 옳은 방식으로 사용하고 적용합니다. 잠재의식은 내 믿음에 따라 반응합니다. 나는 내 안에 거하는 우주의 섭리를 믿습니다. 무한한 지성이 나를 인도하고 이끄는 것을 압니다. 나는 성공하기 위해 태어났습니다. 무한한 지성은 나에게 새로운 기회를 보여 줍니다. 나는 자신감이 넘치고 마음이 편안합니다. 나는 좋은 일만 일어나리라는 믿음이 있습니다. 그리고 최고로 좋은 일이 일어나리라는 기대에 찬 채로 기쁘게 살아갑니다.

이런 생각과 윌리엄의 정신, 감정이 하나가 되면서 직업과 삶을 바라보는 방식이 바뀌었다. 얼마 지나지 않아 윌리엄은 회사의 다른 부서

관리직 제안을 받았다. 이번에는 진심으로 기쁘게 받아들였다. 이게 바로 믿음의 마력이다. 셰익스피어는 이런 말을 남겼다.

"의심은 배신자다. 시도를 두려워하게 만들어 이길 만할 일도 지게 한다."

사람들은 모두 믿음을 가지고 있다. 어떤 사람은 실패와 질병, 사고, 불행을 믿는다. 중요한 건 믿음을 어떻게 사용하는가다. 나는 믿음을 건설적으로 사용하는가, 부정적으로 사용하는가?

마음가짐과 믿음은 신념을 대변한다. 어떤 태도와 믿음을 가졌느냐에 따라 세상은 천국이 될 수도 있고, 지옥이 될 수도 있다. 나는 무엇을 믿는가? 가장 고상하고 웅장하며 높은 믿음은 영원히 변하지 않는 불변의 법칙에 기초한다.

마음의 창조적인 법칙을 믿으면서 선한 우주의 섭리가 좋은 일만 가져다주고 최고의 일만 일어나게 해주리라고 즐겁게 기대해야 한다. 무한한 지성이 어려움에서 벗어나는 길을 안내하리라는 확고한 신념을 가슴에 새겨라. 무한한 지성이 문제를 해결하고 나를 치유하리라고 굳세게 믿어라. 내면에 있는 보이지 않는 지혜를 믿어라. 그 지혜는 나를 창조했고 전지전능하며 모든 종류의 두려움과 의심, 걱정의 물 위를 건너게 한다.

위대한 과학자와 신비주의자, 시인, 예술가 그리고 발명가는 재능을 갖춘 데다 내면의 보이지 않는 힘을 끊임없이 믿고 신뢰한다. 과학자와 발명가는 아이디어를 실현할 수 있다는 믿음을 가지고 있다. 인터넷에 대한 아이디어는 눈에 보이지 않았지만, 인터넷을 발명한 사람의 마음에서는 실재했다. 건축가의 마음속에 있던 새로운 건물에 대한 아이디어는 현실이 되었다. 이 책에 대한 아이디어는 내 마음속에 이미 존재하고 있었다. 이 책 한 장 한 장은 눈에 보이지 않았지만 내 마음속에 있었던 아이디어와 생각, 심상, 믿음에서 나왔다.

나의 욕망이나 아이디어, 꿈, 연극, 여행, 창업 또는 모험은 보이지 않더라도 내 마음속에 실재한다는 점을 깨달아야 한다. 객관적인 세계에서 실재하는 나의 손과 같이 내 아이디어가 실재하고, 정신에서 형태와 모양, 실체를 갖추고 있다는 걸 알면 과학적 믿음이 생긴다. 이 지식은 혼란과 불화, 두려움의 물 위를 걷게 하여 깊은 잠재의식 속 확신의 장소로 이끈다. 잠재의식에 전달되는 모든 것은 우주의 스크린에 펼쳐진다. 이런 방식으로 나의 아이디어가 객관적인 세계에 펼쳐진다.

믿음이 승리한 방법

샌프란시스코에서 강의를 하던 중, 어떤 대기업의 부서장인 아서를 만났다. 그는 자신감을 잃었다고 털어놓았다. 직장 생활의 앞날이 불확실하다며 풀 죽어 있는 모습이 매우 불행해 보였다.

"저는 부사장과 CEO, 이렇게 두 명에게 보고를 올리는데요. 둘 다 계속 제 의견을 반대합니다. 무엇을 제안하든 무조건 반대해요. 두 사람이 회사를 망치고 있어요. 곧 제 스톡옵션이 휴지가 될 거 같네요. 지난 5년이 허송세월이 됐어요. 여기서 최악은 제가 할 수 있는 일이 하나도 없다는 거예요."

나는 그에게 말했다.

"적어도 하나는 맞는 말이군요. 이 상황 중 최악은 스스로에 대한 믿음이 부족하다는 겁니다. 눈에 보이지 않는 내면의 힘에 대한 확신이 없는 한 어떤 일도 잘 풀리지 않을 거예요.”

“눈에 보이지 않는 힘이요? 하하하. 아이고, 죄송합니다. 선생님의 믿음을 폄하하려던 건 아니었어요. 진심으로 말씀하셨다는 걸 알아요. 하지만 저는 보고 듣고 만지고 맛보고 냄새를 맡을 수 있는 것만을 믿거든요. 제 마음에는 신비주의적 사상이 들어갈 자리가 없네요.”

“알겠습니다. 그렇게 생각하는 사람들은 그렇게 느낍니다. 하지만 그런 생각이 드는 곳은 어디일까요? 어디서 그런 회의감이 드는지 말씀해 주실 수 있나요?”

“어째서 그런 질문을 하시는지는 모르겠지만 아마도 마음속이겠죠? 이번에는 그 마음이라는 게 어디에 있는지 물어보시겠죠? 알겠어요. 정확히는 모르겠다고 인정합니다.”

“하지만 마음을 가지고 있다는 건 알고 있죠?”

“잃어버리지 않았다면요.”

아서는 농담을 던진 후 다시 진지하게 입을 뗐다.

“예, 요점은 알겠습니다.”

“아까 자녀가 있다고 하셨는데, 자녀를 사랑하시지요? 사랑이 눈에 보이나요? 우리 안에 있는 무한한 지성도 마찬가집니다. 눈으로는 볼 수 없어요. 뇌 CT를 찍는다고 해서 지성의 위치를 알 수 있는 건 아닙니다. 하지만 지성이 세상에 일으키는 효과는 볼 수 있지요.”

이야기를 나누며 아서는 중요한 진리를 깨달았다. 사업을 발전시키고 마음의 평화와 성공을 얻으려면, 자신의 지성을 뛰어넘는 지혜와 힘에 닻을 내리고 정신적 지주로 삼아야 한다. 또한 실질적이고 영원한 힘과 접촉해야 한다. 아서는 잠재의식에 깃든 내면의 힘과 정신적·감정적으로 하나가 되겠다는 결단을 내렸다. 내 제안에 따라 그는 매일 여러 번 다음과 같이 확언했다.

우리 회사에서 일하는 모든 사람은 영적이고 경이로우며 뛰어난 자
질을 갖추고 있습니다. 성장과 안녕, 번영의 연결고리로 이어져 있습
니다. 나는 생각과 말과 행동에 선의를 담아 직장 동료 모두를 대합니
다. 내 마음은 회사 CEO와 부회장에 대한 사랑과 선의로 가득 차 있
습니다. 무한한 지성은 나를 통해 모든 결정을 내립니다.
내 인생에서 올바른 행동이 일어나는 곳은 단 한 곳입니다. 사무실에
도착하기 전에 평화·사랑·기쁨·조화의 전령을 먼저 보냅니다. 우주
의 평화가 나를 포함한 모든 직장 동료의 마음과 정신에 군림합니다.
이제 믿음과 확신과 신뢰가 넘치는 새날로 나아갑니다.

아서는 매일 확언을 천천히 반복하며 이 말에 서려 있는 진리를 느
꼈다. 그는 생명과 사랑, 진리, 자신감을 말에 담았고 이는 아서의 잠재
의식으로 깊숙이 스며들었다. 업무를 하면서 두려움이 몰려오거나 화
가 날 때면 이렇게 외쳤다.

우주의 평화가 내 영혼을 가득 채웁니다.

즉시 해로운 생각들이 사라지고 마음에 평화가 찾아왔다. 나중에 받
은 아서의 편지에는 CEO와 부사장이 그를 불러 악수를 청하면서 아
서의 창의적 에너지가 없었다면 회사는 굴러가지 않았을 거라고 말했
다고 쓰여 있었다. 아서의 믿음은 회복되었다.
그는 의식을 가진 개인으로서 자유로운 선택을 할 능력이 있었다.

성공과 조화, 선한 의지를 택하고 모든 상황과 조건을 딛고 일어날 힘을 갖고 있었다. 그 결과 외부 상황이나 감각이 주는 인상의 지배를 받는 일은 일어나지 않았다.

믿음을 바꾸다

레베카는 배우이자 가수로, 매우 재능 있는 젊은 여성이었다. 그녀는 TV에 출연하거나 영화 일을 따내는 데 어려움을 겪고 있다며 나를 찾아왔다. 끊임없이 오디션을 보러 갔지만 매번 거절당했고, 그러다 보니 거절당할지도 모른다는 두려움까지 생겼다.

"그렇게 놀랄 일은 아니에요. 저보다 훨씬 예쁜 배우들이 많거든요. 그래서 제가 오디션을 통과 못 하나 봐요."

"그럴지도 모르지요. 하지만 아시다시피 마음의 법칙에 따르면 수요와 공급은 한 가지 현상의 두 가지 측면입니다. 내가 찾는 것이 나를 찾고 있는 거죠. 무한한 지성을 믿는다면 내가 있어야 할 자리로 인도받을 것입니다.

"어떻게 해야 하죠? 제발 절 도와주세요!"

"일단 거부당할지도 모른다는 믿음을 한쪽으로 제쳐 두세요. 다른 사람이 나를 받아들이고 인정해 줄 것이며, 나의 참된 모습을 표현할 수 있으리란 걸 믿으세요. 마음이 상상하고 진실이라고 느끼는 모든 것을 실제로 실현할 수 있다는 것을 이해하셔야 합니다."

레베카는 새로운 훈련을 시작했다. 하루에 두 번, 마음을 차분하게 가라앉혔다. 몸에 긴장을 풀라고 명령하니 모든 긴장이 풀렸다. 이런 식으로 이야기하면 몸은 따를 수밖에 없다는 걸 알았다.

조용하고 수용적이며 평화로운 상태에 들어가 영화 계약서를 손에 든 자신의 모습을 상상하며 주의를 완전히 집중했다. 그녀는 상상 속에서 기뻐했고, 상상을 현실처럼 느꼈다. 그녀는 계약이 이루어지리라고 의지를 다졌다. 계약서를 든 자신의 모습을 상상하며, 그 모습에 자신을 일치시켰다. 자신이 상상하고 믿는 일은 반드시 이루어진다는 믿음을 가진 것이다. 그녀는 마음의 상태, 즉 믿음의 상태를 바꿨고 그 믿음이 현실로 이루어졌다. 그달이 끝나기 전 레베카는 새로운 TV 드라마 시리즈 오디션을 보았고, 중요한 역할을 따냈다.

인도 뭄바이에서 연달아 강연을 한 적이 있다. 그곳에서 영국인 바질을 만났는데, 그는 자동차 사고 후유증으로 다리를 쓰지 못했다. 오랫동안 집에 머무르며 물리치료를 집중적으로 받은 후에야 걸을 수 있었다. 그런데도 지팡이를 짚으며 간신히 걸음을 뗐다.

"다리가 낫는다면 무엇을 하고 싶으세요?"

"뭐든 안 하고 싶겠어요! 수영하고 골프를 치고 폴로를 하겠지요. 그리고 알프스로 등산을 가고 싶어요. 매년 그렇게 했었거든요."

내가 원하던 바로 그 대답이었다. 나는 바질에게 다리를 온전하게 쓸 방법을 말해 주었다. 첫 번째 단계는 그가 사고를 당하기 전에 했을 법한 일을 하고 있다고 상상하는 것이다. 하루에 세 번, 15분에서 20분 동안 서재에 앉아 폴로를 하는 자신의 모습을 상상해 보라고 했다. 실제로 폴로 선수가 된 듯한 기분이 들어야 했다. 한나니로 배우가 극 중에서 맡은 역할을 연기하듯이 그도 배우 역할을 해야 했다.

바질은 주의를 기울이며 내 조언을 조심스레 실행했다. 폴로 경기를 하는 느낌을 받았다. 여기서 주목해야 할 점은 폴로 경기를 하는 자신의 모습을 보지 못한다는 것이다. 제삼자의 관점으로 멀리서 자신을 지켜보는 것이 아니라, 마음속 생생한 연극 안으로 들어가 그 상태를 직접 구현해야 한다. 바질은 연극에 집중한 나머지 폴로스틱과 말의 촉감이 실제처럼 생생하게 느껴졌다.

정오에는 몸과 마음을 차분하게 가라앉힌 후 등산복을 입은 느낌을 느껴보았다. 알프스산맥을 오르는 모습을 상상하고 몸으로 느꼈다. 얼굴에 찬 공기가 불어왔고 예전에 함께 등산하던 친구들의 목소리가 들려왔다. 그는 이 장면을 실감나게 체험하면서 바위의 견고함과 단단함을 느꼈다.

잠들기 전 밤에는 골프를 치는 상상을 했다. 손으로 골프채를 잡았다. 골프공을 잡아 자리에 내려놓고 티샷을 쳤다. 골프채를 휘두르며 공이 그린을 향해 날아가는 것을 보고 즐거워했다. 골프를 잘 치는 만족감에 빠졌다. 하루 종일의 상상 속 운동에 매우 즐겁고 행복해하면서 잠들었다.

두 달 만에 바질의 다리가 기적적으로 좋아졌다. 자신이 하고 싶다고 상상했던 모든 일을 할 수 있게 되었다. 상상 속의 장면이 치유의 힘이 있는 잠재의식의 깊은 층에 새겨졌다. 정신적 이미지와 느낌에 따라 반사 작용이 일어나 잠재의식은 인상에 남은 것을 충실하게 재현했다.

믿음은 곧 나의 마음

나는 사실 보이지 않는 존재다. 사람들은 나의 동기나 감정, 믿음, 자신감, 꿈, 열망 또는 내 안에 있는 생명의 원리를 보지 못한다. 이 사실을 떠올릴 때 나는 불사신처럼 영원한 불멸의 존재임을 알게 된다.

조건의 노예나 상황의 희생자가 아니다. 신성한 생명이 살고 움직이고 존재하며, 나 역시 이 신성한 생명 안에 살고 움직이며 존재한다. 내 세상에 존재하는 모든 것은 나의 믿음이 구현된 것이다. 전지전능한 존재인 우주의 섭리는 생각과 느낌에 반응한다. 예를 들어 "나는 튼튼하고 강합니다"라고 주장하면 정말 강하고 튼튼해진다.

나는 믿는 대로 된다. 내가 진정으로 믿는 바를 세상에 드러내고 객관적으로 구현하기 때문이다. 마음과 몸, 일에서 믿음의 행적이 나타난다. 믿음의 작용이 사업이나 직업, 가정뿐만 아니라 신체 기능 등 나와 관련된 모든 일에서 나타난다. 믿음은 건강·행복·평화·사랑·선한 의지·풍요·안전·침착함·균형·고요함·평온이라는 열매를 낳는다.

로스앤젤레스에 있는 친구의 집에 저녁 식사 초대를 받았다. 그곳에서 콜린이라는 젊은 여성과 이야기를 나눴다. 그녀는 컴퓨터 그래픽을 전공했다고 했다. 내가 물었다.

"그 분야에 일자리가 많다고 하던데요, 어떤가요?"

"네, 그렇긴 하죠. 가끔은 너무 많아서 문제예요. 사실 제가 지금 굉장히 결정하기 어려운 일로 골치를 앓고 있거든요. 뉴욕에 있는 한 인터넷 기업이 이직을 제안했어요. 지금 직장보다 더 좋은 조건이죠. 문제는 뉴욕으로 이사를 가야 한다는 겁니다."

"그래서 어떻게 하기로 정했나요?"

"제가 가장 좋아하는 언덕에 올랐어요. 마음을 가라앉히고 스스로에게 물었죠. '올바른 결정을 내린다면 지금 나는 어떤 기분이 들까?'"

"그 질문에 어떻게 답하셨습니까?"

"아주 끝내주는 기분일 거라고 대답했어요. 그런 결정을 내려 기뻐고 자신감에 넘치겠죠."

생각한 대로 행동하면, 정말 생각한 대로 된다. 콜린은 삶에서 이 진리를 발견했다. 그녀는 자신이 올바른 결정을 내린 것처럼 행동했다. 창조적인 생명의 원리는 그녀를 사랑하고 돌봐 주기에, 사랑과 맞닿아 있고 질문에 응답을 준다는 것을 알았다. 그녀는 몇 번이고 "정말 멋집니다!"를 반복했다. 그녀는 마음을 차분하게 한 후 '정말 멋진' 느낌 속에서 잠들었다.

그날 밤 그녀는 꿈을 꾸었다. 제일 좋아하는 장소에 서서 멀리 해안선을 바라봤다. 덤불을 움직이는 바람이 말을 하고 있음을 불현듯 느꼈다. 바람은 "가만히 있어! 가만히 있어!"라고 말했다. 잠에서 깬 콜린은 내면에서 울려 퍼지는 직감의 소리를 들었음을 깨달았다.

"저는 내면의 소리에 귀를 기울였어요. 뉴욕의 제안을 거절했죠. 정말 잘한 일이었어요. 나중에 들으니 직원 30퍼센트를 해고했다고 하네요. 뉴욕으로 이사했더라면 지금 실직 상태일지도 몰라요."

- 믿음은 명령을 내리고 결과를 얻는 마음가짐이다.

- 지금보다 더 큰 믿음은 필요하지 않다. 이미 충분한 믿음을 가지고 있기에 건설적으로 사용하기만 하면 된다. 믿음에 목적의식을 담고 방향을 세워라. 건강·성공·평화·행복을 믿어라.

- 모든 사람은 믿음을 가지고 있다. 우리는 무엇을 믿는가? 진정한 믿음은 영원히 변하지 않는 불변의 원리와 삶의 가치에 기반을 두고 있다.

- 믿음은 눈에 보이지 않는다. 믿음은 보이지 않는 것들의 증거다. 과학자들의 믿음은 위대하다. 왜냐하면 자기 마음속에 있는 아이디어를 실현하리라는 가능성을 믿기 때문이다.

- 마음과 생명, 사랑의 감정은 눈에 보이지 않는다. 믿음도 마찬가지로 눈으로 볼 수 없다. 하지만 실질적이고 영원하며, 전능한 내면의 보이지 않는 힘에 마음을 고정할 수 있다.

- 실패하고 거부당할지도 모른다는 믿음을, 사람들이 나를 받아들이고 인정하며 성공적인 삶을 살리라는 믿음으로 바꾸라. 치유의 힘을 믿어라. 지금 내가 하는 일 모두 나를 온전하게 만든다고 상상하고 느껴라.

- 믿음은 곧 마음이다. 나의 마음속 깊은 곳에는 생각과 느낌에 반응하는 우주의 전능이 깃들어 있다. 이게 바로 모든 상황과 조건을 극복할 수 있는 이유다.

- 기도의 응답을 받았을 때 어떻게 느끼고 행동할지 상상해 보면서, 마음속에서 똑같이 행동하고 느껴 보라. 그러면 믿음의 마력이 인생에서 기적을 일으킨다는 것을 알게 될 것이다.

3
부정적 패턴을 정화하는 치유의 법칙

세상에는 단 하나의 치유력만 존재한다. 사람들은 이 치유력을 우주적 힘, 무한한 치유력, 자연, 신성한 사랑, 생명의 원리 등으로 부른다. 이름은 다르지만 모두 같은 우주적 진리를 가리킨다.

이 힘에 대한 지식은 과거의 어두컴컴하고 깊숙한 곳으로 거슬러 올라간다. '의사는 상처를 치료하고 신은 환자를 치유한다'라는 비문이 고대 신전 곳곳에서 발견되었다.

우주의 치유력은 내 안에 있다. 심리학자도 정신과 전문의도 목사도 신부도 의사도 병을 고치지는 못한다. 종양을 제거하는 외과 의사가 있다. 그는 덩어리를 제거하여 우주의 치유력이 지나갈 수 있도록 길을 낸다. 마찬가지로 심리학자나 정신과 의사는 정신적인 방해물을 제거해 환자가 새로운 마음가짐을 받아들일 수 있도록 유도한다. 새로운 마음가짐이 치유력을 발산하여 환자의 몸에 조화와 건강, 평화를 가져다줄 수 있기 때문이다.

목사는 자신과 남을 용서하라고 한다. 사랑·평화·선의가 잠재의식에 흐르게 함으로써 무한자와 하나가 되고, 잠재의식에 있는 모든 부정적인 패턴을 정화하는 것이다. 무한한 생명의 치유력은 모든 정신적·정서적·육체적 질병을 치유하는 매개체다.

잠재의식에 깃들어 있는 기적적인 치유력을 과학적으로 사용한다면 나의 마음과 몸 그리고 모든 질병과 장애를 치유할 수 있다. 치유의 힘은 인종과 종교, 피부색과 관계없이 효력을 발휘한다. 어느 교회를 다니든 어떤 종파에 소속되어 있든 상관없다.

나는 어렸을 때부터 수백 번의 치유를 경험했다. 상처나 화상, 멍, 타박상, 염좌 등이 나은 기억은 누구에게나 있다. 치유의 기적은 의식적인 노력이나 지식 없이도 일어난다.

몇 년 전 딘이라는 청년이 나를 찾아왔다. 그는 대학생이었는데 큰 고통을 받고 있었다.

"제가 미쳐 가나 봐요. 계속 영혼의 목소리가 들려요. 저를 가만히 내버려 두지 않아요. 자꾸 끔찍한 짓을 하라고 해요. 성경이나 다른 영적인 책을 읽으려고 하면 가까이 다가와 귀에 외설적인 말을 외칩니다. 이 목소리는 초자연적인 힘을 가진 악마입니다. 악마가 저를 지배할지도 모른다는 생각에 두려워요."

딘에게는 물리적으로 존재하지 않는 것들을 듣는 힘이 있었다. 모든 사람은 어느 정도 이런 능력을 지니고 있지만 딘의 능력은 꽤 강했다.

왜 그런 현상이 일어나는지를 이해하지 못했기 때문에 악령 때문에 목소리가 들린다고 생각했다. 미신을 믿었기에 세상을 떠난 영혼이 자신에게 말을 건다고 생각했다. 걱정이 끊이지 않다 보니 편집증이 생겼다. 잠재의식이 점점 그릇된 암시로 뒤덮였다. 그릇된 암시는 객관적인 능력을 빼앗았고 이성은 왕좌를 포기했다. 거짓 신념을 받아들였고 그것이 마음을 지배했다. 그는 사람들이 흔히 정신이 온전치 않다고 부르는 부류가 됐다. 나는 그에게 다음과 같이 설명해 주었다.

"잠재의식에는 엄청난 힘이 있습니다. 잠재의식은 부정적이거나 긍정적인 영향을 받을 수 있죠. 그래서 반드시 잠재의식에 긍정적이고 건설적이며 조화로운 영향을 주어야 합니다. 그러지 않으면 불만이 더 커질 수 있습니다. 잠재의식은 지금 넘쳐 나는 부정적인 암시에 반응하기 때문입니다."

딘은 내 설명에 깊은 인상을 받았다. 그가 떠나기 전 나는 10분씩 하루에 세 번 반복할 수 있는 확언을 알려 주었다.

우주의 사랑·평화·조화·지혜가 내 마음과 정신에 넘칩니다. 저는 이 진리를 듣고 사랑합니다. 우주는 사랑이고 나는 우주의 사랑에 안겨 있습니다. 사랑이 나를 감쌉니다. 무한한 지성이 내려 준 평화의 강이 내 마음에 넘쳐흐릅니다. 자유를 누릴 수 있음에 감사합니다.

딘은 고요하고 경건하게 감정을 실어 이 기도를 천천히 되풀이했다. 잠들기 전에도 했다. 그는 조화와 평화와 하나가 됨으로써 생각의 패턴과 마음을 재배열할 수 있었다. 그러자 치유가 뒤따랐다. 믿음과 기대감을 품고 진리를 반복해서 되뇌었더니 마음이 치유된 것이다.

나도 딘을 위해 열심히 기도했다.

딘은 바른 생각을 합니다. 그가 하는 모든 일에 신성한 지혜와 지성이 담겨 있습니다. 그의 마음은 완벽하고 변함없고 영원한 우주의 마음입니다. 그는 우주의 음성을 듣습니다. 내면에서 울리는 음성은 평화와 사랑의 목소리입니다. 무한한 지성이 내려 준 평화의 강이 마음을 덮으며, 딘의 마음은 지혜와 고요, 균형과 이해로 가득 차 있습니다. 그를 괴롭히는 모든 게 사라집니다. 그가 자유롭고 평화롭다고 선언합니다.

내 마음속에 평화와 조화가 가득할 때까지 매일 밤낮으로 이 진리를 묵상했다. 일주일 후 이 청년은 완전히 자유롭고 평화로워졌다.

시한부 삶을 선고받은 여성의 이야기

내 강연에 자주 참석했던 메리라는 여성이 있었다. 어느 날 메리는 파멜라를 데리고 와 이야기를 나눠 달라고 했다. 파멜라의 얼굴은 괴로운 듯 일그러져 있었다. 뭐가 잘못됐는지 묻기도 전에 파멜라는 버럭 소리를 질렀다.

"저는 여기에 있으면 안 돼요! 지금 이 순간에도 내 딸은 죽어 가고 있다고요!"

그녀는 신경증에 걸린 사람처럼 울기 시작했다. 메리가 파멜라의 상황을 설명해 주었다. 파멜라에게는 네 살짜리 딸이 있는데, 병원에 입원했다고 한다. 고열이 계속 나는데 아무도 원인을 몰랐다. 의사는 뇌염의 한 종류가 아닐까 추정했다. 항생제를 투여했지만, 아이의 열은 내리지 않았다.

"너무 불쌍해요. 아이의 인생에서 잘 풀리는 일이 단 하나도 없는 것 같아요."

파멜라와 남편은 수년간 부부싸움을 하다 한 달 전에 헤어졌다. 그 이후로 파멜라의 상황은 점점 더 나빠지기만 했다. 파멜라가 감정을 가라앉혔을 때쯤 나는 이렇게 말했다.

"아이의 삶은 전적으로 부모에게 달려 있음을 이해하셔야 합니다. 어떤 정신적·감정적 분위기가 주변을 지배하느냐에 따라 아이는 그 분위기와 비슷하게 자라납니다. 아이는 자기 생각과 감정, 삶에서 일어나는 일에 대한 반응을 이성적으로 통제할 수 있을 만큼 강하지 않아요."

"그게 무슨 뜻이지요?"

"의사들은 의학의 힘을 빌려 가능한 한 모든 치료를 할 것입니다. 의사들은 분명 최선을 다할 거예요. 어머님도 할 수 있는 게 있습니다. 의식적인 결정을 내려 마음을 좀 더 편안하게 하세요. 우주의 인도와 평화와 화합을 위해 기도하십시오. 특히 남편에게 느끼는 원망과 내면의 분노를 지울 수 있도록 무한한 지성께 도움을 청하세요."

"남편이 절 어떻게 대했는지 안다면 그런 말은 못 하실 거예요."

"부정적인 감정이 아이의 건강보다 더 중요한가요?"

"아니요, 당연히 아니죠!"

"그럼 포기하지 마세요. 남편분께 사랑과 선한 의지를 쏟아 보세요. 화와 분노를 버리세요. 그 화와 분노의 감정이 딸에게 전달됩니다. 한번 시도해 보세요. 원망에 대해 생각할수록 원망이 커지듯이 사랑을 생각하면 사랑이 커집니다."

파멜라는 아이의 침대 곁으로 돌아갔다. 오랫동안 묵상한 후 딸을 위해 기도하기 시작했다.

우주의 섭리이신 성령은 내 자녀의 생명입니다. 성령은 온도가 없습니다. 그래서 결코 아프거나 열이 나지 않습니다. 아이의 몸과 마음에 우주의 평화가 넘쳐흐릅니다. 조화와 건강, 사랑, 온전함이 지금 내 아이의 몸을 구성하는 원자 하나하나에 나타납니다. 딸은 안정되고 편안하고 평온하고 침착합니다. 나는 이제 딸 안에 우주의 은총을 끌어당깁니다.

그녀는 이 기도를 매일 몇 시간이나 반복했다. 밤이 되자 딸에게 놀라운 변화가 일어났다. 잠에서 깨어나 이렇게 말한 것이다.

"엄마, 내 인형은 어딨어? 그리고 나 엄청 배고파!"

간호사는 아이의 열이 떨어진 것을 확인했다. 무슨 일이 일어난 걸까? 어머니의 마음에서 열이 나거나 불안이 나타나지 않았기 때문에 어린 소녀의 열도 떨어진 것이다. 아이는 순간적으로 평화와 조화, 사랑의 분위기를 느꼈고 그에 따른 반응이 일어났다.

우리는 모두 타고난 치유자

때때로 치유의 능력을 타고난 사람들이 있다는 말을 듣는다. 하지만 이는 미신이다. 사실 우리 모두가 치유의 능력을 타고났다. 이유는 간단하다. 우주의 치유력이 모든 사람에게 있기 때문이다. 우리는 모두 생각을 통해 치유력과 맞닿을 수 있다. 치유력은 모든 상황에 반응하고 어디에나 존재한다. 만물의 생명이다.

믿음의 정도는 개인마다 다르다. 믿음을 통해 누군가의 만성적인 아픔을 치유하는 사람이 있기도 하고 고질적인, 이른바 치료가 불가능하다는 악성 종양을 치유하는 사람도 있다. 손가락을 베었을 때 상처가

서서히 낫는 것처럼 우주의 치유력을 사용하여 폐결핵을 낫게 할 수 있다. 우리를 만드신 무한한 지성 안에는 큰 것도 작은 것도 없다. 크고 작은 게 없으므로 하기 어려운 일도 쉬운 일도 없다.

사람들 안에는 전능하신 분이 계신다. 치유자는 치유를 일으키기 위해 다른 사람의 몸에 손을 얹고 기도를 한다. 이 기도는 단순히 환자의 무의식에 협력을 호소하는 행위다. 환자가 알든 모르든, 기도의 효력을 믿든 안 믿든, 건강하리라는 생각이 환자의 잠재의식에 새겨지면 반응이 일어난다. 환자가 무엇을 믿느냐에 따라 믿음은 현실이 된다.

중풍에 걸린 친구의 이야기

뉴욕에 사는 오랜 친구 하워드는 중풍과 경련으로 고생했다. 갑자기 움직이지 못하는 때도 있었다. 번잡한 거리 한복판에서 몸을 움직일 수 없었던 적도 있었다. 의사는 증상을 진정시키는 약을 처방했지만 끊임없는 공포와 공황, 불안을 해소하지는 못했다. 이런 감정 때문에 하워드는 지쳐 있었다.

하워드가 도움을 청해서 나는 따라야 할 절차를 알려 주었다. 첫 번째 목표는 자신의 몸을 만든 기적적인 치유력이 자기 안에 있으며, 스스로 치유를 일으킬 수 있다는 걸 깨닫는 것이었다.

우리는 예수께서 중풍 병자의 죄를 사해 주심으로써 병을 고쳤다는 이야기를 알고 있다. 여기서 죄는 목적을 이루지 못하는 것, 즉 건강과 행복, 평화라는 목표를 놓치는 것이다. 이상과 정신적·정서적으로 하나가 될 때 자신을 용서할 수 있다. 그러므로 이러한 믿음이 내면에서 확신으로 굳어지거나 주관적으로 구현될 때까지 계속해서 자신을 이상과 일치시켜라.

부정적인 생각을 하거나 원망, 미움, 비난, 두려움, 걱정이 들 때 우리는 죄를 짓는다. 내가 선언한 인생의 목표와 멀어지거나 외면할 때마다 우리는 죄를 짓는 것이다. 여기서 인생의 목표는 평화와 조화, 지혜, 온전한 건강 등 더 풍요로운 삶을 의미한다.

하워드는 수년 전 금융 거래를 했을 때 자신을 배신한 형에 대한 증오로 마음속이 가득 차 있음을 인정했다. 그는 죄책감에 사로잡혀 있었고 스스로를 자책했다. 그는 성경에 나오는 중풍 환자처럼 자신과 형을 용서하는 것만으로도 치유가 일어나고 죄를 용서받을 수 있다는 걸 깨달았다. 하워드는 내면에 있는 우주의 치유력에 시선을 돌리며 다음과 같이 단호하게 확언했다.

나는 부정적이고 파괴적인 생각을 품은 자신을 완전히, 기꺼이 용서합니다. 지금부터 내 마음을 정화하기로 마음먹습니다. 우주의 섭리께 나를 맡기고 내 형을 놓아줍니다. 어디에 있든 형이 건강하고 행복하길, 우주의 모든 축복이 함께하길 진심으로 기원합니다. 나는 지금무한한 치유력과 하나가 되고 있으며, 나라는 존재의 세포 하나하나에 우주의 사랑이 흐르고 있음을 느낍니다. 이제 우주의 사랑이 온몸에 스며들고 넘치며, 나를 완전하고 온전하게 만든다는 걸 압니다. 나는 내가 헤아릴 수 없을 정도의 평화를 느낍니다. 내 몸은 살아 계신무한한 지성의 성전입니다. 무한한 지성께서는 당신의 거룩한 성전안에 계시고 나는 자유롭습니다.

이러한 진리를 묵상하면서 하워드는 잠재의식을 점차 건강과 조화로움으로 채워 나갔다. 생각이 바뀌자 몸에 변화가 일어났다. 태도가 바뀌면 모든 것이 바뀐다. 오늘날 하워드는 완전히 건강해져 기쁘고 자유롭게 걷고 있다.

꿈을 포기하는 건 죽음과 같다

"박사님, 이해가 잘 안되는 게 있어요."

아이린이 나와 면담을 하기 위해 찾아왔다.

"지난주에 제가 다니던 작은 출판사에서 해고됐어요. 저에게 민폐를 끼친 사람은 발행인이었는데, 그녀는 아주 불쾌할 정도로 이상한 말을 했어요. '아이린 씨는 성경 속 손 마른 사람과 똑같습니다'라고 했는데, 대체 무슨 말일까요?"

"성경 속 글은 종종 사람을 빗대어 원리를 설명한다는 것을 이해하셔야 합니다. 다시 말해 이야기에 등장하는 인물은 종종 다른 것을 상징하기도 한답니다. 그래야 인물들의 대화를 더 생생하고 인상 깊게 묘사할 수 있거든요."

"그렇군요. 저는 문학을 전공했습니다. 상징주의가 뭔지 알고 있어요. 하지만 도대체 왜 저를 손 마른 사람에 비유했을까요?"

"손은 힘과 방향, 효과의 상징입니다. 손으로 무언가를 만들고 지시를 내릴 수 있지요. 손 마른 사람은 열등감을 가지고 죄책감과 부적절함을 느끼는 패배주의자를 상징합니다. 그런 사람은 효과적으로 기능하지 못하고 우주의 섭리가 준 능력을 표현하지 못합니다."

"이제야 알겠어요. 꿈과 포부가 시들은 건 사실이에요. 하지만 어떻게 하면 다시 되살릴 수 있죠? 꿈과 포부를 실현할 방법이 없어요. 어른이 된다는 건 그런 거 아닌가요?"

"아닙니다! 꿈을 포기하는 것은 어른이 되는 것이 아니라 죽기 시작하는 겁니다! 마음속에 품은 멋진 아이디어가 막 태어나려고 하는데 꿈을 포기하면, 꿈은 그 자리에서 시들어 결실을 보지 못하게 됩니다. 나에 대한 관념을 확장하고 평가치를 높여 손을 뻗어야 합니다. 가장 이루고 싶은 꿈이 무엇인가요? 마음속에 그림을 그리세요. 꿈을 이루는 나의 모습을 그려 보세요."

"저는 출판이 좋아요. 제가 진짜 하고 싶은 일은 침묵하는 사람들이 목소리를 낼 수 있게 도와주는 거예요. 방법이 있을까요."

목표에 대해 곰곰이 생각해 보라고 아이린에게 제안했다. 도와주고 싶은 사람들과 대화를 나누고 그들의 목소리가 수백만 명에게 전달되는 모습을 상상하라고 했다. 그녀는 자주 다음과 같이 확언했다.

나는 나를 강하게 하고 인도하고 통제하며 어디로 가야 하는지 알려 주는 우주의 권능을 사용하여 모든 것을 할 수 있습니다. 비전이 있는 곳으로 가고 있다는 것을 깨달았습니다. 이제 믿음과 확신을 가지고 내 안의 무한한 지성과 하나가 됩니다. 내면의 지혜가 나를 인도한다는 사실을 알고 있습니다. 우주의 권능이 마음속에서 생각과 이미지의 패턴을 타고 흐른다는 걸 알고 있습니다. 나의 꿈을 반드시 이루게끔 하는 신성한 힘에 지배를 받습니다.

몇 달 후 나는 아이린에게 편지를 받았다. 아이린과 친구는 동네 사람들에게 들은 이야기를 바탕으로 영화 대본을 썼다. 그 대본은 상을 받았는데, 부상으로 영화 제작을 위한 재정 지원도 포함되어 있었다. 아이린이 돕고 싶었던 사람들의 이야기는 정말로 수백만 명에게 널리 퍼질 수 있게 되었다.

믿음이 치유를 일으키다

성경에는 죽은 사람이 일어나서 말하기 시작했다는 구절이 등장하는데, 이것은 무슨 의미일까? 기도의 응답을 받을 때 새로운 혀를 얻어 즐겁게 건강을 말할 수 있다는 의미로, 내면의 광채를 발산하는 것이다. 내면의 믿음과 가정을 들여다볼 때 죽었다고 생각하는 희망과 욕망이 말을 하기 시작한다.

패트릭은 내 먼 친척이다. 몇 년 전 패트릭의 형 마이클이 패트릭이 있는 병원으로 병문안을 가자고 했다. 패트릭은 혼수상태였다. 평소 신부전증을 앓고 있었기 때문이다. 의사들은 가망이 없다고 했다.

우리가 병실에 도착했을 때 패트릭은 의식이 없었다. 우리가 거기 있는지도 몰랐다. 나는 의자를 끌어당겨 침대 옆으로 다가갔다. 패트릭은 독실한 신자였다. 나는 부드러운 목소리로 말했다.

"패트릭, 예수님은 너와 함께 계셔. 예수님이 보이지? 지금 손을 내밀고 계시잖아. 지금 네 몸에 손을 얹고 계신단다."

나는 이 말을 여러 번 부드럽고 긍정적으로 반복했다. 패트릭이 갑자기 눈을 떴다. 그는 나를 보더니 시선을 형에게 돌리며 말했다.

"손님이 왔었어. 예수님이 여기 오셨었어. 내 몸이 나았다는 걸 알

아. 나는 죽지 않을 거야."

무슨 일이 일어난 걸까? 기적일까? 무슨 일인지 설명할 수 없다는 의미에서의 기적은 아니다. 패트릭의 잠재의식은 예수님이 그곳에 계셨다는 말을 받아들였다. 내 말이 생각이라는 형태로 잠재의식에 투영된 것이다. 이 믿음에 불이 붙어 가톨릭 신자였던 패트릭의 잠재의식에 가라앉았다. 예수님이 자신의 병을 고치러 오셨다고 확고하게 믿었고, 믿음이 치유를 일으켰다.

믿음이든 정신적 확신이든, 심지어 맹목적인 믿음이라 할지라도 언제나 믿는 대로 이루어지기 마련이다. 패트릭의 잠재의식은 나의 암시를 쉽게 받아들였다. 마음속 깊은 곳에서 내 암시를 받아들였고 마음속에 심어 놓은 아이디어에 따라 행동했다. 어떤 의미에서는 이를 '죽은 자들이 부활했다'라고 말할 수도 있을 것이다. 건강과 활력이 부활했기 때문이다. 그가 믿는 대로 이뤄졌다.

참된 믿음은 현재의식과 잠재의식이 기능하는 방식에 대한 지식과 마음, 이 두 차원의 조화롭고 과학적인 기능에 바탕을 둔다. 맹목적인 믿음은 그 안의 힘을 과학적으로 이해하지 못해도 치유를 일으킨다.

어떤 사람이 성인의 성유물을 가졌고 그 성유물에는 치유력이 있다고 치자. 성유물의 정체가 실은 정밀하게 성형된 플라스틱 조각이라 할지라도 결과는 변하지 않는다. 치유를 일으키는 건 성유물이 아니라 사람의 마음을 두려움에서 믿음으로 움직였다는 사실이다.

어떤 주술을 썼는지, 어떤 절차를 따랐는지 또는 성인과 영에게 어떤 주문을 바쳤는지는 상관이 없다. 치유를 일으키는 것은 잠재의식이다. 내가 믿는 것은 무엇이든 잠재의식에 즉각적으로 작용한다.

우리 교회에 나오는 여덟 살 소녀처럼 행동해 보자. 소녀는 며칠 동안 눈이 아플 정도로 가려워서 힘들어했다. 소아과 의사가 처방한 안약은 도움이 되지 않는 것 같았다. 소녀는 이렇게 기도했다.

우주의 섭리, 무한한 지성께서 저의 눈을 만드셨으니 치유도 해주실 수 있습니다. 지금 당장 치유해 주시는 건 어떠세요? 감사합니다.

순박함과 자발성, 우주의 섭리를 향한 믿음으로 소녀는 놀라운 치유를 받았다.

영적 치료를 행하는 법

내 안에 거하시는 우주의 섭리께로 돌아가 우주의 평화와 조화, 온전함, 아름다움, 한없는 사랑과 무한한 능력을 떠올리면 영적인 치료를 행할 수 있다. 우주의 섭리께서 당신을 사랑하고 돌봐 준다는 것을 알아야 한다. 이렇게 기도하다 보면 두려움은 점차 사라질 것이다.

심장 질환을 낫게 해달라고 기도할 경우 심장이 병에 걸렸다고 생각하지 마라. 이러한 생각은 영적인 생각이 아니다. 생각은 사물이다. 나의 영적 사고는 세포, 조직, 장기의 형태를 취한다. 심장에 병이 있다거나 혈압이 높다고 생각하면 내가 이미 걸린 병보다 더 많은 것을 암시하는 것이나 다름없다. 증상이나 장기 등 신체 부위에 관해 생각하는 걸 멈추어야 한다.

우주의 섭리와 무한한 지성의 사랑에 마음을 기울이라. 세상에는 단 하나의 치유력만이 존재하므로 치유력을 가진 존재도 단 한 분밖에 없다는 걸 느끼고 알아야 하며 '무한한 지성의 행동에 그 어떠한 힘도 도전할 수 없다'는 진리를 받아들여야 한다.

기운을 북돋아 주고 몸과 마음을 치유하며 나를 강하게 만드는 힘이 내 안에 흐르고, 치유력이 나라는 존재를 온전하게 만든다고 침착하게 사랑을 담아 확언하라. 우주의 조화와 아름다움, 생명이 내 안에 힘·평화·활력·온전함·올바른 행동으로 나타난다는 것을 알고 느껴야 한다. 이 진리를 명확하게 깨달을 때 무한한 지성이 주신 사랑의 빛이 병든 심장이나 아픈 장기를 고칠 것이다.

'치료할 수 없다'라는 말에 두려워하지 마라. 나는 나의 몸을 만든 창조적 지능과 함께하고 있음을 깨달아야 한다. 치유할 수 없다고 말하는 사람이 있을지라도 무한한 치유력을 지금 당장 쓸 수 있다는 사실을 잊지 마라. 마음의 창조적 법칙을 사용한다면 언제든지 치유력을 끌어 쓸 수 있다. 지금 이 힘을 사용하면 삶에서 기적이 일어난다. 기적은 무엇이 불가능한지를 증명하는 것이 아니라 무엇이 가능한지를 확인하는 행위임을 기억하라.

성경에 나오는 '주님'이라는 단어는 마음의 창조적인 법칙을 의미한다. 이는 전 우주에 깊게 스며 있는 치유의 원리로 나의 정신 패턴, 이미지, 선택에 흐르며 형태로 객관화된다. 나의 마음을 통해 작동하는 이 무한한 치유 원리를 통해 모든 소망을 실현할 수 있다.

이 보편적 치유 원리를 모든 목적에 사용할 수 있다. 이 원리는 마음이나 몸의 치유에 국한되지 않는다. 이성적인 남편이나 아내를 끌어당기고 사업을 번창시키며 인생에서 내가 있어야 할 본연의 자리를 찾고 가장 어려운 문제에 대한 해답을 밝히는 데도 같은 원칙이 쓰인다. 이 원칙을 올바르게 적용하면 훌륭한 음악가나 의사, 외교관이 될 수 있다. 이 원칙을 사용하면 불화가 있는 곳에 화합을, 고통이 있는 곳에 평화를, 슬픔이 있는 곳에는 기쁨을, 가난이 있는 곳에는 풍요를 가져올 수 있다.

믿음을 고치니 병이 낫다

나는 존과 수년간 알고 지냈다. 그는 신앙심이 매우 깊은 사람이었다. 다른 사람에 대한 나쁜 감정이나 원망을 전혀 품어 본 적 없는 사람이라는 인상을 주기도 했다. 최근 런던을 방문했을 때 존과 만났다. 그런데 얼굴을 거의 알아볼 수 없었다. 얼굴과 몸이 심하게 부어올랐고, 눈빛에 피로와 두려움이 섞여 슬픈 인상을 자아냈다. 어떻게 지냈느냐고 물으니 이렇게 대답했다.

"수종 때문에 고생하고 있어요. 조직에 물이 찹니다. 의사들은 더는 수종이라고 부르지 않는다고 하더군요. 의사들은 제 병이 부종이라고 하면서 심장에 문제가 있어서 그럴 수도 있다고 하네요. 하지만 저는 수종이라고 생각해요. 이 생각은 변하지 않을 거예요. 아버지가 수종으로 돌아가셨거든요."

"가족력이 있는지는 몰랐습니다. 정말 힘들었겠어요."

"네. 뇌리에 박혀 쉽게 잊기 힘든 기억이에요. 당시 치료법은 큰 바늘을 꽂아 복부에 찬 물을 빼내는 것이었어요. 제가 말씀드릴 수 있는 건, 고통스럽기도 했지만 그다지 도움이 되지 않는 방법이라는 거예요. 그 순간 저에게도 똑같은 일이 일어나리라는 확신이 들었어요. 저에게도 수종이 생길 거라고요. 이렇게 보니 틀린 말은 아니더군요."

"혹시 메인주의 큄비 박사라고 들어 보셨나요?"

"아뇨, 들어 본 적 없어요. 그렇게 독특한 이름이라면 쉽게 잊지 못할 테니까요. 그분은 누구신가요?"

"100년도 더 전에 아주 놀라운 심리학적 진실을 밝힌 박사입니다. 내가 무언가를 믿는다면, 의식적으로 생각하느냐 하지 않느냐에 관계없이 믿음이 현실로 나타나리라고 주장했죠. 평생 수종에 걸릴 거라고 믿었는데, 결국 수종에 걸린 게 놀랄 일은 아니지 않습니까?"

그는 나의 말이 불편하다는 식으로 되물었다.

"지금 제가 그렇게 믿어서 병에 걸렸다는 말씀이십니까?"

"네, 바로 그겁니다. 평생 무언가를 두려워하면 진실을 왜곡하게 됩니다. 질병의 원리는 존재하지 않기에 질병을 일으키는 힘 같은 건 없어요. 건강의 원리는 있지만 질병의 원리는 없죠. 풍요의 원리는 있지만 빈곤의 원리는 없고, 정직의 원리는 있지만 속임수의 원리는 없습니다. 마찬가지로 아름다움의 원리는 있어도 추함의 원리는 없습니다. 마음은 내가 마음먹기에 따라 부정적으로도, 긍정적으로도 쓸 수 있어요. 안타깝게도 지금까지는 마음을 부정적으로 사용하셨네요."

"만약 마음가짐을 고친다면요?"

한참을 고민한 끝에 그는 말을 이었다.

"저를 만든 치유의 현존은 여전히 내 안에 있어요. 하지만 내면이 병에 걸리리라는 생각으로 가득 차 있다 보니 몸이 온전할 수 없었습니다. 제가 해야 할 일은 조화와 건강 그리고 온전함이라는 신성한 패턴에 맞추어 마음을 다시 정렬하는 방법을 찾는 거예요. 저를 도와주실 수 있나요?"

나는 존을 위한 영적 치료법을 알려 주었고 그는 매일 밤 잠들기 전

단어마다 느낌과 깊은 의미를 담아 다음과 같이 확언했다.

치유의 현존은 이제 지혜와 신성한 본성에 따라 내 몸 전체를 기능하
게 하고 변화하게 할 것입니다. 또한 몸을 회복하고 통제할 것입니다.
무한한 지성의 활력 넘치는 에너지로 신체의 모든 기관이 깨끗하게
정화되고 빠르게 순환합니다. 신성한 순환과 동화, 배설 작용이 몸과
마음을 관장합니다. 주님의 기쁨은 저에게 변치 않는 힘이 됩니다. 나
는 모든 면에서 온전한 사람입니다. 이에 감사합니다.

존은 이 기도를 매일 밤 반복했다. 한 달이 지나자 그의 마음에는 건
강하리라는 확신이 생겼다. 다음번에 의사를 찾아갔을 때 의사는 그의
질병이 완치되었다고 했다.

치유의 세 단계

치유를 향한 첫 번째 단계는 지금 이 순간부터 겉으로 드러나는 상
태를 두려워하지 않는 것이다. 두 번째 단계는 조건은 그저 과거의 산
물일 뿐, 계속해서 존재할 여력이 없다는 사실을 깨닫는 것이다. 세 번
째 단계는 내 안에 있는 무한한 지성의 기적적인 치유력을 정신적으로
드높이는 것이다.

이 절차는 나뿐만 아니라 내가 기도해 주는 사람에게도 영향을 미쳐
정신을 좀먹는 생각들을 즉시 멈추게 한다. 나의 소망이 구현되리라고
믿으면서 살면, 생각과 느낌은 곧 현실로 나타날 것이다. 인간의 말과

세상에 대한 두려움에 휘둘리지 말고, 마음과 몸에서 무한한 지성이 행동을 일으킨다는 믿음을 가지고 감정에 충실하게 살아야 한다.

수백만 명의 사람들이 심리적으로나 영적으로 눈이 멀어 있다. 그들은 종일 자신이 생각하는 대로 된다는 것을 인식하지 못한다. 다른 사람을 증오하거나 원망하고 부러워할 때 정신적·영적으로 눈이 먼다. 그들은 실제로 자신을 파괴하는 정신인 독을 내뿜고 있음을 모른다.

그래서 사람들은 끊임없이 자기 문제를 해결할 방법과 상황을 벗어날 가망이 없다고 말한다. 영적으로 눈이 멀었기 때문에 이런 태도를 보이는 것이다. 정신적인 힘이 무엇인지 새로운 방식으로 이해하고, 잠재의식의 지혜와 지성이 우리의 모든 문제를 해결할 수 있다는 사실을 의식적으로 인식할 때 정신적·영적으로 눈을 뜨기 시작한다.

현재의식과 잠재의식이 서로 관계를 맺고 상호작용을 한다는 것을 인식해야 한다. 눈이 멀었던 사람들이라도 진리를 주의 깊게 들여다본 후 마음의 법칙을 올바르게 사용한다면 건강과 부, 행복, 마음의 평화가 내 것이 될 수 있다는 비전을 보기 시작한다.

비전을 창조하는 건 내가 아니다. 내가 하는 일은 비전을 보이거나 발산하는 것이다. 비전은 눈을 통해 보는 것이지 눈을 가지고 보는 것이 아니다. 우주의 물체가 내뿜는 광파는 눈의 망막을 자극하고 시신경을 통해 뇌로 전달된다. 내면의 빛 또는 지성이 이런 식으로 외부의 빛과 만나 물체를 해석하는 과정을 거쳐서 물체를 보는 것이다.

나이 눈은 우주의 사랑과 무한한 지성의 길을 따를 때의 슬거움, 우주의 진리에 대한 굶주림과 갈증을 상징한다. 오른쪽 눈은 올바른 생각과 올바른 행동을 상징하고, 왼쪽 눈은 우주의 사랑과 지혜를 상징한다. 올바르게 생각하고 모두에게 선의를 발산하면 오롯이 비전에 집중할 수 있다. 눈과 귀를 열기 위해 다음과 같이 확언하자.

나는 곧 나를 치유하신 주님입니다. 내 비전은 영적이고 영원하며 현재의식의 품격을 대변합니다. 내 눈은 신성한 아이디어이고 항상 완벽하게 기능하고 있습니다. 또한 영적 진리를 분명하고 강력하게 인식하고 있습니다. 이해의 빛이 내 안에 비추기에 매일 우주의 진리를 더욱 또렷하게 볼 수 있습니다. 영과 마음, 몸으로 앞을 볼 수 있습니다. 진리와 아름다운 이미지가 여기저기에 보입니다.

무한한 치유력은 지금 이 순간 나의 눈을 새로 만들고 있습니다. 새로운 눈은 완벽하고 신성한 도구이며 내부와 외부 세계로부터 메시지를 받을 수 있게 해줍니다. 우주의 영광이 내 눈에 드러납니다.

나는 진리를 듣습니다. 나는 진리를 사랑합니다. 나는 진리를 알고 있습니다. 내 귀는 언제나 온전하게 기능하는 무한한 지성의 완벽한 아이디어입니다. 내 귀는 우주의 조화를 드러내는 완벽한 도구입니다. 우주의 사랑과 아름다움, 조화가 내 눈과 귀를 통해 흐릅니다. 나는 무한자와 조화를 이루고 있습니다. 우주의 섭리의 미세한 음성이 내 안에 들려옵니다. 치유력이 소리를 빨리 듣게 합니다. 나의 귀는 열려 있고 자유롭습니다.

- 우주의 치유력은 내 안에 있다. 모든 정신적인 장애물을 제거하여 내 안에 치유력이 흐르도록 하라.

- 우리는 모두 타고난 치유자다. 왜냐하면 무한한 치유력이 우리 안에 있기 때문이다. 이렇게 생각하고 믿음을 가지면 무한한 치유력과 맞닿을 수 있다.

- 조화와 활력, 온전함, 아름다움, 완벽함에 관해 자주 생각하면 건강하고 조화로운 삶을 살도록 잠재의식을 재배열할 수 있다.

- 세상에 치료할 수 없는 병은 없다. 병이 낫지 않을 거라고 믿는 사람들만 있을 뿐이다. 믿는 대로 이루어진다.

- 치유의 원리는 생각과 이미지의 정신적 패턴에 흐르면서 모든 소망을 실현한다.

- 생각은 사물이고, 비슷한 느낌의 사물을 끌어당기며 상상하는 모습에 가까워진다는 걸 모르는 사람은 영적으로 눈이 먼 사람이다.

- 사람들은 불가능하다고 말할지 모르지만, 우주의 섭리와 함께라면 모든 것이 가능하다. 무한한 지성께서 나를 창조하셨기에 나를 치유하실 수 있다.

- 기적적인 치유의 힘이 나의 몸을 만들었기에 치유법도 알고 있다. 생명 유지에 필수적인 신체의 작용을 관장하고 신체의 기능도 샅샅이 알고 있다. 치유력을 믿고, 지금 치유가 일어나리라는 사실을 받아들여라.

- 힘을 과학적으로 이해하지 못히더라도 믿음은 치유를 일으킨다. 현재의식과 잠재의식이 특정한 목적을 이루기 위해 함께 조화롭게 기능할 때 영적인 마음의 치유가 이루어진다. 치유를 일으키는 것은 언제나 잠재의식이다.

4
우주의 섭리로 둘러싸인 보호의 법칙

뉴욕 슬론 케터링 연구소에서 항암 치료를 받는 글로리아라는 여성에게 방문해 달라는 부탁을 받았다. 나는 그녀에게 가족 관계를 물었다. 글로리아에게는 외아들이 있었고 두 손자를 두었는데 단 한 번도 본 적이 없다고 했다.

"어째서요? 멀리 사나요?"

"한 시간 거리에 있는 코네티컷주에 살아요. 그런데 한 번도 본 적이 없네요. 아들과 손자들을 보려면 아들의 부인도 만나야 하니까요."

"며느리 말인가요?"

"아들 부인이요."

내가 쓴 며느리라는 표현을 의도적으로 거부하며 되풀이했다. 글로리아의 얼굴이 굳어졌다.

"그 쪼그만 계집애가 싫어요! 아들이 그 여자를 집으로 데려온 날부터 마음에 들지 않았어요. 아들이 그 여자를 왜 좋아하는지 이해할 수가 없어요. 너무 늦기 전에 아들의 눈이 뜨이게 해달라고 기도할 뿐이에요."

"아드님이 결혼한 지는 얼마나 되었습니까?"

"30년쯤 됐지요. 매년 미워하는 감정이 커져만 가요!"

"글로리아 씨의 암세포처럼요."

내가 꼬집었다. 그녀는 나를 바라보며 말했다.

"그게 무슨 소리인가요?"

"병의 원인이 뭔지 의사에게 물어본 적 있나요? 전문 용어를 제외하고 쉽게 설명하자면 세포가 몸을 공격하기 위한 독을 내뿜기 시작했다고 할걸요? 다른 관점에서 보자면 며느리에게 품었던 파괴적인 감정이 몸에 나쁜 영향을 미쳤다고 말씀드리고 싶습니다. 마음과 정신뿐만 아니라 몸의 세포에도 영향을 미친 거지요. 암이 나았으면 하시나요?"

"당연하죠! 그 무엇보다 바라는 바예요!"

"며느리에 대한 부정적인 감정보다 암이 나았으면 하는 마음이 더 큰가요?"

내가 되물었다. 글로리아는 잠시 망설이다가 고개를 끄덕였다.

"그렇다면 며느리에게 품은 나쁜 감정을 버려야 합니다. 용서하는 기술을 익히고 연습해야 합니다. 먼저 마음을 다해 진심으로 며느리를 위해 기도하는 일부터 시작해야 합니다. 기도에는 사랑이 담겨 있어야 해요."

나는 글로리아가 기도문을 작성하는 걸 도왔다.

며느리의 영혼이 우주의 평화로 가득 찹니다. 며느리는 영감을 받고 모든 면에서 축복을 받습니다. 무한한 지성이 며느리 안에서 번영합니다. 우주의 법칙이 며느리를 위해 움직입니다. 우주의 법칙이 그녀의 내면과 주변에 효과를 발휘합니다. 마음과 영혼이 며느리를 놓아

준 것을 느낍니다. 언제라도 며느리가 떠오르면 그녀가 잘되기를 빌어 줍니다. 나는 이제 자유롭습니다.

용서의 정신은 성격에 큰 변화를 가져왔고, 항암 치료 등 다른 요법과 함께 시너지를 일으켜 놀라운 치유가 일어났다. 기도는 글로리아 안에 있는 모든 부정적인 패턴을 제거하고 무력화하여 잠재의식에 변화를 일으켰다. 그러자 부정적인 패턴의 결과물인 암세포도 사라졌다.

나는 내가 믿는 대로 된다

몇 달 전 나는 밀턴의 집에 초대받은 적이 있다. 밀턴은 매우 친절한 남성이었다. 어떤 측면에서 봐도 고귀하고 관대하며 우아했다. 그는 최근에 전립선암 진단을 받았다고 했다.

"아버지와 삼촌은 전립선암으로 돌아가셨습니다. 저는 지난 20년 동안 전립선암에 걸리면 어쩌지 하는 두려움을 안고 살아왔습니다. 이 시련을 피하게 해달라고 기도하지 않은 날이 단 하루도 없었어요. 신께서는 제가 올리는 기도에 동의하시지 않나 봐요."

"오랜 친구여, 이런 말을 하는 나를 용서하세요. 하지만 잘못된 기도를 올렸던 것 같네요. 지금 하고 계신 건 멀리 떨어진 우주의 섭리께 이렇게 비는 거예요. '이게 우주의 뜻이라면 우주의 섭리께서 저를 치유하실 거고, 그렇지 않다면 제게 죽을병을 내리실 거예요.' 이는 원시적인 관념에 지나지 않습니다. 우주의 섭리는 우리 안에 거하십니다. 신의 뜻에 따라 암에 걸릴 수 있다고 믿는 건 정말 그런 일이 일어나게 해

달라고 비는 것과 같습니다. 그런 연유로 암이 발병한 거지요."

"박사님의 말씀이 맞다 칩시다. 제가 살려면 어떻게 해야 할까요?"

"병이 호전되리라고 믿고 기운을 내세요. 무한한 지성께서 의사가 처방한 치료를 효과 있게 하리라는 확신을 가지고 치료에 임하십시오. 마음속에서 암이 치유되었다는 걸 느끼면 잠재의식이 그에 따라 반응할 것입니다."

나중에 나는 밀턴에게서 전립선암이 완치되었고 신체적·영적으로도 전반적인 건강이 호전되었다는 소식을 들었다.

앤은 와이오밍주 시골 마을 출신의 젊은 여성이었다. 그녀는 로스앤젤레스의 한 회사에서 일했다. 공개 강연을 마친 어느 날 앤이 나에게 다가왔다.

"혹시 저를 도와주실 수 있으세요? 수줍음이 많고 소심해서 다른 사람이 인사를 건네도 얼굴을 붉히고 고개를 돌려요. 남성들과 어떻게 어울리는지 배운 적이 없어요. 아마 절대 못 할 것 같아요."

"그래도 하고 싶은 거죠?"

"외로운 게 싫어요. 가정을 꾸리고 싶고, 누군가를 행복하게 해주고 싶어요."

조금 더 이야기를 나눈 후 나는 그녀에게 어떻게 하면 소망을 실현할 수 있는지 설명해 주었다. 일단 자신을 소심하고 수줍은 사람이라고 보는 시각부터 버려야 했다. 그녀는 남성이 자신을 흠모하고 원하며 보살펴 주기를 원했다.

내 제안에 따라 앤은 문구점에서 일기장을 샀다. 자기를 흠모하는 남성들과 데이트한 내용을 상상한 후 일기장을 채워 나가기 시작했다. 매일 저녁 앤은 따로 시간을 내서 데이트하는 장면을 상세히 묘사했다.

데이트는 항상 긍정적이고 만족스러웠다.

앤은 직장 동료와의 대화가 더 이상 부담스럽지 않았다. 금요일 저녁에 동료들이 밥을 먹으러 가자고 했을 때 앤은 기꺼이 수락했다. 그중 한 청년은 예전부터 그녀를 흠모해 왔기에 그날 저녁 내내 앤에게 호감을 보이며 이야기를 나누었다. 헤어질 때가 되자 그는 다음에 또 만나자고 부탁했다. 앤은 곧 남성들 사이에서 엄청난 인기를 끌었다. 더는 이성에게 말 한마디 붙이지 못했던 과거의 앤이 아니었다.

애정 생활이 꽃피기 시작하면서 앤은 더 진지한 관계를 원한다는 걸 깨달았다. 그녀는 무한한 지성이 자신과 완벽하게 조화를 이룰 수 있는 이상적인 동반자를 끌어당기리라고 확언하기 시작했다.

앤은 잠자리에 들 때 손가락에 결혼반지를 끼고 있는 모습을 상상했다. 그녀는 반지를 정신적으로 만지고 느꼈다. 반지를 꼈을 때의 자연스러운 느낌과 견고한 형태를 실감하면서 잠재의식에 반지를 낀 모습을 새겼다. 나아가 그녀는 이 반지가 결혼반지이며 자신이 이룬 결과가 뿌듯하다고 스스로에게 말했다. 곧 그녀는 멋진 남성을 만났고 오늘날이 둘은 모든 면에서 조화를 이루며 살아간다.

우등생이 되는 비법

어느 날 데이비드가 나를 찾아와 고민을 털어놓았다.

"아들 샘이 무척 걱정돼요. 고작 열한 살이지만, 미래가 암울할까 두렵습니다. 얼마 전 담임 선생님이 샘에게 학습 장애가 있는지 검사를 받아 봐야 한다고 말씀하셨어요. 샘을 특수교육반으로 옮긴다는 이야기도 있어요. 이게 무슨 뜻인지 잘 알아요. 지적 장애가 있다는 말을 정중하게 돌려 말한 것이지요."

"어떻게 생각하세요? 담임 선생님의 말이 과연 맞을까요?"

"이런 생각을 하는 것조차 싫지만, 담임 선생님과의 면담 후 샘을 유심히 지켜봤어요. 가끔은 제가 하는 말에 귀를 기울이는 것 같지 않아요. 학교에 관해 질문을 하면 대답이 느려요. 질문이 머릿속에 잘 들어오지 않는 것처럼요."

"어떤 직종에 종사하고 계십니까?"

"광고 카피라이터입니다."

"부서장이 아주 교묘하게 광고 문구가 형편없다고 데이비드 씨를 반쯤 설득했다고 가정해 봅시다. 어깨 너머로 계속 힐끗거리며 맡긴 업무에 관해 '평상시에 할 법한' 질문을 합니다. 어떤 영향이 있을 것 같습니까?"

"언제 실패해도 이상하지 않을 것 같은데요. 아, 이제 무슨 말인지 알겠어요. 제가 샘을 바라보는 방식이 샘에게 방해가 된다는 거네요. 담임 선생님도 마찬가지고요. 문제라고 점찍고 바라보기 시작하면 모든 게 다 이상하게 보이잖아요."

"그렇습니다. 조금 더 이야기를 하지요. 아들에게 지적 장애가 있을지도 모른다는 데이비드 씨의 잠재의식의 믿음이 샘의 잠재의식과 소통한 거지요. 잠재의식은 내가 두려워하는 일을 현실로 옮깁니다."

"끔찍하군요! 저는 아들에게 도움을 주고 싶지 해를 끼치고 싶지 않아요. 어떻게 하면 될까요?"

"현재의식의 믿음을 바꿔야 합니다. 조용한 곳에 가서 몸과 마음을 편안하게 하세요. 그런 다음 학교생활을 얼마나 잘하고 있는지 아들과 이야기하는 모습을 상상해 보고 그 말을 들었을 때의 즐거움에 빠져 보십시오. 이것을 하루에 3~4번씩 반복해 보세요. 선생님의 칭찬이 적힌 성적표를 건네주는 아들을 상상해 보세요. 성적표를 받았을 때의 확실한 느낌과 흰 종이에 검은색으로 선명히 적힌 글자를 보세요. 그리고 '우와! 정말 잘했어! 계속 그렇게 해보는 거야!'라고 말하는 자신의 모습을 상상하십시오."

데이비드는 조언을 받아들여 이미지가 잠재의식에 침투하여 생생해지고 확신으로 자리 잡을 때까지 몰두했다. 아들은 이에 아름답게 반응했고 학급에서 성적이 가장 우수한 학생이 되었다. 아버지는 마음속에 품었던 생각이 열매를 맺는 것을 경험했다. 아버지의 기도는 잠재의식의 지능과 지혜가 아들의 마음속에 솟아나게 했고, 아들은 아버지의 확신에 부응했다.

총알을 피해 가다

일본 오사카에서 강연했을 때의 일이다. 어느 날 저녁 호텔의 레스토랑에서 한 일본인과 대화를 나눴다. 그는 2차대전 당시 육군으로 복무했다고 한다.

"중국에서 있었던 일입니다. 저를 미워하던 동료 병사가 있었는데, 제가 하지도 않은 일을 했다고 누명을 씌웠습니다. 군법회의가 열렸지만 아무도 제 말을 믿지 않았어요. 저는 총살형을 선고받았습니다."

"끔찍한 이야기네요! 그런데 어떻게 형을 면하셨습니까?"

"매일 밤 잠들기 전 가장 깊은 곳에 있는 자아에 말했습니다. '나는 총을 맞을 수가 없습니다. 나는 우주의 자녀이기 때문입니다. 무한한 지성은 자신을 쏠 수 없습니다.' 세상에는 단 하나의 힘과 하나의 생명만이 존재한다는 것을 깨달았어요. 제 생명은 곧 우주의 생명이라는 것도요."

그는 총살형이 집행되기 며칠 전 아무런 설명도 없이 풀려났고 복직을 명령받았다고 한다. 왜 형을 모면했는지 이유는 끝까지 알지 못했다. 하지만 확신했다. 자유로워진 모습을 상상했기에 잠재의식에 자유가 새겨졌음을.

잠재의식에 쓰는 건 무엇이든 반응한다. 어린 시절 가족 모임에서 삼촌과 이모들이 이야기하던 게 기억난다. 그들은 종종 이렇게 말했다.

"너도 잘 알겠지만 ○○○이 교회를 빼먹어서 결국 그런 사고가 일어났잖니."

자기가 아는 사람에게 안 좋은 일이 생겼을 때 언제나 피해자를 나쁜 사람으로 취급했고 우주가 분노해서 그런 일이 일어난 것이라고 말했다. 어릴 때만 해도 그들의 마음속에는 어떤 우주가 있는지 매우 궁금했다.

우주의 섭리가 어떤 분이라고 생각하는가? 이 질문에 대한 답이 필연적으로 미래 전체를 결정한다는 것을 알고 있는가? 우주의 섭리에 대한 믿음은 곧 나에 대한 믿음이다. 우주의 섭리를 인간에게 보복하는 잔인한 신이자, 변덕스럽고 무자비하며 야만적인 신이자 나를 벌주길 원하는 폭군이라고 습관적으로 생각한다면, 당연히 믿음의 본질에 부합하는 결과를 경험할 것이다. 삶은 어수선하고 혼란스러우며 온갖 두려움과 한계로 가득할 것이다. 즉 우주의 섭리를 향한 믿음의 본질에 부합하는 일들을 경험할 것이다. 그릇된 믿음을 품으면 현실에서 부정적인 경험을 한다.

마음속에 품은 우주의 섭리의 모습이 나에게 발현된다. 그러므로 무엇보다도 우주의 섭리에 대한 올바른 개념을 정립해야 한다. 신의 이름과는 아무런 관계가 없다. 알라, 브라마, 비슈누, 현실, 무한한 지성, 치유의 현존, 대령大靈, 신성한 마음, 우주의 건축가, 주권자, 생명의 원리, 생령, 창조력 등 우주의 섭리를 부르는 이름은 다양하다. 요점은 신에 대한 믿음이나 확신은 나의 삶 전체를 지배하고 삶의 방향을 제시한다는 것이다.

우주의 사랑을 믿어라

신이 세상에 질병과 고통, 고난을 보낸다고 믿는 사람들이 있다. 이들은 우주의 섭리를 인간에게 보복하는 잔인한 신이라고 생각한다. 이들에게 좋은 신은 없으며, 우주의 섭리는 사랑의 신이 아니다.

이렇듯 우주의 섭리에 대한 이상하고 무지한 개념을 가지고 있기에 그런 믿음의 결과를 온갖 어려움과 문제의 형태로 경험한다. 잠재의식은 나의 믿음을 드러내고 경험과 조건, 사건으로 현실에 투영하기 때문이다.

우주의 섭리에 대한 이름뿐인 믿음은 무의미하다. 중요한 것은 잠재의식에서의 진정한 믿음이다. 즉 마음속에 품은 믿음이 중요하다. 나는 언제나 나의 신념을 밖으로 드러낸다. 큄비 박사가 '인간은 믿음의 표현이다'라고 말한 이유가 바로 그것이다.

사람들은 우주의 섭리를 변덕스럽고, 하늘 저 먼 곳에 거하며, 인간의 기분을 좌지우지하는 존재라고 생각한다. 우주의 섭리가 사랑임을 믿고, 나를 돌보며 보살피고 인도하고 번성케 한다는 진리를 믿어라. 그러면 내가 품었던 꿈보다 더 좋은 일이 인생에 기적처럼 일어날 것이다!

지금 당장 우주의 섭리에 대한 참된 개념 또는 믿음을 마음속에 품어라. 그러면 인생에서 기적이 일어나기 시작할 것이다. 우주의 섭리는 축복이자 기쁨, 표현할 수 없는 아름다움이자 절대적인 조화이며, 무한한 지성이자 끝없는 사랑이라는 것을 깨달아야 한다. 우주의 섭리는 전능하다. 세상에 군림하고 유일하게 임재하는 분이다.

내가 살아 있다는 사실을 확고하게 받아들이면서 우주의 섭리가 이런 존재임을 정신적으로 받아들여라. 이렇게 새로운 확신을 가지면 내 안에 계신 무한한 지성이 주는 놀라운 축복을 경험하기 시작할 것이다.

건강해지고 활력을 되찾으며 사업이 번창한다. 또한 주변 환경과 세상이 전반적으로 더 나은 방향으로 변한다. 정신적·영적·물질적으로 번영하기 시작할 것이다. 이해력과 영적 통찰력이 놀라울 정도로 커질 것이며, 새사람이 되어 가는 내 모습을 발견할 것이다.

영국 런던에서 강의를 마친 후 필로가 내게 말을 걸어왔다.

"평생 가난할까 봐 죽을 만큼 두려웠어요. 매우 열심히 하는데도 사업이 번창하질 않아요. 어떻게 해야 할까요?"

"우주의 섭리를 침묵의 동역자로 바라보고자 하는 마음이 드나요? 우주의 섭리를 안내자이자 상담자로서 모시는 거지요. 무한한 지성께서 자식을 사랑하는 부모님처럼 항상 지켜 주신다는 것을 믿으십시오. 우주의 섭리께서 내게 필요한 모든 것을 마련해 주시고 하는 일마다 영감을 주시리라고 크게 주장하세요."

그의 얼굴이 환해졌다.

"정말 훌륭한 관점이네요! 전 한 번도 우주의 섭리를 그렇게 생각한 적이 없어요. 언제나 멀리 계시는 분이자 경외심이 드는 존재라고 생각했습니다. 지체 높고 위엄 있는 사람은 아이랑 놀 때도 몸을 굽히지 않잖아요. 우주의 섭리도 그러실지 모른다고 생각했었어요!"

필로는 몇 달 후 나에게 편지를 썼다.

"우주의 섭리는 살아 계십니다. 친구이자 조언자이며 인도자임을 느낍니다. 사업이 3배나 성장했어요. 더 건강해졌고 20년 동안 썼던 알이 두꺼운 안경도 버렸습니다!"

우주의 섭리를 아버지로 바라보기로 마음먹자 어떤 일이 일어났는지 보라. 필로에게 '아버지'란 사랑하고 보호하고 지도하며 필요한 것을 마련해 주시는 존재를 의미했다. 우주의 섭리를 아버지로 바라보면 내 인생에서도 똑같은 기적이 일어날 수 있다.

세 단계의 기적

사역 중에 있었던 일이다. 나는 중서부에서 멋진 젊은이 재닛과 빌의 결혼식에서 주례를 서준 적이 있다. 그러나 한 달 후 이 둘은 헤어졌다. 재닛은 부모님의 집으로 돌아갔다. 그들의 결혼 생활에 무슨 일이 있었던 걸까? 빌에게 묻자 이렇게 답했다.

"우리가 자란 이 마을에 살면 안 됐어요. 재닛은 인기가 너무 많았습니다. 실제로 고등학교 때 모든 남자들이 재닛을 좋아했죠. 결혼을 앞두고서도 '재닛이 다른 남자랑 만나면 어떻게 하지' 하는 생각에 사로

잡혔습니다. 재닛을 질투했고 신뢰하지 않았어요. 이전 남자친구들과 바람피우는 상상을 해봤는데, 저를 차고 딴 남자에게 갈 게 뻔해요."

아내에 대한 부정적인 상상을 하면서 빌은 두려움과 질투, 상실감을 마음속에 품고 살았다. 그는 이미 결혼 서약을 파기한 것이다. 언제나 재닛을 소중히 여기고 사랑하고 공경하며 다른 모든 것을 제쳐 두고 재닛에게만 충실하겠다고 서약했지만, 그 서약을 지키는 대신 재닛을 불신하기 시작했다.

빌의 두려움은 아내의 잠재의식에 전달되었고, 두려워했던 일이 실제로 일어났다. 빌의 태도에 상처받고 화가 난 재닛은 지금도 자신에게 마음이 있는 친구에게 공감과 위로를 받고자 했다. 믿음이 현실에서 재현되자 빌은 재닛을 비난했다. 하지만 사실은 빌이 그렇게 믿었기에 믿는 그대로 된 것이다.

이런 일이 일어난 원인을 빌과 재닛에게 설명하는 게 목사로서의 내 의무였다. 현재의식과 잠재의식의 작용을 알게 된 둘은 함께 기도하고 세 단계의 기적을 실천하기로 마음먹었다.

- 첫 번째 단계: 하루를 우주의 섭리로 시작하라.

아침에 눈을 뜰 때 그들은 우주의 인도를 간구했다. 그리고 서로와 전 세계에 평화와 기쁨, 즐거움을 전했다.

- 두 번째 단계: 식사 전 감사하라.

그들은 맛있는 음식과 놀라운 축복에 감사 기도를 올렸다. 그들은 어떠한 문제·걱정·논쟁도 식탁 위를 오가지 않도록 했다.

- 세 번째 단계: 잠들기 전에 기도하라.

그들은 성경을 가까이 두고 매일 밤 잠들기 전에 엄선한 성경 구절을 읽었다.

그들은 "아버지, 오늘 모든 축복에 감사드립니다. 우주의 섭리는 사랑하는 이에게 잠을 주십니다"라고 기도를 올렸다.

빌과 재닛 모두 서로에게 상처 주는 일을 하지 않겠다고 맹세했다. 규율을 잡고 임하다 보니 결혼 생활을 정상으로 되돌리고 싶다는 마음이 들었다. 이 과정을 실천하면서 빌과 재닛은 다시 화합할 수 있었다.

재결합한 커플

몇 년 전 두엔과 마지 두 사람과 다소 이상한 면담을 한 적이 있다. 텍사스주 댈러스에 있을 때 둘은 나를 만나러 호텔에 왔었다. 둘 다 근심과 불안이 가득해 보였다. 두엔이 입을 떼었다.

"예전에 결혼했었어요. 아, 그러니까 저희 둘이요. 그리고 헤어졌죠. 제가 멍청하지 않았다면, 외골수만 아니었다면 그런 일은 일어나지 않았을 거예요."

"세상은 불공평해요."

마지가 항의했다.

"내가 바보처럼 행동한 거 당신도 알잖아!"

"어쨌든 지금 그 문제로 싸우지 말자."

두엔이 말했다.

"요점은 저희가 계속 비슷한 일로 싸우다가 이혼을 했다는 거예요. 그리고 얼마 지나지 않아 재혼했어요."

"이혼 후 상처를 달래기 위해 얼마 지나지 않아 다시 결혼하는 사람들이 있다는 거 아세요? 뭐, 저희도 그런 거였죠. 엄청난 실수였어요! 최악은 재혼 일주일 전부터 이럴 줄 알았다는 거예요."

"저도요. 어쨌든 요점은 지난 1년 반 동안 결혼 생활을 이어가 보려고 노력했는데 잘 안 되네요. 하지만 아직도 서로를 사랑해요. 어떻게 해야 할까요?"

"어떤 결혼 생활이 우주의 계획에 부합한다고 생각하십니까? 사랑으로 빚어진 진정한 결혼과 거짓말뿐인 가짜 결혼 중에서요."

둘은 동시에 답했다.

"진정한 결혼이요."

"답을 알고 계시네요. 배우자와 거짓으로 결혼 생활을 이어 나가는 건 상대방뿐만 아니라 자신에게도 할 짓이 못 됩니다. 진실을 말해야 합니다. 두 분 다 어느 정도는 이 사실을 이미 알고 있을 겁니다."

두엔과 마지는 서로를 향한 마음을 다시 사랑의 제단으로 인도했다. 허한 마음을 달래고자 급하게 한 결혼은 평화롭게 끝났고, 그와 관련된 주위의 모든 사람에게도 축복을 보낼 수 있었다. 이 커플은 진정한 의미에서 재결합했다. 사랑은 두 심장을 하나로 묶고, 두 사람을 끈끈하게 연결한다.

엘리자베스가 근심이 가득한 얼굴로 나를 찾아왔다.

"아버지가 제 결혼을 파탄 내기 위해 정신적인 힘을 사용할 수 있다고 믿으세요?"

"무슨 말인지 잘 모르겠습니다. 자세한 사정을 들려주시겠습니까?"

"결혼한 지 1년 반 가까이 됐어요. 프랭크와 저는 사랑에 푹 빠져 있어요. 매우 행복한 결혼 생활을 하고 있답니다. 문제는 프랭크가 가톨릭 신자이고, 아버지는 가톨릭 신자를 싫어한다는 거예요. 가톨릭 신자들은 사탄의 노예라면서요. 분명 아버지는 제가 이혼하기를 기도하고 계실 거예요. 우주의 섭리께서 기도를 들어주실까 봐 너무 두렵습니다. 기도를 올리면 우주의 섭리께서 들어주시잖아요. 그렇지 않나요? 그게 바로 박사님께서 가르치시는 교리 아닌가요?"

"그럴 수도 있고 아닐 수도 있습니다. 내가 올리는 기도는 나에게만 효과가 있어요. 내가 아버지에게 힘을 실어 주지 않는 이상 아버지는 내게 어떤 영향도 줄 수 없습니다. 아버지의 기도는 토끼 발바닥이나 바닷가의 자갈과 다를 바가 없어요. 아버지의 말을 듣고 아버지가 당신의 결혼 생활을 망칠 수 있다고 믿는다면, 결혼 생활은 이미 절반은 끝난 것입니다. 하지만 본인의 생각과 감정을 이용한다면 아버지도 이에 대항할 수 없을 것입니다."

내 제안에 따라 엘리자베스는 우주의 사랑이 자신과 남편을 결합했듯이 그 둘을 계속해서 하나로 묶어 주고 있다고 수시로 기도했다. 우주의 사랑이 자신들을 감싸 안고 있다고 상상했고, 우주의 아름다움과 사랑, 조화가 정신과 마음에 스며들고 둘의 삶을 지배한다고 주기적으로 확언했다. 엘리자베스는 자신과 사랑하는 남편 사이에 어떠한 장벽도 없다는 걸 깨달았다.

사랑은 마음에서 우러난다. 젊은 부부가 서로에게서 사랑과 은혜, 선한 의지를 발견하고 서로의 덕목을 바라보자 결혼 생활은 날이 갈수록 큰 축복을 받았다. 젊은 여성은 자신의 아버지가 신성함을 이해할 수 있도록 기도했고, 아버지는 이제 사위를 품고 사랑하는 방법을 배워 가고 있다.

기도가 변화시키다

만성 알코올 중독으로 삶의 불씨가 꺼져 가고 있는 한 남성을 방문한 적이 있다. 그의 이름은 조시이고 술을 마시고 나쁜 짓을 많이 저질렀다고 했다.

"어떻게 생각하세요? 신께서 벌을 주실까요? 저는 지옥에 갈까요?"

"우주의 섭리는 사랑이 넘치시는 분입니다. 우주의 섭리는 그 누구도 벌하지 않으세요. 하지만 생명의 법칙을 자기 마음대로 잘못 사용하는 사람은 무지 또는 조화와 사랑, 올바른 행동의 법칙을 위반하여 자신을 벌줍니다. 자신을 용서하고 우주의 사랑이 나의 영혼으로 들어가게 하십시오. 무한한 지성 안에서 새사람이 되겠다고 결심하면 과거의 일이 머릿속에서 지워지고 더는 기억나지 않을 것입니다."

조시는 나와 함께 기도했고, 그 이후 빛나고 행복해 보였다. 그럴 수 있었던 이유는 '신의 오른편'에 선 뒤로 과거의 모든 일을 용서받았다는 깊은 내적 믿음과 확신이 들었기 때문이다. 더는 긴장하지 않았고 천국에 갈 준비가 되었다고 말했다. 주치의는 조시의 건강이 놀라울 정도로 호전된 것을 알아차렸고, 계속 살 수 있을 거라고 했다. 실제로 퇴원한 지 10일 만에 그는 건강을 완전히 되찾았다.

조시는 올해 85세이지만 여전히 튼튼하고 건강하다. 그는 훌륭하고 바르며 무한한 지성을 갖춘 사람이 되었다. 완전히 다른 사람이 된 것이다. 어떻게 이런 일이 일어날 수 있는 걸까?

우주의 섭리와 진리를 받아들인 결과다. 자신이 저지른 모든 나쁜 짓과 증오, 죄책감에 완전히 항복하자 마음과 몸을 결박했던 쇠사슬이 풀렸고, 새로운 마음가짐에 몸이 기적처럼 반응했다. 내면의 자유와 마음의 평화는 무엇과도 바꿀 수 없는 치유제가 된 것이다.

기도가 목숨을 살리다

병원에 입원한 친구의 병문안을 간 적이 있다. 내가 집으로 돌아가려고 하자 친구는 옆 병상에 있는 로버트와 이야기를 나눠 줄 수 있느냐고 부탁했다. 온몸이 감염되었는데 항생제가 듣지 않아서 아주 위중한 상태라고 친구가 귀띔했다. 의사는 얼마 살지 못할 거라고 했다.

친구는 로버트에게 나를 소개했다. 그는 잠시 정신을 다른 데 쏟을 수 있어서 기쁜 것 같았다. 병원에 관한 이야기를 나누던 중 그가 갑자기 이렇게 말했다.

"여기 있는 동안 가장 괴로웠던 점은 해리가 정말 득의양양하다는 거예요. 나는 그 사람이 죽을 만큼 싫은데 잘나가더군요."

"해리가 누군가요?"

"예전 제 동업자입니다. 해리는 장부를 조작해서 회사 자산을 빼돌렸어요. 간신히 파산만은 면했습니다. 병이 낫기만 해봐요. 밤길 조심해야 할걸요! 받은 만큼 되돌려 줄 거예요."

전 동업자에 대한 혐오가 마음속에서 곪아 터져 정신적 상처가 되었다는 걸 쉽게 알 수 있었다.

"전 동업자를 저녁 식사에 초대하겠습니까?"

"그를 독살할 수 있다면요!"

"계속 마음속으로 해리를 생각하고 계시는군요. 그렇다면 독살당하는 건 해리가 아니라 바로 본인이 될 것입니다. 해리 또는 해리에 대한 정신적 이미지가 마음과 몸, 중요한 장기를 지배할 수 있도록 엄청난 힘을 실어 준 겁니다. 나는 나의 우주에서 생각하는 유일한 사람입니다. 나는 내 마음속에 떠오르는 생각과 개념, 이미지에 직접적인 책임이 있습니다. 마음을 미움과 혐오로 채우면, 몸 안에서도 미움과 혐오의 영향이 드러납니다. 하지만 우주의 진리로 마음을 채우면 온전함과 건강만이 따라옵니다."

떠나기 전에 나는 로버트를 위한 확언을 써주었다.

우주의 섭리는 내 안에 임재하는 유일한 분이고 세상에 존재하는 유일한 힘입니다. 나는 우주의 섭리와 하나입니다. 무한한 지성의 힘은 나의 힘이고 무한한 지성이 내 마음에 넘칩니다. 이 새로운 인식은 내 삶의 모든 방면을 완전히 지배합니다.

나는 이제 하나의 우주적인 마음, 즉 우주의 섭리와 하나가 되었습니다. 우주의 지혜와 능력과 영광이 나를 통해 흐릅니다. 우주의 에너지와 힘이 내 존재를 구성하는 원자와 조직, 근육, 뼈에 스며들어 나를 완벽하게 만듭니다.

우주의 섭리는 생명입니다. 우주의 생명은 곧 나의 생명입니다. 내 믿음이 새로워지고 생기가 회복됩니다. 무한한 지성께서 내 안에서 걸으시고 말씀하십니다. 그분은 나의 신이십니다. 나는 그분과 함께합니다. 우주의 진리는 나의 방패입니다. 나는 이에 즐거워합니다. 우주의 섭리의 날개 아래에서 무한한 지성을 믿습니다. 나는 지극히 높으신 분의 비밀스러운 곳에 거합니다. 나는 전능하신 우주의 그늘 밑에 머무릅니다.

이 기도는 많은 사람의 삶을 변화시키는 데 도움이 되었다. 진리를 묵상하다 보면 곧 인생에서 기적이 일어나고 있음을 발견할 것이다! 나중에 들은 이야기로 그는 빠르게 회복했다고 한다. 기도를 하면 진정한 기적이 일어나는 법이다!

- 증오는 신체의 주요 기관을 죽게 만드는 치명적인 독이다. 용서와 사랑은 영적인 해독제다. 용서와 사랑이라는 해독제를 사용하면 치유가 뒤따른다.

- 우주의 섭리는 사랑이다. 우주의 섭리에 대한 개념을 새롭게 정립하라. 우주의 섭리는 나를 위하는 분이지 해하는 분이 아니다.

- 마음가짐은 일의 원인이 되어 경험으로 발현된다.

- 우주의 사랑이 나를 감싸고 둘러싸며 안아 준다는 걸 깨달으면 모든 위해로부터 자신을 보호할 수 있다.

- 사람들이 나를 사랑하고 원하며 나의 가치를 알아 준다고 상상하고 느끼면, 절대 친구가 부족할 일은 없다.

- 우주의 지성과 지혜가 모든 아이 안에 깃들어 있다고 묵상하고 이른바 특별한 아이를 위해 기도를 올려라.

- 잠재의식에 정신적으로 자유를 쓰면, 잠재의식은 그에 따라 반응할 것이다.

- 우주의 섭리에 대한 어떤 믿음을 가지냐에 따라 운명이 결정된다. 우주의 섭리에 대한 믿음은 곧 나에 대한 믿음이다.

- 우주의 섭리에 대한 이름뿐인 믿음은 무의미하다. 정말 중요한 것은 마음속에 깃들어 있는 믿음이다.

- 우주의 섭리는 축복이고 평화이며 아름다움이자 기쁨, 사랑임을 믿어라. 우주의 진리는 곧 나의 진리다. 이렇게 생각하는 습관을 들이면 인생에서 기적이 일어날 것이다!

- 우주의 섭리께서 내게 필요한 모든 것을 마련해 주고 나는 모든 면에서 번영하리라고 단호하게 주장하라.

5

가장 올바른 길을 밝히는 인도의 법칙

혼란스럽고 두려운 기분이 들 때가 있을 것이다. 어떤 결정을 내려야 할지 고민이 될 것이다. 그런 일이 있을 때면 삶의 모든 방면에서 나를 이끌고 인도하는 내면의 안내자가 있음을 기억하라.

내면의 안내자는 나에게 완벽한 계획을 드러내고 내가 가야 할 길을 보여 준다. 인도를 받거나 올바른 행동을 할 수 있는 비결은 내 안에서 답이 솟아날 때까지 정신적으로 올바른 해답에 전념하는 것이다.

잠재의식 깊은 곳에 있는 무한한 지성은 나의 요청에 반응한다. 이 반응을 내면의 느낌, 인식, 압도하는 예감으로 인식한다면 적절한 때에 적절한 곳으로 나는 인도받을 것이다. 그 상황에 적절한 말을 내뱉게 하고 올바른 방식으로 행동하게 한다.

목사인 친구 마크의 이야기다. 교회 운영 위원회가 갓 매물로 나온 다른 교회의 부지를 매입하는 것이 좋지 않겠느냐고 물었다고 한다. 나는 이렇게 답했다.

"기도하면서 무한한 지성이 인도해 주시는 대로 따르게나."

이후 며칠 동안은 아무 일도 일어나지 않았다. 그러던 어느 날 아침

마크는 내게 전화를 했다.

"오늘 위원회가 열릴 예정이야. 결정의 날이 다가왔어. 부동산을 사야 할까, 말아야 할까?"

그가 말하는 동안 마음속에서 답이 솟아나는 기분을 느꼈다. 답은 '아니요'였다. 하지만 나는 마크의 결정을 흔들고 싶지 않아서 이렇게 물었다.

"어떻게 생각해? 아니, 어떤 느낌이 들어?"

"상식적이고 합리적으로 생각하면 매입하는 게 옳은 결정이겠지. 그런데 느낌에 대해 묻는 거라면 잘못된 결정을 내리는 것 같아."

"나도 그래."

이사회는 반박했지만 결국 마크의 권고를 받아들였다. 몇 달 후 그 땅에 문제가 있다는 사실이 밝혀졌다. 인근 주유소 지하 탱크에서 기름이 새서 땅이 심각하게 오염되었다는 것이다.

내 라디오 프로그램의 청취자인 그레타가 편지를 보낸 적이 있다. 편지의 일부를 정리해서 소개한다.

"저는 네 가구가 같이 사는 주택에 살고 있습니다. 이 집은 제 소유예요. 연금만으로는 부족해서 집으로 추가 소득을 올리는 거지요.

세입자 중 한 명은 거칠고 무례하고 시끄러워요. 가끔 아파트에서 술판을 벌입니다. 엎친 데 덮친 격으로 월세도 밀렸습니다. 그래서 제때 공과금을 납부하기가 어려워요. 다른 세입자들은 연세가 많은데 그 세입자의 행동으로 매우 짜증이 난 상태예요. 그에게 나가라고 했지만 욕설을 내뱉으며 거절했습니다. 그런 와중에 제가 제일 좋아하는 세입자가 나가겠다고 하더군요. 어쩔 줄을 몰랐지요!

어느 날 박사님의 프로그램을 듣고 해답은 내 안에 있음을 깨달았습니다. 마음을 가라앉히고 제멋대로 구는 세입자의 잠재의식에 있는 무한한 지성이 그를 본연의 자리로 안내하고, 평화와 화합 속에서 최대한 신속하게 방을 비울 수 있도록 기도했습니다. '나는 그를 완전히 놓아줍니다'라고 확언했죠. 평화와 사랑 그리고 행복을 기원하며 그를 놓아주었습니다.

이렇게 기도하니 어느 순간 제 마음이 내면의 평화와 평온으로 넘치는 시점에 이르렀습니다. 그 순간 제 기도가 응답을 받으리라는 것을 알았고, 정말로 응답을 받았습니다. 같은 날 저녁, 세입자가 저를 찾아오더니 젊은 사람들이 조금 더 많이 사는 곳으로 이사 간다고 하며 밀린 월세를 다 주더군요.

동네 슈퍼에 세입자 구함 공고를 한 지 3일 후에, 온화한 말투의 노인분이 집을 보러 오겠다고 했어요. 그는 그 자리에서 계약을 했습니다. 주변 사람들과도 잘 지내는 분이더군요. 저의 기도는 모든 면에서 응답받았어요!"

사업가가 인도를 받는 공식

지역 자선단체가 개최한 만찬에서 미디어 회사를 성공적으로 꾸려나가는 사업가 에이드리엔과 같은 테이블에 앉았다. 이야기를 나누다 나는 그녀에게 의사 결정을 어떻게 하는지 물었다.

"저는 아주 간단한 기법을 써요. 너무 단순하다고 생각하실 수도 있겠지만 아주 효과가 좋아요. 빠른 결정을 내려야 하는 중요한 질문이 닥칠 때마다 제 사무실에 가서 문을 닫고 전화기를 치워요. 그리고 나를 비롯한 모든 사람 안에 있는 신성한 자질에 관해 명상합니다. 저 자신이 평화와 힘, 자존감이 넘치는 분위기로 옮겨 가는 걸 느낍니다. 하루에 한 번은 꼭 빠르게 결정을 내려야 할 일이 있는 것 같아요."

테이블 맞은편에 앉아 우리의 이야기를 듣고 있던 한 남성이 대화에 끼어들었다.

"내 생활에도 그 기법을 적용할 수 있다면 뭐라도 하겠습니다!"

"노력하면 얼마든지 가능하답니다. 마음이 평온한 상태에 들어가면 '무한한 지성이신 아버지, 아버지께서는 모든 걸 아십니다. 새로운 프로그램에 필요한 아이디어를 주세요'라고 말합니다. 문제를 해결할 수 있는 해답 등 뭐가 되어도 좋으니 말씀해 달라고요. 그다음 저는 해답을 손에 쥐고 있는 내 모습을 상상합니다. 해답은 내 마음속에 흐르고, 내 마음은 온전하고 완벽합니다. 그 시점에서 '나는 해답을 받아들입니다. 감사합니다'라고 생각하죠."

맞은편에 있던 원자재 선물 브로커 여성도 가세했다.

"하지만 진짜로 해답을 얻은 건 아니죠? 말만 그런 거죠?"

"외할머니께서는 '시작이 반이다'라는 말씀을 하시곤 했어요. 기도를 마치고 나면 다른 일로 바빠지죠. 문제를 마음속에서 지워 버립니다. 해답은 가장 기대치 못한 순간에 나온다는 것을 발견했습니다. 마치 어두운 방에 불이 켜지듯, 갑자기 모든 게 한꺼번에 드러납니다. 이 말씀도 꼭 드려야겠어요. 저도 사업을 하며 다른 사람들처럼 잘못된 결정을 수없이 내렸습니다. 하지만 이 절차를 따르면서 얻은 답변에 실망한 적은 단 한 번도 없어요. 단 한 번도요!"

교수가 구체적인 해답을 얻다

앨런은 내 공개 강연에 참석하는 대학 교수다. 강연이 끝난 후 우리는 이야기를 나누기 시작했다. 나는 그가 불안해 보인다는 걸 알아채고 무슨 일이 있는지 물었다.

"고민거리가 있어요. 지금 19세기 이집트 고고학 발굴에 대한 논문을 쓰고 있는데, 거의 끝냈지만 확인하기 어려운 부분이 하나 있습니다. 그 정보에 대해 신뢰할 수 있는 유일한 참고문헌은 1884년 카이로에서 개인이 출판한 책이에요. 전 세계 모든 주요 도서관 홈페이지에 들어가 확인해 보았지만, 지금까지 그 어떤 도서관에서도 책의 사본을 찾을 수 없었어요. 그 참고문헌을 확인하기 전까지는 제 논문을 발표할 자신이 없어요."

"곤란한 상황에 놓이셨군요. 제안 하나 해도 될까요? 저라면 이 상황에서 이렇게 하겠습니다. 오늘 밤 잠자리에 들기 전에, 마음을 차분하게 가라앉히고 긴장을 풉니다. 잠들기 전에 자신에게 조용히 그리고 완전히 확신에 찬 상태로 '나의 잠재의식은 해답을 알고 있습니다. 내게 필요한 모든 정보를 줍니다. 마음속에 해답이 떠오릅니다'라는 말을 남기고 잠자리에 듭니다."

"그렇게 하면 이 상황에 도움이 되리라고 생각하세요?"

"네, 잠재의식은 모든 걸 알고 있어요. 어떤 종류의 답변이 필요한지 알고 있습니다. 잠재의식은 꿈속에서, 압도적인 예감으로 또는 올바른 길로 인도되고 있다는 느낌으로 대답할 것입니다. 어느 곳으로 가야 한다는 직감이 갑자기 스쳐 지나갈 수도 있고, 다른 사람이 해답을 주리라는 느낌을 받을 수도 있어요."

며칠 후 앨런의 전화를 받았다.

"믿을 수가 없어요! 사흘 밤 동안 박사님이 알려 준 기법을 실천했습니다. 그러다 어제 아침, 학교 캠퍼스에 도착했을 때 게시판에 적힌 글이 눈길을 끌더라고요. 평소라면 그냥 지나쳤겠지만 왠지 그러면 안 될 것 같았어요. 공지를 눈으로 훑다가 뉴에이지 동아리 회비 모금을 위해 중고서적을 판매하는 장이 선다는 글에 시선이 쏠렸습니다. 그날 정오에 캠퍼스 반대편에서 행사가 열릴 예정이었습니다."

"그래서 행사에 가셨나요?"

"네. 안으로 들어갔을 때 대체 어떤 행사인지 고개를 갸우뚱했습니다. 매대는 시시한 책으로 뒤덮여 있었어요. 철 지난 베스트셀러, 요약집, 바비큐 소스 만드는 법에 관한 요리책 등등, 이런 데서 파는 물건이 어떤지 아시잖아요. 하지만 그 순간, 한 남성이 책이 담긴 상자를 들고 들어왔습니다. 저는 그가 행사 진행을 맡은 학생에게 하는 말을 들었어요. 작고하신 삼촌이 피라미드 등의 신비로운 주제에 빠져 있었다고요. 그 상자에는 삼촌이 수집한 책들이 담겨 있었습니다."

"이야기의 결말을 대충 알 것 같군요."

"네, 생각하시는 게 맞을지도 몰라요. 제가 관심 있는 분야이니 책을 한번 훑어봐도 되겠냐고 물었습니다. 저는 상자를 열었고, 두 번째로 손에 쥔 책이 바로 제가 절대 찾지 못하리라 포기했던 진귀한 책이었습니다! 그 상자에 담겨 있던 다른 책들도 큰 도움이 되었습니다. 저는 그 동아리에 원래 가격의 두 배에 해당하는 수표를 써주었답니다."

신성한 인도는 때때로 스쳐 지나가는 듯한 인상의 형태로 다가온다. 항상 기민한 상태에 있어야 한다. 어떤 느낌이나 생각이 들면 이를 인식하고 따라야 한다.

내면의 인도를 받지 못하는 데는 두 가지 이유가 있다. 너무 긴장한 나머지 내면의 인도가 찾아왔을 때 이를 인식하지 못하는 것이다. 행복하고 자신감 넘치고 즐거운 마음이라면 나에게 온 직관의 섬광을 알아챌 것이다. 더욱이 직관적으로 느낀 바를 실현하려는 강한 욕망이 샘솟을 것이다.

그러므로 내면의 인도를 구할 때는 차분한 상태로 긴장을 풀어야 한다. 긴장, 두려움 또는 공포를 느끼면 그 어느 것도 달성할 수 없다. 현재의식이 차분하고 수용적이며 편안한 상태에 있을 때 잠재의식은 비로소 해답을 준다.

직관은 내면의 가르침

'직관'이라는 단어는 내면에서 오는 가르침이라는 의미다. 직관의 작용 범위는 이성보다 훨씬 더 넓다. 직관을 얻기 위해 이성을 이용한다고 볼 수 있다. 직관은 현재의식의 생각에 반응하여 잠재의식에서 나오는 답변이다.

비즈니스 또는 전문직 종사자에게는 직관력을 키우는 것이 매우 중요하다. 직관은 몇 주 또는 몇 달 동안 기념비적인 시행착오를 겪은 후에야 지성 또는 추론하는 마음이 무엇을 성취할 수 있는지 순간적으로 보여 주는 것이다.

아주 복잡한 상황에서 추론 능력이 제 실력을 발휘하지 못할 때 직관력은 조용히 승리의 노래를 부른다. 현재의식은 추론적이고 분석적이며 탐구적이다. 반면 직관의 주관적인 능력은 언제나 자발적이다. 이는 지성에 신호등처럼 다가온다. 계획된 여행이나 행동을 경고하는 형태로 다가오는 경우가 많다.

캘커타에서 활동하는 저명한 소설가 시리와 대화를 나눈 적이 있다. 그녀는 소설이 성공을 거둔 비결을 알려 주었다. 삶의 모든 방면을 인도해 달라고, 내면에 계신 무한한 지성이 주신 아름다움과 영광, 지혜의 보석으로 세상을 놀라게 인도해 달라고 규칙적이고 체계적으로 기도했다고 했다. 그녀가 가장 좋아하는 확언은 다음과 같다.

무한한 지성께서는 모든 것을 아십니다. 무한한 지성은 더 높은 자아이자 내 안에 거하시는 영이십니다. 무한한 지성께서 나의 손을 빌려 소설을 쓰십니다. 내게 주제와 등장인물, 이름, 위치와 설정을 알려 주십니다. 무한한 지성께서는 최상의 스토리를 완벽한 순서로 보여 주십니다. 곧 답변을 받으리란 걸 알고 있고 그 답변에 감사합니다. 잠에 빠질 때까지 '소설'이라는 단어를 반복하며 잠듭니다.

시리는 소설이라는 단어가 잠재의식에 각인되어 반응하리라는 걸 알고 있었다. 그녀는 보통 소설을 쓰기 전 이렇게 기도하면 며칠 후 글을 쓰고 싶은 욕망이 내면에서 솟아오른다고 했다. 대사와 장면들이 끝없이 흘러나왔다.

제지 도매회사 영업사원인 네이선이 면담을 위해 찾아왔다.

"저는 이 자리에 적합하지 않아요! 일을 잘하는데도 성신이 너덜너덜해졌습니다. 제지 상품이 싫어지기 시작했어요! 어떻게 해야 할까요? 저에게 맞는 직장이 없을까요?"

"물론 있지요. 모든 문제에 대한 해결책은 언제나 존재합니다. 잠재의식의 무한한 지능과 지혜는 내가 가진 재능과 관심사를 알고 있습니다. 인생에서 재능을 온전히 표현하기 위해 문을 여는 방법도 알고 있지요."

다음과 같은 확언을 그에게 조언했고, 네이선은 무척 기뻐하며 사무실을 떠났다.

내 잠재의식에는 모든 걸 알고 모든 걸 보는 창조적 지성이 있습니다. 이를 믿어 의심치 않습니다. 인생에서 내가 있어야 할 본연의 자리로 향하고 있다는 걸 압니다. 나는 내면의 인도를 아무런 의심 없이 받아들입니다. 세상을 살아가는 목적이 있으며, 지금 그 목적을 달성하고자 합니다.

2주 후 그에게서 전화가 왔다.

"박사님 말씀대로 확언했습니다. 그리고 계속 고급스러운 음식에 대해 생각했습니다. 항상 관심이 있었는데, 이게 내 진짜 관심사라면요? 그래서 전화를 걸어 지역의 최고급 음식 도매업체 대표와 약속을 잡았어요. 사무실에 들어가자마자 갑자기 말이 술술 나오더라고요. 저 이직했습니다. 언제나 원했던 일이라는 걸 이미 알고 있었어요."

- 정신적·정서적으로 올바른 대답에 전념한다면 응답을 얻을 것이다.
- 잠재의식에 있는 무한한 지성은 모든 것을 알고 모든 것을 본다. 무한한 지성에게 구하면 응답받을 것이다. 무한한 지성만이 답을 알고 있다.
- 우주의 인도를 따르라. 우주의 섭리께서 인도해 주시는 내용이 현재의식에 번쩍 떠오를 때가 있다.
- 해답은 언제나 존재한다. 인내심을 갖고 긴장을 풀고 기도하면 놀라운 일이 생길 것이다.
- 잠재의식은 알 수 없는 방식으로 답을 내놓는다. 홀린 듯 서점에 들어가 집어 든 책 안에 해답이 있을 수도 있고, 나의 문제에 해결책을 주는 대화를 우연히 들을 수도 있다. 답은 셀 수 없이 많다.
- 기민하게 촉을 세우고 있어야 우주의 인도가 왔을 때 알아차리고 따를 수 있다.
- 잠재의식의 지혜는 이완되고 평화로운 상태에 있을 때 표면적인 마음, 즉 현재의식에 떠오른다. 긴장을 푸는 게 핵심이다.
- '응답'이라는 단어를 자장가 부르듯이 반복하면서 잠을 청하라. 그러면 적절한 해답이 주어질 것이다.
- 지성을 사용하면 직관의 목소리를 낼 수 있다.
- 내 안에 있는 무한한 지성이 내가 있어야 할 자리로 인도하고 숨겨진 재능을 드러낼 것이다.

6

실패의 두려움을 물리치는
용기의 법칙

두려움은 막강한 힘을 지녔다. 하지만 두려움에 지배당하지 않고 살아가는 법을 배울 수도 있다. 과거의 어떤 사건 때문에 두려움이 생겼을 수도 있고, 집단의식에 새겨졌을 수도 있다.

두려움에 굴복할 필요는 없다. 우리의 잠재의식에는 원초적인 두려움이 서려 있지만 내 안의 우주의 섭리와 정신적·정서적으로 하나가 되어 이러한 두려움을 뿌리 뽑을 수 있다. 우주의 섭리와 선한 일 모두를 사랑하는 법을 배울 때 그리고 암묵적으로 그분을 신뢰할 때, 두려움을 극복하고 자유롭고 용감한 사람이 될 수 있다.

몇 년 전 뉴욕 앨곤퀸 호텔에 머무르고 있을 때 마리라는 젊은 여성이 전화를 걸어왔다. 당시만 해도 마리가 누군지 몰랐다.

"아버지는 항상 박사님 이야기를 하셨어요. 그러다 최근에 돌아가셨지요. 현금을 집 안 어딘가에 숨겨 놓으신 걸로 알고 있어요. 그런데 정확한 위치를 몰라서 정말 답답해요. 그 돈을 찾지 못하면 결국 집이 다른 사람에게 넘어갈지도 몰라요!"

"잠재의식에 물어보셨습니까?"

"아뇨, 그런 건 해본 적이 없어요. 어디서부터 어떻게 시작해야 할지 모르겠고요."

"문제에 대한 해결책이 떠오르기를 기도하겠습니다. 내일 저를 보러 오실래요?"

그날 밤 모르는 남성이 내 꿈에 나왔다.

"일어나서 메모하십시오. 내일 제 딸 마리를 볼 겁니다."

반쯤 덜 깬 채로 일어나서 책상으로 갔다. 책상에 있는 메모지에 마음속에 떠오른 숫자를 적었다. 내가 마음대로 지어낸 숫자도, 반쯤 잠들었던 잠재의식이 쓴 것도 아니었다.

나는 꿈에 나온 남성이 다음 날 만날 젊은 여성의 아버지라고 굳게 확신했다. 죽음이라고 부르는 일을 겪었지만, 그의 영혼은 집 어디에 현금을 숨겨 뒀는지 자세하게 안내해 주었다. 또한 바하마 제도에도 자산이 있고, 상속을 받으려면 누구에게 연락해야 하는지도 알려 주었다.

다음 날 마리는 뉴욕에 있는 교회로 찾아왔다. 마리를 꿈에서 보았기에 나는 그녀를 즉시 알아보았다. 마리는 불안감에 휩싸일 필요가 없었다. 잠재의식은 언제나 돈의 행방을 알고 있었기 때문이다. 마리도 방법을 알았더라면 잠재의식과 미리 소통해서 답을 받았을 것이다.

그날 이후 마리는 마음의 법칙을 공부하기 시작했고, 이는 삶을 완전히 바꿔 놓았다. 오늘날 그녀는 활기차게 살아가며 위대한 과업을 성취해 나가고 있다.

어맨다는 뉴욕으로 이사하여 음악 스튜디오를 오픈한 새능 있는 음악가였다. 그녀는 여러 군데에 광고를 냈다. 몇 주가 지났지만 단 한 명의 등록자도 스튜디오에 나타나지 않았다. 내 강연이 끝난 후 어맨다가 답답한 심정을 토로했다.

"너무 두려워요. 실패하면 아이오와주로 돌아가야 하는데 거기서 뭘 해야 할지도 모르겠어요. 이런 시도를 하다니 제가 바보였나 봐요. 실패하는 건 당연해요. 수강생들이 왜 저를 찾아오겠어요? 제 이름을 들어 본 적도 없잖아요!"

나는 어맨다에게 닥친 어려운 일들이 그 기저에 깔린 태도 때문에 생기는 거라고 지적했다. 그녀는 실패를 확신했다. 자신이 유명하지 않기 때문에 학생들이 찾아오지 않을 거라고 생각했다. 문제의 근본은 두려움이었다.

"만약 마음가짐을 바꿀 수 있다면 기적이 일어날지도 모릅니다. 수강생들을 가르치면 수강생들에게 도움이 되리라고 생각하십니까?"

"네. 당연하죠!"

"그럼 잠재의식에 관한 지식을 쌓아야 합니다."

나는 그녀가 사용할 수 있는 기법을 알려 주었다. 매일 두 번씩 어맨다는 수강생들을 가르치는 모습을 상상했다. 수강생들은 발전해 나가는 자신의 모습을 보고 행복해하고 뿌듯해했다. 그녀는 연극의 주인공이었다. '행동하는 대로 된다'라는 말처럼, 어맨다는 상상 속에서 자신을 성공한 선생님이라고 느끼고 연기하며 자신의 이상적인 모습에 집중했다. 주관적으로 상상하고 느낀 것이 객관적인 세계에 드러날 때까지 아주 집요하게 마음속 아이디어와 하나가 되었다. 결국 어맨다는 자신이 감당할 수 있는 것보다 더 많은 수강생을 끌어들여 보조 교사를 두어야 했다.

어맨다가 마음가짐을 새롭게 하자 자신이 상상하고 느낀 인생이 실제로 눈앞에 펼쳐졌다.

고향의 정원 덕분에 무사 귀환하다

남아프리카 공화국 케이프타운에서 강연을 하던 때의 일이다. 그곳에서 나는 퇴역한 영국인 대령 조너선을 만났다. 그는 한국전쟁에 참전했고, 포로로 잡혔던 당시의 생활을 간략하게 들려주었다. 그는 18개월 동안 독방에 있었다고 한다. 하지만 자신을 포로로 잡은 중공군을 단 한 번도 욕한 적이 없다. 그는 영국에 있는 자기 집 정원을 걷는 상상을 했다. 그리고 무사 귀환을 환영하는 교회의 종소리를 들었다. 대령은 이렇게 말했다.

"이 영광스러운 장소의 이미지를 마음속에 떠올린 덕분에 정신을 놓지 않을 수 있었습니다. 단 한 순간도 그 이미지를 잊어 버린 적이 없습니다."

중공군을 원망하고 증오하거나 비난하는 일에 빠지는 대신, 대령은 건설적인 비전을 품었다. 그는 사랑하는 사람들과 함께 집에 있는 모습을 상상했고, 짜릿함과 기쁨을 느꼈다. 꽃이 만개한 정원에 식물이 자라는 모습을 보았다. 연못에 오리가 떠다니는 모습이 생생하게 보였다. 이 모든 걸 마음속으로 상상하며 느꼈다. 그는 다른 포로들이 미쳐 버리거나 마음에 병이 들어 생을 마감했을 때도, 비전이 있었기에 목숨을 구할 수 있었다.

"결코 그 비전을 잊은 적이 없습니다."

박탈감과 비참함이 휘몰아치는 실풍노도의 한가운데에서 살아남을 수 있었던 비결은 새로운 마음가짐이었다. 그는 마음속 이미지에 충실했고, 파괴적인 생각이나 부정적인 이미지가 들어올 수 없게 했다. 마침내 영국에 도착했을 때 '비전이 있는 곳으로 간다'라는 심오한 진리에 담긴 의미를 깨달았다.

잘못된 선택이 아닌 잘못된 생각

샌프란시스코에서 강연했을 때의 일이다. 조지라는 남성이 호텔로 찾아왔다. 그가 자리에 앉자마자 꺼낸 말은 이거였다.

"뭔가가 두려운데 그 이유를 알 수가 없어요. 밤에 땀을 뻘뻘 흘린 채로 일어나요. 참 부끄러운 일이지요."

그는 고혈압과 잦은 급성 천식 발작으로도 고생하고 있었다. 이야기를 나누다 조지가 돌아가신 아버지를 싫어한다는 걸 알게 됐다. 아버지가 조지의 생활 방식을 고깝게 여겼고, 그 결과 많은 재산을 동생에게만 물려줬기 때문이다.

아버지를 향한 증오는 잠재의식에 깊은 죄책감을 불러일으켰다. 이 죄책감 때문에 조지는 벌을 받을까 봐 남몰래 두려워했다. 동생에 대한 콤플렉스는 고혈압과 천식 발작으로 몸에 발현되었다. 두려움은 고통을 유발하고, 사랑과 선은 평화와 건강을 가져다준다. 조지가 겪은 두려움과 죄책감은 질병으로 나타났다.

이야기를 나누면서 조지는 죄책감, 자기 비난, 증오 때문에 문제가 생겼다는 걸 깨달았다. 아버지는 이미 더 높은 차원의 삶으로 떠난 지 오래지만, 아버지에 대한 기억이 증오라는 독이 되어 조지에게 해를 입혔다. 나는 조지가 아버지를 용서할 수 있도록 도왔다. 그 결과 조지는 자신도 용서할 수 있었다. 그는 다음과 같이 확언했다.

나는 아버지를 완전히 용서합니다. 그는 자신의 빛에 따라 옳다고 믿는 일을 했습니다. 나는 아버지를 놓아줍니다. 아버지에게 평화와 조화와 기쁨이 가득하길 빕니다. 아버지와의 기억은 평화롭고 그 자신도 평화로운 상태에 있습니다.

조지가 감정을 느끼기 시작하자 천식 증상이 나아졌고 혈압도 정상으로 떨어졌다. 잠재의식에 숨어 있던 벌에 대한 두려움이 이제 사라진 것이다.

조애나는 아주 괴로워하며 나에게 편지를 썼다.

"어떻게 해야 할지, 어느 쪽을 바라봐야 할지 모르겠어요. 잘못된 선택을 한 걸까 봐 두려워요. 일자리 제안을 받은 곳으로 이직할까요, 아니면 지금 이 회사에 남아 있을까요? 집을 팔까요, 말까요? 지금 사귀는 남자와 결혼을 할까요, 말까요? 어디서 답을 찾을 수 있죠? 어떻게 결정을 내리죠?"

나는 잘못된 선택을 할지도 모른다는 두려움이 조애나가 갈망하던 답을 가로막고 있다고 답장을 썼다. 나아가 두려움이 생긴 진정한 원인은 잠재의식의 작동 원리를 이해하지 못했기 때문이라고 설명했다.

나는 잠재의식이 어떤 아이디어를 받아들이면 그 아이디어를 곧장 실행시킨다고 설명했다. 잠재의식은 아이디어를 실행하기 위해 온갖 자원을 동원한다. 마음속 깊은 곳의 무한한 정신적·영적 힘을 불러낸다. 이 법칙은 긍정적인 아이디어뿐만 아니라 부정적인 아이디어에도 적용된다.

"지금처럼 '나는 결코 해답을 얻지 못할 거야' '어떻게 해야 하는지 모르겠어' '혼란스러워'라고 말하면 잠재의식이 주는 해답으로 통하는 길에 장애물을 놓는 꼴입니다. 잠재의식의 지혜가 해답을 내줄 거라는 확신을 드러낸다면 잠재의식에 있는 무한한 지성이 답해 줄 겁니다.”

조애나는 내 조언을 받아들였고 다음과 같이 확언했다.

무한한 지성은 지혜가 충만합니다. 잠재의식의 지혜는 올바른 답을 드러냅니다. 집과 결혼에 있어 무한한 지성의 인도를 받고 있습니다. 무한한 지성은 나의 숨겨진 재능을 알고 있고, 내가 있어야 할 본연의 자리로 안내합니다. 나는 사랑하는 일을 하고 신성하게 행복하며 번영합니다.

조애나는 이직을 하기로 결정을 내렸다. 대형 로펌에서 새로운 직책을 맡았고, 오래 사귄 남자친구와 결혼해서 그 둘은 현재 조애나의 집에서 살고 있다. 잠재의식은 조애나가 요청한 바에 따라 완벽한 해결책과 이상적인 답변을 내놓았다. 잠재의식의 지혜는 너무 깊어서 헤아리기 어렵다.

현명한 생각

생각이 현명하면 반응도 현명하다. 행동은 생각이 겉으로 표현된 것이기 때문이다. 건설적인 행동이나 결정은 마음속에 있는 현명하거나 진실한 생각이 표출된 것이다.

특정한 문제에 해결책을 내놓거나 안내해 달라고 요청한 후에도 내 목표를 이루기 위한 발판, 혹은 너무 당연하게 깔린 디딤돌을 소홀히 여기지 말라. 내 생각이 잠재의식을 활성화한다는 것을 인지하면서 해결책에 대해 생각하면 자연스럽게 떠오른다. 잠재의식은 모든 걸 알고 모든 걸 보고 목표를 달성하는 데 필요한 모든 것을 가지고 있다.

건강하고 행복하며 마음이 평화롭고 풍요로운 삶의 핵심은 내가 그런 삶을 선택할 수 있다는 데 있다. 바르게 생각하는 법을 배우면 고통과 불행, 가난과 한계가 사라지고, 내 안에 있는 무한자의 보물 창고 안에서 내가 원하는 것을 고를 수 있다. 그러기 위해서는 명료하고 단호하게 이렇게 확언하라.

나는 행복·평화·번영·지혜·안전을 택합니다.

현재의식에서 확실한 결론에 도달하는 순간, 무한자의 힘과 지혜로 가득 찬 잠재의식은 손을 내밀어 도움을 줄 것이다. 인도를 받은 내 앞에 머지않아 목표를 성취할 방법이나 계획이 나타날 것이다. 조금의 망설임이나 의심, 두려움 없이 분명하게, 긍정적으로 주장하라.

이 세상에 창조력은 오직 하나입니다. 창조력은 더 깊은 자아의 힘입니다. 모든 문제에 대한 해결책은 언제나 존재합니다. 나는 해결책이 내 안에 있다는 걸 알고, 명하며 믿습니다.

이러한 진리를 크게 주장하면 내가 하는 모든 일마다 무한한 지성의 인도를 받고 인생에서 기적을 경험할 것이다.

젊은 자동차 디자이너 아멜리아가 답답한 마음에 나를 찾아왔다.

"제가 다닌 직장마다 상사가 저에게 앙심을 품었어요. 제가 일을 잘하는 건 상사도 알지만 재능을 낭비하고 있습니다. 남자만 가득한 업계에서 저 혼자만 여자라 그런가 봐요. 아버지부터 시작해서 평생 그런 말을 듣고 살았어요. 아버지는 여자는 커서 결혼하고 아이를 많이 낳고 집안일을 해야 한다고 확고하게 믿으셨거든요. 지금까지 그러세요. 그래서 4년 전부터는 연을 끊고 살아요."

"아버지가 연락을 끊었나요, 아니면 본인이 연락을 끊었나요?"

"아버지의 잔소리가 너무 지겨웠어요! 아버지의 목소리를 듣는 게 지긋지긋한 지경에 이르렀어요. 좀 더 참고 이해해야 한다는 걸 알지만 아버지는 본인의 방식만 최선이라고 생각해요. 저는 그 구닥다리 사고방식을 견딜 수가 없어요. 참지 않을 거예요. 그 사람이 생물학적으로 제 아버지인지 아닌지 알 바 아니에요. 아버지를 싫어한다고 해서 우주의 섭리가 저를 싫어한대도 상관없어요!"

"제가 잘 알아들었는지 봅시다. 아버지가 전통적인 여성관을 가졌기 때문에 아버지를 원망하고 있습니다. 아버지가 원하는 삶이 아닌 커리어를 택해서 적극적으로 아버지께 반항했습니다. 맞습니까?"

"네, 제 상황이었다면 박사님도 그러지 않았을까요?"

"어쩌면요. 하지만 제가 보기에는 지금 본인보다 높은 직급의 사람에게서 아버지의 모습을 보는 것 같네요. 우주의 섭리도 거기에 포함되고요. 반항적인 태도를 정당화하려고 자신의 단점과 실수를 그와 아무런 상관도 없는 상사 탓으로 돌리는 건 아닌가요?"

아멜리아는 두려움, 원망, 증오가 자신의 발전을 저해한다는 걸 인지한 후 좌절감을 극복했다. 그리고 아침저녁으로 다음 확언을 했다.

나는 내가 일하는 조직의 모든 사람이 건강하고 행복하며 평화롭고 승진을 누리기를 기원합니다. 상사는 일을 잘했다고 칭찬해 줍니다. 규칙적으로 마음에 그림을 그리면 실제로 이루어질 거라는 걸 알고 있습니다. 나는 사랑스럽고 친절하며 협조적입니다. 나는 황금률을 실천하며, 내가 대접받고 싶은 방식으로 모든 사람을 진심으로 대합니다. 신성한 지성이 온종일 나를 지배하고 인도합니다. 나는 모든 면에서 번영합니다.

아멜리아가 이러한 생각을 마음에 주기적이고 체계적으로 채우자 변화가 시작됐다. 새로운 마음가짐이 인생 전반을 변화시켜 더 나은 삶으로 탈바꿈시킨 것이다.

마음속 도둑을 내쫓아라

누구도 두 주인을 섬길 수 없다. 소망의 실현을 방해하는 힘이 있다고 믿으면 소망이 이루어지기 어렵다. 이런 생각이 들면 내적 갈등이 생기고 마음이 분열된다. 그냥 이 자리에 머물 뿐 앞으로 나아갈 수가 없다.

마음은 하나로 움직여야 한다. 무한한 마음은 분열되거나 여러 개로 늘어날 수 없다. 무한자는 하나로 통합되어야 한다. 둘 이상의 무한자는 존재할 수 없다. 서로 다툰다면 한 무한자의 힘이 무력해지거나 상쇄돼 우주가 아닌 혼돈이 존재할 것이다.

수리적으로 보았을 때 영혼의 합일은 필수조건이다. 왜냐하면 하나의 힘에 반대하는 힘이 없기 때문이다. 우주의 섭리나 무한자에 도전할 힘이 있다면 무한한 지성은 전지전능하거나 지고하지 않을 것이다.

서로 상응하는 두 힘을 믿는 사람의 마음에는 혼돈과 혼란이 도사린다. 마음의 주인이 둘이기 때문에 이 믿음은 갈등을 일으켜 힘을 분열시킨다. 소망을 품게 한 우주의 섭리가 소망을 이루는 법을 보여 줄 거라는 믿음을 가지고, 한 방향으로만 나아가는 법을 배우라.

대인관계에서 갈등과 오해를 겪고 미워하는 사람이 있는가? 대인관계가 불만족스러운 이유는 내 마음속에 '질이 안 좋은 친구'가 있기 때문이다. 어린 시절 부모님은 안 좋은 친구를 멀리하라고 경고한다. 만약 그 말씀을 듣지 않았다면 부모님의 인정을 받지 못했을 것이다. 비슷한 예로 마음속 어두운 골목을 걷지 말아야 한다. 원망과 두려움, 걱정 그리고 적대감을 멀리해야 한다. 이런 감정들은 마음의 도둑이다. 평정과 균형, 조화, 건강을 뺏는다.

마음속 전시장에서 부정적인 감정이 이끄는 행동을 긍정적인 마음으로 분명하게 거부해야 한다. 오히려 그 반대로 자신감·평화·믿음·사랑·기쁨·선한 의지·건강·행복·인도·영감·풍요라는 사랑스러운 영적 동반자와 함께 햇빛이 비치는 마음의 거리를 걷는 연습을 해야 한다. 객관적인 세계에서 나는 동반자를 선택할 수 있다. 동반자를 선택할 때는 그 사람이 얼마나 정직하고 진실한지를 보아야 한다.

나는 무슨 옷을 입을지, 어디서 일할지, 어떤 선생님에게 배울지, 무슨 책을 읽고 어디서 살지, 무슨 음식을 먹을지 선택한다. 나는 선택할 수 있는 의지가 있는 사람이다.

무언가를 선택할 때 선호도가 있다. 그게 모자가 되었든 신발이 되었든, 다른 것보다 더 선호하는 제품이 있다. 마음속 창고에 무엇이 있는지 확인한 후 건강·행복·평화·풍요를 선택하면 엄청난 이득을 볼 수 있을 것이다.

이해는 쓸데없는 고통을 없앤다

그릇된 믿음과 의견, 이론을 버리고 나를 자유롭게 하는 진리로 교환하라. 나는 오감에 휘둘리지 않을뿐더러 외부 조건이나 환경의 통제를 받지 않는다. 내 마음가짐을 바꿔 조건을 바꿀 수 있다. 생각과 느낌에 따라 운명과 경험은 달라진다. 불행하고 고통스러운 삶을 살고 실패했다고 해서 타인을 원망하지 말자.

의식적·무의식적으로 생각하고 느끼고 믿는 것, 정신적으로 동의하는 것이 삶에서 일어나는 일·사건·상황을 결정한다. 진리를 완전하게 파악하면 두려움과 분노가 사라지고 다른 사람을 비난하거나 탓하는 걸 멈출 수 있다. 다른 사람이 바뀌어야 하는 게 아니라 나만 바뀌면 된다는 것을 깨닫는다.

수 세기 동안 사람들은 외부 세계를 바라보고 마음을 질투와 증오, 분노, 우울감으로 채웠다. 왜냐하면 다른 사람이 자신의 행복을 해치고 문제를 일으킨다고 믿었기 때문이다. 사람들은 자신이 운명과 우연, 사고의 피해자이며 자신의 안녕을 해치는 영향력과 힘이 있다고 믿었다. 이들의 마음은 온갖 이상한 생각과 미신, 불안, 악마와 악한 존재, 악의적인 힘에 대한 복잡한 철학으로 기득 차 있다.

사람의 생각은 창의적이다. 어떤 생각을 습관적으로 하냐에 따라 부자가 될 수도 있고, 가난해질 수도 있다. 모든 그릇되고 잘못된 개념에서 벗어나, 내 손으로 지금 여기에 천국(조화와 평화)을 만들 수 있다는 걸 깨달아야 한다. 같은 원리로 지옥(불행과 고통)을 만드는 것도 나다.

나는 잠재의식에 긍정적 또는 부정적 영향을 미칠 수 있다. 잠재의식의 원리에는 언제나 도덕적 판단이 깃들어 있지 않고 사람을 가리지 않는다. 윤리도 없고 감정도 없다. 그러므로 생각의 본질이 악하다면, 잠재의식의 법칙은 자동으로 악한 생각을 형태로 드러내고 경험으로 표출할 것이다.

누군가의 생각이 좋고 온전하고 건설적이라면, 잠재의식의 법칙은 좋은 경험과 행복한 환경을 만들어 낼 것이다. 잠재의식의 법칙은 모든 사람에게 적용되는 보편적인 인과 관계의 법칙이다.

응징과 보상

마음을 어떻게 사용하느냐에 따라 마음은 벌을 내릴 수도, 보상을 줄 수도 있다. 만약 마음속에서 잘못된 결정을 내린다면 잠재의식은 수학 공식처럼 딱 떨어지는 반응을 불러일으킬 것이다. 잘못된 판단이나 결정으로 인해 손실을 경험할 수도 있다. 작용과 반작용의 법칙은 자연 전체를 통틀어 보편적이다. 현명하게 생각하면 저절로 현명한 결정을 내린다.

우주의 섭리는 복수를 하거나 앙심을 품는 분이 아니다. 하지만 마음은 무엇을 마음에 새겼나에 따라 반응하고 응답하며, 이러한 마음의 법칙은 모든 사람에게 적용된다.

마음의 작동 방식을 모를 때 사고방식은 복수처럼 보이는 것을 창조해 낸다. 사실 이는 불변하고 정확하며 정밀한, 자연적인 작용과 반작용의 법칙의 결과일 뿐이다. 친구가 수영을 할 줄 몰라 호수에 빠져 익사했다고 가정해 보자. 호수를 탓할 것인가? 호수가 친구에게 복수했다고 할 수 있는가? 당연히 아니다. 물은 사람을 알아보지 않는다. 단순히 물리적인 법칙을 따를 뿐이다.

마음의 수레바퀴를 차분하게 하고 모든 사람의 마음속에 있는 위대하고 영원한 진리를 곱씹어 보자. 다음 확언을 규칙적이고 체계적으로, 기쁜 마음으로 되새기면 정신적·영적·육체적으로 활기차고 활력이 넘치게 됨을 느낄 것이다.

나는 지존자의 은밀한 곳에 거합니다. 그곳은 바로 나의 마음입니다. 내가 품은 생각은 조화·평화·선의에 부합합니다. 내 마음은 행복과 기쁨 그리고 깊은 안정감이 머무르는 곳입니다. 마음속에 들어오는 모든 생각은 기쁨과 평화 그리고 전반적인 안녕에 이바지합니다. 나는 좋은 대인관계와 사랑, 하나 되는 분위기 속에서 살아가고 움직이고 존재합니다.

내 마음속에 거하는 사람들은 모두 무한한 지성의 자녀들입니다. 모든 인류와 함께 마음의 평화를 누리고 있습니다. 자신에게 바라는 것을 똑같이 모두에게 바랍니다. 나는 지금 우주의 집에 살고 있습니다. 나는 평화와 행복을 주장합니다. 나는 무한한 지성의 집에서 영원히 거한다는 걸 알고 있습니다.

다음 기도는 우주의 인노를 구할 때 도움이 되는 확언이다.

완벽한 수요와 공급의 법칙이 존재한다는 것을 압니다. 나의 동기는 옳습니다. 언제나 옳은 방법으로 옳은 일을 하고 싶습니다. 필요한 것은 모두 즉시 마련됩니다. 나는 내가 있어야 할 본연의 자리에 있습니다. 멋지게 재능을 펼치고 신성한 축복을 받습니다. 무한한 지성은 지금 생각과 말, 행동으로 나를 인도하고 있습니다. 내가 하는 일 모두 우주의 섭리께서 이끌어 주십니다. 무한한 지성만이 인도하십니다. 나는 우주의 섭리의 온전한 통로입니다.

나는 내면의 우주의 섭리가 스스로 나아가야 할 길을 비추고 있다는 걸 느끼고 믿습니다. 신성한 지성은 내가 하는 모든 일에 영감을 주고 조화롭게 다스리며 문제의 해답을 즉시 알려 줍니다. 우주의 사랑은 앞장서서 내가 나아가는 길에 평화와 사랑, 행복의 고속도로를 내어 줍니다. 정말 멋집니다!

- 현명하게 생각하면 저절로 현명한 결정을 내릴 것이다.
- 내 안의 우주의 섭리와 함께 정신적·정서적으로 하나가 되면 두려움이 없어진다.
- 뭔가를 찾을 수 없다면 잠재의식에 물어보라. 그럼 해답을 줄 것이다.
- 벌을 두려워하는 원인은 대부분 누군가를 미워하기 때문이다. 상대방을 용서하고 자유를 찾아라.
- 실패에 대한 두려움이 실패를 끌어당긴다. 성공하리라 기대하면 행운이 미소 지을 것이다.
- 꿈을 구속하거나 제한하는 것이 있다면 정신을 비전에 고정하라. 비전만 바라보면 비전이 있는 곳으로 갈 수 있다.
- 많은 신체 질병의 배후에는 두려움이 있다. 사랑과 선한 의지로 마음을 채우면 자유로워질 것이다.
- 결코 '너무 두려워' '어떻게 해야 할지 모르겠어'라고 말해서는 안 된다. 잠재의식이 이 문장들을 문자 그대로 받아들이므로 혼란을 느낀다.
- 건강, 행복, 마음속 평화의 열쇠는 풍요로운 삶을 선택할 수 있는 능력에 있다.
- 좌절할 필요는 없다. 소망을 가지게 한 우주의 섭리께서 신적인 질서에 따라 소망을 실현해 주실 것이다.
- 마음가짐이 변하면 모두 게 변한다. 열정을 가지고 스스로를 믿고 자신에게 숨겨진 능력이 있다고 믿어라. 그러면 기적이 일어날 것이다.
- 온종일 무슨 생각을 하느냐에 따라 지금 이곳은 천국이 될 수도 있고, 지옥이 될 수도 있다.

7

내면의 힘과 지혜를 받아들이는
안전의 법칙

안정을 느끼는가 아니면 불안을 느끼는가? 삶의 기본적인 접근 방식에 따라 이 질문에 대한 답은 달라진다.

윌리엄 박사는 로스앤젤레스 캘리포니아대학교에서 일하는 저명한 연구가이자 내과 의사다. 그는 내게 만성적인 불안과 두려움, 정신 장애를 겪는 환자 중 안전하다는 느낌을 강하게 받는 사람은 한 명도 없었다고 알려 주었다. 지상의 권세가 우리가 가는 길을 모두 살펴 주신다는 흔들림 없는 믿음과 신뢰가 있어야만 안전하다는 느낌을 받을 수 있다.

내가 본질적으로 위대하다는 사실과 내 안에 무한한 부가 있다는 사실을 깨닫지 못한다면 나에게 닥친 문제와 어려움이 더 커 보일 것이다. 문제에 힘을 실어 주고, 문제가 나에게 영향을 미치고 통제하도록 내버려 둔 결과, 나 자신이 문제라는 걸 모른다. 불안감을 느끼는 주된 이유 중 하나는 외부에서 일어나는 일들을 원인이라고 생각하기 때문이다. 하지만 그런 일들은 결과일 뿐이다.

우주의 섭리와 하나가 되었을 때 느끼는 안정감만이 진정한 안정감이다. 우주의 섭리는 모든 축복의 근원이다. 이 사실을 먼저 깨달아야 한다. 이 책에서 설명한 원칙을 삶에 적용하면 실생활에서 놀라운 내면의 안정감을 충분하고 온전하게 느낄 수 있다. 영원한 근원과 하나가 되고자 하는 충동이 내 안에 있다. 이 무한한 힘과 하나가 되면 당장 힘을 끌어낼 수 있을 것이다.

나는 무한한 생명의 바다에 빠져 있다. 무한한 생명의 바다, 즉 무한한 마음은 내 안에 완전히 스며들어 나를 살아 숨 쉬게 하고 움직이게 하며 존재를 가지게 한다. 무한한 힘은 외부의 어떤 것과 맞서도 패배하거나 좌절한 적이 없음을 기억하라. 무한한 힘은 전지전능하다. 생각과 느낌을 통해 의식적으로 힘을 합치면 두려워했던 건 아무것도 아님을 느낄 것이다.

무한자는 내 안에서 미소를 머금은 채 있다. 이게 내 마음의 진정한 상태다. 무한한 마음의 힘과 지혜는 그 존재를 인식하고 무한한 마음과 맞닿을 때 강력하고 활발해진다. 지금 이렇게 하면 놀라울 정도로 내면의 안정감을 느낄 것이고, 이해할 수 있는 정도를 넘어서는 평화를 발견할 것이다.

내 친구 어니스트는 어떤 소송에 연루되어 있었다. 하지만 끝날 기미가 보이지 않았고, 그 결과 상당한 변호사 비용을 내야 했다. 변호사는 패소 확률이 높다고 했다. 그 말은 곧 어니스트가 빈털터리가 될 거라는 뜻이었다. 그는 겁에 질려 있었고 나와 이 문제를 논의하면서 더는 살아갈 이유가 없다고 했다. 그냥 삶을 마감하는 게 최선이라고 생각하고 있었다. 내가 강경하게 말했다.

"자네는 그런 말을 하는 게 얼마나 파괴적인 행동인지 알고 있나? 부정적인 생각을 하거나 부정적인 문장을 말할 때마다 소송은 더 길어지고 마음의 평화를 해친다네. 일이 잘 풀리지 않게 해달라고 기도하는 꼴이나 다름없네."

그런 그에게 간단한 질문을 던졌다.

"만약 이 순간에 완벽하고 조화로우며 모든 문제를 끝낼 해결책이 있다면 무슨 말을 하겠는가?"

"기쁘고 영원히 감사하며 살아갈 거야. 사형선고를 면죄받은 죄수 같은 느낌이 들걸세."

"내면을 차분하게 잠재우는 노력을 해보겠는가? 내가 이루려는 목표에 맞춰서 말이야. 이 사건이 성공적으로 마무리되리라고 굳게 믿는 거지."

"한번 해보겠네."

그는 약속했고, 나는 기도문을 적어 주며 이 확언을 규칙적이고 체계적으로 실행하라고 했다.

모든 걸 아시는 분께서 지혜를 사용해 완벽하고 조화로운 해결책을 주셨음에 감사합니다.

어니스트는 종일 이 확언을 반복했다. 특히 어려움을 겪거나 일이 지연될 때, 장애물이 생기거나 마찰이 있을 때, 의심이나 두려움이 마음속에 파고들 때 이 기도를 반복했다. 마음을 차분하게 가라앉히고 부정적인 말과 생각을 하는 걸 멈췄다. 내면의 생각과 느낌이 언제나 밖으로 드러난다는 것을 알았다.

마음속으로 느끼는 게 밖으로 드러난다. 마음에도 없는 말을 하거나 말과는 다른 느낌을 받을 수도 있지만, 결국 우주의 스크린에 펼쳐지는 건 마음속 느낌이다.

어니스트는 연습과 훈련을 통해 외부 세계에서 경험하고 싶지 않은 것을 마음속으로 확언해서는 절대 안 된다는 것을 깨달았다. 마음속으로 소송을 마무리 지을 조화로운 해결책이 있으리라 생각했고, 그 생각을 입 밖으로 내뱉었다. 그러자 신성한 정의가 승리했다. 전혀 예상치 못한 사람이 추가 정보를 주어 소송은 원만하게 해결되었다. 어니스트는 금전적인 손실을 보지 않았다.

어니스트는 무한한 존재와 합일을 하느냐에 안정감이 달려 있음을 깨달았다. 무한한 존재는 화합과 정의, 올바른 행동을 추구한다. 그는 세상을 움직이는 무한한 힘에 반대할 수 없다고 했다.

벼랑 끝에 몰리다

"벼랑 끝에 몰렸어요."

셀레스트가 말했다. 셀레스트는 예술을 공부하는 학생으로, 내 강연을 들은 친구에게서 나에 관한 이야기를 듣고 찾아왔다.

"저는 심각한 혈액 장애를 앓고 있어요. 남은 생애 동안 정상적으로 살지 못할 확률이 높대요. 누가 저 같은 사람을 고용하고, 관심을 주겠어요? 시작도 하기 전에 제 인생은 끝났어요!"

"확실히 아주 암울한 그림을 그리고 계시네요. 누가 그런 말을 했나요? 주치의가 그랬나요? 아니면 전문의가 그랬나요?"

그녀는 망설이다가 대답했다.

"아니요. 사실 제 주치의는 격려의 말을 해주고 최선을 다해요. 그런 말을 하는 건 제 친척이에요. 밥 삼촌이 같은 병을 앓다가 돌아가셨기에 어떻게 될지 아는 거지요. 의사들이 병을 치료하기 위해 모든 노력을 기울였는데도 아무 효과가 없었어요. 불치병이었던 거죠. 저도 똑같은 병을 앓고 있어서 두려워요."

"왜 여기 오셨습니까? 이 대화에서 무엇을 얻고 싶습니까?"

"박사님께서 제 병을 고쳐 주실 수 있다고 친구가 그랬어요."

"아니요, 유감스럽게도 저는 병을 고치지 못합니다. 하지만 스스로 병을 치유할 수 있도록 도와드릴 수는 있어요. 의사가 어떤 의학적 문제를 발견했든 병이 점점 더 악화되는 이유는 잠재의식이 친척들의 부정적인 말로 가득 차 있기 때문입니다. 친척들의 말을 계속 듣는 한 병이 나을 가능성은 희박합니다. 하지만 나와 삼촌은 다르고 스스로가 고유한 사람이라는 걸 떠올리면 나의 몸을 만든 무한한 치유의 존재가 자신이 만든 작품을 고칠 수 있습니다."

면담 후 셸레스트는 잠재의식에 다른 어조로 말하기 시작했다. 나는 그녀에게 고요하고 사랑스럽게 그리고 마음을 담아 다음과 같이 천천히 확언하라고 조언했다.

내 몸을 만든 창조적 지성은 나의 혈액을 재창조하고 있습니다. 치유의 존재는 치유하는 법을 알고 있으며, 내 몸의 모든 세포는 우주의 섭리의 완벽한 패턴에 따라 변화합니다. 내가 완전히 나았다고 말하는 의사의 말을 듣고 표정을 봅니다. 나는 이 사진을 마음에 담고 있습니다. "완치되었습니다!"라고 말하는 의사의 모습을 보고 목소리를 듣습니다. 기적이 일어났습니다! 저는 이 건설적인 이미지가 잠재의식, 즉 이미지를 현상하여 현실에서 펼쳐지게 만드는 곳에 깊이 스며들고 있다는 것을 알고 있습니다. 모든 감각적인 증거에도 불구하고 무한한 치유의 존재가 나를 치유하고 있다는 것을 압니다. 나는 이 사실을 느끼고 믿으며, 완전히 건강해지고자 하는 나의 목표와 하나가 됩니다.

셀레스트는 이 기도를 매일 반복했다. 특히 밤에 잠들기 전에 기도를 올렸다. 불안하고 화가 나며 마음이 어지러워지거나 걱정이 되고 타인의 말에 귀 기울이는 등 예전 습관으로 돌아가려고 할 때가 있었다. 이러한 생각이 떠오르면 즉시 이렇게 명령을 내렸다.

"멈춰! 나는 모든 생각과 이미지, 반응을 지배하는 주인이야. 모두 나에게 복종해야만 해. 지금부터 우주의 섭리와 무한한 지성의 치유력에 관한 생각만 할 거야. 이렇게 잠재의식을 살찌우는 거지. 계속 자신을 우주의 섭리와 내면의 생각, 느낌과 일치시켜. 필요하다면 하루에 백 번 또는 천 번이라도 '우주의 섭리와 무한한 지성, 감사합니다!'라고 말할 수 있지."

석 달 만에 셀레스트의 혈액 수치는 정상이 되었다. 기도와 명상을 통해 긍정적인 생각을 하는 새로운 습관을 들였고, 잠재의식을 자신의 욕망과 일치시키는 데 성공했다.

외부 조건으로는 안정감을 얻지 못한다

아무리 좋은 의도를 가진 정부라 할지라도 평화·행복·기쁨·풍요·안전을 보장할 수 없다. 인생이라는 여정에서 어떤 일이 일어날지는 아무도 모른다. 예기치 못한 홍수, 지진, 태풍, 폭풍이 발생하여 도시와 건물을 파괴하거나 수천 명의 재산을 빼앗아 갈 수도 있다. 전쟁, 반란, 정치적 격변은 경제에 예측할 수 없는 결과를 낳는다. 국제적인 비극과 전쟁에 대한 공포는 전 세계 주식 시장에 치명적인 영향을 미친다. 물질적 소유물은 변화에 취약하다.

주식이나 채권 또는 은행 계좌에 있는 돈은 언제 없어져도 이상하지 않다. 50달러 지폐의 가치는 정부의 진실함과 정직성 그리고 건전한 통화 체계를 유지할 수 있는 능력에 달려 있다. 수표는 종잇장일 뿐이다. 수표의 가치는 발행자의 정직성과 진실함, 은행의 건전성에 대한 나의 믿음에 달려 있다.

매일 과학적인 기도를 하고 묵상하는 데 시간을 들이고 관심을 쏟는다면 마음의 변화를 경험할 것이다. 그리고 이 장에서 언급할 수많은 위험과 예기치 못한 재난을 겪지 않을 것이다.

우주의 섭리가 필요한 걸 모두 마련해 주시리라고 의식하면서 걸어라. 임재하는 무한한 지성이 내가 가는 길 곳곳을 살펴 주신다는 것을 마음으로 느껴라. 내가 번영하리라는 의식을 유지하는 한 나는 손실을 입을 수 없다는 것을 기억하라. 무한한 근원이 필요한 것을 모두 마련해 준다는 인식을 정신에 새긴다면 나는 가난해질 수 없다. 어떤 형태의 재물이든 항상 넉넉하게 마련될 것이다.

기도가 기복을 없애다

에릭이 점심을 먹으며 말했다.

"두 달 전 저는 큰돈을 벌었습니다. 그런데 투자했던 닷컴 회사들이 하나둘씩 파산하기 시작했어요. 밥 먹고 계산할 때 신용카드가 승인이 될지 거부될지 궁금하네요. 건강도 말인데요, 어떤 달은 시에라산을 오를 수 있는데 어떤 달은 집 안의 계단을 오르기도 힘들어요. 이런 기복을 없애기 위해 제가 할 수 있는 일은 없을까요?"

"물론 있습니다. 누구나 평온함과 고요함이 최고로 군림하는 균형 잡힌 삶을 살 수 있습니다. 핵심은 정신과 감정을 통제하는 법을 배우는 것입니다. 그렇게 하면 내가 처한 상황과 관계없이 평정심을 유지할 수 있습니다. 마르쿠스 아우렐리우스도 2000년 전에 비슷한 말을 했지요. '인내심을 타고나지 않은 자는 그 무엇도 이룰 수 없다.' 작가 로버트 루이스 스티븐슨은 급성 결핵을 앓고 있었음에도 하와이의 오두막에서《보물섬》이라는 걸작을 남겼죠."

나는 에릭에게 무한한 지성의 나라로부터 힘과 확신을 얻는 영적 처방을 내렸다. 그는 매일 이 확언을 하며 영원한 진리를 묵상했다.

나는 마음속에 드는 소망이 내 안에 있는 우주의 섭리로부터 오는 것을 알고 있습니다. 우주의 섭리께서는 내가 행복하길 원하십니다. 생명과 사랑, 진리, 아름다움은 나를 위한 우주의 뜻입니다. 나는 정신적으로 선을 받아들입니다. 나는 우주의 섭리가 흐르는 완벽한 통로가 됩니다. 우주의 섭리는 나를 통해 당신을 표현합니다. 나는 모든 방면에서 우주의 인도를 받습니다. 언제나 내가 있어야 할 자리에 있고 내가 좋아하는 일을 합니다. 다른 사람의 의견을 진리로 받아들이는 것을 거부합니다. 나의 마음은 우주의 마음의 일부이고 언제나 우주의 지혜와 지성을 반영하고 있습니다. 우주의 아이디어는 완벽한 순서로 내 마음속에 펼쳐집니다. 나는 언제나 안정되고 균형이 잡혔으며 고요하고 침착합니다. 왜냐하면 무한한 지성께서는 필요한 모든 상황에 늘 완벽한 해결책을 보여 주시리라는 것을 알고 있기 때문입니다. 무한한 지성께서 이끌어 주시니 내게 부족함이 없습니다. 나는 신성하게 활동적이고 창조적입니다. 우주의 리듬을 감지하고 느낍니다. 사랑이 담긴 말을 속삭이는 우주의 선율이 들립니다.

- 걱정이나 두려움이 드는 이유는 두려움이나 반대를 모르는 무한자와 조화를 이루는 데 실패했기 때문이다.

- 우주의 섭리와의 일체감을 경험하면 진정한 안정감을 느낄 수 있다.

- 내면에서 조용히 품은 생각은 삶의 목표와 일치해야 한다. 그렇지 않으면 기도의 응답을 받을 수 없다.

- 말로 확언하는 내용을 마음에서 거부한다면 치유가 일어나지 않는다.

- 안정감은 채권이나 주식, 부동산에서 오는 게 아니다. 진정한 안정감은 모든 은총을 주시는 우주의 섭리에 대한 믿음과 신뢰에 기반한다.

- 정부는 안전이나 평화, 행복을 보장하지 않는다. 마음의 법칙을 사용하면 안전·평화·기쁨·건강을 얻을 수 있다.

- 신성한 법과 질서가 삶을 지배하고, 우주의 섭리께서 내가 하는 모든 일에서 생각하고 말씀하며 행동하고 지시한다는 걸 알 때 삶의 기복을 피할 수 있다.

- 우주의 섭리에 대한 믿음과 무한한 지성께서 필요한 것을 영원히 마련해 주시리라는 믿음이 두려움을 대체할 수 있다.

- 우주의 섭리와 함께하며 무한한 지성의 권능과 지혜, 힘이 모든 문제를 해결할 수 있다는 걸 알 때 영광스럽고 멋진 삶을 영위할 수 있다. 내가 시작하면 우주의 섭리도 시작한다.

- 임재하는 무한한 지성께서 나의 모든 재산을 살피고 내가 은닐한 곳에 거주한다는 것을 알면 투자금을 지킬 수 있다.

8

습관적 사고로 활력을 얻는
영양의 법칙

영양의 법칙을 따라 질 좋은 음식을 먹고 완벽히 균형 잡힌 식습관을 따르는 사람들이 있다. 그런데 그들도 궤양과 암, 관절염을 비롯한 파괴적이고 퇴행성 질환을 앓는다.

사고방식은 경험과 조건, 사건이라는 '음식'을 먹는다. 습관적인 사고는 현재의 조건을 유지하도록 영양분을 공급한다. 두려움과 걱정, 비판적인 사고, 분노와 증오를 안고 사는 것은 질병과 낙담, 실패, 불행이라는 음식을 먹는 것과 다름없다.

모든 생물은 먹이를 따른다. 탐험가와 과학자에 따르면 식량이 없는 곳에 동물은 살지 않는다고 한다. 먹을 것이 풍성한 곳에 생명이 충만하다. 부정적인 음식, 즉 질병과 결핍, 고난으로 마음을 채우면 삶이 괴로워진다. 생물은 먹이를 따르기 때문이다.

'몸은 내가 섭취한 것의 결정체'라는 말을 들어 봤을 것이다. 이 말은 여러 가지 의미에서 진실이다. 나는 심리적·영적으로 섭취한 것의 결정체다. 사랑·친절·낙관·기쁨·선의를 먹으면 건강·기쁨·행복·성공이라는 결과가 있을 것이다. 이런 음식을 많이 먹고 정신적으로 흡수하고 소화한다면 이와 비슷한 일과 경험을 끌어당기고 경험할 것이다.

남을 미워하고 시기하고 질투하고 적대시한다면 내가 몸으로 먹는 건강한 음식이 독으로 변할 수 있다. 선한 마음으로 기쁘고 감사하게 식탁 위의 음식을 먹는다면 음식은 아름다움과 활력, 건전함, 힘으로 변할 것이다. 내가 먹는 빵이나 고기는 나의 살과 피가 된다. 그게 바로 '몸은 내가 섭취한 것의 결정체'라는 말에 담긴 의미다.

음식은 우리 몸에 매우 중요하다. 의학 연구원은 과도한 지방의 위험성을 지적한다. 몸에 지방이 너무 많으면 심장, 폐, 간, 신장 등 주요한 기관이 효율적으로 기능하는 걸 막는다. 특정한 비타민과 화학 물질이 부족하면 많은 신체적·정신적 질환이 생긴다. 예를 들어 비타민 B가 부족하면 여러 군데 신경염이 발생해 근육이 약해지는 각기병이 생긴다. 또한 임산부는 칼슘을 충분히 섭취해야 한다는 건 잘 알려진 사실이다. 비타민 A가 부족하면 눈에 안 좋은 영향이 있고, 충분한 양의 단백질은 신체의 안녕에 필수적이다.

어떤 음식을 섭취하느냐도 중요하지만, 가장 중요한 건 정신적이고 영적인 식습관이다. 영양에 관한 훌륭한 책을 쓴 도널드라는 남성이 있었다. 책은 과학적이고 탄탄한 정보를 담고 있었다. 하지만 저자 자신은 급성 궤양을 앓았다. 주치의는 항생제를 투여하고 식이요법을 따르게 하여 그의 병을 치료하려 했지만, 궤양은 악화되기만 했다.

도널드는 나와 이야기를 나누면서 자신의 상황을 설명했다. 나는 도널드에게 이렇게 물었다.

"혹시 정신과 감정이 궤양과 관련이 있다고 생각해 본 적 없나요?"

"연관이 있다고요? 전혀요. 그런데 한 가지 말씀드릴 건 있네요. 신문이나 뉴스를 볼 때면 매번 격렬한 통증을 느낍니다. 헤드라인을 장식하는 뉴스들은 모두 고통과 범죄, 불의, 비인도적인 행위에 관한 이야기잖아요. 뉴스를 보면 화가 납니다. 매일 두어 시간씩 의회와 정부에 의견을 써서 서신이나 이메일을 보냅니다."

"정부나 의회의 정책을 높이 평가하지 않는 것 같군요. 이런 편지를 '분노에 찬 메시지'라고 불러도 되겠습니까?"

"당연하죠. 분노하는 것마다 정당한 이유가 있어요."

"그 분노 하나하나가 병을 일으키는데도요? 아시다시피 내면에 부정적인 에너지가 쌓이면 그 부정적인 에너지를 아무리 외부로 배출한다고 할지라도 영향이 있습니다. 위궤양이 낫고 싶다면 정신과 감정의 식습관을 바꿔야 합니다."

이야기가 끝날 무렵 그는 새로운 마음가짐을 받아들이기로 했다.

하루 종일 떠오르는 모든 부정적인 인상을 바꿀 것입니다. 지금부터 저는 뉴스와 선전 비판 그리고 다른 사람들에게 부정적인 발언을 하거나 부정적인 반응이 들도록 내버려 두지 않을 것입니다. 부정적으로 반응하거나 복수를 하고 싶을 때 나는 즉시 멈추고 자신에게 단호하게 확언할 것입니다. 우주의 섭리께서는 지금 나를 통해 생각하고 말씀하고 행동하십니다. 우주의 평화의 강은 나의 마음과 가슴에 넘쳐흐릅니다. 나는 나의 목표, 즉 평화와 조화와 하나가 됩니다.

새롭게 반응하는 방식이 습관화되면서 그는 사랑과 평화의 빵을 먹기 시작했고, 궤양은 짧은 시간에 많이 호전되었다.

정신적이고 영적인 식습관

원망, 나쁜 감정, 냉소 또는 분노와 같은 부정적인 생각을 마음속에 품거나 담아서는 안 된다. 의사와 과학자들에 따르면 몸은 11개월마다 다시 태어난다고 한다. 한마디로 언제나 새로운 세포를 만들고 있다. 만약 마음을 영원한 진리와 삶의 영적인 가치로 채운다면 뇌는 신경계를 매개체로 하여 온몸에 영적인 진동을 보낼 것이다.

번영하고 번창하려면 특별한 정신적·영적 식단이 필요하다. 감각기관에는 시각, 청각을 비롯해 잡다한 음식(감각)이 가리지 않고 매일 쏟아져 들어온다. 이렇게 들어오는 음식 대부분은 맛이 없다. 무한한 지성에게 주의를 기울이고 진리로 배를 채우는 법을 배워야 한다. 감정을 담아 다음과 같이 확언하라.

지금 우주의 섭리께서 나를 인도하고 계십니다. 우주의 사랑이 제 영혼을 가득 채우고 무한한 지성께서 영감을 주시며 삶의 길을 밝혀 주십니다. 사랑과 선한 의지를 모두에게 발산합니다. 언제나 영적인 법과 질서가 나의 삶을 지배합니다.

이 기도는 나의 마음과 영혼을 살찌우는 훌륭한 식단이다. 이런 기도를 하는 습관을 들이면 기적이 일어날 것이다.

로몰라는 샌프란시스코 행사 후 나에게 말을 걸어왔다.

"정신 요법에 관한 책을 수없이 읽었어요. 정신적 치유를 주제로 기사까지 썼죠. 하지만 제 만성 대장염을 치료하진 못했습니다. 어떻게 설명할 수 있습니까?"

이야기를 나누면서 로몰라가 잠재의식의 치유력에 대해 읽은 내용을 곰곰이 되새기거나 현실에 반영하지 못했다는 걸 깨달았다. 그러니 앞선 내용이 잠재의식의 일부가 될 리도 만무했다.

로몰라는 전 세계에 존재하는 여러 종교에 관해 탐구했고 영감을 주는 책을 수도 없이 읽었다. 또한 숫자 점과 점성술을 공부했으며, 모든 새롭고 기이한 사이비 종교의 창립 회원인 것처럼 보였다. 삶은 뒤죽박죽이었고 혼란스러웠다. 영적인 탐구활동은 정신적이고 감정적인 갈피를 못 잡게 했다.

나는 로몰라에게 영원한 진리를 택하라고 권했다. 우주의 섭리와 같은 마음의 고귀한 피난처를 택하라고 했다. 이러한 영적 기준에 맞지 않는 것은 모두 자신의 마음, 즉 무한한 지성의 집에 적합하지 않으니 명확하게 거부하라고 했다. 그녀는 매일 다음과 같은 기도를 묵상했다.

나의 은밀한 곳에 무한자가 거합니다. 그곳은 바로 나의 마음입니다. 내가 품은 생각은 조화·평화·선의에 부합합니다. 내 마음은 행복과 기쁨, 깊은 안정감이 머무르는 곳입니다. 내 마음속에 들어오는 모든 생각은 기쁨과 평화, 전반적인 안녕에 이바지합니다. 나는 좋은 대인관계와 사랑, 하나 되는 분위기 속에서 살아가고 움직이고 존재합니다. 내 마음속에 거하는 사람들은 모두 무한한 지성의 자녀입니다. 나는 가족과 모든 인류와 함께 마음의 평화를 누리고 있습니다. 나에게 바라는 것을 똑같이 모두에게 바랍니다. 나는 지금 무한한 지성의 집에 살고 있습니다. 평화와 행복을 주장합니다. 나는 무한한 지성의 집에서 영원히 삽니다.

우주의 섭리에 대한 지식이 점차 로몰라의 머리에서 마음으로 옮겨 갔다. 그리고 만성 대장염은 사라졌다.

정신적 이미지가 치유를 일으키다

집 밖으로 나오지 않는 남성을 만나러 간 적이 있다. 그의 이름은 앨이었는데 거리는 물론 건물의 로비에도 나오지 못한 채 집 안에만 머물러 있었다. 집을 떠날 때마다 자신에게 일어날 수 있는 끔찍한 일들을 상상했다. 실신할 듯 어지러웠다. 이런 상태를 광장공포증이라고 하는데, 앨은 유년기부터 이 공포증을 겪었다. 다섯 살 때 그는 집에서 멀리 떨어진 숲속에서 길을 잃고 몇 시간 동안 헤맸다. 당시의 기억과 불안이 아직도 잠재의식에 도사리고 있었다.

앨은 자신의 상상력을 올바르게 사용함으로써 자유로워졌다. 내 제안에 따라 하루에 약 10분, 세 번씩 버스를 타고 공원에서 책을 읽고 가게에 가고 도서관에 들어가고 식료품을 사고 친구들을 만나는 상상을 했다. 그리고 상상을 실제처럼 느끼기 시작했다.

이러한 건설적인 이미지는 점차 잠재의식의 깊은 층을 통과했고, 수년 동안 잠재의식 깊이 매몰되어 있던 두려움의 패턴을 지웠다. 그가 상상하고 진짜라고 느끼던 것이 실현되었다.

다음과 같이 자주 기도하면 우주의 섭리께 가까이 갈 수 있고, 내가 먹는 모든 음식이 아름다움으로 변할 것이다.

내 안에 계시는 우주의 섭리를 최고로 인정합니다. 그분이 내려 주신 축복에 정말 진심으로 감사드립니다. 내 인생에 일어나는 모든 좋은 일에 감사드립니다. 감사하며 즐거워하는 마음으로 살고 있습니다. 감사하는 마음을 가지면 무한한 지성께서 응답을 주십니다. 마음의 법칙과 성령의 길을 알고 있음에 매일 감사합니다. 감사는 먼저 마음을 움직이고 입을 열게 합니다. 희망찬 나의 마음은 내 안의 무한한 보물 창고를 열고 내 기도가 이루어지리라는 믿음을 보여 줍니다. 내 안의 우주를 발견했음에 진심으로 감사합니다.

감사하는 마음을 가진 사람은 무한자와 언제나 조화를 이룹니다. 그리고 우주의 섭리와 거룩한 임재를 묵상함으로써 생기는 기쁨을 감출 수가 없습니다. 범사에 감사합니다.

- 사고방식은 경험과 조건, 사건이라는 '음식'을 먹는다.

- 모든 생물은 먹이를 따른다. 부정적인 마음가짐을 가지면 질병, 고난, 괴로움이 따른다. 마음가짐은 곧 마음을 살찌우는 양식이기 때문이다.

- 나는 정신적·영적으로 받아들인 것의 결정체다. 기쁘고 감사하는 마음으로 음식을 들라.

- 감사하는 마음은 우주의 섭리와 가깝다. 감사하고 찬양하라.

- 어떤 음식을 섭취하느냐도 몸에 중요하지만, 더 중요한 건 정신적이고 영적인 식습관이다.

- 오감으로 받아들이는 모든 부정적인 인상을 정신적으로 변화시킬 수 있다. 지금 시작하라!

- 11개월마다 몸은 다시 태어난다. 마음을 영원한 진리로 채우면 활기와 활력이 생긴다.

- 머리로 동의하는 것만으로는 부족하다. 내가 의식적으로 받아들이는 진리를 잠재의식이 흡수하기 위해서는 그 진리에 감정을 이입해야 하고 진실로 느껴야 한다.

- 머릿속에 담긴 지식은 잠재의식(마음)에 통합되어야 한다. 그렇게 하면 머릿속의 지식이 마음속의 지식이 되어 기도는 응답받을 것이다.

- 왜곡되고 뒤틀린 상상력 때문에 두려움이 생긴다. 두려운 일을 하고 있다면 죽음이 두려워지는 건 당연하다.

9
위대한 진리에 집중하는
사랑의 법칙

건강하고 활기차게 살고 싶다면 세상에는 분열되지 않는, 단 하나의 권능만이 존재함을 깨달아야 한다. 그 힘의 원천은 사랑이다. 반대하는 힘은 없다. 전지전능한 생명의 원리는 모든 반대를 극복한다. 생명의 원리는 끊임없이 이기고 영원히 승리한다. 나는 무한한 지성의 권능을 가진 자다. 무한한 지성과 하나가 되면 강력한 힘이 나를 도울 것이다.

사랑에는 대상이 있어야 한다. 사랑은 감정적인 애착이기 때문이다. 나는 음악과 예술, 훌륭한 프로젝트, 대의명분, 이상과 사랑에 빠질 수 있다. 영원한 진리에 감정적으로 애착을 가질 수 있다. 과학을 비롯한 다른 것들을 흡수하고 몰두할 수 있다.

아인슈타인은 수학을 좋아했기에 아인슈타인에게 수학의 숨겨진 비밀이 드러났다. 이것이 바로 사랑이 하는 일이다. 천문학자들은 천문학과 사랑에 빠져 하늘의 비밀을 계속해서 드러낸다.

그릇된 개념을 가지고 잘못된 곳으로 이끄는 생각을 했던 예전의 나를 버리고 싶은가? 새로운 아이디어나 이미지, 새로운 관점을 전달할 의향이 있는가? 나는 개방적이고 수용적인가? 그렇다면 원망과 원한, 불만, 두려움, 질투, 미움을 버려야 한다.

로스앤젤레스에서 뉴욕으로 가고 싶다고 가정해 보자. 가장 첫 번째로 해야 하는 일은 로스앤젤레스를 떠나는 것이다. 마찬가지로 새로운 사람이 되고 싶다면 먼저 두려움과 미움을 버려야 한다. 인생의 기쁨 안으로 들어가기 위해서는 조화·건강·평화·기쁨·사랑·선의에 관심을 기울여야 한다.

션이 상담을 요청해 왔다.

"저는 배우입니다. 항상 제가 꿈꿔 왔던 일을 시작할 기회가 주어졌어요. 하지만 실패할 것을 알아요."

"왜 실패하리라고 확신하십니까? 지금 기회가 주어진 이유도 있지 않을까요?"

"배역을 따내기 위해 세 번이나 오디션을 본 적이 있어요. 그때마다 망칠 거라는 느낌을 받았고, 결국 다른 사람이 그 역할을 따냈어요. 제 느낌은 언제나 정확하다니까요."

"사물을 바라보는 관점은 여러 가지가 있습니다. 말씀하신 게 한 가지 관점이라면, 다른 관점은 내 느낌과 생생한 상상력이 실패에 초점을 맞추고 있었다는 걸 깨닫는 것입니다. 원인 없는 결과는 없습니다. 실패하는 원인은 여러 가지입니다. 그중 가장 결정적인 건 실패를 피해 갈 수 없다는 확신이에요."

"실패하리라고 생각했기 때문에 실패했다는 말씀이세요? 이전에는 한 번도 그렇게 생각한 적이 없어요. 근데 너무 뻔한 말 아닌가요?"

"재능을 꽃피우고 싶다면 실패하리라는 생각을 끊어내야 합니다. 나에 대한 새로운 관점, 즉 성공하리라는 시각을 가지고 새로운 관점에 감정적인 애착을 가져야 합니다."

내 제안에 따라 션은 하루에 3~4번 방으로 들어가 아무에게도 방해 받지 않는 상태를 만들었다. 그는 안락의자에 편안하게 앉아 최대한 긴 장을 풀었다. 이를 몇 번이고 반복하다 보니 마음이 확언을 더 잘 받아 들였다. 자리에 앉으면 5분 동안 온 마음으로 다음과 같이 확언했다.

몸과 마음의 긴장이 완전히 풀린 상태이고 편안합니다. 안정되고 고 요하고 침착합니다. 오디션에서 나는 아름답고 위엄 있고 멋지게 연 기합니다. 감독의 칭찬을 받습니다. 나의 마음은 평화롭습니다.

션은 1주일간 매일, 특히 잠들기 전에 이를 반복했다. 그렇게 두려워 했던 오디션 시간이 다가왔을 때 그는 확언을 하며 상상 속에서 본 자 신의 모습처럼 성공적으로 연기했다. 그는 주연으로 캐스팅되었고, 그 영화는 성공적인 커리어로 뻗어 나가는 첫걸음이 되었다.

우주의 사랑과 그 의미

신神과 선善은 동의어다. 정직, 성실, 정의, 선한 의지, 행복과 정신 적·정서적으로 하나가 되면 우주의 섭리를 사랑하는 것이다. 왜냐하면 선한 것을 사랑하고 있기 때문이다.

우주의 섭리는 한 분이며 불가분의 존재다. 우주의 섭리를 사랑한다 는 것은 세상에 단 하나의 권능만이 존재하며 다른 힘은 없다는 것을 인정하는 것이다. 또한 이는 하나의 권능에 충성하고 충실하며 헌신하는 것이다. 우주의 섭리는 전지전능하다는 사실을 있는 그대로 인정하고 하나의 사실로 마음속에 완전히 받아들이면 우주의 섭리를 사랑하는 것이다. 왜냐하면 하나의 권능을 믿기 때문이다.

조용히 자리에 앉아 마음을 사로잡는 중요하고 위대한 진리에 관해 생각해 보아라. 우주의 섭리만이 유일한 권능이며 내가 인식하는 모든 것은 우주의 섭리가 자신을 표현하는 행위다.

런던의 캑스턴 홀에서 강연을 했을 때의 일이다. 베아트리체라는 젊은 여성이 나와 이야기를 나누려고 무대 뒤편으로 왔다. 그녀는 최근 유명한 연기 학교에서 공부를 마쳤다고 했다.

"사랑과 두려움은 같은 곳에 자리할 수 없다고 말씀하셨지요. 연극을 사랑하지만 너무 두려워요. 재치가 없고 재능이 부족할까 두렵습니다. 괜히 오디션에 참여해서 감독들의 시간을 낭비하는 건 아닐까요? 저보다 더 잘난 사람들이 많아요."

"내가 보잘것없다는 생각에 빠진 것 같군요. 사실 본인이 더 고상하고 향기로우며 대단한 사람이라는 걸 보여 준다면 그 생각을 환영하고 포용할 수 있겠습니까? 당신은 그러한 자질을 이미 갖고 있습니다. 관심과 보살핌을 바라고 있을 뿐이죠. 고아처럼 방치되어 고통 받고 있습니다."

베아트리체의 눈에 눈물이 그렁그렁했다.

"정말 슬프네요! 지금부터 그 자질을 받아들이고 사랑할게요. 뭐라고 부르면 될까요?"

"나의 위대한 자아, 즉 내 안에 임재하는 무한한 지성입니다."

베아트리체는 발전할 수 있는 무한한 능력을 갖췄다는 사실을 곰곰이 생각하기 시작했다. 자신에게는 능력이 있고 그 능력을 한 번도 발산하지 못했다는 것을 알아차렸고, 다음과 같이 규칙적이고 체계적으로 확언하기 시작했다.

나는 우주의 힘으로 모든 것을 할 수 있습니다. 우주의 섭리의 힘이 내 안에 흐릅니다. 무한한 지성은 나를 통해 생각하고 말하고 행동합니다. 나는 훌륭하고 성공적인 배우입니다. 무한자는 언제나 성공합니다. 나는 무한자와 하나입니다. 나는 무한한 지성의 자녀입니다. 그분에게 참된 것은 나에게도 참된 것입니다. 두렵고 걱정스러운 생각이 들 때면 우주의 사랑이 내 영혼을 가득 채우고 나와 함께 계심을 떠올리면서 그 생각을 없애버립니다.

그날 이후 베아트리체의 커리어는 쭉쭉 뻗어 나갔다. 우주의 힘이 그녀의 상상력을 사로잡았다. 베아트리체는 짜릿함을 느꼈고 훌륭한 배우가 되겠다는 아이디어에 사로잡혔다. 그녀는 자신의 이상적인 모습과 사랑으로 하나가 되었다. 이상적인 모습을 손에 쥐려고 한 게 아니라 이상적인 모습이 그녀의 마음을 사로잡았다. 그것이 사랑이다. 그러자 모든 두려움이 사라졌다. 사랑이 두려움을 삼켰다. 사랑과 두려움은 같은 곳에 자리할 수 없기 때문이다.

사랑은 질투를 이긴다

셰익스피어는 이런 말을 남겼다.

"질투를 조심하라. 질투는 녹색 눈의 괴물이다. 괴물은 자신이 먹는 고기를 조롱한다."

밀턴도 말했다.

"질투는 상처받은 연인의 지옥이다."

질투하는 사람은 자신이 차린 연회 음식에 독을 넣어 먹는 것이나 마찬가지다. 질투는 정신적인 독이고, 두려움 때문에 생긴다. 질투하는 사람은 자신에게 헌신하기만을 원하며 다른 사람과 경쟁하는 것을 못 참는다. 질투가 있는 사람은 남편과 아내, 연인 또는 친구가 다른 사람에게 눈을 돌릴지도 모른다는 생각에 의심하면서 감시한다. 기본적으로 질투는 마음속 깊이 자리한 두려움 또는 불신, 스스로에게 느끼는 죄책감과 불확실성에서 발생한다.

스티븐이라는 남성이 있었다. 그는 아내의 질투가 너무 심하다고 말했다.

"제가 다른 곳을 볼 때마다 아내는 제가 다른 여성이랑 불륜을 저지르고 있다고 비난하더군요. 하지만 저는 맹세코 다른 사람에게 끌린 적이 없어요. 불륜을 저지른 적도 없습니다. 하지만 아내는 자기가 모르는 다른 여성이 있다고 생각합니다."

"말도 안 되는 이야긴데 아내분은 왜 그렇게 확신할까요?"

"아내 말에 따르면 절대 틀리지 않는 정보를 주는 출처가 있어요. 위저 보드요!"

스티븐의 부탁으로 나는 그의 아내와도 만났고, 잠재의식이 남편에 대한 의심과 원망을 확인시켜 준다고 상세하게 설명했다. 그녀는 삼재의식이 위저 보드 위에서 손을 움직이게 한다는 것을 깨달았다. 다시 말해 그녀는 단순히 혼잣말을 한 것이었다.

다행히도 아내는 자신의 실수를 볼 수 있을 만큼 정직했다. 스티븐과 아내는 서로 사랑과 평화, 친절에 대한 생각을 나누기로 약속했다. 이 선의는 부정적인 태도를 해소하고 불화와 의심이 군림하던 곳에 평화를 가져왔다. 설명이 치유를 일으켰다. 이 여성은 남편을 신뢰하는 법을 배웠다. 사랑과 신뢰가 존재하는 곳에는 질투가 없다.

주님은 늘려 주신다

원인과 결과의 법칙은 사람을 가리지 않고 적용된다. 최근 부동산 중개인 조시와 이야기를 나눴다. 그는 두 달 동안 부동산 매매를 한 건도 성사시키지 못했다고 한다. 왜냐하면 그가 계속해서 부정적인 상황에만 관심을 기울이고 있었기 때문이다. 그의 상태는 점점 더 안 좋아졌다. 권위와 건강을 잃었고 재정 상황도 나빠졌다. 가족이 아팠고 결국 아무런 거래도 성사시키지 못했다.

그에게 다음과 같은 기도문을 적어 주면서 차분하게 사랑을 담아 마음이 성공과 부로 재조건화할 때까지 하루에 5~6번씩 기도문을 소리 내어 천천히 읽으라고 했다.

나는 조화와 건강, 평화, 사업의 번영과 성공을 예언할 수 있다는 것을 믿습니다. 지금 마음속에 평화와 성공, 인도, 번영이라는 개념을 담고 있습니다. 이러한 생각의 씨앗을 심으면, 씨앗이 자라 경험으로 드러날 것을 믿습니다. 나는 씨를 뿌리는 자입니다. 뿌리는 대로 거두리라는 것을 압니다. 우주의 섭리와 닮은 생각의 씨앗을 뿌리면, 이 멋진 씨앗이 성공과 조화, 번영, 평화 그리고 선의라는 열매를 맺고 멋진 수확으로 돌아올 것입니다. 이 씨앗에 관심을 주고 규칙적·체계적으로 영양을 공급하며 이 상태를 유지하면, 잠재의식이라는 은행에 넣어 둔 게 수십 배로 늘어난다는 것을 압니다. 내가 뿌리고 있는 멋진 씨앗에서 열매를 수확할 것입니다. 실제로 일어난다고 느끼면 정말 현실이 됩니다. 나는 증가의 법칙을 믿습니다. 증가의 법칙에 따라 땅에 심은 씨앗이 수확물을 30배, 60배, 100배로 늘린다는 것을 압니다. 내 생각은 씨앗과 같아서 잠재의식의 어두운 곳에 있다가 조건, 경험, 사건 등으로 싹을 틔워 흙 위로 올라옵니다. 나는 이러한 진리를 자주 생각합니다. 나의 선한 생각에 우주의 능력이 깃들어 있습니다. 우주의 섭리는 내가 가진 것을 늘려 주십니다.

두려움 또는 걱정이 닥쳤을 때 조시는 이처럼 확언하면서 두려움과 걱정을 마주했다. 그달 말 그의 사업은 이전과 같은 수준으로 회복했고 감당할 수 없을 정도로 번창했다. 조시는 성공과 조화, 부, 마음의 평화, 고객에게 더 나은 서비스를 제공하는 것이 더 멋지고 매력적이며 마음을 사로잡는 일임을 발견했다.

아그네스가 나를 찾아와서 말했다.

"선생님의 강의가 저를 살렸습니다!"

대학생인 아그네스는 잠재의식을 주제로 한 여러 강연에 참석했다.

"저는 3학년 시험을 치러야 했습니다. 3시간짜리 시험이라니, 살인 행위나 다름없었죠. 시험 하루 전 시험을 생각하기만 해도 두려움에 무릎이 떨리기 시작했습니다. 시험을 완전히 망치는 줄 알았어요."

"하지만 망치지 않으셨군요."

"어떻게 아셨어요? 정말 대단하세요! 네, 시험을 망치지 않았어요.

심지어 높은 점수로 통과했는데, 그게 가능했던 이유는 박사님이 두려움에 대해 하신 말씀이 생각났기 때문이에요. 무언가를 하라는 신호였어요. 저는 반대로 생각해서 두려움을 극복하기로 했어요."

"좋은 생각이군요. 어떻게 그런 마음을 먹었나요?"

그녀는 자신의 확언을 직접 보여 주었다.

우주의 섭리는 나의 목자입니다. 우주의 섭리는 두려워하지 않고 여기 나와 함께 있습니다. 우주의 섭리는 나의 평화이자 힘입니다. 평화의 강이 나를 타고 흐릅니다. 우주의 사랑이 내 안에 깃들고 모든 두려움을 버립니다. 나는 평화로운 상태에 있습니다. 우주의 평화와 조화가 여기 있습니다. 나는 긴장을 풀고 모든 질문에 신성한 순서로 대답합니다. 무한한 지성은 내가 알아야 할 모든 것을 알려 줍니다.

대체의 법칙을 실천함으로써 아그네스는 우주의 섭리와 선에 대한 믿음으로 두려움을 없앴다. 무서운 벼랑 끝에 몰렸지만 얼어붙지 않았다. 그녀는 두려움을 떨쳐 버리고 높은 점수로 시험을 통과했다.

모든 종류의 두려움과 걱정, 부정적인 생각은 오랫동안 마음속에 품거나 깊이 감정을 이입하지 않는 한 나를 해칠 수 없다. 하지만 오랫동안 마음에 품었을 경우 내 몸을 타고 흐르면서 큰 피해를 준다.

두려움은 공격적이다. 나를 지배하려 드는 생각과 아이디어는 그 힘을 자랑하고 나를 위협하며 괴롭힌다. 협박하고 겁먹게 하여 불의한 지배에 굴복하게 한다. 마음속에서 두려움이라는 폭력배를 만나는 게 두려울지도 모른다. 험악한 폭력배를 마주하기가 겁이 나거나 과연 이길 수 있을지 망설여질지도 모른다.

두려움은 무지와 암흑에 사로잡힌 마음의 그림자다. 이성과 지성의 빛으로 공포를 끌어올리면 빛을 견디지 못하고 소멸한다.

내 정신 상태의 주인은 나다. 무식하고 맹목적이고 바보 같은 두려움이라는 괴물이 나를 좌지우지하고 나의 활동을 지휘하도록 내버려 두는 건 어리석은 일이다. 그렇게 내버려 두기엔 나는 너무 똑똑하고 멋진 사람이라고 생각하라.

우주의 섭리에 대한 믿음은 두려움보다 크다. 두려움은 위아래가 뒤바뀐 믿음이다. 마음속에 있는 어둡고 사악한 그림자의 응집체다. 한마디로 잘못된 것을 믿는 것이다. 영적인 거인이 되어 우주의 섭리에 대한 확신을 불러일으키고 그 힘과 능력을 끌어다 써라.

"우주의 섭리와 함께하는 쪽이 다수다"라는 확신을 가지라. 우주의 섭리는 나를 지켜보고 옳은 길로 인도하며 반드시 승리를 거둘 것이다.

정글에서 길을 잃다

열 살쯤의 일이다. 나는 정글에서 길을 잃었다. 처음에는 겁이 났다. 나는 무한한 지성께 나를 이끌어 주고 돌봐 달라고 간구했다. 즉시 이쪽 방향으로 가라는 직감이 나를 압도했다. 잠재의식은 특정한 일을 하라고 밀어붙였고, 나는 그 직감을 따랐다. 이는 옳았음이 증명되었다. 나는 이틀 만에 기적적으로 수색대에 발견되었다. 잠재의식이 내가 가야 할 방향으로 이끌어 준 것이다. 잠재의식은 정글에서 나가는 법을 알고 있었다.

잠재의식을 사용할 때는 잠재의식이 연역적으로 추론한다는 것을 잊지 말아야 한다. 잠재의식은 결말을 볼 뿐이다. 그래서 품고 있는 전제의 본질과 부합하는, 논리적이고 순차적인 결론에 도달한다.

두려움을 두려움으로 이기려 들지 말라. 그 대신 우주의 섭리는 임재하고 권능을 가진 분이라는 것을 직접 선언하여 두려움을 무력하게 만들어라.

어떤 질병에 걸려서 두려운가? 마음속에 있는 그릇된 생각이 가짜 힘을 자랑하며 뽐낼 수 있고, 나를 위협할 수 있음을 알아차려라. 그런 생각이 나를 괴롭히거나 위협하게 두지 말라. 그 생각을 마주하고 억눌러 버려라. 모든 질병은 나의 정신이 만들어 낸 것임을 깨달아라. 병의 원인은 외부에 있지 않다.

내 몸을 만든 무한한 치유력이 지금 나를 치유하고 있음을 깨달으면 마음을 바꿀 수 있다. 이러한 사실을 알면서 의식적으로 행하면 잠재의식에 있는 생각의 패턴이 재배열되어 치유가 뒤따를 것이다. 현재에 대한 확신은 미래와 경험을 결정짓는다.

- 사랑은 감정적인 애착이다. 사랑은 반드시 대상이 있어야 한다.

- 사랑은 우주의 섭리를 믿고 충성하는 것이다. 두려움은 잘못된 것을 믿는 것이다. 두려움은 마음속에 있는 그림자다. 사랑과 두려움은 같은 곳에 자리할 수 없다.

- 정말로 두려움을 없애고 싶다면 질투와 증오, 불만, 원한을 버려야 한다.

- 자신의 가치를 새롭게 판단하고 청사진을 얻어라. 위대한 자아와 사랑에 빠져라.

- 우주의 섭리에 대한 사랑은 사랑스럽고 순수하며 고귀하고, 우주의 섭리와 비슷한 자질을 가진 것에 정신적·감정적으로 묶여 있다는 것을 의미한다. 단 하나의 권능만을 존중해야 한다.

- 질투하는 사람은 두려움으로 가득 차 있으며 불안하고 스스로를 쓸모없다고 생각한다. 사랑과 신뢰는 질투를 내쫓는다.

- 두려움에 사로잡히거나 감정을 담지 않는 이상 두려운 생각은 나를 해칠 수 없다.

- 두려워서 온몸이 떨린다면 우주의 섭리는 두려워하지 않으며 나는 우주의 섭리와 하나라는 걸 깨닫고 두려움을 극복하라.

- 영적인 이성의 칼로 두려움의 싹을 잘라내 버려라.

- 두려움이란 마음에 들이면 나를 협박하고 위협하는 생각이다. 우주의 섭리를 향한 사랑과 믿음을 마음속에 품어라.

10
신념을 지키고 자신감을 키우는
긍정의 법칙

"너 자신을 알라."

소크라테스가 인용한 고대 그리스의 격언이다. 나는 네 가지 부분으로 나누어져 있다. 신체와 감정적 본성, 지성, 영적인 본성이다. 나의 지적·감정적·육체적 본성이 우주의 섭리와 같은 길을 따라가고, 그 길을 가도록 통제하고 지향하도록 훈련해야 한다.

신체는 스스로 동기를 부여하지 않으며 자기를 의식하는 지성도, 자유 의지도 없다. 내가 하는 말과 내가 내리는 명령에 온전히 복종할 뿐이다. 신체를 감정과 신념을 연주할 수 있는 훌륭한 레코드로 바라보라. 레코드에 모든 종류의 인상을 기록할 수 있듯이, 감정이 담긴 모든 개념을 충실하게 기록하면 그 개념에서 절대 벗어나지 않을 것이다. 사랑과 아름다움의 멜로디를 새길 수도 있고, 슬픔과 비탄의 멜로디를 새길 수도 있다. 원망, 질투, 증오, 분노, 우울은 신체에서 다양한 질병으로 표현된다. 정신적·정서적 본능을 통제하는 법을 배우면 신성이 흐르는 통로가 될 것이고 내면의 광채를 발산할 것이다.

잠시 생각해 보자. 내가 세상에서 가장 부유한 사람이라 할지라도 건강한 몸을 살 수는 없다. 그러나 마음의 부를 통해 건강을 얻을 수는 있다. 평화와 조화, 온전한 건강을 생각하면 건강해진다.

감정적·영적으로 성숙해지고 싶다면 나의 감정을 조절하는 게 절대적으로 중요하다. 감정을 건설적이고 조화롭게 표현할 때 정서적으로 성숙한 사람으로 간주된다. 감정을 조절하지 못하거나 감정의 노예가 되면 미성숙하고 어른스럽지 않다고 생각한다. 시간이 흘러 50세가 된다고 하더라도 말이다.

가장 힘이 센 폭군은 마음을 통제하고 속박하는 그릇된 생각이다. 스스로에 대한 생각이 내면에서 확실한 감정을 만들어 낸다. 심리학적으로 말하자면 감정은 좋든 말든 내 인생의 길을 통제한다.

누군가에 대한 원망으로 가득 차 있거나 원한에 사로잡혀 있다면 이러한 감정은 나에게 안 좋은 영향을 미쳐 내가 진정으로 원하는 것과 매우 다른 방식으로 나의 행동을 지배할 것이다.

친절하고 상냥하고 다정한 사람이 되고 싶어도 추하고 냉소적이고 심술궂은 사람이 된다. 건강한 삶을 살고 성공하고 번영하고 싶어도 모든 일이 잘 안 풀린다는 사실을 발견할 것이다.

이 책을 읽는 독자는 평화와 선의의 개념을 선택할 수 있다는 걸 알고 있을 것이다. 마음속에서 평화와 사랑의 생각을 진심으로 받아들이면, 평화와 사랑이 나의 마음을 지배하고 통제하며 옳은 길로 인도할 것이다.

"작년에 아들이 세상을 떠났어요."

매들린이 말했다. 그녀는 면담을 위해 나의 사무실로 찾아왔다.

"토니는 겨우 일곱 살이었어요. 의사들은 할 수 있는 모든 치료를 해보았지만 가망이 없었죠. 저는 남편이 없어요. 토니가 제 세상의 전부

였는데 토니가 사라졌습니다. 어떻게 살아가야 할지 모르겠어요. 편두통으로 머리가 끔찍하게 아프고 어지럽습니다. 배도 아프고요. 시력도 나빠져서 운전을 그만둬야 했어요."

"보통 시간을 어떻게 보내십니까? 직장에 다니시나요?"

"저는 간호사였어요. 하지만 토니가 태어난 이후부터는 일하러 나가지 않았습니다. 토니 아빠가 유일하게 잘한 일이 있다면, 일을 나가지 않고도 살아갈 수 있게 양육비를 마련해 준 것입니다. 그래서 아들을 키우는 데 모든 시간을 쓸 수 있었어요. 그렇게 육아에 전념했는데…."

"얼마나 속상하고 슬프시겠습니까. 하지만 아들의 죽음에서 너무 오랫동안 벗어나지 못하면 아들에게도 좋지 못한 일입니다. 본인에게도 좋을 게 없고요. 어느 정도는 알고 계시리라 생각합니다. 그래서 면담을 요청하신 거 아닌가요? 저의 도움을 받으면 이 끔찍한 그림자의 계곡에서 빠져나올 희망이 생길지도 모른다고 생각하지 않으셨나요?"

"그렇게 생각해 본 적은 없어요. 친한 친구가 오라고 해서 왔어요. 하지만 그 말을 따르기로 마음먹은 사람도 저예요. 네, 박사님 말이 맞을지도 모르겠네요. 제가 이렇게 살고 있다는 걸 토니가 보면 슬퍼할지도 몰라요. 정말 활기차고 명랑한 아이였거든요. 병에 걸려 침대를 떠나지 못하는 상황에서도 함께 즐겁게 지냈어요."

나는 매들린에게 병원으로 돌아가 어린이 병동에서 일해 보라고 제안했고, 그녀는 내 조언을 따랐다. 그녀는 지역 병원에서 일하면서 아이들에게 사랑을 쏟기 시작했다. 아이들과 껴안고 애정을 퍼부으며 함께 놀아 주었다. 더는 사랑을 억누르지 않았다. 그녀에게는 다시 자신을 필요로 하는 사람이 생겼고, 건설적인 방법을 통해 사랑이라는 감정을 발산하기 시작했다.

소위 말하는 승화를 통해 슬픈 감정을 우주의 섭리와 같은 방향으로 돌려놓음으로써 잠재의식에 갇혀 있던 에너지를 발산했다. 이런 식으로 그녀는 잠재의식에 있는 독주머니를 빼냈다. 그녀는 빛이 났고, 행복하고 즐거우며 자유로워졌다.

성마른 기질을 극복하는 방법

잠재의식의 힘에 관한 공개 강연에 여러 번 참석했던 여성이 있었다. 다음 강의를 앞두고 그녀가 나를 찾아왔다. 자신의 이름이 마리나라고 했다.

"저는 어렸을 때부터 성미가 급했어요. 심지어 최근까지도요! 새로 이사 온 이웃들이 있는데, 말도 마세요. 밤늦게까지 시끄러운 음악을 틀어 놓고, 쓰레기통 뚜껑을 안 닫아 놔서 동물들이 쓰레기를 파먹고 죄다 뒤집어 놔요. 제가 한마디하면 비웃기만 합니다."

"그들의 행동이 매우 괴롭겠어요."

"이건 1절에 불과해요! 하지만 벌컥 화를 내지 않고 이 상황에 대처할 수 있는 방법을 찾았어요. 박사님 강의를 듣고 분노와 증오가 잠재의식에 독을 퍼트린다는 걸 이해했어요."

"그래서 어떤 방법을 찾으셨는데요?"

"날씨에 따라 달라요. 날씨가 좋으면 정원 일을 해요. 흙을 파면서 '우주의 섭리의 동산을 파고 무한한 지성의 아이디어를 심고 있습니다'라고 크게 말하지요. 날씨가 안 좋으면 양동이와 걸레를 들고 창문을 닦아요. 창문을 닦으면서 '나는 사랑과 생명의 물로 마음을 닦습니다'

라고 말해요. 효과가 있었어요. 화를 내고 싶은 유혹을 이겨냈을 뿐 아니라 긍정적인 마음가짐으로 집안일을 할 수 있었답니다!"

도버에서 프랑스 칼레로 영국 해협을 건너가던 중, 파리에서 정신 관련 공부를 하는 시릴이라는 청년과 흥미로운 대화를 나눈 적이 있다. 그는 이따금 멈춰서 생각과 감각, 기분, 반응, 목소리의 정신적인 사진을 찍었고, 사진이 하나라도 부정적이면 스스로에게 이렇게 말했다고 한다.

이것은 우주의 의지와 다릅니다. 파괴적이고 그릇된 사진입니다. 내 안의 무한한 지성께 정신적으로 주의를 돌려 지혜와 진리, 아름다움의 관점에서 생각하겠습니다.

시릴은 이걸 습관으로 만들었다고 했다. 그는 화가 날 때면 잠시 멈추고 다음과 같이 되뇌었다.

무한자는 내 안에서 이렇게 생각하거나 말하거나 행동하지 않습니다. 이제 우주의 섭리와 무한한 지성의 사랑이라는 관점에서 생각하고 말하고 행동합니다.

시릴은 화가 나거나 불만스럽거나 우울하거나 짜증이 날 때 우주의 사랑과 평화를 생각했다. 그러자 화를 내고 싶은 유혹이 지나갔다. 이것이 바로 내면의 훈련이자 영적인 이해다.

나는 내 감정을 제어할 수 있다

감정이 어떻게 생성되는지 파악하는 것은 매우 중요하다. 감정은 언제나 마음속에 있는 아이디어로부터 나온다. 진심으로 감정을 다스리고 통제하고 싶다면 생각과 정신 이미지를 자신의 통제하에 두어야 한다. 어떤 생각을 할지 책임짐으로써 두려움을 사랑으로, 악의를 선의로, 슬픔을 기쁨으로 그리고 불안을 평화로 대체할 수 있다.

부정적 감정의 자극을 받는 순간, 사랑과 선의의 기분으로 부정적인 감정을 대체하라. 믿음과 자신감, 평화, 사랑의 개념으로 마음을 채우면 부정적인 생각이 마음속에 들어갈 자리가 없다.

케네디 공항에서 비행기를 기다리는 동안 나는 공군 소속인 로저 소령과 대화를 나눴다. 그는 이라크 남부의 비행 금지 구역을 정찰하고 이제 막 돌아왔다고 했다. 임무를 수행하는 동안 그는 적이 언제라도 지대공 미사일을 쏠 수 있고, 경고나 회피 기동을 할 시간도 없으리란 걸 알았다고 했다.

"두렵지 않으셨습니까?"

"어리석은 사람만이 전투에 나가면서 두려워하지요. 두려움을 정복해야 합니다. 두려움이 저를 압도하도록 내버려 두면 안 됩니다. 저에게는 강력한 동맹군이 있습니다. 스스로에게 계속해서 반복했죠. '신의 사랑이 나와 이 비행기를 감싸고 있습니다. 신의 사랑은 나의 길잡이이며 올바른 방향을 안내해 주십니다. 신은 나를 지켜보고 있으며 나는 신 안에 있습니다.' 이렇게요."

이 확언은 로저의 잠재의식에 새겨져 사랑과 믿음의 감정을 불어넣었다. 사랑의 분위기가 두려움을 진정시켰다.

두려움이 얼굴과 눈, 심장을 비롯한 다른 장기에 영향을 미친다는 사실을 알고 있는가. 나쁜 소식을 듣거나 슬픔에 잠기면 소화 기관에 영향을 미친다는 사실을 알고 있는가. 나쁜 소식이 근거가 없는 것으로 밝혀졌을 때 어떤 변화가 일어나는지 관찰해 보자.

모든 부정적인 감정은 파괴적이며 신체의 생명력을 저하시킨다. 만성적인 걱정은 대개 소화 작용에 문제를 일으킨다. 그러다가 즐거운 일이 생기면 소화 기능이 다시 정상으로 돌아간다. 왜냐하면 혈액순환이 회복되고 위산 분비를 방해하는 요인이 사라졌기 때문이다.

억압이나 억제를 한다고 감정을 극복할 수 있는 건 아니다. 감정을 억누르면 억눌린 에너지가 잠재의식에 축적되고 뒤엉킨다. 모든 밸브가 닫힌 채 불에서 더 많은 열기가 뿜어져 나오면 압력이 증가하는 것과 같은 원리다. 밖으로 나가지 못하면 결국 폭발한다.

오늘날 정신신체의학 분야의 연구에 따르면 유아기 또는 어린 시절에 억압한 감정 때문에 관절염, 천식, 심장 질환뿐만 아니라 인생의 실패까지 겪는다고 한다. 이렇게 억압되거나 억눌린 감정은 나중에까지 나를 유령처럼 쫓아다닌다. 하지만 억압된 감정으로부터 평생 자유로워질 수 있는 방법이 있다.

마음가짐이 변하면 모든 게 변한다

원치 않는 감정을 없애는 가장 이상적인 방법은 대체의 법칙을 실천하는 것이다. 정신적 대체의 법칙을 통해 부정적인 사고를 긍정적이고 건설적인 사고로 대체할 수 있다. 부정적인 생각이 마음속에 들어왔다면 부정적인 생각과 싸우지 말고, 스스로에게 이렇게 말해 보라.

우주의 섭리를 믿고, 모든 일이 잘 풀리리라고 믿습니다. 무한한 지성
은 사랑으로 언제나 나를 지켜봐 주십니다.

빛이 어둠을 없애듯 부정적인 생각도 사라질 것이다. 불안하고 걱정
스럽고 염려된다면 확언하라. 위대한 진리에 정신을 집중하면, 모든 부
정적인 감정이 무력해지거나 사라지고, 반드시 신념과 자신감이라는
긍정적인 감정이 생길 것이다.

버나드는 수년을 알고 지낸 이웃이다. 최근 그를 봤을 때 안색이 예
전보다 붉어졌다는 것을 바로 알아챘다. 나는 그에게 무슨 일이 있냐고
물어봤다.

"혈압 때문인 것 같아요. 약을 먹고 있는데 별 도움이 되지 않네요."

나는 과거를 돌이켜 보면서 물었다.

"요즘도 신문사에 편지를 보내고 시청자 참여 프로에 전화해서 의
견을 말하나요?"

"그럼요. 누군가는 저 멍청한 사람들을 처리해야 해요. 맹세하건대
온 세상이 점점 더 우스꽝스러워지고 있어요. 미디어는 바보들에게 장
악당했습니다!"

"세상에 반응하는 방식과 고혈압 간에 어떤 연관이 있다고 생각하
십니까?"

"아하! 이제 설교 타임이군요! 전혀 없다고 생각합니다. 영적인 성
장에 관심을 기울여야 하는 건 알지만, 그렇게 많은 관심을 기울이진
않고 있어요. 제 말은 그러니까, 시도도 하지 않았죠. 뻔뻔하게 자신을

논평가라고 칭하는 저 얼간이들부터 처리해야 하거든요. 박사님도 평소에 제가 옳은 말만 한다는 걸 아시잖아요."

"그게 정말 중요한가요? 아시다시피 기자와 논평가의 의견이 틀리고 본인이 맞다고 해도 변하는 건 거의 없습니다. 마음에 부정적인 감정이 가득 차면 결국 자신을 파괴합니다. 활력과 건강, 마음의 평화를 빼앗기는 거지요."

버나드는 이 순간부터 모든 정치인과 기자, 논평가, 뉴스 진행자, 토크쇼 진행자에게 자신이 믿는 진실을 말할 자유와 글을 쓸 권리를 주기로 했다. 그 사람들에게 마음을 표현할 권리와 자유를 주고, 본인이 동의하지 않는 방향의 기사를 쓸 수 있는 권리와 자유를 주는 것이 완전히 합당한 일처럼 느껴졌다. 그는 이게 정서적으로 성숙해졌다는 징후이며, 자신의 견해에 동의하지 않는 사람을 원망하고 미워하는 건 유치한 행동임을 깨달았다. 또한 내 조언에 따라 새로운 결심을 지킬 수 있도록 짧은 기도문을 따라 하기로 했다.

지금 이 순간부터 나는 옳은 방식으로 생각하고 옳다고 느낍니다. 옳은 행동을 하고 옳은 일을 하며 옳은 사람이 됩니다. 그릇된 믿음, 편견, 편협함, 무지의 중첩된 구조가 아니라 신성한 중심에서 생각하고 말하고 쓰고 반응할 것입니다. 모든 사람이 생명과 자유, 행복을 추구할 권리가 있습니다. 나는 황금률과 사랑의 법칙을 실천합니다.

그달 말에 버나드의 혈압이 정상치로 떨어졌다. 다음 검진에서 의사는 약물 치료를 중단하자고 했다. 마음가짐이 변하면 모든 게 변한다.

- 사랑은 감정적인 애착이며 밖으로 뻗어 나간다. 사랑과 선한 의지를 쏟아부으면 잠재의식에 뒤엉킨 부정적인 감정을 무력화할 수 있다.

- 신성한 중심 또는 내면에 거하시는 우주의 섭리의 관점에서 생각하고 말하고 행동하고 응답하면 정신적으로 성숙해진다.

- 가장 힘이 센 폭군은 나의 마음을 통제하고 나를 속박하는 그릇된 생각이다. 나에 대한 관념을 새로운 관념으로 대체하라.

- 삶을 바꾸려면 삶에 대한 반응을 바꿔야 한다. 다른 사람 안에 우주의 섭리가 거하심을 보라. 보는 대로 된다. 우주의 섭리를 보면 우주의 섭리가 되고, 먼지를 보면 먼지가 된다.

- 자신을 변화시키려면 올바른 사고를 통해 감정을 정화해야 한다. 감정은 생각으로 이어진다.

- 화가 나면 즉시 멈추고 "나는 지혜와 진리, 아름다움과 사랑이라는 관점에서 생각하고 말하고 행동합니다"라고 확언하라.

- 우주의 섭리와 모든 선한 일들에 대한 믿음은 두려움을 내쫓는다.

- 부정적 사고를 긍정적이고 건설적인 사고로 대체하라. 믿음과 자신감이라는 긍정적인 감정은 모든 부정적인 감정을 중화시키고 밀어낸다.

- 모든 사람 안에 임재하는 우주의 섭리와 하나가 되면 상대방에 대한 감정적인 반응을 조절할 수 있다. 증오를 사랑으로 대체하라.

- 나에게는 두 가지 세계가 있다. 생각, 감정, 이미지, 신념, 의견으로 구성된 주관적인 내면 세계와 오감을 통해 받아들인 인상이 전달되는 객관적인 외면 세계가 있다. 나는 생각과 감정, 신념이 있는 내면 세계에서 살고 있다. 내면은 외면을 통제한다.

11

서로를 축복하는 관계의 법칙

결혼은 지상의 모든 결합 중에서 가장 거룩하다. 결혼은 성스러움을 온전히 이해하면서 경건하게 신앙 속에서 이루어져야 한다. 결혼의 신성함과 가족 관계는 사회와 문명의 진정한 초석을 이룬다.

결혼은 영적인 바탕 위에 이루어져야 한다. 신성한 이상에 대해 고찰하고 인생의 법칙을 연구하며 생각·목적·계획·행동을 의식적으로 합치한다면 행복한 결혼 생활을 할 수 있다. 결혼이라는 거룩한 결합이 외적인 삶을 내적인 삶처럼 평화롭고 즐겁고 조화롭게 만든다.

크리스틴은 남편이 자신을 떠날까 봐 평생 두려워하며 살았다.

"남편을 너무 사랑하고 남편도 저를 많이 사랑해 줘요. 하지만 잘 안 맞는 면도 있어요. 남편은 현재의식과 잠재의식의 법칙을 전혀 몰라요. 저의 영성에 대한 관심을 뜬구름 잡는 소리라고 여깁니다. 저에게 상처 주려고 하는 말이 아닌 건 알아요. 하지만 영적인 지식이 저에게 얼마나 큰 의미인지 잘 이해하지 못해요."

"흔히 있는 일입니다. 전에도 비슷한 이야기를 몇 번 하셨지요. 오늘은 지금 가지고 계신 두려움에 대해 더 얘기해 주세요."

"두려움이 극복해야 할 부정적인 감정이라는 건 알고 있었는데, 두려움이 얼마나 위험한지는 전혀 깨닫지 못했습니다. 두려움을 무의식적으로 남편에게 전달했는지도 모르죠. 하지만 어차피 일어날 일이었어요. 어제 아침 식사 시간에 남편은 정말 화가 난 것 같았어요. 뭐가 문제냐고 물으니 남편은 '내가 없었으면 좋겠지?'라고 말하더군요. 어젯밤 저에 대해 아주 생생한 꿈을 꿨다고 해요. 꿈에서 제가 '나가, 더는 널 원하지 않아. 말싸움하지 말고 그냥 나가!'라고 했대요."

"뭐라고 말씀하셨습니까? 어떻게 하셨나요?"

"남편에게 다가가 꼭 안고서 말도 안 되는 소리라고 했어요. 하지만 썩 마음에 드는 답이 아니었나 봐요. 어떻게 해야 할까요?"

"뭐가 두려운지 남편 분께 말씀하세요. 본인에게서 나오는 두려움과 불안을 남편의 잠재의식이 아주 생생하게 극화시킨 것뿐이라는 걸 깨닫게 하십시오."

크리스틴은 내 조언을 따랐다. 어느 정도 시간이 흐르자, 남편은 크리스틴의 말을 완벽하게 이해했다. 그 후로 밤마다 잠들기 전 크리스틴은 남편의 빛나고 행복한 모습과 번영하여 성공하는 모습을 상상하며 두려움과 맞섰다. 하루에도 몇 번씩 남편에게 사랑과 평화, 선한 의지를 불어넣었다. 선하고 친절하고 사랑스러운 남편이 엄청난 성공을 거두는 모습을 기도했고 느꼈다.

두려움으로 가득 찬 분위기가 사랑과 평화로 바뀌었다. 그녀는 위대한 진리를 발견했다. 사랑은 결혼 생활을 영원히 하나로 묶는다는 진리였다.

남아프리카공화국 케이프타운에서 강연했을 때의 일이다. 헤스터 브런트 박사가 나에게 한 남성을 소개해 주었다. 그는 에드워드 브런트 박사로 영국 감옥에서 복역한 과거가 있었다. 석방되자마자 그는 남아 공 요하네스버그에서 은행업에 뛰어들었다. 그리고 저명한 가문 출신 의 여성과 결혼하여 두 아들을 낳는 축복을 누렸다.

그러나 그는 끊임없는 두려움 속에서 살았다. 아내와 자식들에게 자 신의 과거를 들킬까 봐, 언론에 신상이 노출되어 아내가 이혼하자고 할 까 봐, 추악한 언론이 자식들의 미래를 망칠까 봐 두려웠다. 에드워드 는 만성적인 걱정과 근심으로 병이 들었고 아내와 자식들에게 자주 분 노하고 짜증을 냈다.

나는 뭔가가 매우 잘못되었다는 것을 깨달았다. 브런트 박사에 따르 면 에드워드는 의사가 처방한 약을 먹지 않는다고 한다. 나는 에드워드 에게 물었다.

"무엇이 마음을 좀먹고 있나요?"

그는 젊은 시절의 실수와 감옥에 있었던 시간에 대해 말하며 자신의 과거가 드러날까 봐, 망신당할까 봐 그리고 가족에게서 버려질까 봐 두 렵다고 했다.

"그런 상황을 마주하는 것보다는 차라리 죽는 게 나아요."

풀이 죽은 목소리로 에드워드가 말했다. 나는 브런트 박사와 에드워 드의 아내 조애나에게 이미 자세한 설명을 들었다.

"에드워드 씨가 모르는 것이 있습니다. 본인의 비밀은 비밀이 아닙 니다. 아내와 자녀, 브런트 박사, 은행 상사들은 모두 에드워드 씨가 젊 은 시절 저질렀던 실수에 대해 예전부터 알고 있었어요."

"뭐라고요! 이해할 수 없어요. 어떻게 그럴 수 있죠? 왜 아무도 말을 하지 않았을까요?"

"아내는 심지어 결혼하기 전부터 알고 있었습니다. 새사람이 된 걸 알고 있었기에 과거의 일에 대해 단 한 번도 언급하지 않았던 거지요. 오래된 상처를 들추고 싶지 않았거든요. 아내는 이미 과거를 정리했다는 걸 압니다."

삶에서 가장 중요하게 여긴 사람들은 그의 과거를 알고 있었다. 그리고 지금의 모습을 사랑했다. 에드워드의 건강은 의사가 놀랄 정도로 즉시 좋아졌다. 왜곡된 정신적 이미지 때문에 고통과 병이 생긴 것이다. 마음가짐이 변하자 아내와 자식들과의 관계 또한 완벽하게 조화롭고 평화로워졌다.

이혼이 새로운 만남을 끌어당기다

메이는 결혼한 지 30년이 되었다. 메이와 남편은 사업의 기반을 닦고 성장시키기 위해 함께 힘썼다. 그리고 세 명의 자녀를 키웠다. 어느 날 막내 아이가 대학을 졸업한 지 얼마 지나지 않아 남편은 이혼을 요구했다. 그는 맏아들뻘인 젊은 여성과 결혼할 계획이라고 했다.

메이의 세상이 무너지는 것 같았다. 우울했고 미래가 암울했다. 하지만 메이는 낙담하거나 우울해할 필요가 없다는 걸 깨달았다. 그녀는 이 책에 나온 기법을 충실히 따라 마음의 힘을 사용하는 방법을 배웠다. 힘과 영감, 용기의 놀라운 원천을 발견했다.

메이는 사업체의 자기 몫을 팔았다. 그리고 오래전부터 계획하고 미뤄 왔던 유럽으로 여행을 떠났다. 그녀는 자주 다음과 같이 확언했다.

무한한 지성이 나와 완벽하게 조화를 이루는 남성을 끌어당깁니다.

프랑스 남부의 유명한 레스토랑에서 식사하던 그녀는 옆 테이블에 앉은 한 남성과 대화를 나눴다. 명퇴한 외교관이었다. 대화를 나눠 보니 그가 자신의 이상형이라는 걸 알았다. 그 역시 비슷한 느낌을 받은 것 같았다.

몇 주 후 메이와 외교관은 파리에서 결혼했다. 그녀의 세 자녀는 미국에서 프랑스로 날아와 결혼식에 참석했다. 메이는 이혼이 더 풍요롭고 나은 삶, 우주의 섭리와 같은 삶으로 다리를 놓아 줬다는 걸 깨달았다. 그녀는 잠재의식의 무한한 지혜에 자신감을 가지고 신뢰하면서 절망과 외로움에 맞서는 법을 배웠다.

다섯 번 결혼한 사람

28세의 젊은 여성 베로나가 나를 찾아왔다.

"제가 다섯 번이나 결혼했다고 하면 믿으시겠어요? 새로 결혼할 때마다 새 남편은 이전 남편보다 더 형편없었어요!"

고등학교를 졸업하자마자 바로 결혼했는데, 각각의 결혼 생활에 대해 들려주면서 그녀는 씁쓸해하고 분노했다.

"아시다시피 이건 우연이 아닙니다. 잠재의식에 원망과 적개심이 가득하다 보니 부정적인 감정을 가진 남성을 끌어당기는 거지요. 그래서 지금 남편이 이전 남편보다 더 형편없게 됩니다. 이게 바로 끌어당김의 법칙입니다. 유유상종이라 하죠."

베로나는 한참 동안 입을 열지 못했다.

"어떻게 그렇게 끔찍한 함정에 빠졌는지 이제야 이해가 가네요. 제가 어떻게 해야 빠져나갈 수 있을까요?"

"핵심은 용서입니다. 자신과 이전 남편들을 자유롭게 놓아주어야 합니다. 원망의 태도를 사랑과 평화의 태도로 바꾸어야 하고요. '나는 당신을 자유롭게 놓아줍니다. 건강과 부, 사랑과 행복, 평화, 기쁨을 기원합니다'라고 진심을 담아 확언한다면 사랑과 결혼에 대한 전반적인 이해가 영성에 쌓일 것입니다."

베로나는 내 제안을 받아들였다. 그녀는 결혼에 대한 과거의 태도와 동기가 모두 잘못되었음을 깨달았다. 그리고 다음과 같이 매일 서너 번씩 확언하기 시작했다.

나는 이제 우주의 섭리와 하나임을 압니다. 우주의 섭리 안에서 내가 숨 쉬고 움직입니다. 나는 우주의 섭리 안에 존재합니다. 우주의 섭리는 생명이고, 모든 이의 생명입니다. 우리는 모두 한 아버지의 아들딸입니다.

나를 사랑하고 아끼는 남성이 기다리고 있음을 알고 있습니다. 나는 그의 행복과 평화에 기여할 수 있음을 압니다. 그는 나의 이상을 사랑하고, 나는 그의 이상을 사랑합니다. 그는 나를 바꾸고 싶지 않고 나도 그를 바꾸고 싶지 않습니다. 둘 사이에 사랑과 자유, 존중이 있습니다.

세상에는 하나의 마음이 있고 이 마음속에 그분이 계심을 압니다. 내가 높게 사고 남편에게 있었으면 하는 자질, 특성과 하나가 됩니다. 나는 그런 속성들과 마음속에서 함께합니다. 우리는 신성한 마음에서 서로를 알고 사랑합니다. 나는 그 사람 안에서 우주의 섭리를 보고 그 사람은 내 안에서 우주의 섭리를 봅니다. 내면에서 그를 만났으니 외면에서도 그를 만나야 합니다. 이게 마음의 법칙이기 때문입니다.

지금 하는 말은 보내진 곳으로 뻗어 나가 성취로 이어집니다. 이제 우주의 섭리 안에서 일을 마치고 성취한다는 것을 알고 있습니다. 감사합니다.

몇 주 후 베로나는 사랑니를 빼러 치과에 갔다가 치과의사와 아름다운 우정을 쌓게 됐고 결국 그의 프러포즈를 받았다. 베로나의 표현을 빌리자면 그가 '별안간' 눈앞에 나타났다.

"제가 기도했던 남성이라는 걸 알았죠. 첫눈에 반했어요."

나는 주례를 서며 흡족했고 이 결혼이 무한한 지성의 마음으로 돌아가고자 하는 두 사람의 진정한 영적 결합이라는 걸 알 수 있었다.

이상형을 발견하다

뉴욕 로체스터에서 목회 활동을 할 때의 일이다. 길버트가 나에게 긴급하게 도움을 청했다.

"약 3년간 만난 여성이 있어요. 결혼해 달라고 두 번 이상 부탁했습니다. 지난 달에도 물어봤죠. 그녀는 언제나 '나중에 어쩌면'이라고 말해요. 어젯밤에는 그만 만나자고 하더군요. 왜 그런 말을 하는지 모르겠어요. 하지만 저는 그녀 없이는 살 수 없어요. 정말 답답해요!"

"그러시군요. 정말 괴로우시겠어요. 만약 목표가 행복하고 조화로운 결혼 생활을 하는 것이라면, 기도해야 합니다. 잘 알다시피 기도에 응답해 주시거든요!"

내 제안에 따라 그는 아내를 맞게 해달라고 매일 아침저녁으로 확언하기 시작했다.

무한한 지성은 한 분이며 불가분의 존재입니다. 무한한 지성 안에서 내가 숨 쉬고 움직입니다. 나는 무한한 지성 안에 존재합니다. 모든 사람 안에 무한한 지성이 거하는 걸 알고 믿습니다. 무한한 지성과 모든 이가 함께합니다.

이제 나와 완전히 조화를 이루는, 나와 딱 맞는 여성을 끌어들입니다. 이는 영적인 결합입니다. 왜냐하면 무한한 지성의 영이 나와 완벽히 어울리는 사람의 인격을 통해 완벽하게 기능하고 있기 때문입니다. 이 여성에게 사랑과 빛, 진리를 줄 수 있다는 것을 알고 있습니다. 이 여성의 삶을 완전하고 온전하며 아름답게 만들 수 있다는 것을 알고 있습니다.

나는 이제 그녀가 다음과 같은 자질과 성격을 가지고 있다고 선포합니다. 그녀는 영적이고 나만 바라보며 한결같고 진실합니다. 그녀는 조화롭고 평화로우며 행복합니다. 우리는 서로에게 거부할 수 없는 매력을 느낍니다. 사랑과 진리, 온전함만을 경험합니다. 나는 이상적인 동반자를 받아들입니다.

길버트는 매일 아침과 밤마다 정신적·정서적으로 진리와 하나가 되었다. 곧 그는 진리를 주관적으로 흡수했고 잠재의식에 새겼다. 결국 진리는 우주적인 마음에 발현되었다. 몇 주 후 그는 같은 회사에 입사한 여성을 만났다. 둘은 서로 사랑에 빠졌고 그해 말 결혼했다.

길버트가 그 여성 없이는 살 수 없다고 말했던 그녀는 어떻게 됐을까? 나중에 알게 된 바로는 길버트와 사귀면서 동시에 다른 남성을 만나고 있었고, 결국 그와 결혼했다고 한다.

내가 원하는 바로 그 남성

로즈는 런던 로펌에서 비서로 일한다. 나와 면담 중에 로즈는 다음과 같이 고백했다.

"상사를 사랑해요. 조지는 유부남에 애도 넷이나 있지만 상관없어요. 제 마음이 온통 조지에게 가 있는걸요. 어떤 대가를 치르더라도 조지와 결혼할 거예요. 아내는 절 조심해야 할 거예요. 그렇지 않나요?"

로즈는 자신이 원하는 것을 얻기 위해 가정을 파괴할 준비가 되어 있는 것처럼 보였다. 나는 그녀에게 본인이 정말로 원하는 것은 이 유부남이 아니라고 설명했다. 마음속 가장 깊은 곳에 있는 욕망은 파트너와 서로를 소중히 여기며 사랑하고 존경하는 관계를 맺는 것이었다. 조지와 조지의 아내처럼 말이다.

"본인이 찾는 이상형은 세상에 존재해요. 그는 열심히 로즈 씨를 찾고 있을 겁니다. 내가 그런 사람을 열심히 찾는 것처럼요. 다른 사람과의 관계를 깨지 않고 나에게 다가올 수 있는 남성이지요. 마음만 먹으면 그 남성을 끌어들일 수 있어요."

"왜 그래야 하죠? 조지가 있잖아요. 제가 원하는 사람은 조지예요!"

"조지를 손에 넣는 데 성공할 수도 있겠죠. 로즈 씨가 바라는 대로 조지를 가질 수 있을지도 모릅니다. 하지만 그로 인해 잠재의식에 한계와 죄책감을 심는 게 결국 문제가 될 겁니다."

"네, 그렇긴 한데요."

로즈는 말을 잇지 못하고 혼란스러워했다. 나는 요점을 지적했다.

"조지의 아이들이 당신을 어떻게 생각했으면 좋겠습니까? 그들이 본인에게 어떤 감정을 가지길 바라나요? 고귀하고 온화하며 품위 있는, 정직하고 진실하며 올바른 여성으로 보길 바라지 않나요? 이 원칙을 적용해 보고 아직도 조지의 가정을 망치고 싶은지 결정하십시오."

로즈는 자신이 하려고 했던 일의 진면모를 깨닫고 갑자기 울음을 터트렸다. 감정이 진정된 후 그는 다른 사람에게 슬픔이나 고통을 주지 않고 이상적인 동반자를 끌어들이고 싶다는 데 동의했다. 그녀는 다음과 같이 확언했다.

> 나는 지금 정신적·영적·육체적으로 나와 조화를 이루는 남성을 끌어당기고 있습니다. 그는 아무런 장애물 없이 신적인 질서에 따라 나에게 옵니다.

내 제안에 따라 로즈는 런던 캑스턴 홀에서 열린 진리 포럼에 참석했고, 이 자리에서 젊은 화학자 한 명을 만났는데 알고 보니 자신이 진정으로 원하던 남성이었다. 그녀는 마음의 법칙에 따라 자신이 진실이라고 받아들이는 것 모두가 실현된다는 사실을 깨달았다.

사람들은 왜 바람을 피울까? 상대방을 진정으로 사랑하고 존중하면 다른 사람을 원하지 않을 것이다. 결혼하여 진정한 영적인 이상형을 발견한 사람은 배우자 외에 다른 사람을 원하지 않는다. 사랑은 하나다. 둘이나 다수가 될 수 없다.

난잡한 삶을 사는 사람은 정신적으로나 감정적으로 좌절, 분노, 냉소 등 많은 부정적인 개념과 '결혼'한 사람들이다. 배우자를 사랑하는 사람은 결혼을 통해 삶의 충만함을 발견한다. 만약 부정을 저지른다면 아마 불만족스럽거나 이상적인 사랑이나 일체감을 정말로 경험해 보지 못해서일 것이다. 열등감에 죄책감까지 더하는 것이다.

그래서 그들이 만나는 사람은 속이 텅 비었고 신경증적이며 혼란스러울 수밖에 없다. 자신이 가진 내면의 진동을 보고 듣고 있기 때문이다. 그래서 이 사람들의 일시적인 연인은 자신만큼이나 불만족스럽고 불안정하다. 유유상종이라는 속담에서 볼 수 있듯이 비슷한 사람끼리 어울리기 때문이다.

막다른 길을 피하다

비키를 걱정하는 여동생이 비키를 나에게 데려왔다. 30대 초반의 시스템 분석가인 비키는 유부남과 사귄다는 사실을 아무런 거리낌 없이 얘기했다.

"저희는 4년째 만나고 있어요. 그와 감정적으로 매우 가깝고 그도 저를 가까이 느낀다고 생각해요. 처음에는 아내를 버리고 저와 결혼할 줄 알았는데 지금은 잘 모르겠네요. 안 그럴 거 같아요. 박사님이 보시기에도 그렇죠?"

"확실히 이혼할 것 같지는 않군요. 그 남성의 관점에서 보면 이혼할 이유가 있나요? 아내도 있고 집도 있고 애인도 있는데요. 어째서 지금 가진 것보다 더 적은 것을 원하겠습니까?"

"너무 남 일처럼 말씀하시네요!"

비키가 얼떨떨한 표정으로 말했다.

"사랑은 모든 것을 이기지 않나요!"

"진정한 사랑은 황금빛입니다. 진정한 사랑이라면 지금 이런 상황에 놓였을까요? 비키 씨가 겪는 일은 흔히 있는 일이지요. 하지만 대부분은 막다른 골목에 부딪히는 경우가 많아요. 비키 씨가 정말 원하는 건 아마 가정과 안정적인 관계, 이웃, 친구, 가족의 존경과 애정일 것입니다. 지금의 관계는 그런 것을 주지 않아요. 그러기는커녕 목표를 달성하지 못하게 하지요."

이야기를 나누다 보니 비키는 자신의 문제에 대한 답을 구하려면 기도를 해야 함을 알았다. 그녀는 즉시 유부남 상사와의 관계를 끊고 앞에서 소개한 이상적인 파트너를 끌어당기기 위한 확언을 실천하기 시작했다.

두 달 후 비키는 여동생이 소개해 준 남성과 사귀기 시작했다. 그 결과 지금은 행복한 결혼 생활을 하고 있다. 그녀는 마음의 내적인 힘을 발견한 것에 진심으로 감사하고 있다.

"이혼해야 하나요?"

누군가가 내게 와서 이렇게 묻는 경우는 꽤 흔하다. 그렇게 묻는 사람들에게 나는 정답은 없다고 말한다. 이것은 개인의 문제이고 일반화할 수 없다. 만성적으로 외로운 사람에게 결혼이 꼭 해답이 아닌 것처럼 이혼이 답이 아닌 경우도 있다.

이혼은 어떤 사람에게는 옳은 결정이지만 다른 사람에게는 틀린 결정일 수 있다. 애초에 진정한 결혼이 아니었던 경우도 있다. 남녀가 혼인 신고를 하고 한집에서 산다고 해서 그게 진정한 가정이 되는 건 아니다. 불화와 증오의 장소가 될 수도 있다.

부모가 사랑과 평화, 선의를 서로에게 전하지 않는다면, 아이의 마음이 뒤틀릴 수 있다. 서로 증오하는 분위기 속에서 아이를 자라게 하는 것보다는 결합을 깨는 것이 낫다. 많은 경우 부모의 기분이 아이들의 삶과 마음가짐에 영원히 영향을 미치고, 이는 신경증과 비행, 범죄로 이어진다. 서로 미워하고 쉴 새 없이 싸우는 부모와 사는 것보다 사랑을 베풀어 주는 한 부모와 사는 게 아이들에게 훨씬 낫다.

남편과 아내 사이에 사랑과 자유, 존경이 없는 경우 이런 결혼은 웃음거리이자 사기 결혼이고 가면극이다. 왜냐하면 무한한 지성(사랑)이 이 둘을 결합하지 않았기 때문이다. 무한한 지성은 사랑이고 마음은 우주의 섭리가 임재하는 방이다. 두 마음이 서로의 사랑으로 결합될 때 사랑이 그 둘을 결합했기 때문에 진정한 결혼이 된다.

- 결혼은 세상의 연합 중 가장 신성하다. 결혼은 경건하고 평화로워야 하며 그 성스러움을 깊이 이해해야 한다.
- 잠재의식의 무한한 지혜에 자신감을 가지고 신뢰하면서 절망과 외로움에 맞서라.
- 배우자의 두려움은 상대방의 잠재의식에 전달되어 문제를 일으킬 수 있다.
- 과거는 과거일 뿐, 중요한 건 지금 이 순간이다. 지금의 생각을 바꾸고 새로운 사고방식을 고수하면 운명이 바뀐다. 고통은 무지와 왜곡된 정신적 이미지에서 비롯된다.
- 내 잠재의식을 지배하는 분위기와 비슷한 것을 끌어당긴다. 먼저 자신과 다른 사람을 용서하라. 그다음에 배우자가 가졌으면 하는 자질을 정신에 새김으로써 신성한 동반자가 나타나길 기도하라.
- 진심을 담아 기도하고 잠재의식이 내가 요청한 바를 실현한다는 것을 믿는다면 무한한 지성은 이상적인 남편 또는 아내를 끌어당길 것이다.
- 다른 사람의 아내나 남편을 탐해서는 안 된다. 원하는 것을 구하면 생명이 이를 가져다줄 것이라고 믿어라. 그러면 얻을 것이다.
- 사랑은 하나다. 남편이나 아내와 진정한 사랑에 빠졌다면 다른 사람에게 눈이 돌아가지 않는다.
- 같은 집에서 살고 있어도 사랑과 친절, 평화, 조화, 선의, 이해와 '이혼'한 부부들이 많다. 그런 결혼은 웃음거리이자 사기 결혼이고 사면극이다. 거짓 속에 살아가는 것보다는 거짓말을 끊어 내는 게 낫다.
- 스스로가 부족하고 열등하다는 생각에 자신을 깎아내리면 배우자는 그에 따라 반응한다.

12
걱정과 불안을 없애는 평화의 법칙

사람들이 아픈 것은 말 그대로 걱정 때문이다. 걱정하는 사람은 우주의 섭리에 대한 믿음이 없기 때문에 늘 일이 잘못되리라 생각한다. 일어나지 않을 일들을 곱씹거나 걱정한다. 안 좋은 일이 왜 일어날 수밖에 없는지는 하나하나 짚어 가면서, 좋은 일이 생길 가능성은 완전히 배제한다. 끊임없는 걱정은 몸 전체를 약화시키고 몸과 마음을 병들게 한다.

지역사회 모임에서 약사인 프레드와 이야기를 나눈 적이 있다. 요즘 어떠냐고 묻자 그가 답했다.

"끔찍해요. 솔직히 너무 걱정됩니다. 밤에 잠이 안 와요. 약국이 망할까 봐 그리고 은퇴자금을 잃을까 봐 걱정됩니다."

"약국이 그렇게 잘 안됩니까? 요즘 경제가 호황이라는 인상을 받았습니다만."

"그렇게 보실 수도 있겠죠. 사실 매출은 대폭 올랐지만 오래가지 않을 거예요. 무슨 말인지 아시잖아요. 모든 호황에는 끝이 있다고요."

"살면서 한 번도 그런 말은 들어 본 적이 없습니다. 사업에 정확하게 무슨 문제가 있는 건가요? 사업을 확장하기 위해 대출을 과하게 받았나요? 아니면 중요한 장부가 사라졌나요?"

"아뇨, 그런 일은 없어요. 특별한 일이 있었던 건 아니에요."

"제 책을 읽으셨다면 모든 일이 순조롭다고 말씀하실 텐데요."

"하지만 앞으로 어떤 일이 일어날지 항상 걱정돼요. 저는 결국 파산해서 아이들이 보내 주는 생활비에 기댈 거라고 확신해요. 이런 생각만 하면 속이 답답해요."

그는 주머니에서 제산제 한 알을 꺼내 삼켰다. 프레드의 끊임없는 부정적인 사고가 활력과 열정, 에너지를 빼앗고 있었다. 더 안 좋은 것은 스스로에 대한 믿음이 약해졌고 다가오는 도전에 대항하기 어려워졌다는 것이다. 게다가 그러한 부정적인 관점은 잠재의식에 부정적인 인상을 남겼기에 문제나 어려운 일이 생길 건 당연했다.

계속 걱정만 한다면 정신이 걱정하는 바를 그대로 끌어당길 거라고 말해 주었다. 진짜로 잘못된 것은 마음속에 품은 그릇된 믿음이다. 그는 생각과 인생을 스스로 제어할 수 있다는 사실을 잊어버렸거나 깨닫지 못했다. 나는 그에게 사업을 위한 확언을 알려 주었다.

나의 사업은 곧 우주의 사업입니다. 내가 하는 모든 일마다 우주의 섭리가 동업자로 계십니다. 우주는 내 사업을 멋지게 번영시킵니다. 내 가게에서 함께 일하는 사람들이 성장하고 안녕을 누리며 번영하는 걸 알고 있습니다. 나는 이를 알고 믿습니다. 직원들의 성공과 행복에 기뻐합니다. 잠재의식에 있는 무한한 지성은 답을 알려 줍니다. 무한한 지성을 통해 모든 문제를 해결합니다.

나는 안전과 평화 속에서 휴식을 취합니다. 나는 평화, 사랑, 조화에 둘러싸여 있습니다. 다른 사람과의 비즈니스 관계가 조화의 법칙에 부합한다는 것을 알고 있습니다. 무한한 지성은 내가 인류를 위해 봉사할 수 있는 보다 나은 방법을 알려 줍니다. 우주의 섭리가 내 모든 손님과 고객 안에 거하시는 걸 압니다. 행복과 번영, 평화가 가장 위에 군림합니다.

프레드는 매일 따로 시간을 내서 이 진리를 되풀이했다. 이러한 진리를 마음의 방에 자주 들임으로써 건설적인 사고가 마음을 재조건화하리라는 것을 깨달았다. 음울한 생각이 떠오를 때면 그는 즉시 확언을 시작했다. 나중에 그는 이 확언을 천 번쯤 했을 거라고 나에게 이야기해 줬다.

예전에 그가 불평했던, 규칙적으로 변함없이 반복했던 신경질적인 생각 패턴은 완전히 사라졌다. 우주의 자유 안에서 그는 기뻐했다.

신경증적인 불안감을 치료하다

몬태나주에 사는 아가사라는 여성에게 편지를 받은 적이 있다.

"남편은 온종일 앉아서 맥주를 마시는 거 외에 아무것도 하지 않아요. 일도 하지 않고 항상 징징거립니다. 남편이 너무 걱정돼요. 의사가 말하길 저에게 불안 장애가 있대요. 그 외에도 천식과 피부 트러블, 고혈압으로 고생하고 있어요. 남편 때문에 죽겠어요."

나는 그녀에게 답장을 보냈다. 오늘날 심리학계와 의학계의 연구에 따르면 만성 불안이 천식, 피부 질환, 알레르기, 심장 질환, 당뇨병을 비롯한 여러 질병을 악화시킨다고 한다. 만성 불안은 불안 장애라고 불리기도 하는데, 이게 바로 아가사가 겪고 있는 질환이다. 나는 그녀에게 영적인 처방을 내렸다. 하루에 몇 번씩 다음과 같이 남편에게 축복을 내리라고 했다.

> 내 남편은 우주의 섭리의 사람입니다. 남편은 신성하게 활동하고, 신성하게 번영하며, 평화롭고 행복하며 즐거워합니다. 자신을 표현하고 있고 자기가 있어야 할 본연의 자리에 있습니다. 놀라운 수입을 올립니다. 금주와 마음의 평화가 남편의 인생에서 최고로 군림합니다. 남편이 매일 밤 집으로 돌아와 새 직장에서 얼마나 행복한지 이야기하는 모습을 그립니다. 우주의 섭리가 모든 것을 이루어 주시기에, 나는 우주의 섭리께 모든 것을 맡깁니다.

나는 아가사의 정신과 감정을 다스리는 두 번째 처방도 써서 보냈다. 잠재의식이 이를 흡수할 때까지 하루에 6~7번 반복하라고 했다. 의사가 자신에게 완전히 건강해졌다고 말하는 모습을 그리면서 다음과 같이 확언하라고 했다.

> 은혜는 나의 것입니다. 하루의 순간마다 무한한 지성께 영광을 돌립니다. 아름다움과 평화 그리고 풍요는 나의 것입니다. 사랑이 나로부터 흘러나와 내 주변에 다가오는 모든 사람에게 축복을 줍니다. 사랑은 지금 나를 치유합니다. 나는 악을 두려워하지 않습니다. 우주의 섭리가 나와 함께 있기 때문입니다. 나는 항상 사랑과 힘이라는 성스러운 원에 둘러싸여 있습니다. 우주의 섭리의 사랑과 무한한 지성이 나

를 영원히 지켜보신다는 말씀이 나를 인도하고 치유하며 온 가족과 사랑하는 이들을 돌본다는 것을 확실하고 긍정적으로 주장합니다. 이 사실을 느끼고 알며 믿습니다.

나는 모든 사람을 용서합니다. 전 세계의 모든 사람에게 우주의 사랑과 평화, 선한 의지를 진심으로 전합니다. 내 존재의 중심에는 평화가 있습니다. 그 평화는 우주의 평화입니다. 이 고요 속에서 무한한 지성의 힘과 인도 그리고 거룩하게 임재하시는 신의 사랑을 느낍니다. 모든 면에서 나를 신성하게 인도해 주십니다. 나는 우주의 사랑과 빛, 진리와 아름다움이 흐르는 투명한 통로입니다. 평화의 강이 나를 타고 흐릅니다. 나의 모든 문제가 무한한 지성의 마음속에서 해결됩니다. 우주의 길은 곧 나의 길입니다. 내 말이 닿는 곳에 성취가 있습니다. 기도의 응답을 받았음을 깨닫고 기뻐하며 감사를 드립니다. 세상 이치가 그렇습니다.

얼마 지나지 않아 아가사가 전화를 했다.

"박사님의 기도가 기적을 일으켰어요! 박사님이 말씀하신 대로 기도를 드리고, 남편의 모습을 마음속에 계속 품었죠. 그 결과 그는 밖으로 나가 급여가 높은 일을 구했습니다. 그뿐만 아니라 술도 끊었어요. 피부에 났던 부스럼이 사라졌고, 진찰을 받았더니 혈압도 정상이래요. 이제 더는 천식약을 먹지 않아도 돼요."

마음속에 쌓인 부정적인 생각과 심상이 만성적인 걱정의 원인이었다. 정신적·정서적으로 자신과 진리를 동일시하자 진리가 마음속으로 가라앉기 시작했다. 또한 그녀는 건강하고 활력 있게 살아가는 자신의 모습과 성취하고 기량을 발휘하는 남편의 모습을 마음속으로 그렸다.

이러한 정신적 이미지들은 그녀의 잠재의식에 새겨졌고 잠재의식은 결실을 내놓았다.

걱정이 문제를 만든다

데이비드는 한 성장하는 기업의 고위 경영자다. 그는 걱정이 너무 많다며 나를 찾아왔다. 회사의 CEO는 은퇴 준비를 하고 있었고, 데이비드는 그 자리를 물려받을 예정이었다. 하지만 그는 다음 이사회가 열리기 전에 어떤 일이 일어나 오랫동안 애썼던 직책을 맡지 못할 거라고 확신했다. 끊임없는 걱정과 불안 탓에 신경쇠약에 걸릴 것 같다고도 덧붙였다.

데이비드와 이야기를 나누다 나는 그가 무언가에 대해 걱정하며 대부분의 인생을 살아왔다는 걸 알았다. 데이비드는 CEO로 낙점되지 못할 가능성이 있어서 걱정하는 거라고 했지만, 내가 보기에는 단지 그 가능성에 온 신경을 집중하는 것 같았다. 그는 내 지적에 동의하지 않았고 꽤 격렬하게 반응했다.

그래서 나는 그에게 CEO가 되는 모습을 상상하고 동료들이 승진을 축하하는 모습을 시각화하라고 했다. 그는 조언을 충실히 따랐고, 다음 열릴 이사회에서 CEO로 취임할 예정이었다.

약 한 달 후 데이비드가 다시 나를 찾아왔다. 그는 여전히 걱정하고 있나. 의사는 혈압이 위험할 정도로 높다고 경고했다. 나는 그것이 과거의 걱정, 즉 CEO가 되지 못하리라는 생각 때문임을 상기시켰다. 이제 CEO가 되었는데 왜 걱정을 멈출 수 없는 걸까?

"여러 이유가 있어요. 제가 총책임자인데 이사회의 기대에 부응하지 못하면 어떡하죠? 월가 사람들은 말할 것도 없어요. 이 사람들은 모든 움직임을 지켜보고 있어요. 문제가 터지고 주가가 하락할지도 몰라요. 주가와 함께 제 직장도 나락으로 떨어지겠죠. 3주 후에는 실업자가 될 수도 있어요!"

"내면을 들여다보는 게 좋을 것 같군요. 걱정의 진짜 원인은 그곳에 있는 것 같아요. 진짜 문제는 회사의 주가가 아닙니다. 기도하는 습관이 없고, 힘과 안정감을 끌어낼 수 있는 무한한 힘과 진정으로 맞닿아 있지 않은 게 문제입니다. 외부의 상황 때문에 이런 걱정에 시달린다고 믿는 걸 알고 있습니다. 하지만 이런 걱정을 만드는 사람은 사실 나밖에 없습니다. 극복할 수 있는 사람도 나밖에 없고요."

"어떻게 해야 할지 알려 주세요. 뭐든 하겠습니다!"

나는 매일 아침 다음과 같은 확언을 하라고 조언했다.

문제에 대한 해답은 내 안에 거하시는 무한한 지성께 있음을 압니다. 나는 이제 조용하고 차분하고 느긋해집니다. 나는 평화로운 상태에 있습니다. 우주의 섭리는 언제나 평화로운 어조로 말하고 결코 혼란스럽게 하지 않음을 압니다. 나는 무한자와 조화를 이루고 있습니다. 나는 무한한 지성이 완벽한 답을 알려 준다는 것을 알고 절대적으로 믿습니다. 나는 내 문제에 대한 해결책을 생각합니다. 내 문제가 해결되었을 때 느꼈을 기분으로 살고 있습니다. 해결되었다는 분위기 속에서 믿음과 신뢰를 토대로 온 마음을 다해 살아갑니다. 이는 내 안에서 움직이는 무한한 지성의 영으로, 성령은 전지전능합니다. 자신을 발현하고 나의 존재는 해결책 속에서 기뻐합니다. 나는 기쁩니다. 이 기쁨을 느끼며 살고 있습니다. 감사합니다.

나는 무한한 지성이 해답을 가지고 있음을 압니다. 무한한 지성과 함께라면 모든 것이 가능합니다. 무한한 지성은 내 안에 계시는 전지전능한 생령입니다. 무한한 지성은 모든 지혜와 빛의 근원입니다.

평화와 평정의 감각은 내 안에 우주의 섭리가 임재한다는 지표입니다. 더는 안간힘을 쓰거나 몸부림치지 않습니다. 나는 무한한 지성의 권능을 완전히 신뢰합니다. 영광스럽고 성공적인 삶을 살아가는 데 필요한 모든 지혜와 능력이 내 안에 있음을 알고 있습니다. 나는 온몸을 이완시킵니다. 나는 그분의 지혜를 믿고 자유로워집니다. 우주의 평화가 내 마음과 온 존재에 넘쳐남을 주장하고 느낍니다. 마음이 고요할 때 문제가 해결되는 걸 압니다. 해답이 무한한 지성께 있다는 걸 알기에 요청을 임재하는 무한한 지성께 넘깁니다. 나는 평화로운 상태에 있습니다.

데이비드는 매일 아침 이 기도를 반복했다. 진리를 반복하면 진리가 잠재의식에 가라앉아 건설적인 생각을 하고, 치유를 일으키는 온전한 습관으로 이어진다는 걸 알았다. 그는 또한 내 안에 살아 움직이며 존재하는 우주의 섭리의 권능에 닻을 내렸다는 걸 깨달았다. 우주의 섭리와 하나가 되었다는 감각은, 잘못된 생각에서 나온 걱정을 모두 이겨낼 수 있다는 자신감을 선사했다. 마음가짐에 변화를 주니 그는 균형 잡힌 사람이 되었다.

반복되는 문제에서 벗어나는 법

버지니아는 열 살짜리 아들 리키가 걱정된다고 날 찾아왔다.

"매일 학교에 가는 아들을 볼 때마다 차에 치이거나 납치당할까 봐 두렵습니다. 병은 말할 것도 없고요. 요즘 정말 끔찍한 질병들이 돌잖아요. 걱정을 멈출 수 없을 것만 같아요."

"온종일 마음속에서 아들에게 벽돌을 던지는 대신, 아들을 축복하는 게 더 재미있고 매력적일 거예요. 흥미진진하고 짜릿하지 않을까요?"

나는 그녀에게 마음을 열고 높은 곳에 있는 권세가 마음속으로 들어오게 하라고 제안했다. 또한 우주의 섭리가 아들을 사랑하고 보호한다는 걸 깨달으라고 했다. 나를 뒤덮는 현존이 아들을 언제나 지켜 주시고, 우주의 사랑이 그를 감싸고 둘러싸며 안아 주실 거라고 말했다.

버지니아가 아들을 축복하자 걱정과 비참함이라는 어둠이 쫓겨났다. 그녀는 기도하는 습관을 들였다. 기도는 습관이기 때문이다. 결국 게으르고 무관심했기에 아들에 대한 강박적인 걱정과 조바심, 음울한 생각이 든 것이었다.

나는 그런 문제를 원하지 않는다.

이렇게 확언하면 버지니아처럼 스스로를 치유할 수 있다. 주기적으로 이 구절을 외며 걱정에서 벗어나자. 걱정은 정신적 에너지를 내가 원하지 않는 것에 쏟고, 내가 원하지 않는 방향으로 마음을 향하게 만든다. 걱정은 마음을 부정적이고 파괴적으로 사용하고 있음을 의미한다. 내가 나를 방해하는 조건과 경험, 사건을 만들어 내는 셈이다.

- 걱정을 하면 절대로 일어나지 않을 많은 일을 겪고 활력과 열정, 에너지가 고갈된다.

- 걱정하는 게 습관이 되면 걱정하는 일들을 끌어당긴다.

- 걱정을 할 때 나는 내가 원하지 않는 것을 위해 진정으로 기도하고 있는 셈이다.

- 높은 곳에 있는 권세와 연합하여 전능하신 무한한 지성이 새롭고 건설적인 사고와 이미지 패턴을 통해 움직이도록 하라. 그렇게 하면 우주의 빛이 모든 우울함과 걱정, 절망을 없앨 것이다.

- 무슨 일이 일어났는지 걱정하지 말고 어떤 일이 일어날 수 있을지에 대해 걱정하라. 현재의 사고방식을 바꾸면 미래를 바꿀 수 있다. 나의 미래는 현재의 생각이 펼쳐 낸 결과다.

- 음울하고 부정적인 생각이 떠오르면 "우주의 섭리가 나와 함께 있다"라고 확언하며 극복하라. 이러한 확언은 부정적인 생각을 파괴한다.

- 자녀의 학교생활에 대한 걱정은 하지 않아도 된다. 무한한 지성의 전신 갑주가 자녀를 감싸고 있으며, 우주가 모든 해로움으로부터 자녀를 지켜 주실 것이다.

- 자녀가 있는 곳에 우주의 섭리가 임재하신다는 것을 깨닫고 무한한 지성의 사랑과 평화, 기쁨이 자녀를 정신적으로 감싸도록 하라.

- 가까운 지인들이 걱정된다면, 보고 싶은 그들이 모습을 마음속으로 상상해 보라. 이 이미지를 마음속에 자주 품으면 기적이 일어날 것이다.

13

무한으로 번영하는 증가의 법칙

사람들은 나에게 끊임없이 묻는다.

"어떻게 하면 인생에서 앞서나가고, 형편이 좋아지고, 더 높은 급여를 받을 수 있을까요? 어떻게 하면 새 차를 사고 새집을 마련하고, 자녀를 대학에 보내면서 해야 할 일을 원할 때만 할 수 있을 만큼의 돈을 가질 수 있을까요?"

이 질문에 대한 답은 마음의 법칙을 활용하는 법을 배우면 얻을 수 있다. 마음의 법칙은 원인과 결과의 법칙, 증가의 법칙, 끌어당김의 법칙을 말한다. 마음의 법칙은 물리학이나 화학, 수학의 법칙처럼 정확하고 정밀하게 작동하며, 중력의 법칙처럼 명확하게 작용한다.

번영을 이룬다는 건 모든 방면에서 역량과 능력을 키워 내면의 힘을 발산하는 것을 의미한다. 승진했으면 하는 자리나 벌었으면 하는 돈, 가졌으면 하는 인맥은 이러한 것을 만들어 내는 마음에 떠오르는 이미지와 비슷한 물리적인 형태를 띤다.

로스앤젤레스의 주식 중개인인 랜돌프와 나는 수년간 알고 지낸 사이다. 그는 마음속에서 상상의 대화를 나눔으로써 수많은 고객의 자산을 성공적으로 불려 주었다.

매일 아침 출근 전 그는 유명 투자자인 은행원 친구와 거래하는 장면을 상상했다. 돈이 엄청나게 많은 이 친구는 현명하고 건전한 판단을 했다고 축하하며, 고객이 올바른 주식을 사게 이끌었다고 칭찬했다. 랜돌프는 상상 속의 대화를 극적으로 만들어 잠재의식에 인상을 새겼다.

이 중개인의 상상 속 대화는 자신과 고객을 위해 건전한 투자를 하겠다는 목표와 일치했다. 그는 비즈니스 커리어에서 다른 사람들이 자신의 조언을 듣고 수익을 올리며, 재정적으로 번영하는 모습을 보는 걸 주된 목적으로 삼았다. 다른 사람의 수익을 올려주면서 자신도 꿈꿔 왔던 것 이상으로 더 번영했다. 랜돌프가 마음의 법칙을 건설적으로 사용하고 있으며, 주님의 법칙 안에서 기쁨을 누리고 있다는 건 너무나도 분명했다.

버논이 겁에 질려 나를 찾아왔다.

"딜레마에 처했어요. 지금까지 신용 거래로 제 원금의 몇 배나 되는 금액을 투자했습니다. 지난 몇 년 동안은 돈을 참 쉽게 벌었죠. 제 주식이 멈출 줄 모르고 계속 올랐거든요. 돈을 빌려서 계속 샀고, 한때는 평가액이 100만 달러를 훌쩍 넘겼어요. 정말 부자가 된 줄 알았죠."

"그다음에 무슨 일이 있었는지 짐작할 수 있을 것 같네요."

"놀랄 일도 아니죠. 중력의 법칙은 주식에도 작용하더군요. '올라간 것은 반드시 내려온다'라는 말도 있잖아요. 고점을 계속 갱신하던 주식은 불과 며칠 사이에 40퍼센트 폭락했습니다. 그래서 저는 늘 하던 대로 주식을 더 샀지요. 아직 여유가 있었으니까요. 하지만 주가는 더 떨어졌고, 추가로 증거금을 납입해야만 했습니다. 저는 집과 차까지 담보로 맡기고 돈을 빌려야 했어요."

"매우 위험한 게임이라고 꼭 지적해야겠네요."

"그렇고말고요! 본론부터 얘기할게요. 월요일까지 3만 달러를 마련하지 않으면 제 계좌는 깡통이 됩니다. 가진 것을 모두 잃는 데다 감당 못 할 빚까지 지게 돼요. 박사님은 제가 마지막으로 의지할 수 있는 분이자 유일한 희망입니다. 뭐든 하실 수 있잖아요?"

"아닙니다. 하지만 스스로 하실 수는 있어요. 잠재의식을 올바른 방식으로 사용하면 잠재의식이 필요한 돈을 마련해 줄 겁니다."

"어떻게요? 제발 알려 주세요."

"어떻게, 언제, 어디서 그 돈이 나올지는 궁금해하지 않아도 됩니다. 출처를 궁금해하지 마세요. 잠재의식은 우리가 알지 못하는 방식으로 기능합니다. 잠재의식의 힘은 너무 깊어서 헤아리기 어렵거든요."

그날 밤 버논은 내 제안에 따라 추가로 증거금을 납입하는 모습을 상상했다. 그리고 주식 중개인이 다음과 같이 말하는 상상을 했다.

"이제 괜찮아졌습니다. 다행입니다. 반등을 시작했습니다."

버논은 이 마음속 이미지에 모든 힘을 집중했다. 그 이미지가 생생하고 자연스럽게 보이도록 만들었다. 상상 속의 연극에 마음을 간절히 쏟을수록 상상 속의 행동이 잠재의식의 은행에 예치된다. 이 연극을 아주 생생하고 실제처럼 만든 나머지 물리적으로도 같은 일이 일어나야 했다.

며칠 후에 버논은 이 이야기의 속편을 들려주었다. 그날 밤, 그는 경마장에서 어떤 말이 1등을 하는 생생한 꿈을 꾸었다. 그 말의 확률은 60분의 1이었다. 그는 경마장 교환원이 3만 달러를 건네며 "축하합니다"라고 말하는 꿈을 꾸었다. 그는 꿈의 세세한 내용을 마음에 새기며 잠에서 깨어났다. 그리고 아내를 깨워 꿈 이야기를 했다.

"여보, 나한테 비상금 500달러가 있어. 경마장에 가서 그 말에 걸어! 이제 그 돈이 하늘에서 축복의 비를 내려줄 거야."

버논이 베팅한 경주마는 꿈에서 본 것처럼 60분의 1의 확률로 결승선을 통과했고, 경마장 교환원은 3만 달러를 건네며 꿈에서 들은 것과 똑같은 말을 건넸다. 그는 경마장에서 나와 바로 중개인에게 달려가 추가 증거금을 납입했다. 주관적이고 생생하게 진심을 담아 시각화한 장면이 그대로 펼쳐진 것이다.

증가의 법칙

발레리가 편지를 보냈다.

"저는 웹사이트 디자이너이고 현재는 수입이 없습니다. 저는 네 살 아이를 둔 싱글맘이기도 해요. 고지서가 쌓여 가고 있어요. 보조금도 몇 주면 거의 다 바닥날 거예요. 아이가 아프면 어쩌죠? 제가 어떻게 해야 할까요?"

나는 발레리에게 넘치게 마련해 주시는 무한한 지성께 감사를 표하기 시작하라는 답신을 썼다. 하루에도 몇 번씩 그녀는 안락의자에서 몸을 이완하고 몽롱하고 졸려서 막 잠이 들 것 같은 상태로 들어갔다. 그녀는 자신의 욕망을 담은 아이디어를 다음과 같은 멋지고 마법을 일으킬 만한 말에 담았다.

무한한 지성은 좋은 일을 차고 넘칠 정도로 배가시키십니다.

발레리는 자신이 관심을 기울인 것이 무엇이든, 잠재의식이 100배로 늘리고 크게 만든다는 것을 이해했다. 이 말은 그녀의 소망이 모두 이뤄질 거라는 뜻이었다. 여기에는 고지서의 돈을 다 지불하고 자기 분야에서 급여가 높은 새 직장을 찾고 걱정을 멈출 수 있을 만큼 충분한 돈을 가지는 것을 포함한다.

기도하는 동안 마음이 방황하도록 두지 않았다. 그녀는 확언의 의미에 주의를 기울이고 집중했다. 그녀는 현실처럼 느껴질 때까지 이 구절을 반복했다.

마음의 법칙에 대한 지식을 쌓으면 간단한 문구가 효과적이라는 결론에 도달한다. 한 가지 간단한 문구로 주의를 제한하면 마음은 방황하지 않는다. 아이디어를 반복해서 생각하고, 실현되리라고 믿고 기대하면 아이디어는 잠재의식에 전달된다.

발레리는 시각화 기법을 훈련했고 놀라운 결과를 가져왔다. 3주 후에 그녀는 변호사로부터 전화를 받았다. 2년 전에 일했던 회사가 특허를 신청 중인데, 그 특허가 매우 가치 있는 것으로 밝혀졌다는 것이다. 일하면서 자사주를 받았지만 그다지 가치가 없다고 생각해서 잊고 있었던 보유 주식이 5만 달러로 평가되었다. 그녀는 주식을 팔아서 빚을 다 갚고, 남은 돈으로 예전 직장 동료와 컨설팅 회사를 창업했다. 나중에 그녀는 자신이 매우 행복하다고 전했다.

잠재의식의 작용 방식은 너무 깊어서 헤아리기 어렵다. 잠재의식은 30배, 60배, 100배로 불린다. 이게 바로 믿음의 마법이다.

번영의 길을 여는 '감사합니다'

감사하는 태도는 놀라울 정도로 나의 삶의 모든 방면을 향상시켜 더 건강하고 행복하며 번영하게 한다.

부동산 중개인인 릭은 이 진리를 멋지게 증명했다. 릭은 자신이 맡은 집과 부동산이 잘 안 팔려 고생하고 있었다. 답답했고 불행했다. 하지만 감사하는 마음에 번영을 끌어당기는 힘이 있음을 확신하고 매일 밤 기도하면서 다음과 같이 확언했다.

우주의 섭리이신 아버지, 제 말을 들어주셔서 감사합니다. 항상 제 말을 들으시는 걸 알고 있습니다

그리고 잠들기 직전 그는 이 구절을 '감사합니다'로 응축하여 말했다. 그는 자장가 부르듯이 계속해서 이 말을 반복했다. 잠이 들 때까지 이 단어를 나지막하게 속삭였다.

어느 날 아침 한 여성이 릭의 사무실에 들어왔다. 낯이 익었다. 사람을 대하는 직업 특성상 이름과 얼굴을 잘 기억했는데, 그녀의 이름은 한 번도 들어 본 적이 없었다. 그 순간 꿈에서 그녀를 본 것 같다는 느낌을 받았다. 이 놀라운 사실에 대해 곰곰이 생각하는 동안 그녀는 자신이 컨소시엄 대표라고 하면서 임대 부동산에 적극적으로 투자하고 있다고 했다. 그날 하루 릭은 지난월에 판매한 총량보다 더 많은 부동산을 팔았다.

그렇게 돌파구를 찾은 이후 릭은 잠이 들 때까지 매일 밤 "감사합니다"라는 말을 반복하면서 현실처럼 느꼈다. 그의 재산은 놀라울 정도

로 늘어났다. 꿈속에서 특정 부동산이 팔리는 모습을 보고 나면 나중에 정말 그 부동산이 팔렸다.

럭의 기법은 누구나 따를 수 있다. 아침저녁으로 조용히 우주의 섭리께서 몸과 마음과 내가 하는 일을 번영하게 하신다고 주장하면서 현실처럼 느껴라. 그러면 더는 부족함이 없을 것이다. 잠들기 전에 자장가를 부르듯 이렇게 반복하라.

우주의 섭리이신 아버지, 감사합니다.

이는 풍요, 건강, 부, 조화를 준 더 높은 자아께 감사하다는 의미다. 잠재의식이 꿈속에서 비전을 제시하거나 말을 하는 방식으로 응답을 줄 수도 있다.

삶은 덧셈이다

건설 무역에 종사하는 친구 마틴은 종종 다음과 같이 말했다.

"나는 더하기만 하지 빼지 않습니다."

이 말이 의미하는 바는 번영은 삶에 무언가가 더해지는 신호라는 것이다. 마틴은 성공과 조화, 지도, 올바른 행동, 부의 법칙에 대해 묵상하면서 삶에 이러한 자질을 추가했다. 그는 성공하고 번영한 자신의 모습을 상상하고 느꼈고, 잠재의식은 습관적인 사고에 반응했다.

잠재의식은 언제나 가진 것을 늘린다. 우리도 삶에 성장과 부, 권력, 지식, 믿음, 지혜를 더할 수 있다.

베티는 보험 회사에서 만 3년을 일했다. 그녀는 매일 최선을 다하며 자기 분야에서 경력을 쌓아 왔지만, 주변 상황이 점점 더 감당하기 어려워졌다고 말했다. 그녀는 자신의 문제에 대해 이렇게 설명했다.

"저는 고객이 가입한 보험 상품이 어떤 혜택을 보장해 주는지 알려주는 서비스까지 제공합니다. 단순히 보험만 팔면 되는 문제가 아니니까요. 하지만 제가 전화를 100번 하면 5명만 전화를 받고 1명만 가입해요. 이렇게 사기가 떨어진 채로 사는 건 힘들어요."

나는 일주일에 한 번씩 베티와 면담 시간을 잡았다. 면담 중에는 베티가 마음을 가라앉히고 긴장을 풀고 모든 걸 내려놓게 했다. 그리고 베티를 위해 다음과 같이 기도했다.

베티는 안정되고 편안하고 평온하며 침착합니다. 밤낮으로 베티는 정신적·영적·금전적으로 발전하고 앞으로 나아가며 성장합니다. 베티는 엄청난 성공을 거둡니다. 새로운 아이디어를 받아들이고 수용합니다. 좋은 일이 베티에게 자유롭고 즐겁게 그리고 끊임없이 흐릅니다. 증가의 법칙이 지금 베티에게 작용하고 있습니다.

그녀도 똑같은 방식으로 5분간 기도했다. 주어를 나로 바꾸고 현재형 시제를 사용하여 이러한 진리를 확언했다. 매주 실시한 면담은 놀라운 결과를 불러왔다. 몇 주 안에 그녀는 새로운 인맥을 만들기 시작했고, 실적도 껑충 뛰어올랐다. 마음가짐이 변하니 인생의 모든 부분이 변한다는 걸 발견했다.

잠재의식이 백만장자로 만들어 주다

아이디어나 정신적인 이미지를 잠재의식에 확실하고 긍정적으로 전달할 방법을 알고 싶은가?

현재의식은 개인적이고 선택적이다. 현재의식은 아이디어를 선택하고 잰다. 하나하나 따져가면서 분석하고 탐구한다. 귀납적 추론과 연역적 추론이 가능하다. 주관적인 마음 또는 잠재의식은 현재의식에 종속되어 있다. 그래서 잠재의식을 현재의식의 하인이라 부르기도 한다.

잠재의식은 현재의식의 명령에 복종한다. 생각을 한군데 집중하고 방향성을 정하면 주관적인 수준에 도달한다. 이러한 생각은 어느 정도의 강도를 지녀야 하는데, 집중하면 그 강도에 다다를 수 있다.

레이는 늦은 저녁에 기숙사를 찾아다니며 샌드위치를 팔아 대학을 졸업했다. 그는 자신이 무엇을 원하는지 알고 있었다. 레스토랑 체인을 열어 자신뿐만 아니라 매니저와 직원들, 레스토랑이 속한 지역 사회에 이바지하고 싶었다. 경영학과 식품영양학을 공부했고, 졸업할 무렵에는 첫 레스토랑을 열 수 있을 정도의 돈도 모았다.

레스토랑 오픈을 위해 애쓰고 있을 때 그는 우연히 내 책을 발견했다. 내 책의 내용은 그가 가진 포부를 꿈틀거리게 했고, 포부를 이루게 할 실용적인 방법도 제시했다. 레이는 잠재의식에 인상을 남기는 비법을 따라 했고, 첫 레스토랑을 성공적으로 대중에게 선보이는 이미지에 집중했다.

여기서 집중한다는 것은 마음의 중심으로 돌아가 잠재의식의 무한한 부에 대해 곰곰이 생각하는 것을 말한다. 매일 밤, 그는 마음의 활동을 멈추고 조용하고 편안한 정신 상태로 들어갔다. 그는 모든 생각을 한데 모아 신문 경제면에 실린 자신의 레스토랑 기업 주식을 보는 데 온 정신을 집중했다. 이 정신적 이미지에 모든 주의를 기울였다. 꾸준하게 주의를 기울이며 잠재의식의 예민한 판에 오래가는 인상을 깊게 새겼다. 그는 매일 밤 이 연극을 반복했다.

몇 주 후 식당에서 식사하던 손님이 그에게 다가왔다. 늦게까지 공부할 때 레이에게 샌드위치를 샀던 대학 동기로, 그를 기억하고 있었다. 현재 그녀는 가장 큰 증권 회사에 다니며 빠르게 떠오르는 주식 분석가였다. 그녀는 레이와 이야기를 나누면서 레스토랑의 요리와 콘셉트가 마음에 든다고 했다. 레이의 포부와 열정, 열의, 성취하고자 하는 꿈도 높이 샀다.

하나의 일은 또 하나의 일로 이어진다. 그해에 이 둘은 결혼했다. 레이는 벤처캐피털 회사 두 곳으로부터 투자를 받아 이웃 동네로까지 사업을 확장했다. 곧이어 법인을 설립했고, 주식도 상장했다. 레이는 자신의 회사가 신문 금융면에 실린 걸 보고 즐거워했다.

레이처럼 성공과 번영을 꿈꾸는 사람에게는 다음의 확언을 권한다.

나는 내 안에 있는 깊은 마음에 성공과 번영의 패턴을 그립니다. 이게 바로 법칙입니다. 나는 필요한 것을 마련해 주는 무한한 근원과 하나가 됩니다. 우주의 섭리의 차분하고 미세한 음성이 내 안에 들려옵니다. 내면의 소리는 나의 모든 활동을 안내하고 이끌며 지배합니다. 나는 우주의 풍요과 함께합니다. 나는 새롭고 더 나은 방법으로 사업을 할 수 있음을 알고 믿습니다. 무한한 지성이 내게 새로운 방법을 알려 줍니다.

매일 지혜가 쌓이고 이해력이 높아집니다. 나의 사업은 곧 우주의 사업입니다. 모든 측면에서 나는 신성하게 인도됩니다.

내 안의 신성한 지혜는 방법과 수단을 드러내며, 이러한 방법과 수단을 통해 나의 모든 일이 즉각적으로 조정됩니다.

지금 내가 뱉는 신념과 확신의 말은 성공하고 번영하는 데 필요한 문과 길을 열어 줍니다. 나는 살아 계신 우주의 섭리의 자녀이므로 내 발은 온전한 길 위에 놓여 있습니다.

조셉 머피의 미라클 노트

- 마음의 법칙을 사용하는 법을 배우면 부와 사랑, 행복과 더 풍요로운 삶을 끌어당길 수 있다.

- 다른 사람들에게 돈을 벌어 주기로 마음먹으면 나도 돈을 벌 것이고, 내가 꿈꿔 왔던 것보다 더 번영할 것이다.

- 잠재의식에는 우리가 알지 못하는 방법이 있다. 번영에 대한 아이디어를 전달하면 잠재의식이 나머지를 할 것이다.

- 삶은 덧셈이다. 현재의식과 잠재의식의 법칙을 탐구하여 부와 능력, 지혜, 지식 그리고 믿음을 더하라.

- 집중하고 주의를 기울이면 잠재의식에 부와 성공의 아이디어를 전달할 수 있다. 잠재의식은 그 나름의 방식으로 답을 줄 것이다. 단 미리 갖춰야 할 두 가지 조건이 있다. '진심'을 담아 주의를 '집중'해야만 한다.

- 감사하는 마음은 우주적인 힘과 가까이 있다. "우주의 섭리이신 아버지, 제 말을 들어주셔서 감사합니다. 항상 제 말을 들으시는 걸 알고 있습니다. 감사합니다"라고 되뇌며 잠을 청하라.

- "내 안에 선이 끊임없이, 기쁘게 흐릅니다. 막힘이 없습니다"라고 확언하면 우주의 부가 나의 열린 마음으로 흘러들어 올 것이다. 나의 마음은 그 부를 받아들이고 수용할 준비가 되어 있다.

- 풍요가 눈사태가 되어 쏟아지듯 부가 나에게 흘러들어 온다고 진심을 다해 믿으면 잠재의식이 응답을 줄 것이다.

14

상상을 현실로 만드는 창조의 법칙

"상상력이 세상을 지배한다."

나폴레옹이 남긴 말이다. 파스칼도 이런 문구를 썼다.

"상상력은 모든 걸 해결한다. 상상력은 아름다움과 정의, 행복, 즉 세상을 이루는 모든 것을 만들어 낸다."

이미지를 만드는 능력을 상상력이라 한다. 상상력은 마음의 원초적인 능력 중 하나다. 우주의 스크린에 아이디어를 투영하고 표현하여 눈에 보이게 하는 힘이다. 상상력을 훈련하고 제어하며 건설적인 방향으로 사용하면, 삶에서 내가 원하는 걸 얻을 수 있다. 또는 인생에서 원하지 않는 것을 상상함으로써 이를 부정적으로 사용할 수도 있다. 내가 곰곰이 생각하고 사실이라고 의식적으로 받아들이는 정신적 이미지는 잠재의식에 새겨져 삶에서 드러난다.

상상력은 유명한 과학자와 예술가, 시인, 물리학자, 발명가, 건축가, 신비주의자들이 사용하는 강력한 도구다. 온 세상이 "말도 안 돼" "불가능합니다"라고 말할 때도 상상력이 있는 사람은 "그렇게 됐답니다!"라고 말한다.

캘리포니아주 글렌데일의 프레드 라이네케는 상상력을 성공적으로 사용하여 대기업의 회장이 되었다. 다음은 그가 내게 보낸 편지로, 책에 싣도록 허락을 받았다.

"저는 형제자매들과 함께 사업에 뛰어들었습니다. 하지만 3개월 후 사업은 초토화됐죠. 저희는 파산 신청만큼은 안 된다며 엎질러진 물을 두고 한탄했습니다. 우리는 사업을 다시 쌓아 올려 보기로 마음먹었습니다. 저는 전국에 영업사원을 둔 큰 기업을 마음속에 계속해서 그렸습니다. 멋진 빌딩과 공장, 사무실과 좋은 시설들도 상상했습니다. 마음의 연금술을 사용하여 실로 천을 짜듯 꿈을 엮어 옷으로 만들 수 있다는 것을 알았습니다.

박사님은 저에게 큰 도움을 주셨지요. 그리고 제가 처음 박사님을 뵈러 갔을 때 '회장님'이라고 불러 주시며 기운을 한껏 북돋아 주셨습니다. 다른 교회 신도들에게 '기업 가치가 수백만 달러에 달하는 기업의 회장'이라고 소개하셨어요. 정신적으로 저는 회장이라는 직함을 그다지 받아들이지는 않았어요. 완전히 불가능해 보였습니다. 형이 회장이었거든요.

하지만 저는 이에 대해 생각하기 시작했습니다. 그리고 몇 주 후에 저는 '회장'이라는 직함을 받아들이고 '나는 신성한 질서에 의해 이 회사의 회장이 되었습니다. 회장이 되거나 무한한 지성이 보기에 더 높고 위대한 자리에 오릅니다'라고 확언했습니다. 문에 제 이름과 직함, 즉 회장실이라고 적힌 호화로운 사무실을 상상했습니다. 저는 이를 온전히 받아들이면서 미소를 지었습니다. 좋아 보였습니다!

그러자 일이 벌어지기 시작했습니다. 먼저 부회장이었던 형이 퇴사를 결심했어요. 몇 달 후 회사의 회장인 다른 동생이 정계에 입문하기 위해 회사를 떠나겠다고 했습니다. 누나 역시 회사를 떠나 인생에서 더 높은 자리에 올랐습니다. 가족 모두 새로운 일을 하면서 행복해했어요. 그리고 저는 가족들을 인도해 주고 본연의 자리에 있게 해달라며 끊임없이 기도했습니다.

이제 제가 회장이 됐습니다! 불과 18개월 전까지만 해도 불가능해 보였던 이 거대한 발걸음이 현실이 되었고, 오늘날 사업은 제가 꿈꿔왔던 것 이상으로 번창하고 있습니다. 저는 머피 박사님이 가르치시는 내용을 절대적으로 믿어요. '상상력은 무한한 지성의 작업장'이라는 말을요."

창의적인 상상력이 그녀를 치유하다

캘리포니아주 브렌트우드에 사는 올리브 게이즈 박사는 놀라운 믿음을 가지고 있으며 창조적 상상력의 마법 같은 힘을 믿고 이해한다. 그녀는 세계적으로 유명한 설교자인 헨리 워드 비처의 직계비속이다. 게이즈 박사는 건설적인 상상력의 힘을 주제로 다음의 편지를 보냈다.

"남편인 해리 게이즈 박사를 태우고 운전을 하던 중이었습니다. 선셋 대로로 빠지던 중 갑자기 끔찍한 사고가 났습니다. 차가 빙글빙글 돌았고 우리 둘 다 의식을 잃었죠.

제가 의식을 되찾았을 때 경찰들은 우리 주변에 서 있었고 해리는 구급차에 실려 나갔습니다. 정신이 멍한 상태에서 저는 경찰에게 제 주치의의 집 주소와 전화번호, 머피 박사님의 주소와 전화번호를 알려 주었습니다. 의식적으로 한 번도 외운 적이 없었는데 말이에요. 잠재의식이 말하고 행동하는 거였습니다. 가장 놀라운 것은 경찰에게 제 가정부의 정확한 집 주소와 전화번호를 알려 준 것이에요. 가정부는 당시 딸과 함께 우드랜드 힐스에서 주말을 보내고 있었거든요. 저는 그의 주소도, 전화번호도 몰랐습니다. 이는 진정한 예지력을 보여 주며 잠재의식이 어떻게 현재의식을 장악하는지를 보여 주는 완벽한 사례입니다.

다시 눈을 뜨니 병원이더군요. 골반 여러 군데가 부러졌고 다시는 걷지 못할 거라는 이야기를 들었습니다. 하지만 제가 걸어서 선생님 강의를 들으러 가는 모습을 상상하기 시작했고, 저와 악수를 하며 "정말 좋아 보이시는데요! 이게 바로 기적을 일으키는 우주의 능력이랍니다"라고 축하해 주시는 모습을 그렸습니다.

저는 무한한 지성의 치유력을 절대적으로 믿었어요. 입원해 있는 동안 저는 제가 완전히 나아서 일상적인 일을 하는 모습을 끊임없이 상상했습니다.

지금 우주의 섭리께서 나를 치유하고 있습니다. 우주의 섭리는 내 몸의 모든 뼈를 만드셨고, 모든 뼈들은 있어야 할 자리에서 나를 위해 봉사하고 있습니다.

이렇게 계속 확언했습니다. 진실이라고 느끼고 상상했던 것이 현실로 다가왔습니다. 이제 우주의 창조력이 정신적인 이미지를 통해 흐른다는 것을 압니다. 정말 멋지지 않습니까!"

다음은 앞에서 소개한 프레드 라이네케의 부인이 보낸 편지다. 부인의 허락을 받아 편지를 싣는다.

"저는 심한 우울증에 걸려 캐머릴로의 정신병원에 갇혀 있어요. 임상 치료를 받으면서 제가 어떤 사람인지 똑바로 보았습니다. 나에 대해 배웠고, 나와 다른 사람들에게 적응하는 법을 배웠죠. 저는 계속 이렇게 확언했습니다.

우주의 사랑이 나의 영혼을 채웁니다. 우주의 섭리께서 나를 인도하십니다.

저는 급성 우울증을 극복해 퇴원했습니다. 잠재의식의 힘에 관한 강의를 들으라고 무한한 지성께서 인도하신 것만 같아요. 머피 박사님께서는 정신적 이미지가 가진 놀라운 힘에 대해 강조하셨지요.

저는 행복하고 즐겁고 자유로우며 번영하는 모습을 정신적으로 상상하기 시작했습니다. 아름다운 집을 마음속으로 상상했고, 하루에도 몇 번씩 앉아서 남편이 엄청난 성공을 거두고 번영하며, 행복해하는 그림을 그렸지요. 그가 저에게 얼마나 행복한지, 얼마나 많이 저를 사랑하는지, 사업이 얼마나 성공적인지에 관해 이야기하는 걸 상상했어요. 저는 딸과 아들의 모습도 상상했습니다. 똑똑하고 성실하며 열정과 열의가 넘치는 학생의 모습이었죠.

평화롭고 행복하며 즐거운 삶의 이미지를 마음속에 꾸준히 그렸고, 매일 그 이미지를 품으면서 살았어요. 박사님의 조언에 따라 매일 밤 저는 박사님께서 내면의 평화와 평온, 행복과 자유를 누리는 저를 축하해 주시는 모습을 상상했습니다. 박사님이 웃는 모습을 보았고, 음색을 들었습니다. 아주 현실적이고 생생하게 그렸습니다. 저 스스로와 남편 그리고 두 자녀를 위해 정신적으로 그렸던 모든 게 이루어졌습니다."

상상력을 통해 훌륭한 업적을 이루다

존 버니언은 감옥 안에서 《천로역정》을 집필했다. 상상력을 발휘하여 그리스도인, 전도사, 믿음, 소망, 절망 등의 등장인물을 창조했다. 이 등장인물들은 우리의 내면에 있는 특징과 자질, 행동 패턴을 대표한다. 등장인물은 모두 가상의 인물이지만 기분, 느낌, 신념, 태도, 인간 본연의 능력은 사람들의 마음속에 영원히 남아 있을 것이다.

존 밀턴은 눈이 멀었어도 내면의 눈으로 앞을 보았다. 상상력으로 《실낙원》을 썼다. 이러한 방법으로 우주의 낙원을 모든 이들에게 가져다주었다. 상상은 밀턴의 영적인 눈이었다. 상상을 통해 그는 시간과 공간, 물질을 뛰어넘어 보이지 않는 존재의 진리를 끌어내는 우주의 사업을 할 수 있었다.

로스앤젤레스 캘리포니아대를 졸업한 크리스타는 모임과 강연에 꼬박꼬박 참석한다. 어느 날 그녀는 내게 이렇게 말했다.

"저는 작가가 될 수 있다고 확신해요. 하지만 제가 보내는 원고는 언제나 퇴짜를 맞아요. 그래서 잔뜩 풀이 죽었지요."

"그러지 마세요. 황금률의 교훈을 주는 이야기를 써보는 건 어떠십니까. 영적이고 극도로 예술적인 사고방식을 사용하여 황금률에 관한 줄거리와 등장인물을 써 내려간다면 아주 흥미롭고 교훈적인 이야기를 만들어 낼 수 있을 겁니다."

매일 밤 잠들기 전에 성공한 나의 모습, 원고가 통과되고 축하받는 나의 모습을 상상해 보라고 제안했다. 시각적 이미지는 잠재의식에 가라앉아 꽃을 피웠다. 인내하면 결과가 따라온다. 얼마 지나지 않아 두 잡지사가 크리스타의 원고를 수락했고, 이제 첫 소설을 쓰고 있다.

유럽에서 강의를 마치고 돌아오던 길에 옆자리에 앉은 젊은 화학자 제시와 이야기를 나눈 적이 있다. 그는 합성 조미료와 향을 만들어 자기 분야에서 처음으로 중요한 성공을 거뒀다고 이야기했다.

몇 년 동안 회사는 특정 향을 합성하려고 애썼다. 팀 전체가 문제를 해결하기 위해 달려들었지만 성공하지 못했고, 가망이 없다며 포기했다. 제시가 대학원을 막 졸업하고 입사했을 때 상사는 신입 사원을 길들이려고 일부러 까다로운 업무를 주었다. 제시는 이게 불가능한 업무라고는 상상도 하지 않았고, 몇 주 후에 그는 상사에게 향을 만들 수 있는 공식을 제출했다.

회사 사람들은 놀랐고, 제시의 비밀을 알고 싶어 했다. 그는 해답을 상상했다고 답했지만, 사람들이 만족할 만한 답은 아니었다. 그래서 다음과 같이 부연 설명을 했다.

자기 전에 '해답'이라는 단어를 불타오르는 붉은 글씨로 마음에 선명하게 새기고, 단어 아래 답이 나타날 공간을 시각화했다. 이틀 밤 연달아 이 기법을 사용했지만 아무런 결과가 없었다. 셋째 날 밤, 그는 공식과 화합물을 만드는 방법 전체가 명확하게 제시되는 꿈을 꾸었다.

상상력이 과거를 다시 살아 숨 쉬게 하는 방법

고대 이집트의 무덤을 연구하는 고고학자와 고생물학자는 그들의 상상 속의 지각을 통해 고대의 장면을 재구성한다. 그렇게 하면 죽은 과거가 다시 살아나고 들려온다.

과학자들은 고대 유적이나 상형 문자를 볼 때 상상력을 발휘해 고대

신전에 지붕을 얹고 정원과 수영장, 분수로 둘러싸이게 한다. 남아 있는 화석을 눈과 힘줄, 근육으로 감싸 다시 걷고 이야기하게 한다. 과거는 살아 있는 현재가 되고 상상은 시공간을 뛰어넘는다. 상상력을 통해 나는 시대를 통틀어 가장 큰 영감을 받은 작가들처럼 될 수도 있다.

고1인 미셸은 일요일 아침마다 열리는 잠재의식에 대한 강연을 들으러 왔다. 그리고 몇 주 후 나에게 개인적으로 면담을 요청했다. 미셸은 학생들을 까다롭게 선발하기로 유명한 집 근처 명문 사립대에 가고 싶은데, 어머니가 포기하라고 했다면서 고민을 털어놓았다. 미셸의 아버지는 소방관이었는데, 화재 현장의 건물이 붕괴하면서 미셸이 어렸을 때 세상을 떴다. 공인중개사무소에서 일하는 어머니는 간신히 먹고 살 만큼만 벌었다. 등록금이 비싼 대학을 보낼 만한 여유가 없었다.

"이 이야기를 저랑 나누고 싶으셨다니 영광이네요. 하지만 제 조언이 필요한 것 같진 않은데요."

"예, 그런 것 같아요. 배운 대로만 연습하면 되는 거죠?"

"맞아요."

미셸이 스스로 해내야 했다. 하루에도 몇 번씩 미셸은 멋지고 아름다운 장면을 담은 연극을 만들었다. 그녀는 캠퍼스와 도서관, 실험실에서 다른 학생들과 잔디에 앉아 이야기하는 자신의 모습을 상상했다. 대학 총장이 그녀에게 졸업장을 건네주었고, 학사 가운을 입은 학생들은 박수를 쳤다. 어머니에게서 축하의 말을 들었고, 포옹과 입맞춤을 받았다. 이 모든 걸 생생하고 자연스러우며 극적이게, 흥미진진하고 멋지게 상상해 냈다. 그녀는 스스로에게 말했다.

내 잠재의식에는 창조적인 지성이 있습니다. 내가 마음속으로 상상한 모든 형태를 형상화하는 힘이 있습니다. 상상에 생명과 움직임, 현실성을 부여하는 힘이 있습니다.

미셸은 대학에 카탈로그와 대학 홍보 책자를 보내 달라고 요청한 후 꼼꼼하게 들여다봄으로써 시각화한 장면에 현실감을 더했다. 어느 날 카탈로그 뒷면에 작은 글씨로 적힌 한 문단에 눈길이 쏠렸다. 공무 중 순직한 군인과 공무원 자녀들을 위한 장학금에 관한 설명이 있었다.

미셸은 전화를 걸어 대학교의 재무 담당자와 약속을 잡았고, 담당자는 미셸의 경우 지원 조건을 충족한다고 말해 주었다. 만약 대학교에 입학만 한다면 장학금으로 등록금과 월세, 식비를 비롯한 기타 비용도 충당할 수 있다고 했다. 미셸의 고등학교 성적과 SAT 점수, 선생님들의 훌륭한 추천서는 대학에 입학하기 충분했다. 잠재의식이 복리보다 큰 이자를 준 셈이다. 4년 후 그녀는 상위 10~15퍼센트에 해당하는 준최우등으로 졸업했다. 미셸의 이야기는 기적을 끌어당기는 상상력의 힘을 보여 주는 예다.

- 이미지를 만드는 능력을 상상력이라 한다. 상상은 모든 아이디어를 표현하고 우주의 스크린에 투영한다.

- 아름다운 집과 여행, 결혼 생활을 상상할 수 있다. 이게 현실처럼 느껴질 때 정신적인 이미지가 객관화될 것이다.

- 온전하고 완벽한 나의 모습을 마음속에서 그려 보라. 아름다운 집에서 사랑하는 배우자와 행복하고 즐거운 가정을 꾸리는 모습을 상상하라. 이 정신적인 이미지를 꾸준히 그리면 삶에서 기적이 일어날 것이다.

- 대중이 나의 글을 매력적이라 생각하고 큰 관심을 가지는 모습을 상상해 보자. 성공을 축하받는다고 상상해 보자. 이러한 습관적인 이미지는 잠재의식에 가라앉아 결국 현실에서 이루어질 것이다.

- 나는 현실에서 일어났으면 하는 멋지고 아름다운 장면을 담은 연극을 정신에서 창조해 낼 수 있다. 생생하고 실제적이며 자연스럽고 극적이며 흥미진진하게 상상해 보라. 그러면 잠재의식은 내가 상상하고 느끼는 것을 받아들일 것이다.

- 사랑하는 사람이 기적적으로 치유가 됐다고 말하는 모습을 상상해 볼 수 있다. 이에 기뻐하면 사랑하는 사람은 더 생기가 넘치고 튼튼해질 것이다. 사랑하는 사람이 미소를 지으며 좋은 소식을 듣는 모습을 상상하고, 그와 포옹하는 느낌을 떠올려 보라. 그렇게 하면 이미지와 하나가 된 느낌을 자신에게 불어넣고 기도의 응답을 받을 것이다!

- 아름다운 시나 노래, 연극을 쓰는 상상을 하면 시나 노래, 연극의 주제가 큰 노력을 들이지 않고도 마음속에 완벽히 준비된 상태로 나타난다.

15

우주의 힘을 끌어당기는
생명의 법칙

우주적인 힘이 편재한다는 것은 우주의 섭리 또는 무한한 생명이 언제 어디서나 임재하신다는 의미다. 무한한 지성의 임재를 온종일 실천하는 것이 조화와 건강, 평화, 기쁨, 생명의 충만함을 얻는 열쇠다. 신의 임재를 연습하는 것은 상상을 뛰어넘을 정도로 강력하다. 너무 간단하다고 해서 간과해서는 안 된다.

모든 창조물이 무한한 분화 속에서 우주의 섭리를 표현한다는 것을 깨달아야 한다. 나는 우주적인 힘 또는 생명의 개별적인 표상이다. 우주의 섭리는 나를 통해서 더 높은 차원에서 자신을 영원히 표현하려 한다. 그러므로 나는 무한한 지성을 찬미하고 영원히 향유하기 위해 이 자리에 있다.

이제 모든 진리 중에 가장 위대한 진리이자 모든 걸 포괄하고 아우르는 진리를 생각해 보자. 우주의 섭리는 유일한 원인이고 힘이며 세상의 물질이다. 내가 보고 느끼고 만지는 이 물질은 우주의 섭리가 자신을 표현하는 것의 일부다.

나는 매일 5분에서 10분 동안, 우주는 절대적인 축복·평화·조화·기뽐이자 무한한 지성이며 끝없는 지혜와 무한한 사랑을 발산하는 전능한 분임을 묵상하는 사람들을 알고 있다. 그들의 생각은 이 진리에 머물러 있고, 무한한 지성의 자질과 권능을 모든 각도에서 알아본다. 그러면 만나는 모든 사람이 우주의 표현임을 알게 된다. 사실 그들이 보는 모든 것은 우주의 섭리가 드러내 보인 것이다. 자신을 표현하는 걸 즐거워하는 신께서 자신을 극화한 것이다. 이렇게 하면 사람들은 자신의 세상이 변하는 것을 발견한다. 더 건강해지고 외부 조건이 개선되며 새로운 활기와 에너지를 갖는다.

내 강의를 듣는 로렌스가 자기에게 일어난 놀라운 일에 대해 이야기했다. 약 7년 전 쓰라린 이혼을 겪은 후 전 부인이 당시 14세였던 아들과 함께 사라졌다. 로렌스는 그들의 행방을 알아보기 위해 백방으로 노력했지만 전 부인은 작정하고 잠적한 것 같았다. 그녀는 외아들을 영원히 뺏어 감으로써 남편에게 자신이 받은 상처를 복수하려 했다.

지난 몇 달 동안 로렌스는 우주의 섭리의 임재 실천에 지대한 관심을 가졌다. 그는 하루에도 몇 번씩 이렇게 확언했다.

나의 아들은 우주의 섭리의 임재 안에 있습니다. 무한한 지성께서 아들이 어디 있는지 알려 주십시오. 우주의 섭리는 아들과 저를 신성한 질서 안에서 하나로 모으신다는 걸 알고 있습니다. 감사합니다.

얼마 지나지 않아 로렌스는 아들을 교회로 데려와 내게 소개했다. 어느 날 오후 그야말로 7년 동안 사라졌던 소년이 로렌스의 집 초인종을 눌렀다는 것이다!

로렌스가 아들이 돌아오기를 기도하기 시작했을 무렵, 아들은 스스로 아버지가 어디 있는지 알아보기 시작했다. 어머니는 아버지에 대해 아무것도 이야기해 주지 않았다. 그래서 아버지가 어느 지역에 살고 있는지조차 몰랐다. 하지만 인터넷의 도움을 받아 미국과 캐나다에 사는, 아버지와 성과 이름이 일치하는 사람의 명단을 만들었다. Lawrence, Laurence 등 성의 철자를 바꿔 찾아보기도 하고 Larry나 간단히 L.이라고도 검색해 보았다. 그리고 목록에서 한 명 한 명 지워 나가는 지루한 작업을 계속했다. 절반쯤 남은 목록을 보고 낙담하기 시작했을 무렵, 그의 눈에 로스앤젤레스에 사는 Lawrence B.라는 이름이 들어왔다. 마치 이름이 빛의 글자로 쓰인 것 같았다고 했다.

평소처럼 전화를 거는 대신 그는 비행기를 타고 서해안으로 날아갔고, 목록에 적힌 주소로 택시를 타고 온 것이다!

집을 구하다

몇 년 전 산타아나 바람이 허리케인급으로 불어 끔찍한 산불이 로스앤젤레스 외곽의 산들을 휩쓸었다. 어맨다가 극도로 흥분하여 전화를 걸었다.

"집 뒤편 언덕 꼭대기에서 불길이 치솟는 게 보여요. 집 쪽으로 바람이 불어오고 있고요. 어떻게 해야 하나요?"

전화로 나와 함께 우주의 섭리의 임재를 연습하자고 했다. 조용히 다음과 같이 기도했다.

우리는 어맨다와 어맨다의 집이 있는 곳에 우주의 섭리가 임재하신다는 것을 압니다. 우주의 사랑이 어맨다의 집을 감싸고 둘러싸고 있습니다. 우주의 전신 갑주가 어맨다와 어맨다의 집을 에워싸고 있습니다. 어맨다는 우주의 섭리의 전지전능함에 푹 빠져 있습니다. 우주의 섭리가 임재하시니 평화와 조화, 기쁨, 믿음, 자신감이 나옵니다. 영원한 사랑의 신성한 원이 집을 둘러싸고 감싸고 있으며, 나를 뒤덮는 현존이 집을 돌보아 주십니다. 우주의 섭리께서 이 기도에 응답하실 걸 알며 이 기도를 올립니다.

두 시간 후 어맨다는 전화를 걸어 불길이 울타리까지만 번지다 멈췄다고 말했다! 기적같은 일이었다.

뉴욕의 대형 출판사에서 어린이책 편집자로 일하는 엘리스가 편지를 보내왔다. 두 명의 여성 동료가 자신을 험담하면서 끌어내리려 한다는 내용이었다. 그들은 엘리스를 음해하는 거짓 이야기를 꾸며 퍼뜨리고 있었다.

나는 그 동료들에게도 우주의 섭리가 임재하신다는 걸 인정해 보라는 답신을 보냈다. 이는 그들 안에도 탁월한 지혜와 신성한 사랑, 최고의 권세, 신성한 조화가 있으며 동시에 내 안에도 동일한 힘과 자질이 있음을 인식하는 것을 의미한다. 나는 다음 기도문을 편지로 보냈다.

나는 ○○○에게서 우주의 섭리의 임재를 봅니다. 우주의 섭리는 이들 한 명 한 명을 통해 생각하고 말하고 행동합니다. 이들은 사랑스럽고 상냥하며 협조적입니다. 나는 이들 중 한 명을 생각하거나 만날 때마다 마음속으로 확언합니다. 우주의 섭리의 사랑이 ○○○을 통해 이야기합니다. 우주의 섭리께서 ○○○을 통해 일하십니다.

엘리스는 확언을 하는 것 외에 다른 행동은 하지 않았다. 다음 달에 두 여성은 다른 출판사에서 일하기 위해 직장을 그만두었다. 퇴사하기 전에 그들은 엘리스를 점심 식사에 초대해서 고마움을 표했고, 더 친해지지 못해서 아쉽다고 토로했다. 임재를 연습하니 동료들의 정신과 마음에서 우주의 섭리와 결이 다른 생각이 녹아 없어졌다.

신도들의 사랑을 받다

먼로는 젊은 목사로, 이번에 처음으로 파송을 받았다. 그는 조언을 구하고자 나를 찾아왔다.

"이해가 안 돼요. 교회 신도들이 차갑고 쌀쌀맞습니다. 그리고 제 설교는 실망스러워요. 매주 설교 준비에 얼마나 많은 시간을 할애하고 있는지 그리고 설교가 믿음의 교리와 완전히 부합하도록 하나하나에 얼마나 신경을 쓰고 있는지 말하면 입만 아프겠지요. 하지만 비판만 받을 뿐이에요. 물론 제 앞에서 그런 말을 하진 않습니다만, 뒤에서 말이 들려와요. 왜 그런지 모르겠지만 이 신도들이랑은 잘 지내기가 어렵네요. 제 잘못인지 신도들 잘못인지도 모르겠어요. 거의 일 년 동안 이 교회에 있었는데 단 한 번도 신도들이 저를 저녁 식사에 초대하지 않았어요! 이 상황이 얼마나 심각한지 단적으로 보여 준다고 생각해요."

"상황이 정말 안 좋긴 하네요. 임재 연습을 제안합니다. 연단에 오르기 전에 사랑과 평화, 선의를 신도에게 전하겠다고 굳게 확언하세요. 제가 알려드릴게요."

오늘 아침 예배에 오는 모든 사람은 축복받고 치유되며, 영감을 얻습니다. 무한한 지성께서 나를 통해 생각하고 말하고 행동하십니다. 무한한 지성께서는 나를 통해 이 신도들을 치유하고 계십니다. 내가 말한 진리의 말씀을 들은 모든 사람은 순간적으로 치유되고, 기뻐하며 멋진 방법으로 번영합니다. 저는 제 신도들을 사랑합니다. 그들은 무한한 지성의 자녀이고 우주의 영광이 신도들을 통해 빛납니다.

몇 주가 지나자 기적적인 변화가 일어났다. 교구민들이 그를 칭찬하기 시작했다. 그리고 설교 말씀이 어떻게 도움이 되었는지, 어떤 영감을 받았는지, 얼마나 멋진 방법으로 기도가 응답을 받았는지를 말하기 시작했다.

먼로는 모든 어려움과 문제의 해결책은 우주의 섭리의 임재를 연습하는 일임을 발견했다. 우주의 섭리의 임재는 모든 사람의 신성한 실체이며, 인간의 그릇된 믿음과 의견, 미신, 부정적인 조건화가 겹겹이 쌓인 아래에 잠자고 있다.

로렌스 형제는 17세기에 활동한 수도사다. 그들은 성자이자 신께 온전히 헌신한 사람들이었다. 대단히 겸손하고 단순하게 살았던 그들은 무한자와 조화를 이루었다.

"신의 뜻을 실천하는 것이 저희 사업의 전부입니다."

로렌스 형제는 설거지를 하거나 바닥을 청소할 때도 신의 임재를 실천했다. 모든 게 신의 일이라는 태도를 취했다. 제단 앞에 섰을 때나 부엌에 섰을 때나 신은 똑같이 임재하신다는 것을 인지했다. 로렌스 형제는 마음과 사랑을 통해 신께 닿을 수 있다고 생각했다. 그보다 더 높은 지위의 성직자들은 겨우 읽고 쓰기만 마친 로렌스 형제가 표현하는 아름다움과 심오한 지혜를 보고 경탄했다. 내면의 음성이 입에서 그 모든 말들을 나오게 했다. 다음은 로렌스 형제가 임재를 실천한 방법이다.

저는 저 자신을 당신의 현존 안에 두었습니다. 제가 하는 일은 당신의 일이기에 모든 일이 잘될 것입니다.

로렌스 형제는 자신이 겪을 수 있는 유일한 슬픔은 그분의 임재에 대한 감각을 잃는 일일 거라고 말했다. 하지만 그분의 사랑과 절대적인 선함을 인지하고 있었기에 두려워하지 않았다.

초기 4년 동안은 로렌스 형제도 벌을 받을까 두려워했다. 그러다 이 모든 부정적인 생각의 원인이 신에 대한 믿음이 부족한 탓이란 걸 깨달았다. 그 사실을 깨닫자 자유로워졌고 기쁨이 넘치는 삶을 살았다.

부엌에서 요리를 하든 빵을 굽든 설거지를 하든, 로렌스 형제는 아주 잠깐이라도 자기 존재의 중심에 있는 그분을 생각하고 그분의 임재를 의식하며 그분과의 비밀스러운 만남을 계속할 수 있도록 마음을 단련했다. 성령의 황홀함에 즐거워하니 내면에 빛이 비치면서 로렌스 형제는 깊은 평화의 영역으로 들어갔다.

아들을 치유한 이야기

어느 날 시카고에서 사업을 하는 제시카에게서 편지를 받았다. 내 책이 그녀의 심금을 울렸다고 했다. 여덟 살짜리 아들 케빈은 1년 정도 만성 천식을 앓고 있었는데 종종 발작을 일으켜 응급실로 실려 갔다.

어느 날 밤, 제시카는 잠자리에 든 아들의 침대 옆에 앉아 큰 소리로 기도했다.

케빈, 너는 무한한 지성의 아들이란다. 네 안에 무한한 지성이 임재하신 게 보여. 조화와 건강, 평화, 기쁨, 활력, 온전함이 네 안에 존재하는 거지. 무한한 지성이 생명의 숨결을 너에게 불어넣으셨단다. 무한한 지성의 영이 너를 만드셨고, 전능하신 무한한 지성의 숨결이 너에게 생명을 주셨다는 걸 알아. 너는 지금 무한한 지성의 평화를 들이마시고 우주의 섭리의 사랑을 내뿜고 있어.

제시카는 이 위대한 진리를 되풀이하면서 한 시간 동안 기도했다. 이 진리가 아들의 잠재의식에 가라앉을 것임을 알았다. 어느 순간 더는 기도하고 싶지 않았고, 기도의 응답을 받으리라는 평화의 감각이 내면에 찾아왔다.

케빈은 아침에 일어나 이렇게 말했다.

"엄마, 어젯밤에 한 천사가 제게 와서 이제 천식을 앓을 필요가 없다고 말했어요. 정말 놀랍지 않아요?"

그 후 천식은 정말 사라졌고, 아들은 완전히 건강해졌다. 무한한 지성이 임재하신다는 어머니의 확신이 아들에게 전달되었고, 잠재의식은 치유를 알려 주는 천사라는 상징적인 형태로 극화했다. 이 이야기는 무한한 지성의 임재를 연습하는 힘이 얼마나 놀라운지를 보여 준다.

그를 망칠 수는 없다

"적들이 나를 망치려고 혈안이 되어 있어. 내 입지와 사업 기반을 약하게 만들 거야."

멀리 사는 오랜 친구가 전화로 한 말이다. 나는 다음과 같이 적이라고 생각한 사람의 이름을 넣어 확언을 연습해 보라고 제안했다.

○○○은 날마다 우주의 섭리와 무한한 지성의 선함을 내보이고 있습니다. 나와 같은 희망과 소망, 포부를 가지고 있습니다. 그들은 나와 마찬가지로 평화, 조화, 사랑, 기쁨, 풍요를 원합니다. 그들은 정직하고 성실하며 아주 무결합니다. 우주의 섭리의 정의가 최고로 군림합니다. 이들 모두에게 무한한 지성의 축복을 빕니다. 우리의 관계는 조화롭고 평화로우며 신성한 이해로 가득합니다. 그들은 나와 마찬가지로, 황금률에 따라 옳은 일을 하고 싶어 합니다. 저는 그들 안에 있는 신성에 경의를 표하고, 조화로운 해결책에 감사를 표합니다.

나는 친구에게 진리에 몰입할 때까지 이 기도를 하루에 여러 차례 올리라고 조언했다. 이러한 생각이 마음속 깊은 곳에 인상을 남기고 그 느낌이 잠재의식에 파고들게 하라고 했다. 나아가 이런 식으로 계속 축복을 하면 영혼이 정화되듯 내적인 해방감을 더 크게 느낄 수 있다고 했다. 평화와 안식을 느낄 거라고도 알려 주었다.

그는 온 영혼을 바쳐 앞서 말한 기법을 열심히 연습했다. 그리고 마음속 깊은 곳에서 치유력이 발산되어 그 사람들과 가지고 있던 문제에 완벽하고 조화로운 해결책이 있음을 깨달았다. 그들 사이에 큰 변화가 일어났다. 그는 임재를 연습하는 게 모든 사람을 언제 어디서나 자유롭게 하는 진리임을 발견했다.

우주의 섭리의 임재를 진정으로 연습하는 법은 다음과 같다.

- 첫 번째 단계 : 우주의 섭리만이 유일한 존재이고 유일한 권능이라는 사실을 받아들여라. 우주의 섭리는 바로 나의 삶이자 현실이다.

- 두 번째 단계 : 나무, 개, 고양이 등 나와 내가 보는 모든 것이 우주의 섭리가 보여 주는 표현의 일부라는 사실을 깨닫고 주장하라. 이는 내가 할 수 있는 가장 위대한 일로, 말보다 더 강력하다.

- 세 번째 단계 : 하루에 두세 번씩 조용히 자리에 앉아 이렇게 생각해 보라. "우주의 섭리는 온전하다. 우주의 섭리는 전부다." 우주의 섭리가 나를 비롯한 내 주변의 모든 이 안에 거하신다는 걸 깨닫기 시작하라. 우주의 섭리가 나와 다른 사람을 통해 일하고 생각한다는 걸 자주 떠올려라. 다른 사람들과 거래를 하거나 사업을 할 때 특히 이 진리를 상기해야 한다. 대중 앞에서 노래나 연설을 하거나 연기를 하고 악기를 연주하는 경우 마음속으로 이렇게 확언하라. "우주의 섭리는 축복하고 번영시키며 나를 통해 청중에게 감동을 줍니다." 이러한 확언은 청중으로 하여금 나의 진가를 알아보게 하고 사랑하게 한다.

우주의 섭리와 함께 살고 싶다면 이렇게 확언하라.

나는 의식의 상태에서 삽니다. 내면의 평화와 기쁨, 조화 그리고 모든 인류를 향한 선의라는 의식입니다. 내가 사는 진정한 나라는 지리적인 의미에서의 나라가 아니고, 내가 거주하는 장소임을 압니다. 나는 지존자의 은밀한 곳에 거하고 전능자의 그늘 아래 삽니다. 나는 평생 신과 함께 걷고 이야기합니다. 세상에는 단 하나의 신성한 가족, 즉 인류가 있다는 것을 압니다.

내 유일한 적은 두려움과 무지, 미신, 타협 그리고 다른 거짓된 신이라는 것을 알고 있습니다. 이 적들이 내 마음속에 머물게 놔두지 않을 겁니다. 부정적인 생각에 마음속 열쇠를 주지 않습니다. 나는 우주의 섭리와 무한한 지성의 사랑을 내 마음속 왕좌에 앉힙니다. 이제 우주의 섭리와 무한한 지성의 사랑이라는 관점에서 생각하고 말하고 행동합니다. 나는 지금 신성한 힘을 정신적으로 만집니다. 신성한 힘이 나를 대신하여 움직입니다. 그 누구도 나를 꺾을 수 없다고 느낍니다. 평화는 나로부터 시작됩니다. 우주의 평화의 강이 나를 타고 흐르는 걸 느낍니다.

나는 우주의 사랑이 모든 인류의 마음에 스며들어 있으며, 무한한 지성과 그분의 지혜가 나와 전 세계 모든 사람을 지배하고 인도하며 다스린다고 주장합니다. 우주적인 힘께서는 나와 우리의 지도자들 그리고 모든 나라의 정부가 그분의 뜻을 따르도록 영감을 주십니다. 그분만의 뜻을 따르도록 하십니다. 우주의 뜻은 조화와 평화, 기쁨, 온전함, 아름다움, 완벽함에 있습니다. 정말 멋지지 않습니까!

- 모든 일은 신의 일이다. 어떤 일을 하든지 신의 영광을 드높이겠다는 자세로 임하라.

- 건강하고 행복한 삶을 살고 마음의 평화를 얻을 수 있는 열쇠는 임재를 연습하는 것이다.

- 내가 보는 모든 것은 신께서 자신을 표현한 것의 일부임을 깨달아라.

- 우주의 섭리는 무한한 지성이다. 자녀의 행방을 모를 때도 무한한 지성은 자녀가 어디 있는지 알기에 그 방향을 알려 줄 것이다.

- 사랑의 원으로 자신을 감싸고 뒤덮는 현존이 나를 보호한다는 것을 알면, 그 어떤 것도 나와 내 집을 건드릴 수 없다.

- 문제를 일으키거나 나에 대해 험담을 하는 사람의 안에서 우주의 임재를 보라. 우주의 섭리께서 그 사람을 통해 생각하고 말하고 행동한다고 주장한다면 사랑은 절대로 없어지지 않는다는 걸 발견할 것이다.

- 우주의 사랑, 평화, 기쁨, 조화가 존재한다는 것을 깨달으며 가족의 일원을 위해 기도하라. 내가 확언하는 내용을 실제처럼 느끼면 사랑하는 사람의 잠재의식이 그에 반응할 것이다.

- 내가 보는 건 무엇이든 우주의 섭리가 보여 주는 표현의 일부임을 깨달아라. 이는 내가 할 수 있는 가장 위대한 일이다. 만나는 사람 모두가 우주의 화신이다. 사람들은 내가 그들의 취약점과 단점, 결점을 보지 못하고 넘어가기를 바란다. 사도 바울이 만인 안에서 그리스도 영광의 희망을 보려고 노력했듯, 다른 사람을 지배하는 우주의 섭리를 보려고 노력하라.

제3부

주역을 통해 밝혀 낸
우주의 비밀

JOSEPH MURPHY

─────────── 나는 고대부터 전해 내려오는 신비한 글에 담긴 간단한 과정을 모든 분야의 사람들에게 가르쳐 왔다. 얼마 전에는 다양한 연령과 직업군의 사람들을 모아 놓고 《주역》을 주제로 강의했었다. 성경과 정신적·영적 법칙에 관한 지식에 비추어 주역에 담긴 의미를 설명해 주었다. 여러 질문이 쏟아졌다.

이들 모두 괘가 자신이 물은 특정 질문에 가장 적절하고 관련성 높은 답을 주었다는 데 동의했다. 한 부동산 투자가는 주역에 답을 물어 10만 달러 이상을 지킬 수 있었다. "투자 제안이 왔습니다. 여기 투자해야 할까요?"라는 물음에 주역은 계속 "아니요"라는 답을 주었다. 그 결과 부동산에 투자한 다른 사람들이 돈을 잃는 것을 옆에서 지켜보는 것으로 끝이 났다.

주역은 모든 사람의 내면에 존재하는 남성적·여성적 원칙이 신비롭게 기능하는 과정을 다룬다. 특정 문제에 대해 괘에 답을 구할 때 주역은 단순하고도 쉽게 이해할 수 있는 심리적인 언어로 해답을 내놓는다. 여기에 성경을 나침반으로 삼는 사람을 위해 상황에 적절하게 적용 가능한 성경 구절을 해석에 포함시켰다.

모든 종교와 철학이 존재하기 전에 위대하고 영원한 진리와 마음의 원리가 있었다. 고대부터 언제나 옳은 답만을 알려 주는 주역의 지혜는 교회가 지어지거나 세계가 생겨나기 전부터 존재했다. 한마디로 주역의 지혜는 영원하며 모든 질문에 완벽하게 적용할 수 있다. 이를 염두에 두고 페이지를 넘기며, 마법처럼 나를 변화시키는 놀라운 힘을 사용하길 바란다.

주역의 힘은 나를 도와주고 옳은 방향으로 인도할 것이다. 문제를 해결하고 소망을 손에 넣게 해준다. 또한 두려움에 사로잡힌 마음을 자유롭게 하고 온갖 종류의 결핍, 제한, 좌절로부터 완전히 해방시킨다.

주역은 진정한 답을 얻는 고대의 간단한 수학적 과정이다. 특정한 질문에 대한 답을 얻고 싶을 때는 책에 소개된 방법을 따라 괘의 효를 분석하라. 그러면 잠재의식에서 언제나 옳은 답만을 보여 주는 힘이 활성화될 것이다. 잠재의식에 있는 무한한 지성과 끝없는 지혜는 현명하며 모든 것을 알고 모든 것을 본다.

그런 점에서 제3부는 굉장히 현실적이고 실용적이다. 주역의 기법과 공식을 소개하고, 일상적인 질문과 문제에 주역을 손쉽게 적용해 진정한 인도를 얻을 수 있다. 특히 현재의식과 잠재의식이 서로 조화롭게 작동할 때 어떤 결과가 나타나는지 보여 준다는 점에서 특별하다.

일상생활에 적용할 수 있도록 각 괘를 짧은 성경 구절과 연결 지어 주역 고유의 신비주의와 동양적 상징성을 쉽게 전달하는 데 목표를 두었다. 인생에서 실제로 발생하는 문제에 답을 얻으려면 주역을 어떻게 사용하면 되는지 실용적이고 단순한 사례로 보여 주는 데 주력했다. 나아가 이 책을 꼼꼼히 읽는다면, 특정한 상황에서 답을 구했을 때 괘를 통해 아주 정확한 직관적 깨달음을 얻는 수준까지 직관력을 개발할 수 있다.

동양이 가진 지혜의 사다리를 타고 앞으로, 위로 그리고 우주의 섭리를 향해 나아가자. 주역에 인도를 구하면 상상하지도 못했던 경이로운 일이 인생에서 일어날 것이다.

1
주역의 가르침

《주역》은 깊은 의미가 숨겨져 있는 신비로운 글과 눈을 사로잡는 기호로 구성된 시적인 작품에 가깝다. 이 책의 기원은 아주 오래되어 거의 5000년 전으로 거슬러 올라가야 한다. 몇몇 뛰어난 사상가들은《주역》을 열심히 읽고 공부했다.

공자가 70세가 될 때까지《주역》을 보지 않았다는 설이 있는데, 이는 70세가 되어서야 비로소《주역》을 이해할 만큼 성숙하고 현명해졌다고 느꼈기 때문이었다.

노자는《주역》을 심도 있게 공부했다. 노자가 남긴 격언 중 상당 부분은 지혜와 진리, 아름다움이 담긴 고서《주역》에 담긴 영원한 진리를 골라 모은 것이다.

주역은 64괘로 구성되어 있는데, 각 괘는 6개의 선, 즉 6효로 이루어져 있다. 효는 끊이지 않고 하나로 이어진 양효와 가운데 부분이 끊어진 음효로 나뉜다. 64괘가 주역의 핵심 내용이라면 괘를 풀어 쓴 글인 괘사(풀이), 길흉을 나타내는 괘의 형상인 괘상(상징), 괘를 구성하는 효는 상징적인 메시지를 전달한다.

주역에서는 현재 잠재의식의 상태와 외부 상황을 하나로 합치고, 이 둘을 합쳤을 때 예상되는 결과를 함께 고려하여 괘를 풀이한다.

리처드 빌헬름은 주역의 사용법을 다음과 같이 설명한다.

"주역의 작동 방식은 전기 회로에 비교하는 게 가장 적절하다. 전기 회로는 어떤 경우에도 빛을 도달시킨다. 회로는 단지 불을 밝히는 잠재력을 가질 뿐이지 빛을 비추지는 않는다. 하지만 질문자를 통해 정해진 상황과 접촉한다면, '전류'가 생성되어 그 상황에서 빛을 비춘다."

주역의 작동 원리를 간단하게 설명하자면 이렇다. 주역을 쓴 중국의 신비주의자들은 심리학의 대가였다. 그들은 우주와 인간 사회의 근간이 되는 법칙들을 직관적으로 인지하고 있었다. 세상에는 상반된 성질을 가진 사물과 현상이 존재하며, 끊임없이 변한다는 원리를 받아들였다. 우주에서는 작용과 반작용의 법칙이 계속된다. 위와 아래, 밤과 낮, 비와 햇살, 더위와 추위, 남성과 여성, 의식과 무의식, 안과 밖, 선과 악, 고통과 즐거움, 달콤함과 시큼함, 슬픔과 기쁨이 존재한다.

《주역》은 모든 일은 결국 지나가리라는 교훈을 준다. 영원한 건 아무것도 없다. 주역은 도(道)가 있는, 우주의 섭리가 거하는 개인의 '중심'으로 돌아가도록, 인생에서 상반된 성질의 것을 화해시키기 위한 하나의 수단으로서 우주와 조화를 이루도록 가르친다. 마음을 고요하고 평온하게, 침착하고 잠잠하게 한다면 상황을 어떻게 다룰지 결정 내릴 수 있다. 내면에 있는 무한자에 귀를 기울여 마음의 평화를 얻고 내면에서 조화를 이루는 법을 가르쳐 주는데, 이를 따르면 마음은 평온해지고 균형적인 상태가 된다.

행동해야 할 때를 안다는 것

태양 아래 모든 것에는 때가 있다. 씨를 뿌릴 때가 있고 거두어들일 때가 있다. 일해야 할 때가 있고 쉬어야 할 때가 있다. 행동해야 할 때가 있고 잠잠하고 고요하게 있어야 할 때가 있다. 시간은 시계로만 측정되는 게 아니다.

시간은 심리적이기도 하며, 생각과 느낌, 인식에 따른 의식의 상태이기도 하다. 잠재의식에서 혼란과 원망, 적대감에 시달릴 때 주역은 종종 지금이 결정을 내릴 순간이란 걸 꼬집는다. 왜냐하면 태도가 상실이나 실패를 불러올 수 있기 때문이다.

주역은 점을 치는 도구라기보다는 주역을 매개로 신의 뜻을 나타내거나 인간의 물음에 대답하는 신탁에 가깝다. 잠재의식이 가진 영적 능력을 활성화하여 주역에 신탁을 받는 방법은 나중에 배울 것이다.

주역으로부터 답을 구할 때는 주역이 내보이는 답을 진지하게 받아들여야 한다. 예로부터 내려오는 지혜에 조언을 구하는 것이므로 솔직하고 진심 어린 태도로 나의 결말을 결정하는 신성에 건전한 경외심을 품어야 한다.

주역은 '중심'과 조화를 이룰 때 좋은 운이 따른다고 가르친다. 우리는 우주의 평화의 강을 인생의 거센 물살 위에 쏟아부을 수 있다. 상반되는 성질이 있는 대상은 자신의 반대 성질로 변한다. 무한자와 조화를 이룬다면 어떠한 변화도 나를 방해할 수 없다. 왜냐하면 과거와 현재, 미래에 무한자가 어떤 위치에 있는지 알고 있기 때문이다.

친척의 딸이 12개월 동안 행방불명된 적이 있었다. 친척은 주역에 답을 물었고, 주역은 5괘(수괘)를 보여 주었다. 5괘는 대양을 건너는 게 유리하다는 의미를 담고 있었는데, 친척은 무엇을 의미하는지 단번에 이해했다.

상징적인 메시지를 받은 후 꿈에서 딸이 영국 런던에 있는 걸 보았다. 친척은 즉시 비행기를 타고 런던으로 날아가 도덕적으로, 심리적으로 그리고 신체적으로 특정한 의미에서 맞이했을 죽음으로부터 딸을 구했다.

주역은 현재 내 마음의 상태나 다른 사람의 마음 상태를 보여 준다. 주역을 이해하면 '다음에 어떤 행동을 해야 할지' 알고 해결책을 구할 수 있다. 주역은 나에 대해 이야기해 주지만 구체적인 방향을 지시하지는 않는다. 하지만 내 상황에 관한 풀이를 읽으며 내면에 계신 지극히 높으신 분의 은밀한 곳에서 조화와 합일을 이루면 진실하고 정확한 인도를 받을 수 있다.

주역에 인도를 구하는 법

주역을 활용하는 가장 쉬운 방법은 동전 세 개를 총 6번 던지는 것이다. 한 번 던질 때마다 각 효가 결정된다. 뒤에서 더 자세히 설명한다. 또 다른 방법은 50개의 시초蓍草를 사용하는 건데, 무작위로 더미를 나눈 후 일정한 규칙에 따라 수를 세어 효를 결정한다. 색깔이 다른 구슬을 사용하는 방법도 있다. 동전 던지기의 간편함과 시초로 점치는 법이 가진 수학적 특성을 합쳐 놓은 방식이다.

괘를 효과적으로 참고하려면 수용적인 정신 태도가 필요하다. 어떤 방법을 사용하느냐보다 그 방법을 통해 적절한 마음의 틀 안에 들어갈 수 있는지가 더 중요하다. 다시 말해 성공적으로 신탁을 구하는 방법의 핵심은 내가 하는 일이 잠재의식의 지혜를 활성화하는 일이며, 수동적이고 수용적인 태도로 내면의 무한한 지성을 건전하게 존중하는 게 잠재의식의 지혜를 활성화하는 가장 좋은 방법임을 깨닫는 것이다.

동전과 구슬을 던지거나 시초 줄기를 이리저리 손으로 조작하여 더 높은 자아, 초의식, 잠재의식, 무한한 지성과 접촉한다. 하지만 누군가의 말을 빌려 보자면, 주역에 인도를 구하려면 잠재의식 깊숙한 곳에 하늘 아래 모든 문제의 답이 있음을 아는 것만으로도 충분하다.

2
주역의 기본이 되는 팔괘

중국인들은 기독교의 삼위일체를 아버지와 어머니, 자녀의 이미지를 들어 설명한다. 두 가지가 합쳐지면 세 번째의 무언가가 생겨난다. 아버지의 정자와 어머니의 난자가 수정하면, 아버지와 어머니의 합일을 증명하는 아이가 태어난다.

일상에서 쓰는 심리학 용어로 설명해 보자면 나의 현재의식은 여성적인 측면 또는 자궁으로 표상되는 잠재의식에 아이디어나 소망을 만들어 내는 아버지다. 잠재의식의 '자궁'은 나의 소망을 완전하게 받아들이는 수용적인 태도를 구현한다. 감정과 열정으로 이 소망을 감싸면 잠재의식에 기도라는 구체적인 형태로 나타날 것이다. 기도에 대한 응답은 아이, 즉 기능이나 경험, 사건 등 일어났으면 하는 일로 찾아올 것이다.

즉 나의 현재의식과 잠재의식이 조화롭고 평화롭게 맞물려서 신성한 아이디어와 영원한 진리에 따라 작동한다면, 조화로운 상호작용이 건강·행복·평화·풍요·안전이라는 아이를 낳는다는 데 주역의 핵심 가르침이 있다.

마음의 두 단계가 화합을 이루면 지상에서 천국을 경험한다. 육체적으로도 남편과 아내가 서로를 사랑하고 화합하고 함께 조화로운 가정을 꾸려 나간다면 그리고 상대방 안에 있는 우주적인 힘을 드높인다면 결혼 생활은 발전하고 세월을 거치면서 더욱 큰 축복을 누린다. 부부는 번영하고 행복하며 하는 일마다 성공하고, 자녀는 부모의 사랑과 조화를 반영한다.

나는 신의 이미지를 가지고 신과 비슷한 모습을 한다. 다시 말해 나의 영은 신의 영이다. 나의 마음은 신의 마음이고 내 안에 있는 생명의 원리는 습관적인 사고와 이미지로 얽힌 망을 통해 흘러나온다. 나의 세계(신체·조건·환경·경험)는 곧 내면의 믿음과 조건화의 형상이며 이와 유사하게 형성된다.

팔괘의 일상적이고 심리적인 의미

주역을 구성하는 괘는 두 가지로 나뉜다.

3개의 효爻로 이루어진 8개의 괘八卦를 단괘單卦 또는 소성괘小成卦라고 하며, 소성괘를 위아래로 겹쳐서 6개의 효로 구성한 64개의 괘六十四卦를 중괘重卦 또는 대성괘大成卦라고 한다.

6효는 주역을 이해하는 핵심이며, 6효를 이해하려면 3개의 효로 이루어진 팔괘, 즉 소성괘를 먼저 살펴보아야 한다. 소성괘는 주역 해석의 기초가 된다.

건(☰)과 곤(☷)은 현재의식과 잠재의식, 내면에 있는 남성의 원리와 여성의 원리를 대표한다. 아이디어나 열망, 소망에 감정이 담기고 진짜라고 느껴지면 이는 잠재의식에 가라앉아 잠재의식에서 기도의 응답으로 변해 떠오른다. 이 과정을 땅에 사과 씨앗을 심는 과정에 비유할 수 있다. 땅에 씨앗을 심으면 씨앗의 형태가 변화해 사과나무가 되고 열매가 열린다. 건과 곤이라는 두 괘는 이 과정의 극단적인 단계를 나타낸다.

팔괘 각각의 의미를 좀 더 살펴보자.

진(☳)은 솟아남, 장남을 상징하고 나를 지배하는 아이디어 또는 내가 이루고자 하는 소망을 나타낸다.

감(☵)은 수렁, 둘째 아들을 상징하고 현재의 한계를 나타낸다. 생각은 쌍으로 나온다. 문제에 대한 인도, 해결책(진, ☳)을 원한다는 생각이 들어올 때 다음에는 빠져나갈 도리가 없다는 생각(감, ☵)이 든다. 잠재의식에는 모든 걸 알고 모든 것을 보는 무한한 지성이 있다. 귀를 기울이기만 하면 올바른 답을 주면서 응답하리란 것을 깨달을 때 그러한 부정적인 사고는 힘을 잃고 변한다.

소성괘의 의미

소성괘	명칭	성질	형상	가족 관계
☰	건(乾): 창조적	굳셈	하늘	아버지
☷	곤(坤): 수용적	헌신, 양보	땅	어머니
☳	진(震): 솟아남	동하게 함	우뢰	장남(첫째 아들)
☵	감(坎): 수렁	위험함	물	중남(둘째 아들)
☶	간(艮): 부동	쉼	산	소남(셋째 아들)
☴	손(巽): 온화함	꿰뚫음	바람, 나무	장녀(첫째 딸)
☲	이(離): 붙잡음	빛을 줌	불	중녀(둘째 딸)
☱	태(兌): 기뻐함	기쁨	호수	소녀(셋째 딸)

간(☶)은 부동, 막내아들을 상징하고, 내가 무언가에 주의를 기울이면 반응하는 전능한 힘이 있다는 것을 알면서 마음을 차분하게 하고, 목표와 소망에 주의를 집중함을 의미한다.

손(☴)은 온화함, 장녀를 상징하고, 사랑을 담아 조용히 나의 이상과 신의 영에 집중할 때 신과 하나 되는 느낌으로 마음의 물을 건너 기도에 응답을 받으리라는 확신을 가지는 걸 의미한다.

이(☲)는 붙잡음, 둘째 딸을 상징하고, 끝까지 인내하는 사람이 성공함을 알고 믿음과 헌신으로 버티는 것을 의미한다. 선함을 사랑하는 것, 즉 고귀하고 우주의 섭리 비슷한 것에 감정적인 애착을 갖는 것을 의미하기도 한다.

태(☱)는 즐거움, 막내딸을 상징하고, 사업이나 과제가 잘 마무리될 때 느끼는 기쁨과 만족감을 나타낸다.

괘에 담긴 깊은 의미

양괘와 음괘는 각각 마음의 '남성적, 능동적, 창의적' '여성적, 수동적, 수용적' 측면을 나타낸다. 효 중 직선은 양효, 가운데가 뚫린 선은 음효가 되고, 팔괘를 구성하는 세 개의 효 중에서 양효가 홀수 개이면 양괘, 음효가 홀수 개이면 음괘가 된다.

효는 아래에서부터 순서대로 1효(초효), 2효, 3효, 4효, 5효, 6효(상효)라고 부르는데 이 효가 양효냐 음효에 따라 명칭이 달라진다. 효가 음일 때는 6, 양일 때는 9를 붙인다. 초효가 음효일 때는 초육, 양효일 때는 초구, 2효가 음효일 때는 육이, 양효일 때는 구이, 3효가 음효일 때는 육삼, 양효일 때는 구삼, 4효가 음효일 때는 육사, 양효일 때는 구사, 5효가 음효일 때는 육오, 양효일 때는 구오, 상효가 음효일 때는 상육, 양효일 때는 상구라고 칭한다.

6효로 구성된 괘는 한 사람 전체를 나타낸다. 인간은 영혼과 마음, 몸으로 구성되어 있는데 이는 같은 대상(영)을 다른 정도로 나타낸 것이다. 이 해석을 받아들이기 어렵다면 물과 얼음, 수증기의 관계를 생각해 보라. 본질은 모두 같지만 다르게 발현되었다. 각각의 효는 영의 기저를 이루는 본질을 나타내고, 소성괘와 괘 그 자체는 주어진 순간에 발현된 모습과 상태를 나타낸다.

괘의 구조에는 다른 상징도 숨어 있다.

괘의 아래 두 효는 몸(환경, 세계)을 나타낸다. 몸은 물리적인 의미에서의 신체뿐만 아니라 환경이나 조건, 사회적 지위 그리고 현실에서 나와 관련된 모든 것을 상징한다.

중간의 두 효는 마음을, 위의 두 효는 영을 나타낸다. 마음은 잠재의식(창조적 매개체, 여성적 측면)을 나타낸다. 기능적인 관점에서 보면 현재의식은 영으로 표현된다. 왜냐하면 영이 가진 능력으로 무언가를 택하고, 정하고, 시작하여 잠재의식에 넘길 수 있기 때문이다.

무언가를 만드는 위대한 제작자나 건설업자에 빗대 설명되는 잠재의식은 이를 받아들이고 우주 스크린에 투영한다. 물론 현재의식이자 추론하는 마음은 전체적으로 봤을 때 영처럼 흠이 없거나 거룩하거나 순수하거나 오류가 없지는 않다. 하지만 의식적인 측면에서 현재의식과 영은 비교될 수 있다.

창조의 핵심인 64괘와
숫자의 심리학적 의미

노자는 "1에서 2가 나오고 2에서 3이 나오고 3에서 온 세상이 나온다"라는 말을 남겼다. 우주는 전지전능한 생령이고 한 분이시며 불가분의 존재다. 우주의 섭리는 창조하기 위해 자신을 남성/여성, 아버지의 원리/어머니의 원리 이렇게 둘로 나누셨다.

영이 깊게 생각하면 만물이 창조된다. 영은 스스로를 태양, 달, 별, 우주에 있는 은하라고 생각하는데, 그 안에 있는 모든 것과 그 이미지는 영의 여성적인 측면을 반영하고, 이는 남성적인 이미지와 성질을 지닌 것을 만들어 낸다. 다시 말해 남성적 원칙은 1, 여성적 원칙은 2로 일컬어지며, 1과 2가 결합할 때 세계 전체를 뜻하는 3이 나온다. 이게 바로 만물이 만들어지는 방식이다.

비슷한 원리로 양효와 음효로부터 소성괘(8괘)가 나오고, 소성괘의 조합으로 64괘의 세계 전체가 만들어진다.

팔괘 중 첫 두 괘인 건(☰)괘는 창조적, 곤(☷)괘는 수용적 특성을 보인다. 주역에서 이 두 괘는 아버지/어머니의 원리 또는 창조를 위해 스스로를 둘로 나누신 신의 섭리를 상징한다. 고대 중국의 지혜에 따르면 만물(동물, 인간 그리고 우주의 무한한 은하계)은 이 음과 양의 상호작용을 통해 탄생했다. 이러한 측면에서 나머지 62괘는 첫 두 괘로부터 나온다. 주역은 끊임없는 순환과 창조를 반영하고 있다.

성경과 주역에서 숫자는 우주의 속성과 능력을 나타낸다.

1은 신의 상징으로 성경에 자주 언급된다. 신은 만물의 근원이자 원인이다.

2는 짝 또는 나뉘어진 부분을 상징한다. 4도 그렇고, 모든 숫자는 그 숫자만큼 나누어졌음을 상징한다. 2는 남성/여성, 밤/낮, 양효/음효 등 분할과 반대를 뜻한다. 심리학적으로 봤을 때 2는 소망을 가리킨다. 소망을 가지면 나의 마음은 분열된다. 온전하거나 하나가 된 상태가 아니다. 소망에 자양분을 공급하고 지탱하며 주의를 기울이라. 소망에 대해 깊이 생각하면 소망은 내 것이 되고 잠재의식에 동화될 것이다.

3은 확신과 잠재의식이 수태된 상태를 의미한다. 확신이 들고 잠재의식이 고취되면 소망이 이루어진다.

4는 잠재의식에 새겨진 인상이 발현되거나 객관화되는 걸 나타낸다. 세계를 상징하기도 한다.

5는 2와 3이 합쳐진 것으로, 지혜와 명철의 작용을 뜻한다. 지혜는 내 안에 있는 우주의 현존과 권능을 인식하는 것이며, 명철은 일상적인 일에 우주의 권능을 적용하는 것이다. 5는 훈련된 상상력의 상징이기도 하다. 내가 상상하고 진실이라고 받아들이고 느끼는 것은 실현된다.

6은 육망성을 상징하고, 현재의식과 잠재의식의 조화로운 관계를 의미한다. 어떤 일에 대해 현재의식과 잠재의식의 의견이 일치하면 언제나 기도의 답변을 받을 것이다.

"엿새 동안은 일을 하고 이렛날은 주에게 바치는 거룩한 날이니, 완전히 쉬어야 한다."(출애굽기 31장 15절)

심리학적으로 보았을 때 여섯six과 섹스sex는 아주 밀접하다. 성경과 형이상학적 측면에서 엿새는 일주일 중 몇 날을 가리키는 게 아니라, 잠재의식에 아이디어나 소망을 주입하거나 전달하는 데 걸리는 시간을 의미한다. 내가 되고 싶은 사람이 되었거나 갖고 싶은 걸 가졌다고 느끼거나 그러한 상태를 잠재의식에 고정했다면 여섯째 날에 도달한다. 현재의식에서 가진 걸 더는 원하지 않을 때 여섯 번째 날이 온 것을 안다. 영적 성장의 정도와 잠재의식에 무엇을 요청했느냐에 따라 1분이 걸릴 수도, 1시간, 1주일, 1개월이 걸릴 수도 있다.

7은 성경 곳곳에 자주 등장한다. 예를 들어 삼손에게는 머리털 일곱 가닥이 있었는데, 이는 힘을 상징한다.

"하나님은 하시던 일을 엿샛날까지 다 마치시고, 이렛날에는 모든 일에서 손을 떼고 쉬셨다."(창세기 2장 2절)

"노아는 다시 이레를 더 기다리다가 그 비둘기를 내보냈다. 그러나 이번에는 그 비둘기가 다시 돌아오지 않았다."(창세기 8장 12절)

일곱 번째 날, 일곱 번째 시간, 일곱 번째 대접, 일곱 개의 등잔, 일곱 번째의 인印, 일곱 명의 천사 모두 같은 것을 뜻한다. 일곱은 그 자체로 신의 일체감을 의미한다. 이는 신성한 수태 또는 잠재의식에 소망이 새겨졌을 때와 그 결과 소망이 객관적으로 발현되기까지 시간상의 간격을 의미한다. 이를 안식일 또는 일곱째 날이라고도 하는데, 여섯째 날과 마찬가지로 일주일의 요일과는 전혀 관계가 없다. 숫자 7은 두 숫자가 하나로 합쳐진 것으로, 선에 대한 확신을 상징한다. 6일간의 노동 후에 일곱째 날 또는 안식일이 찾아온다. 심리학적 측면에서 보면 소망을 주관적으로 받아들였을 때 휴식의 느낌이 따른다. 임신한 여성과 비슷하다. 아이가 배 속에 있는 동안은 조심하고 신중하게 아이를 지키다 일정 시간이 지난 후에 아이를 낳는다. 마찬가지로 내 안에서 아이(기도)를 배고 있으면 때가 되었을 때 응답받은 기도를 '낳을' 것이다. 7은 숨겨진 지혜와 쉼, 정적, 휴거를 뜻한다.

8도 성경에 여러 번 등장한다.

"여드레째 되는 날에는 아이의 포피를 잘라 할례를 베풀어야 한다."

(레위기 12장 3절)

"그러면 그것은 여덟 개의 널빤지에"(출애굽기 26장 25절)

"그는 예루살렘에서 여덟 해 동안 다스렸다."(역대하 21장 5절)

8은 시작도 끝도 없는 무한의 상징이다. 8은 여호와JHVH라는 이름을 숫자로 표현한 값이고, 8을 쓸 때 손의 움직임은 작용과 반작용, 퇴화와 진화를 나타내는 리듬으로 변한다. 또한 8은 화려함, 충만함, 위대함, 방대함을 의미하기도 한다. 할례는 8일째 행해진다. 심리학적으로 보면 8은 내 안에 '스스로 있는 자'가 신(순수한 존재, 생명, 인식)이라는 진리를 인식했을 때, 생명의 원리가 만물의 아버지이고 모든 인간은 나의 형제라는 것을 알고 무한자와 조화를 이룰 때, 모든 생명, 전 세계의 모든 사람과 일체감을 느낀다는 뜻이다. 우주의 참됨이 나의 참됨이기도 하다고 주장한다면 나는 영광에서 영광으로, 시작도 끝도 없는 숫자 8octavus로 상징되는 옥타브octave에서 옥타브로 나아갈 것이다. 8은 내가 앞으로, 위로 뻗어 나가고 신을 향해 나아가는 것을 뜻한다. 여덟째 날의 할례는 정신적이고 영적인 행위다. 내가 살아 계신 신의 성막임을 깨닫는 순간 그리고 내가 이름과 국적, 사회적 지위, 성격과 관련된 모든 것을 벗어던질 때 나는 여덟째 날, 여덟 번째 시간, 여덟 번째 아들인 우주의 존재를 드러내고 있다는 것을 깨닫는다.

9는 일련의 숫자 기호 중 마지막에 오는 숫자로 완결, 달성, 실현, 한 주기의 끝을 나타낸다. 모든 끝은 새로운 시작의 씨앗이 된다.

"그 길이가 아홉 자요"(신명기 3장 11절)

"어둠이 온 땅을 덮어서, 제구 시(오후 3시의 유대식 표현)까지 계속되었다."(마태복음 27장 45절)

"제구 시쯤에 예수께서 큰 소리로 부르짖어 말씀하셨다."(마태복음

27장 46절)

"나흘 전 이맘때쯤에, 내가 집에서 제구 시에 드리는 기도를 하고 있었습니다."(사도행전 10장 30절)

심리학적으로 말하면 9는 저 높은 곳에서 새롭게 태어나, 높은 곳으로부터 나오는 빛이 지성을 비춤을 뜻한다. 여성이 임신하면 아홉 번째 달에 출산한다. 마찬가지 원리로 가끔 신비로운 빛을 받으면 우주의 지혜와 진리, 아름다움을 낳는다. 9는 과학이나 예술, 내가 몸담는 산업에서 커리어의 정점에 오르는 것과 같이 내가 좋아하는 목표를 성취하는 것을 의미한다. 하지만 이는 끝이 아니다. 사다리의 꼭대기라고 믿는 곳에 도달하면 새로운 시작이 있다는 걸 발견한다.

10은 나의 경험 속에서 위대해진 우주의 섭리를 의미한다. 심리학과 남근의 관점에서 볼 때 10은 1(남성)과 0(여성, 자궁)으로 이루어져 있는데 이는 행동하시는 신을 상징한다. 주역은 우주 만물의 창조가 남성과 여성의 생명 원리의 상호작용에 기초를 두고 있음을 가리킨다.

독자들은 모든 괘와 효에 숫자 6, 7, 8, 9만 등장함을 알아차렸을 것이다. 중국 신비주의자들은 6효에 붙여진 숫자들의 상호작용을 통해 지금 삶에서의 모든 경험이 표현된다고 느낀 듯하다. 왜냐하면 그 숫자들이 두 가지 원리(남성과 여성)와 두 가지 운동 상태(고정된 상태와 움직이는 상태)를 나타내기 때문이다.

주역에는 64개의 괘가 있다. 6과 4를 더하면 10인데, 이는 현재의식(1)과 잠재의식(0)의 상호작용을 상징한다. 인생의 모든 경험과 사건은 64괘를 통해 드러날 수 있다.

3

주역은 어떻게 미래를 볼 수 있는가

칼 융은 동시성synchronicity에 대해 이렇게 말했다.

"동시성은 관찰자의 주관적(정신적) 상태뿐만 아니라 그들 사이에서 발생하는 객관적 사건들의 독특한 상호의존성이다. 시공간에서 펼쳐지는 사건의 우연성을 단순한 우연 이상의 의미로 받아들인다."

나의 객관적인 세계 또는 명백한 세계에서 일어나는 일은 내 잠재의식에서 만들어지는 인상과 일치한다. 다시 말해 나의 객관적인 경험은 의식 상태를 반영하는데, 의식 상태란 내가 생각하고 느끼고 믿고 정신적으로 받아들이는 것을 뜻한다. 즉 현재의식과 잠재의식의 인상과 훈련을 통틀어 합친 것이다.

질문을 던졌을 때 나오는 괘는 현재의식의 상태를 보여 주고, 잠재의식이 어떤 생각을 품었나에 따라 객관적으로 일어날 일이 무엇인지를 상징적으로 설명한다.

주역을 올바르게 사용한다면 주역은 눈에 보이는 방식으로 일어날 사건을 드러낸다. 잠재의식의 지혜는 모든 것을 알고 모든 것을 본다. 사람들이 잠재의식을 무조건 믿으면, 잠재의식은 충고와 자극을 통해 셀 수 없이 많은 방법으로 축복을 내린다.

한 지인의 이야기다. 그는 룰렛 게임을 하러 종종 라스베이거스에 가곤 했다. 최근에 그는 전세기를 타고 다른 사람들과 함께 라스베이거스에 가자는 친구의 초대를 받았다. 그는 주역 점을 보았고, 누이를 시집보낸다는 뜻인 귀매歸妹괘를 얻었다. 이런 상황에서 이 괘는 불행을 뜻하는 게 명백했기에 친구의 초대를 거절했다.

그다음 일어난 일은 주역의 정확성을 보여 준다. 비행기는 돌아오는 길에 눈 폭풍을 만나 네바다 산맥 어딘가에서 실종되었다. 30~40대의 비행기를 동원해 수색 작업을 펼쳤지만, 그 어떤 흔적도 발견되지 않았다. 그는 자신의 질문에 대한 답을 결혼 생활에 위기가 닥친다는 경고로 받아들였다. 그는 이미 결혼을 했으니 동료들과 라스베이거스로 가는 것을 정신적 결혼으로 보았다. 그들과 동행한다는 것은 동의이자 심리적 결혼으로 간주될 수 있기 때문이었다. 귀매괘의 풀이에 등장하는 '결혼'을 불행한 경험이라고 추론했고 그에 따라 행동했다.

무한한 지성이 모든 면에서, 생각과 말, 행동에서 나를 인도하고 방향성을 보여 준다고 진심으로 믿으면 올바른 길로 인도받을 것이다. 믿는 척만 해서는 안 된다.

주역에 관한 지식이 풍부했던 한 젊은이가 유럽 여행을 하고 있었다. 그는 프랑스에서 한 여성을 만났고 그녀와 사랑에 빠졌다. 그녀의 말투나 버릇, 몸짓에 사로잡혔다. 여성은 매력적이고 멋진 모습으로 그를 홀렸다. 그 여성은 빨리 결혼하자고 졸랐다.

어느 날 밤 그는 파리의 호텔에서 잠을 잤는데, 꿈에 한 남성이 나오더니 주역의 구괘蠱를 가리키며 "읽고 주의하도록 해"라고 했다. 그는 항상 주역 책을 가지고 다녔기에 깜짝 놀라 잠에서 깨 책을 펼쳤다. 구패는 결혼하면 안 된다고 가리키고 있었다. 그는 약혼을 파기했다. 다음 날 밤 체크아웃을 하려던 그에게 프랑스 형사가 오더니 약혼녀의 행방을 물었다. 형사의 말에 따르면 그녀는 도망 다니는 범죄자였고, 세 국가에서 이미 4명과 혼인한 상태였다. 그 누구와도 이혼한 기록은 없다고 했다.

청년의 잠재의식은 로맨틱한 감정의 장막을 뚫고 패를 통해서 진짜 상황을 드러내며 경고했다. 잠재의식은 패를 통해 경고를 보내면 귀를 기울이리라는 걸 알고 있었다. 잠재의식은 보호하려는 습성이 있기에, 현재의식이 사랑의 열병에 빠졌음에도 불구하고 여성이 가진 이면의 동기를 찾았다. 성경은 다음과 같이 잠재의식의 작용을 설명한다.

"하늘이 땅보다 높듯이 나의 길은 너희의 길보다 높으며 나의 생각은 너희의 생각보다 높다."(이사야 55장 9절)

잠재의식이 내게 말하는 방식은 실로 경이롭다. 아직 잠재의식의 목소리를 듣는 법을 익히지 못했다면, 언제 어떻게 잠재의식에 귀를 기울여야 하는지 주역이 알려 줄 것이다.

왜 정신적 예측은 현실이 되는가

나는 이런 질문을 종종 받는다. 최근 한 여성이 이야기해 주길, 카후나(하와이 원주민의 영적 지도자)가 자신의 마음을 완벽하게 읽고 많은 것을 예측했다고 했다. 그는 이렇게 덧붙였다.

"하와이에서 돌아오자마자 로스앤젤레스에 있는 점쟁이에게 전화했어요. 나이가 지긋한 아일랜드 출신의 여성인데, 카드점을 치더니 카후나와 거의 같은 말을 하더라고요. 이 둘이 예측한 것과 똑같은 일들이 벌어졌어요."

질문에 대한 답을 주의 깊게 살펴보면 전혀 신비롭거나 기묘하지 않다는 걸 알 수 있다. 이유는 이렇다. 직관과 초능력을 가진 사람이 수동적이거나 수용적인 마음 상태에 있다면, 그러니까 현재의식의 작용이 부분적 또는 일시적으로 잠시 멈춰 있는 일종의 가수면 상태에 있으면 잠재의식이 아는 것을 두드려 그 사람의 현재의식에 보여 줄 수 있다. 다시 말해 민감하거나 직관력이 좋은 사람이 수동적인 상태에 있으면 두려움이나 잠재의식에 남긴 인상, 바람직한 상태와 하나가 되어 결혼이나 이혼, 여행, 소송 등 다양한 정신적인 내용을 주관적으로 받아들인다. 나의 주관적인 감정, 결정과 조화를 이루는 심령술사는 이러한 분위기와 믿음을 자신의 언어로 옮기고, 그에 따라 예지한다.

잠재의식은 많은 암시와 신념을 받아들인 기억의 창고이고, 현재의식은 잠재의식을 전혀 인식하지 못한다. 잠재의식에서의 가정과 확신, 신념은 과학적 기도로 변화시키지 않는 한 조만간 나의 세계에서 객관화될 것이다.

온종일 하는 생각이 나를 만든다. 마음속에서 내 생각과 생각의 발현은 하나다. 예를 들어 이혼을 고민하는 경우 이미 마음속에서 이혼했을 수 있다. 이 경우 용한 영매나 심령술사는 마음속을 들여다보고 해석할 수 있다. 마음속에 있는 계획이나 결정은 아직 삼차원에서 일어나지 않았다. 시간은 사차원에서 삼차원으로 느리게 움직인다. 하지만 지금 보는 것처럼 내가 생각한 일들은 시간과 공간을 초월하는 마음속에서 이미 일어났다. 마음속에서 생각과 사물은 하나다. 나의 소망, 아이디어, 생각은 마음의 다른 차원에 형태와 모양, 실체를 가지고 있으며 나의 손처럼 실제로 존재한다. 그러므로 훈련된 정신의 '눈'을 가지면 이 생각을 볼 수 있다.

주역은 현재에서 미래를 본다

주역은 훈련된 정신의 눈과 비슷해서 주역을 사용하면 잠재의식이 활성화된다. 마음이 수용적이고 수동적이며 진실하다면 실제로 마음속 더 깊은 곳에서 해답을 얻을 수 있다. 주역은 내게 주어진 답을 비유적이고 상징적인 언어로 추출하기 위한 일종의 역학적 매개체다. 성경도 비슷한 방식으로 작용한다. 하지만 성경은 주역을 사용할 때처럼 형식적이고 역학적인 과정을 통해 답에 접근하지는 않는다는 점이 다르다.

주역은 온 사물이 흐르고 나오는 근원, 모든 것을 알고 온 우주에 스며들어 있는 보편적이고 주관적인 마음을 다루기 때문에 질문의 본질에 따라 답을 내놓을 것이다.

나의 잠재의식은 편재하는 우주적인 마음과 함께한다. 그러므로 인종이나 민족, 집단뿐만 아니라 한 개인을 예측할 수 있다. 왜 그런 걸까? 인간 대다수는 쉽게 변하지 않기 때문이다. 오래전부터 가졌던 믿음이나 전통, 인종적 개념을 그대로 가지고 살아간다. 똑같은 대상을 증오하고 편견을 가지며 두려워한다.

노스트라다무스는 16세기의 집단 무의식을 두드려 4행시로 깜짝 놀랄 만한 예측을 했다. 그중 많은 경우는 놀라울 정도로 정확했다. 히틀러와 같은 사람들을 상징적으로 명명했고, 무솔리니를 포함한 많은 사람을 묘사했다. 또한 런던에서 일어난 대형 화재와 2차대전에서 어떤 도시에 폭격이 일어날지를 예측했다.

하지만 이런 일들은 몇 세기 전에도 비슷하게 있었던 인류사의 반복이다. 미래는 변할 수 있다. 바꿀 수 없는 운명은 없다. 과거-현재-미래 역사의 많은 부분은 똑같은 틀에서 파생되기에 노스트라다무스나 주역은 비슷한 조건에서 일어날 일들을 볼 수 있는 것이다.

미리 정해지거나 예정된 일은 없다. 주역이 가리키는 바와 같이 귀를 기울이고 우주의 법칙과 조화를 이루면 미래를 바꿀 수 있다. 그렇게 하면 더욱 행복하고 건강하며 평화롭고 풍요로운 삶이 보장된다. 미래에 일어날 수 있는 패턴을 분명하게 보면, 다가올 미래에 최고의 장소로 자신을 인도하기 위해 무슨 일을 해야 하는지 알 수 있다.

주역의 부정적인 예측으로부터
긍정적인 결과를 가져오는 법

현재의 계획과 결정 그리고 내가 가진 특정한 소망의 결과가 어떨지 주역에 의견을 묻는다면, 주역은 지금의 마음 상태를 드러내 보인다.

예를 들어 불행을 예측한다고 가정해 보자. 불행이란 잘못된 동기나 비이성적인 감정, 충동의 지배를 받음을 의미한다. 자연스러운 이치에 따라 그 결과는 유익하지 않을 것이다. 좋은 생각을 하면 좋은 일이 생기고 나쁜 생각을 하면 나쁜 일이 생긴다. 그러므로 주역은 부정적인 예측을 보여 주어 내가 조화의 법칙과 우주의 법칙인 황금률에서 벗어났다는 것을 알려 준다. 그리고 내면에 있는 무한자와 다시 하나가 되어 생명과 사랑, 진리, 아름다움의 무한한 바다가 나를 통해 흐르게 하라고 말한다. 이렇게 하면 불행을 행운으로 바꿀 수 있고, 그 결과 모든 일에서 승리할 것이다. 나의 더 높은 자아는 나를 보호하려는 도道 또는 우주임을 기억하라.

노스트라다무스의 예언이나 오늘날의 점성가, 심령술사, 영매, 선견자, 영적으로 민감한 사람들의 예언에는 아무런 의미도 없었다. 기도하는 방법을 안다면 이러한 예언을 무시하고 사실이 아님을 증명할 수도 있다. 기도를 통해서 잠재의식 그리고 결과적으로 운명도 바꿀 수 있다. 기도는 인간의 잠재의식에서 두려움과 의심, 증오, 편견을 없앤다. 정원의 잡초를 뽑아 아름다운 꽃들만 자라도록 하는 것과 같다.

영적인 마음을 가진 사람은 일어나지 않았으면 하는 일에 관해 들으면 '대체의 법칙' 또는 기도를 통해 시작을 바꾸고, 시작을 바꿈으로써 결말을 바꾼다. 이런 사람은 두려워하거나 걱정하는 일에 대해 기도하는 대신 자신이 원하는 조건에 대해 기도한다. 그는 조건을 만들어 내는 사람이다. 우리도 그런 사람이 될 수 있다. 다음과 같이 기도하자.

무한한 지성이 나를 인도하고 방향성을 보여 줍니다. 신성한 사랑이 내 영혼을 채웁니다. 신성한 조화는 나의 마음과 몸을 다스립니다. 신성한 법과 질서가 나의 삶을 지배합니다. 신성한 사랑은 나보다 먼저 가면서 곧고 완벽한 길을 나에게 열어 줍니다. 하나의 현존과 권능의 관점에서 생각하고 말하고 행동하고 반응하는 게 참된 기도입니다.

무한한 지성이 나를 인도함을 깨닫고 영원한 진리와 생명의 원리 관점에서 생각하며 기도하라. 느낌을 담아, 뜻을 이해하면서 기도를 반복하면 잠재의식에 새겨진 부정적인 패턴이 사라지고 삶의 모든 길은 우주를 향한 고속도로가 된다.

한 지인의 이야기다. 점쟁이를 찾아가 카드점을 봤는데, 죽음을 상징하는 스페이드 에이스 카드가 나왔다. 점쟁이는 며칠 안에 아이가 죽을 것이라고 말했다. 그녀의 아이는 꽤 오랜 기간 병을 심하게 앓았고, 그 어떤 치료에도 나아지지 않았다. 이 여성은 집으로 돌아가 침대에서 자고 있는 아이에게 굳게 확언했다.

너는 신의 자녀란다. 신은 생명이며 신의 생명은 지금 너의 생명이기도 해. 신이 네 안에서 살고 움직이셔. 신이 네 안에 거하시니, 신 안에서 너는 살고 움직이고 존재하는 거야. 신의 치유력이 지금 너를 통해 흐르고 있어. 내가 알고 믿었던 기적적인 치유가 바로 지금 일어남에 신께 감사를 드린단다.

주관적인 분위기 속에서 기도하며 어머니는 아이가 건강과 행복을 발산하고, 뛰어다니면서 즐겁게 노는 모습을 상상했다. 하루에도 여러 차례 5~10분씩 이를 현실처럼 느끼고 곰곰이 생각했다. 둘째 날, 이 기도 과정을 마치자, 아이의 병은 놀라울 정도로 회복되었고 어머니는 기도의 응답을 받는 기쁨을 경험했다.

예언에는 아무런 의미가 없다. 기도를 통해 운명을 바꿀 수 있다.

4

삶의 본질을 알려주는 주역

중국과 인도의 시대를 초월하는 지혜는 생령(우주의 섭리), 즉 중국에서는 도道라고 부르는 형체도 얼굴도 없는 실체가 물질의 옷을 입고 더 낮은 차원의 물질적인 존재가 되었다고 가르친다.

다시 말해 우주의 섭리는 스스로를 인간과 우주 만물이라고 상상했고, 그렇게 상상함으로써 자신이 되고자 했던 모습이 되었다. 하지만 지상으로 내려온 후 우주의 후손들은 신성한 기원과 영적 본질을 잊어버린다. 기독교에서는 이를 인간의 몰락이라고 부른다.

주역은 각자의 내면에 묻혀 있는 무언가가 근원에 관해 그리고 근원으로 돌아가라고 속삭인다는 점을 끊임없이 상기한다. 내 삶의 목적은 근원에 대한 기억으로부터 자유로워지고 기억을 소중히 하며 확장하는 것이다. 또한 충동을 따르고 발전하지 못한 상태에서 신의 임재에 대한 자각이 자라나 빛이 되어 나를 채울 때까지 성장하는 것이다. 그 지점에 도달하면 우주의 현존과 마침내 하나가 될 수 있다.

반대되는 것을 화합시키는 방법

과학자들은 오랫동안 물질과 에너지는 하나이며 물질은 실체가 없는 에너지로 방사된다고 했다. 즉 유형이 무형으로 영원히 변한다는 뜻이다. 우리가 사는 우주는 일련의 밀도와 주파수, 강도로 구성되어 있다. 예를 들어 저명한 과학자 제임스 진스 경은 우주는 물질이라고 부르는 억눌린 파동과 복사 또는 빛이라고 부르는 방출되는 파동으로 이루어졌다고 했다.

창세기에는 더 간결하게 묘사되어 있다.

"말씀하시기를 '빛이 생겨라' 하시니 빛이 생겼다."(창세기 1장 3절)

절대자가 상대적으로 변할 때 우리는 정반대의 것을 경험한다. 절대적인 상태에서는 분화가 일어나지 않는다. 절대적인 상태는 하나이고 온전하고 완전하며 완벽하다. 창조하기 위해 절대자가 자신을 둘로 나눌 때 우리는 영과 물질, 크고 작음, 밤과 낮, 안과 밖, 남성과 여성, 달콤함과 시큼함을 경험한다. 한마디로 대조와 차이, 감각을 경험함으로써 살아 있음을 인지한다. 우리는 절대자가 둘로 갈라지면서 태어났다.

"우리는 자연의 모든 부분에서 양극성을 볼 수 있다. 작용과 반작용을 엿볼 수 있다. 어둠과 빛, 더움과 추움, 밀물과 썰물, 남성과 여성, 동식물의 탄생과 죽음, 원심력과 구심력에서 이를 살펴볼 수 있다. 자연을 둘로 나누는 건 피해 갈 수 없는 본성이고, 각 사물은 절반을 형성하고 하나를 온전하게 만들기 위해서는 다른 절반이 필요함을 의미한다. 영과 질료, 남성과 여성, 홀수와 짝수, 객관성과 주관성, 안과 밖, 아래와 위, 움직임과 정지, 예와 아니요가 바로 그 예다. 모든 달콤한 것에는 나름의 신맛이 있고 모든 악에는 선이 있다."

이 글은 에머슨이 《보상》에 쓴 말이다. 주역은 행운과 불행, 성공과 실패 등 반대의 성질을 가진 것을 보여 주며 또한 이 반대되는 것들을 어떻게 화해시키는지 가르쳐 준다. 절대자가 둘로 갈라지면서 태어난 우리는 다시 하나가 되면서 완벽해질 수 있다.

괘가 잠재의식에 실패의 패턴이 있다는 것을 보여 주면, 내면으로 주의를 돌려 내 안에 있는 무한한 생명의 원리와 조화를 이루라. 동시에 생명의 원리는 전능하며 실패할 수 없다는 사실을 깨우쳐라. 무한자는 실패하는 법이 없다. 나는 성공하고 승리하기 위해 태어났다는 것을 알고 이렇게 확언하라.

전능한 우주의 힘을 통해 성공은 나의 것이 되었습니다.

언제나 성공하는 유일한 현존과 권능에 기대어 모든 장애물을 극복할 것이다. 성공과 실패의 생각이 갈등을 일으킬 때처럼 마음속에 반대되는 것이 있으면 기도를 통해 화해시킬 수 있다.

반대의 가치를 인식하라. 도전이나 어려움, 문제가 없었다면 신성을 발견하지 못했을 것이다. 인생에서 상반되는 것들을 내가 가진 정신적·영적 도구로 갈고닦으면, 내면의 갈등이 만들어 내는 장애물을 극복하고 갈등을 서로 화해시킬 수 있다.

주역은 나의 삶을 튼튼하게 하고 치유하고 축복하며 영감을 주고 드높이고 존엄하게 하는 모든 아이디어에 '예'라고 말하기를 원한다. 마음을 억누르고 제한하며 두려움을 심어 주는 모든 가르침, 아이디어, 생각, 신조, 교리에 담대하게 '아니요'라고 말하라. 다시 말해 영혼을 기쁨으로 채우지 않는 그 무엇도 받아들이지 말라.

효의 위치에 따른 변화의 의미

히브리어 격언에 이런 말이 있다.

"끊임없이 계속되는 변화는 만물의 뿌리다. 변화에는 두 가지 얼굴이 있는데 생명의 얼굴과 죽음의 얼굴이다."

모든 것은 끊임없이 변한다. 무형은 형태를 취하고, 형태를 취한 것은 무형의 것으로 돌아간다. 날씨가 너무 덥다가도 어느 순간 기온은 반드시 내려가기 마련이다. 홍수가 날 것처럼 비가 오다가도 햇살이 비춘다. 태양 아래 있는 모든 것은 결국 그 반대 방향으로 변한다는 것이 자연의 순리이자 우주의 법칙이다. 어딘가에서 비가 오면 다른 곳에서는 땅이 마른다. 영원히 아플 수는 없고 모든 것은 지나간다.

괘의 구조는 변화의 기본을 상징하고 양효와 음효가 물결 모양의 형상으로 대립하며 위와 아래의 흐름을 묘사한다. 각 효는 변화의 밀물과 썰물이라는 상징적 의미 대신, 상황을 변화시킬 수 있는 일에 기민하게 반응하거나 내 통제 범위 밖의 일들을 인식하고 받아들임으로써 상황 그 자체로 변화시킬 수 있는 지점을 보여 준다.

그중 한 기법이 각 효의 배치를 통해 이 상황에서 주축이 되는 것과 그들의 관계를 펼쳐 보이는 것이다.

가장 아래 있는 초효(1효)와 가장 위에 있는 상효(6효)는 상황의 외부적 차원을 설명한다. 이 중에서 하효인 초효는 아직 상황으로 진입하지 못했기에 맨 아래에 있고 상효는 맨 위에 있다. 상효는 더는 현세의 일에 관여하지 않는 현자, 특정한 상황에서는 권력이 없는 저명한 사람의 자리를 뜻한다.

안쪽에 있는 2효와 4효는 신하 또는 여성의 아들을 뜻한다. 4효는 위에, 2효는 아래에 있다. 3효와 5효는 권위적인 위치에 있는데 3효는 하괘의 맨 위에 있고, 5효는 괘를 지배하는 위치에 있기 때문이다.

효는 상대적인 높낮이에 따라 상효와 하효로 구분한다. 규칙에 따라 맨 아래와 맨 위의 효는 고려하지 않는 한편, 가운데 네 개의 효는 시간 내에서 활성화한다. 5효는 통치자고, 4효는 통치자와 가까이 있는 장관이다. 3효는 하효 중 가장 높은 위치에 있으므로 과도기적인 위치다. 2효는 국가의 신하를 뜻함에도 불구하고 5효인 왕자와 직접적인 관계에 있지는 않다. 하지만 몇몇 경우에 4효는 아내를, 5효는 둘째 아들을 상징할 수 있다. 특정한 경우에 2효는 집 안에서 활발하게 활동하는 여인을 뜻하기도 하고, 5효는 바깥에서 활발한 남편을 뜻한다. 특정한 위치에 있는 효에 여러 호칭을 붙일 수 있지만, 위상에 주어진 변화하는 기능은 언제나 유사하다.

위의 설명을 통해 여러 괘의 효가 얼마나 중요한지 엿볼 수 있다. 그리고 만약 고용주나 관리자에 관한 질문을 한다면, 고용주나 관리자는 5효를 상징하기에 직관적으로 괘의 5효를 살펴보면 된다는 것을 인식할 수 있다. 위 설명이 가리키는 것처럼 가족 관계 역시 괘에서 살펴볼 수 있다. 내 질문의 본질에 따라 어떤 효가 중요한지 결정된다. 약간의 직관을 곁들여 여러 번 연습해 본다면 큰 도움이 될 것이다.

남편과 별거에 들어간 아내가 다시 남편과 재결합해야 하느냐고 물어왔다. 그녀는 익괘益卦를 뽑았는데, 돌아가서 화해하는 게 좋다고 나왔다. 그녀는 내면에 있는 우주의 영을 불러일으켜 다시 사랑하고 합일하라는 의미로 해석했다. 화해와 재결합은 그녀가 상상했던 것보다 더 큰 축복을 주었다. 부부의 화합이 가정에서 최고로 군림했다.

주역과 타로카드

타로점을 잘 보는 걸로 세계적으로 유명한 점술가와 대화를 나눈 적이 있다. 그녀는 인생에서 가장 중요한 결정을 내리기 위해 타로점을 봤고 이어서 주역에 같은 질문을 했다. 똑같은 답이 나왔다. 결정에 행운이 따를 테니 계속하라는 것이었다. 그녀는 나에게 동일한 답이 나온 것에 대한 설명을 부탁했다.

타로 카드는 오늘날 카드 게임에 쓰이는 카드의 기원이 되는, 그림이 그려진 카드의 묶음이다. 각 카드는 목표 또는 지정된 현재의식의 상태를 묘사하고, 카드에 그려진 상징은 특정한 인식이나 능력, 기능을 뜻한다. 즉 마음의 상태를 나타낸다. 타로는 아주 오래되었기에 그 기원은 분명치 않은데 고대인에 따르면 특정 카드는 사랑, 결혼, 이혼, 죽음, 여행, 계약, 법률, 종교, 행운, 불행 등을 나타냈다고 한다. 카드를 섞으며 질문을 생각하면 자연스럽게 잠재의식은 현재 마음 상태에 적절하게 반응하는 카드를 택한다. 잠재의식의 글자나 다름없는 카드의 그림을 보면서 직관에 따라 알맞게 해석한다.

타로 카드에는 힘이 없다. 단지 종잇조각일 뿐이다. 하지만 이 카드를 고안한 고대인들은 각 카드에 특정한 의미와 상징성을 부여했는데 그러한 의미와 상징성은 집단의식에 쌓인 믿음을 가리킨다. 실력이 좋은 심령술사는 잠재의식을 두드려 카드가 뜻하는 바를 해석할 수 있다. 왜냐하면 고대의 선지자들이 부여한 밀교적 의미에 익숙하기 때문이다. 다르게 표현하면 이렇다. 친구가 중국어로 쓴 편지를 보냈는데 나는 그 편지를 못 읽는다고 가정해 보자. 그러면 중국어에 식견이 있는 사람을 찾아가 편지를 보여 주며 해석해 달라고 할 것이다. 잠재의식은 타로의 그림을 통해 나에게 메시지를 보낸다. 나는 그 의미를 명확하게 모르기에 심령술사에게 해석을 듣는 것이다.

나는 주역도 마찬가지라고 이 여성에게 설명해 주었다. 고대 신비주의자들은 괘, 효, 숫자에 특정한 의미를 부여했고 이러한 의미는 인류의 집단적인 현재의식에 새겨져 있다. 그래서 동전을 던지거나 시초蓍草나 구슬을 사용해 주역에 질문을 할 때 나는 모든 이 안에 존재하는 우주적인 잠재의식의 옛 지혜를 깨울 뿐이다

괘를 보고 생명을 구한 이야기

한 남성에게 종합 검진을 받아 보라고 권한 적이 있다. 복부에 애매한 통증이 있다고 몇 번이나 말했기 때문이다. 아내 역시 병원에 가보라고 강력하게 설득했지만 남편은 말을 듣지 않았다. 그는 통증을 줄이기 위해 강한 약물을 계속 복용했다. 물론 고통은 줄었지만 원인을 뿌리 뽑지는 못했다.

어느 날 밤 아내는 매우 생생한 꿈을 꾸었다. 꿈속에서 남편은 맹장이 터져 병원에 실려 갔고, 결국 수술을 받았다. 의사가 남편에게 "복막염이네요. 상태가 아주 심각합니다"라고 말하는 것을 들었다.

그녀는 주역에 남편의 문제를 물었다.

"남편이 당장 병원에 가봐야 하지 않을까요?"라고 묻자 승괘升卦가 나왔다. 승괘에는 '대인을 만나보라'라는 뜻이 담겨 있다. 이는 남편이 검진을 받아야 한다고 분명하게 확신을 주는 말이었다. 아내는 남편에게 꿈 이야기를 들려주며 주역이 답을 보여 준 방법을 설명해 주었다.

풀이를 듣고 마음이 쓰였던 남편은 결국 병원을 찾았다. 의사는 검사를 하자마자 그를 당장 입원시켰고, 아슬아슬하게 왔다며 언제라도 맹장이 터져 복막염으로 생명이 위험할지도 모를 상태였다고 덧붙였다.

아내는 남편이 인도를 받도록 기도했고, 아내의 잠재의식은 남편이 앓고 있는 병의 참모습을 드러냈다. 주역은 잠재의식의 인상이 실제로 일어난 일과 일치한다는 것을 확인해 주었다. 주역에 답을 구하고 의심하지 않고 빠르게 행동한 결과 남편의 목숨을 구할 수 있었다.

대인을 만나야 한다는 조언은 질문자가 구하는 답의 성격에 따라 영적 상담자, 변호사, 의사, 성직자 등을 찾아가야 함을 의미하기도 한다.

5

주역에서 자주 사용하는 용어

지금까지 괘가 잠재의식을 통해 기능한다는 것을 배웠다. 그 과정에서 주역은 특히 빗대어 설명한다는 것을 알았다. 이 책을 효과적으로 활용하려면 괘 설명에 쓰이는 용어를 최대한 익혀야 한다.

이 책의 목표 중 하나는 쉽게 이해하고 자주 답을 구할 수 있도록 주역의 메시지를 실용적인 언어로 풀이하는 것이다. 그래서 주역의 아름다운 상징에 진리와 이미지, 시적 언어로 표현한 또 다른 지혜의 근원, 성경의 상징을 곁들이기로 했다.

성경 구절을 인용하면서 때때로 성경의 상징이 주역에서는 무엇을 상징하는지 비교하며 살펴볼 것이다.

괘사와 괘상

괘사(풀이)는 괘가 내보이는 결론이나 결정을 뜻한다. 괘사는 잠재의식의 판결로 현재의 마음가짐과 인식을 통해 드러난다. 괘상(상징)은 효에 숨겨진 의미 또는 개인적인 삶, 사회생활, 직장 생활에서 정보를 활용하는 법을 의미한다.

길과 흉

잠재의식을 올바른 방법으로 사용하면 좋은 결과를 얻을 것이고 잘못된 방식으로 사용하면 불행이나 상실을 겪는다는 것을 의미한다.

무구

무구无咎는 상황을 구성하는 몇몇 요소가 내 통제 범위를 벗어났기에 비난을 면할 수 있음을 뜻한다. 이는 초기 결과가 불리하더라도 훗날 언젠가는 형세가 바뀔 수 있음을 의미할 수도 있다.

인

인吝, humiliation은 우주적 원리인 조화와 사랑에 따라 올바르게 생각하고 바르게 행동하지 않는다면 생명의 법칙을 어긴 대가로 굴욕을 당할 수 있음을 뜻한다. 주역은 언제나 자연스러운 흐름을 강조한다.

과오와 회

과오過誤는 고칠 수 있는 오류, 잘못이 없는 오류를 뜻한다. 과오를 범했지만 이를 바로잡는다면 아무도 나를 비난하지 않는다.

회悔는 숱한 오류를 범했고 실패했을지라도 지금부터 마음의 법칙을 올바른 방식으로 사용할 수 있음을 깨달으면 모든 종류의 후회와 회한을 극복할 수 있다는 의미다. 올바르게 생각하고 느끼고 행동하며 옳은 일을 시작하면 과거는 잊히고 더는 기억나지 않는다.

대인을 만나라

이 말은 상황에 따라 의미가 크게 달라진다. 하지만 기본적으로 조언과 상담, 후원을 통해 목표를 향해 뻗어 나가거나 문제 상황을 바로 잡아 줄 사람이나 단체를 가리킬 수 있다. 영적인 조언이 필요하면 믿고 존경하는 사람을 찾아 뵙고 법률 조언이 필요하면 사업 고문을 찾아가야 한다. 가장 좋은 조언을 줄 수 있는 사람을 진취적으로 찾아야 한다. 하지만 궁극적인 관점에서는 무한한 지성만이 나의 위대한 상담사이자 조언자, 나를 이끄는 빛이다. 무한한 지성의 현존에 인도를 구하면 응답을 주실 것이다.

미제

나는 심리적으로 내 안에 있는 선을 받아들일 수 있을 때까지 더 높은 곳으로 이동한다. 나의 마음은 물과 같아서 어느 그릇에 담느냐에 따라 모양이 달라진다. 미제, 즉 넓은 물을 건너다未濟, cross the water는 주역에 답을 묻게 한 소망이나 계획과 관련해 명확한 결정을 내려야 함을 의미한다. 결론을 내리고 상황을 종결하는 쪽으로 마음을 쏟는 것이 유리하다. 만약 육지나 바다를 건너는 여행이 필요하다면 그 상황을 끝내기 위해 실제로 길을 떠나야 할 수도 있다. 새로운 직책이나 과제에 대해 생각하고 관심을 쏟는다면 내면의 창조적 지성이 언제나 문제에 빛을 밝혀 줄 것이다.

우연

우연chance이란 사전에 예측되거나 이해할 수 있거나 통제할 수 있는 원인 또는 일련의 과정이 없음을 의미한다. 우연은 인생에서 일어나는 일들에서 중요한 역할을 한다. 주역은 사람들이 우연을 인지하게끔 한다. 어떤 일이 우연히 일어났다면 이는 종종 숨겨진 법칙이나 원칙을 꿰뚫어 볼 수 없었다는 것을 뜻한다. 이는 공포, 질병, 사고, 불운에 대한 집단의식의 선전을 허용할 때 가장 빈번하게 발생한다. 스스로 영원한 진리의 관점에서 생각하지 못할 때 집단의식은 내 생각에 부정적인 영향을 주고 나를 잘못된 방향으로 밀어 넣는다. 그러한 생각과 감정이 나를 통제하므로 사고와 질병, 장애가 생기고 '기회'가 부족하거나 상황이 따라주지 않는 등의 온갖 것들이 부족해진다.

'우연의 일치coincidence'란 우주에서 같은 공간 또는 시간상으로 같은 지점을 차지함을 의미한다. 사람들은 이 단어에 내포된 심리학적 의미를 이해하지 못한 채 자주 입에 올린다. 눈으로 보기에는 우연이지만 두 가지 이상의 사건은 현저하게 동시에 일어난다. 두 가지 비슷한 일은 종종 다른 장소에서 같은 때에 일어난다. 작용과 반작용은 삶에서 보편적으로 일어나기에 잠재의식에서 나오는 생각과 그에 대한 반응도 언제나 일어나고 있다. 외면 또는 외부 세계에서 경험하는 바는 내면(마음가짐)과 일치한다.

예를 들어 보자. 어느 날 나는 베벌리 드라이브를 걷다가 파리에서 안면을 튼 한 프랑스 여배우와 마주쳤다. 그녀는 얼마 전 미국에 도착해서 프랑스어로 된 내 책을 읽고 있었다고 했다. 나를 만나고 싶어서 전화번호부를 뒤졌지만 동명이인이 너무 많아서 어디로 전화를 걸어야 할지 난감해 하고 있었다. 그녀는 나와 마주친 상황을 우연의 일치라고 했지만 사실 잠재의식의 법칙을 완벽하게 작동시킨 것이었다. 강력한 생각과 소망이 잠재의식의 힘을 발동시켰고 잠재의식은 신성한 질서에 따라 만남을 주선했다.

6

주역으로부터 답을 구하라

주역이 무엇인지에 대해 이해했으니 이제 어떻게 하면 가장 좋은 결과를 내는지 실제 사용법을 배울 때다. 적절한 마음가짐이 가장 중요하지만 어떤 질문이 좋고 어떤 질문은 좋지 않은지, 어떤 단계를 거쳐야 질문에 답해 줄 괘를 얻을 수 있는지 아는 것도 못지않게 중요하다.

성공적으로 해답을 구하려면 우선 마음을 가라앉히고 긴장을 풀자. 내 안의 무한한 지성을 생각하고 열중해서 귀를 기울이면 무한한 지성이 그 본질에 따라 응답하리라는 사실을 알면서 주의를 집중하라. 어떠한 숨은 의도도 없어야 하고 신성을 깊이 경외해야 한다. 마음 깊은 곳의 지혜를 깨운다는 것을 알고 수용적이고 수동적인 자세를 취하면 결국 주역을 통해 응답을 줄 것이다.

질문은 명확하고 분명해야 한다. 질문에는 모호한 부분이 없어야 하고 양자택일 식의 질문은 좋지 않다. 다음은 적절한 질문의 예시다.

- 이혼해야 할까?
- 이 사람과 결혼할까?

- 제안받은 이 직책을 수락하는 게 나에게 이로울까?

- 해외로 가서 일을 하는 게 좋을까?

- 이 땅에 투자하는 게 좋을까?

- 주역은 이 금광의 미래에 대해 어떻게 생각할까?

- 이 은광에 투자하는 것이 나에게 유리한가?

- ○○○의 잠재의식에 숨겨진 문제는 무엇인가?

- 이 조직에서 나의 미래는 어떨까?

- 이 출판사가 내 원고를 수락할까?

- 나의 번영을 막고 있는 것은 무엇인가?

- 무엇이 나의 치유에 걸림돌이 되는 걸까?

- 국방부가 내 발명품을 사줄까?

어떤 식으로 질문해야 하는지 명확하게 보이지 않을 때도 있다. 특히 양자택일형 질문은 반드시 피해야 한다. 친구가 전화로 내게 조언을 구한 적이 있다.

"딸을 UC버클리에 보내야 할지, 유타주에 있는 브리검영대학교에 보내야 할지 모르겠어. 주역에 물어보면 될까?"

나는 질문을 이렇게 바꾸라고 조언했다.

"딸을 UC버클리로 보내려고 하는데 주역에 조언을 구합니다."

그리고 다른 대학에 관해서도 같은 방식으로 질문해 보라고 제안했다. "딸을 ○○○에 보내려고 하는데 주역에 조언을 구합니다"라고 질문한 후 괘가 내놓는 답을 비교하면 무엇이 더 유리한지 정할 수 있다.

이 과정을 따르니 문제는 매우 명확하게 해결됐다. 첫 번째 질문에는 갈등을 뜻하는 송괘訟卦가 나왔고, 두 번째 질문에는 행운과 성공을 나타내는 태괘泰卦가 나왔다. 그는 딸을 브리검영대학교에 보냈고, 딸은 즐겁게 대학을 다녔다.

동전 던지기

질문에 대한 답을 제시하는 괘의 효까지 도달하는 두 가지 간단한 방법이 있다. 하나는 동전이고 다른 하나는 구슬이다. 이보다 더 복잡한 방법도 있다. 시초 줄기를 이용하는 방법인데 줄기를 반복해서 섞고 고르고 다시 섞는다. 하지만 필요한 재료를 어디서 사는지 모른다는 게 흠이다.

동전을 사용하는 법은 이렇다. 먼저 같은 동전 세 개를 준비한다. 동전 세 개를 여섯 번 던져서 괘를 보는데 한 번에 한 효가 정해진다. 첫 번째 던져서 나오는 효가 가장 아래에 위치하는 1효다. 규칙은 다음과 같다. 한국 동전 기준으로 그림이 있는 쪽이 앞, 숫자가 있는 쪽이 뒤다.

1. 다수결 원칙
2. 앞면이 뒷면보다 많음 = 양효
3. 뒷면이 앞면보다 많음 = 음효
4. 두 개가 같은 면 = 불변효
5. 세 개가 같은 면= 변효(동효)

동전 세 개를 던져서 앞면이 뒷면보다 더 많이 나왔다면 실선인 양효를 그리고 뒷면이 더 많이 나왔다면 점선인 음효를 그린다. 그리고 앞면/뒷면 상관없이 세 동전이 모두 같은 면을 가리킨다면 '변효'라고 표시한다. 변효는 내가 얻은 괘를 바꾸는데, 밑에서 더 자세히 이야기 하겠다. 이렇게 여섯 번을 던지면서 효를 그린다. 효는 밑에서부터 그 리면서 괘를 쌓아라.

이제 408쪽으로 가서 64괘 일람표를 살펴보자. 내가 그린 괘의 상괘 와 하괘를 조합하면 64괘 중 무엇에 해당하는지 알 수 있다. 표를 참조 할 때는 괘의 효가 변효인지 불변효인지 신경 쓰지 않아도 된다.

괘를 변화시키는 동효

움직이는 효, 즉 변효(동효)는 어떻게 해야 할까? 변효가 없으면 동 전을 던져서 얻은 괘로부터 답을 도출하면 된다. 하지만 변효가 있다면 본래 얻은 괘 옆에 추가로 새로운 괘를 그려야 한다. 이 새로운 괘를 지 괘라고 한다. 첫 번째 괘(본괘)에서 얻은 불변효는 그대로 옮기고, 변효 는 반대 효를 그린다. 음효이면 양효를, 양효이면 음효를 그린다.

이렇게 두 번 그려 얻은 괘는 질문에 대해 더 자세한 답을 제공한다. 본괘는 내 질문의 근본적인 상황을 묘사하고, 지괘는 다른 사항을 고려 했을 때 어떻게 변할 수 있는지를 보여 준다. 본괘에서 얻은 긍정적인 답은 지괘에서는 반대로 부정적인 의미를 띨 수도 있고, 그 반대일 수 도 있다. 동효는 본괘가 어떻게 변하는지 보여 주지만 그 변화는 긍정 적이지도 부정적이지도 않을 수 있다. 본괘는 내가 물은 질문에 대한 진단, 지괘는 질문에 대한 예후라고 할 수도 있다.

동전을 던져서 단 하나의 괘만 나왔다면(동효가 없는 본괘), 9장의 괘사(풀이)와 괘상(상징)을 읽어 보자. 내 질문에 대한 답이 될 수 있다. 본괘가 나왔다면 효사는 해당하지 않으므로 읽지 않아도 된다.

동효가 있다면 다음 순서를 따른다.

1. 본괘에 대한 괘사(풀이)와 괘상(상징)을 읽는다.
2. 각 동효에 해당하는 효사를 순서대로 읽는다.
3. 지괘의 괘사(풀이)와 괘상(상징)을 읽는다.

동효에 해당하는 효사가 괘사·괘상과 모순되는 것처럼 보일 때는 동효의 효사를 우선시하면 된다. 명백하게 모순되는 특별한 이유가 숨겨져 있을 것이다. 의식은 이 사실을 인지하지 못할 수도 있지만 잠재의식은 괘에 귀를 기울였고 그래서 괘에서 변화가 일어났다.

효가 변하여 생긴 두 괘(본괘와 지괘)는 매우 다른 것처럼 보이고 의미가 서로 반하는 것처럼 보일 수도 있지만 사실 이 둘은 반대되지 않는다. 같은 사건의 초반부와 후반부 결과일 뿐이다. 다시 말해 어떤 마음가짐은 처음에는 매우 생산적이지만 나중에 가면 시들해져서 새로운 마음가짐을 향해 구불구불한 길을 걸어야 할지도 모른다.

동효의 수와 관계없이 질문에 대한 답은 두 괘뿐이니 본괘와 지괘만 살피면 된다.

구슬 뽑기

4색 구슬을 색깔마다 7~8개씩 준비한다. 주머니나 상자 안에 넣고 눈으로 보지 않고 뽑을 것이기 때문에 촉감으로 구분할 수 없게 크기와 재질은 정확하게 같아야 한다.

4색, 예를 들어 빨 주 노 초라고 했을 때 각각을 양효, 양효 변, 음효, 음효 변으로 정한다. 어떤 색상과 어떤 효가 짝인지는 중요하지 않다.

구슬을 하나씩 뽑으면서 효를 그린다. 마찬가지로 밑에서부터 그리면서 괘를 쌓아라. 주의해야 할 점은 구슬을 꺼내 효를 그린 다음 다시 보관함에 넣고 다른 구슬을 뽑아야 한다는 것이다. 이게 전부다.

동전 던지기든 구슬 뽑기든, 어떤 방법을 사용하든 약간의 연습을 거치면 제2의 본성처럼 아주 자연스러워질 것이다.

64괘 일람표

상괘 하괘	건 ☰	진 ☳	감 ☵	간 ☶	곤 ☷	손 ☴	리 ☲	태 ☱
건 ☰	건괘 (p.422)	대장괘 (p.495)	수괘 (p.431)	대축괘 (p.477)	태괘 (p.443)	소축괘 (p.439)	대유괘 (p.451)	쾌괘 (p.518)
진 ☳	무망괘 (p.475)	진괘 (p.537)	둔괘 (p.427)	이괘 (p.479)	복괘 (p.473)	익괘 (p.515)	서합괘 (p.466)	수괘 (p.458)
감 ☵	송괘 (p.433)	해괘 (p.510)	감괘 (p.484)	몽괘 (p.428)	사괘 (p.435)	환괘 (p.559)	미제괘 (p.575)	곤괘 (p.528)
간 ☶	돈괘 (p.493)	소과괘 (p.567)	건괘 (p.507)	간괘 (p.540)	겸괘 (p.453)	점괘 (p.542)	여괘 (p.550)	함괘 (p.488)
곤 ☷	비괘 (p.446)	예괘 (p.455)	비괘 (p.437)	박괘 (p.470)	곤괘 (p.424)	관괘 (p.464)	진괘 (p.498)	췌괘 (p.523)
손 ☴	구괘 (p.521)	항괘 (p.491)	정괘 (p.530)	고괘 (p.460)	승괘 (p.526)	손괘 (p.553)	정괘 (p.535)	대과괘 (p.482)
리 ☲	동인괘 (p.448)	풍괘 (p.547)	기제괘 (p.571)	비괘 (p.468)	명이괘 (p.500)	가인괘 (p.502)	이괘 (p.486)	혁괘 (p.532)
태 ☱	이괘 (p.441)	귀매괘 (p.545)	절괘 (p.561)	손괘 (p.512)	임괘 (p.462)	중부괘 (p.564)	규괘 (p.504)	태괘 (p.556)

7

주역의 신비로운 괘 해석하기

　적절한 질문은 무엇인지 그리고 질문에 답을 주는 괘는 어떻게 도출해 내는지를 배웠으니 이제 받은 답변의 해석에 어떻게 접근해야 할지 고민해야 할 때다. 풀이 그 자체를 읽으면 어느 정도 명확해지겠지만 이러한 접근법은 더 넓은 맥락에서 괘를 해석하는 데 도움이 된다.

　괘를 해석하는 첫걸음은 내가 받은 괘에 대해 조용히 생각하면서 동시에 더 깊은 마음속에 있는 지혜가 떠올라 현재의식에 더 분명하게 들어온다는 점을 깨닫는 것이다. 이로써 답을 인식하고 직관적으로 알 수 있게 한다. 내가 받는 해답은 메시지다. 흔히 사차원이라고 부르는 차원으로부터 투영된 것이다. 생명의 사차원은 우리 주위에 있으며 우리가 알고 있고 살고 있는 일상의 평면을 관통한다.

　매일 밤 잠이 들 때면 우리는 더 높은 차원으로 마음이 가고 가끔은 꿈에서 인생의 문제에 대한 해답을 받는다. 사건이 일어나기 전에 미리 일어날 일을 보는 경우도 많다. 어떤 사건이 삼차원 또는 객관적인 삶의 평면에서 일어나기 몇 주 또는 몇 달 전에 그 사건을 꿈에서 목격할 때도 있다.

경험이나 사건, 성공과 실망이 이미 깊은 마음속에 있다면 실제로 일어날 것이다. 현재 마음 상태가 나의 미래를 결정하므로 미래는 현재의 사고와 믿음이 발현되는 결과물이다. 사차원의 마음에서 시작과 끝은 같다. 다시 말해, 생각과 사물은 하나다. 왜냐하면 더 높은 차원에서는 시공간이 존재하지 않기 때문이다.

전 세계에 있는 모든 비행기가 동시에 파괴되었다고 가정해 보자. 비행기에 대한 아이디어를 가지고 있던 기술자는 마음속에 있는 비행기의 형상을 자신의 작업장에서 재건할 수 있고 전 세계의 공장은 수백만 개에 달하는 비행기를 만들어 낼 수 있다. 그래서 현실에서 비행기는 더 높은 의미에서 정말 사라진 적이 없다. 진짜 비행기는 엔지니어의 마음속에 있다.

내가 찾는 진정한 답은 내 마음속에 있다. 괘와 괘사는 답변의 청사진이자 스케치일 뿐이다.

주역으로 미래를 보고 바꾸다

주역의 기법, 즉 동전을 던지거나 구슬 또는 시초를 사용하여 마음속 더 깊은 곳으로부터 해답을 구할 수 있다. 내 속의 깊은 마음은 선견지명이 있다. 외부 세계에서 객관적으로 경험하거나 상황이 발생하기 전에 사물에 대한 지식을 가지고 있다. 잠재의식은 다가올 일에 대해 알고 있으며, 주역은 현재의 마음 상태를 드러내고 잠재의식이 만든 조건과 수용한 내용에 근거하여 무슨 일이 일어날지 알려 준다.

이렇게 함으로써 미래를 변화시켜 실제로 내가 원하는 모습으로 빚어 나갈 힘을 얻는다. 질문에 대한 답으로 받은 괘가 손실을 경고한다면, 나는 마음을 바꿀 기회를 얻는 것이다. 불확실한 모험을 다른 방식으로 접근하면 맹목적으로 접근했을 때보다 더 유리한 결과를 도출 해낼 수 있다. 이 새로운 미래는 현재의식이 원한다고 생각하는 걸 가져다주지 않을 수 있지만, 잠재의식으로 하여금 거울로 보는 것같이 희미하게 보이던 재난을 방지하게 할 것이다.

20년 이상 주역을 공부해 온 의사가 "나의 건강에 관해 의견을 제시해 주었으면 합니다"라고 주역에 부탁했다. 그러자 주역은 그에게 '대인을 만나라'라고 조언했다. 대인은 지혜나 영적 능력이 뛰어난 사람, 실력이 좋은 의사나 변호사 등의 전문가를 뜻한다. 의사는 동료 의사를 만났고 엑스레이 검사 결과 그가 의식하지 못했던 병변이 발견됐다. 그는 당장 치료를 받았고 그 이후 건강은 놀랄 정도로 개선되었다.

이 내과 의사는 잠재의식이 직관적으로 병변의 존재를 파악했다는 것을 깨달았고 괘의 조언으로 그 결과를 내보였다. 그리고 신속하게 행동하여 나중에 생길 만한 많은 문제를 피했다.

모든 문제에 대한 해결책, 모든 문제에 대한 해답, 숲에서 길을 잃었을 때 빠져나올 방도는 언제나 존재한다는 점을 기억하라. 내 안에 있는 무한한 지성이 답을 알기 때문이다. 주역과 경이로운 상징은 나를 무한한 지성과 직접 맞닿게 한다.

어떤 목소리를 듣고 있는가?

주역으로부터 얻는 답변은 부정적이거나 긍정적으로 보일 수 있다.

하지만 부정적인 목소리는 내가 외부 세계에서 부정적인 생각과 감정을 받아들였기 때문에 들렸음을 기억하라.

얼마 전에 만난 한 남성은 내면에 거하시는 무한한 지성의 자아가 자신에게 말하는 것인지, 아니면 부정적인 감정이 자신을 부추기는 것인지 판단하는 데 큰 어려움을 겪었다고 했다. 그는 신문을 읽고 있었는데, 신이 그룹의 다른 구성원들을 죽이라고 주장했다는 사이비 종교 지도자를 광적으로 따르는 사람들에 대한 기사가 실려 있었다. 외부로부터 부정적인 생각과 인상을 받으니 부정적인 감정에 휘말려서 고통받는 건 어쩌면 당연하다. 이 이야기와 유사한 이야기를 읽고 잠재의식이 반응해서 부정적인 감정의 일부가 생겼을지도 모른다.

비슷한 기사가 얼마 전에도 실렸다. 신이 장모를 죽이라고 했다는 기사다. 신은 누구를 죽이라든가, 파괴하라는 충동을 일으키지 않는다. 신은 온전히 선에 관한 이야기만 하시는 분이기 때문이다. 이러한 충동은 그 남성의 부정적이고 파괴적인 사고에서 나온 것이다. 그리고 그의 생각은 잠재의식에서 혼란을 일으키는 감정을 만들어 낸다. 누구를 죽이고자 하는 충동은 마음속에서 나온 것이다. 살인적이고 혐오스러운 생각이 "장모를 죽여라"라는 자신의 목소리를 실제로 듣게 한 것이다. 그는 잠재의식 안으로 가져온 것을 바깥으로 빼냈다. 덜 부정적인 생각에도 이 원칙은 똑같이 적용된다.

나를 괴롭히는 부정적인 생각을 떨쳐 버리려면 모든 사람을 향한 선한 의지를 의미하는 황금률과 사랑의 법칙에 기반한 동기를 가져야 한다. 만약 이면에 동기가 있다면 그리고 마음이 두려움과 원망으로 가득 차 있다면 잠재의식은 깊은 곳에 기록한 내용과 똑같이 충동과 자극에 반응할 것이다. 그리고 당연히 부정적인 성격을 지닐 것이다.

주역에서 받는 메시지도 잠재의식에 영향을 미치는 자극 중 하나다. 내 주변과 세상에 영향을 미치기에 주역은 잠재의식의 생각을 드러낸다. 주역에 묻기 전에 생각을 정리하기 위해서는 다음 절차를 따르면 된다. 의미를 담아 다음과 같이 확언하라.

내 동기는 옳습니다. 모든 사람에게 사랑과 선의를 비추며 그들이 삶의 모든 축복을 누리길 간절히 바랍니다. 나는 사랑의 우주를 무조건 믿으며 무한한 지성으로부터 오는 자극과 속삭임, 충동이 항상 생명과 우주의 섭리를 향한다는 것을 알고 있습니다. 인생에서 갈망하는 모든 것과 내가 묻는 모든 질문은 단 한 가지의 방법인 신성한 법과 질서로 다가옵니다. 조언을 구할 때 얻는 메시지와 지시가 현재의식이자 추론하는 마음으로 들어오며 이 메시지가 선하다는 것을 인식합니다.

이 기도를 반복하고 진심을 담아 기도를 전하면 진정으로 신성한 인도를 인식하는 데 어려움이 없을 것이다.

종종 주역은 어떤 과정에서 멈추라고 지시하는데 그 이유는 명백하다. 부정적인 감정에 휘둘려서 현재의 내가 거치는 과정이 손실과 제한으로 이어질 수 있기 때문이다.

언제든지 '빛으로' 돌아가 삶의 모든 방면에서 신성한 법칙과 질서를 주장할 수 있다. 속임수를 쓰거나 기만하거나 타인의 이득을 취하려고 해서는 안 된다. 왜냐하면 이러한 부정적인 태도는 온갖 불행과 고통, 상실을 경험하게 하기 때문이다.

다음의 명을 따르라.

"너희는 무엇이든 남에게 대접을 받고자 하는 대로 너희도 남을 대접하여라. 이것이 율법과 예언서의 본뜻이다."(마태복음 7장 12절)

주역에 답을 구하고 받은 답을 해석하는 동안 이 황금률을 마음에 새겨야 한다.

8
주역에서 인도를 받은 사람들

한때 중국 사회에서 주역과 신비로운 상징은 고위층만 누릴 수 있는 전유물이었다. 하지만 시간이 흐르면서 주역에 담긴 힘과 조언을 쉽게 구할 수 있다는 용이성 덕분에 주역은 중국인들의 일상에 스며들었고, 마침내 전 세계 수백만을 사로잡는 삶의 일부가 되었다.

이 책에서 소개하는 사례나 일화의 주인공, 주역에 조언을 구하고 꿈이나 직관을 통해 교감한 사람들은 중국의 현자나 전문 학자가 아니다. 그들은 나처럼 현대인의 삶 속에서 생기는 일반적인 고민이나 희망, 두려움을 가진 사람들이다.

주역과 괘를 올바르게 사용하려면 올바른 마음가짐을 가지고 있어야 한다. 또한 일상생활에서 나를 둘러싸고 있는 희망과 두려움, 걱정과 관련하여 내 현 위치를 이해해야 한다. 괘에 답을 묻고 괘사를 읽으면 늘 적절한 마음 상태를 유지하는 법을 익힐 수 있다. 주역을 경외하고 사소하게 여기지 않는다면 주역의 일상적 활용은 도움이 되고 정신적·감정적으로도 건강해진다.

만약 친구나 남편, 아내를 존경심을 가지고 대한다면 그들은 나에게

천배로 돌려줄 것이다. 반면 그들이 주는 사랑이나 우정을 당연시한다면 나에게서 멀어질지도 모른다. 주역도 마찬가지다.

나를 가볍게 대하지 말라!

'러브 앤드 피스' 구호가 지구를 뒤덮고 구슬 목걸이에 나팔바지를 입은 젊은이 무리가 우주적인 힘을 찾기 위해 배회하던 시절, 몇몇은 주역을 활용해서 자신의 여정을 계획하기로 마음먹었다.

괘의 의미와 상징성을 묻는 대신 소성괘 간의 관계를 나침반의 끝과 연결 지어 도로의 분기점에서 어느 방향으로 갈지를 물었다. 가끔은 '남쪽' 또는 '서쪽'으로 가라는 괘의 조언을 따랐다. 괘의 지시를 따라 도로에서 도로로, 마을에서 마을로 다니며 진리의 길을 향해 나아간다고 생각했다. 다시 말해 동전만 던져서 어디로 갈지 정한 셈이다.

동전을 계속 던지는 게 지칠 만도 하지만 하루이틀은 재밌었다. 그중 한 명은 자꾸 '청춘의 어리석음'을 뜻하는 몽괘蒙卦가 나오는 게 마음에 걸렸다.

마침내 그들은 선택의 순간을 마주했다. 도로에서 벗어나 가파른 절벽의 기슭으로 향하거나 뒤로 돌아가야 했다. 주역에 물으니 청춘의 어리석음을 뜻하는 괘가 나왔다. 다시 물으니 같은 괘가 또 나왔다. 만약 그 길을 따라갔더라면 절벽의 끝자락에 다다랐을 것이다.

이 시점에서 일행은 괘의 경향을 알아차렸다. 몽괘가 보여 주는 실제 메시지는 계속해서 질문하면 현자의 인내심도 바닥난다는 거였다. 어느 지점에 다다르면 젊은이는 경청하고 충고를 마음에 새겨 이를 따라야 했다.

마침내 괘로부터의 메시지를 이해한 젊은 여행자들은 주역을 제쳐 두고 지도를 보면서 앞으로 나아갔다. 괘는 "나를 가볍게 대하지 말라. 스스로 답할 수 있는 바보 같은 질문으로 나를 귀찮게 하지 말라"라는 메시지를 던진 것이다.

주역으로 승진하다

'깨어나는 시간' 동안 수다를 떨고 웃어대는 사람들이 나오는 아침 방송을 보거나 뉴스 헤드라인을 살피며 세계가 돌아가는 모습을 걱정 하는 사람들을 우리 주위에서 쉽게 볼 수 있다.

하지만 내 지인은 주역을 들여다보며 시간을 보낸다. 그는 하루를 어떻게 보낼 것인지 구체적인 계획을 세우지 않으며 다른 사람으로부 터 이득을 취할 비밀스러운 방법을 모색하지도 않는다. 대신 잠재의식 과 맞닿기 위해 그리고 정신적으로 높이 올라갈 수 있도록 짧게 묵상 하고 주역에 답을 구한다. 이렇게 하루를 자신감 있게 시작하면 상대적 으로 사소한 일들은 적절하게 쳐내며 중요한 일들에 집중할 수 있다.

예를 들어 아침에 묵상하다가 박괘剝卦가 나왔고, 효가 변해 간괘艮 卦로 바뀌었다. 상징을 살펴보면 박괘는 마음을 흐리게 할 수 있는 부 정적인 생각과 인상으로부터 자신을 떨어뜨려 놓아야 한다는 경고다. 한편 간괘는 그렇게 함으로써 순수한 관념의 상태에 도달할 수 있으니 마음을 깨끗이 하고 미래의 일로 향해야 한다는 조언이다.

주변에서 일어나는 사건은 여러 의미에서 잠재의식의 산물이다. 좀 더 현실적인 차원에서 말하자면 괘의 조합은 그에게 어떤 상황으로부터 스스로를 떨어트려야 한다고 경고했다. 그러지 않으면 그는 부정적인 아이디어와 이미지, 심지어 사람들에게 더 크게 선동될 것이었다.

공교롭게도 그는 직장에서 동료들이 어떤 상사에 대해 험담하는 자리에 끼게 되었다. 동료들은 상사가 무능해서 작업 환경이 열악해졌고, 오히려 부하 직원들이 상사의 일을 더 잘 할 수 있다고 생각했다. 아침에 얻은 괘의 메시지를 고려해서 그는 정신적으로 그 상황과 멀어지기 시작했다. 부정적인 험담에 더는 말을 보태지 않고 자기 일을 더 효율적으로 해나가는 데 중점을 두었다.

바로 그날, 불만을 토로했던 직원들의 험담이 줄어들기 시작했다. 그 후 며칠 동안 험담에 관여하지 않을수록 자신이 맡은 업무를 더 인내심 있게 해낼 수 있다는 점을 깨닫게 되었다. 문제 자체는 저절로 해결되지 않았지만 상황이 잦아드는 것처럼 보였다.

어느 날 상사는 직장을 옮긴다고 말했고 이 남성이 상사의 자리를 인계받았다. 주변 사람들보다 더 똑똑하다거나 더 훈련받은 건 아니었지만 그들에게는 부족했던 자질 하나가 그에게는 있었다. 그는 하던 일에 계속 집중했다. 험담에 끼지 않는다고 모두가 그를 비난할 때 머리를 더 꼿꼿이 세웠다. 다른 사람이 할 수 없던 일을 할 수 있었던 이유는 친구이자 상담사인 주역 덕이다.

결혼 상대를 구한 주역

현대 사회에서는 남녀 구분 없이 똑같이 일하고 기회가 균등하게 주어진다. 이런 세상에서 스트레스와 압박감은 넘쳐 나기 마련이다. 야망과 재능이 있는 두 사람이 결혼해서 경력을 쌓고자 할 때는 더 그렇다.

고학력에 전문적인 경력을 쌓고 눈에 띄는 성공을 이룬 30대 초반의 여성을 예로 들어 보겠다. 그녀에게 기회는 무한해 보인다. 침대 옆자리에 누운 남편은 야망이 적고 자신보다 가방끈은 짧지만 아주 훌륭한 자질을 갖추고 아내를 끔찍하게 사랑하며 아내가 달성한 일들에 대한 자부심으로 가득하다. 여전히 남편을 사랑하고 수년간 함께 시간을 보냈지만 성공의 사다리를 올라가면서 이제 부부 동반 행사에 남편을 데려가는 것이 조금 부끄러워지기 시작했다. 동시에 재능과 야망, 교육환경이 비슷한 남성이 함께 미래를 꾸려 나가자고 넌지시 제안하고 있었다. 딜레마에 빠진 그녀는 고민했고 여러 감정 중 무엇이 맞는지 혼란스러웠다.

상황을 명확하게 보기 위해 동전을 던졌다. "남편과 헤어져야 합니까?"라는 질문에 본괘는 대장괘大壯卦, 지괘는 대유괘大有卦가 나왔다.

본괘는 자신에게 엄청난 힘이 있으나 현명하게 사용해야 할 책임이 있다는 메시지였다. 변효는 교착된 상황에서 벗어나도록 애써서는 안되고 그 대신 계속 유연한 자세를 취하면서 상황을 해결할 수 있는 다른 방법에 주의를 기울이라고 했다. 지괘는 더 흥미로웠는데 너무 많은 것과 너무 적은 것 사이에서 균형을 맞춰야 한다고 했다.

다시 말해 혼외 관계를 선택하여 억지로 상황을 바꾸려 하는 것이 잘못임을 정확히 꼬집는 것이었다. 왜냐하면 이는 당시 결혼 생활에서 남편보다 강한 권력을 지닌 그녀가 자신의 힘을 오용하는 것이었기 때문이다.

괘를 종합해 본 결과 균형의 필요성은 매우 명확했다. 아내는 잘못된 행동을 하고 불륜을 저지르는 대신 올바른 행동을 선택했다. 남편의 잠재력 발휘를 방해하는 자신의 행동들을 되돌아봤고 남편도 사실 야망이 없는 게 아니라는 사실을 깨달았다. 아내의 야망 성취를 돕기 위해 자신의 야망을 뒷전에 둔 것이다.

이 점이 명확해지자 아내는 남편이 교육을 받거나 개인적인 꿈을 이루는 데 시간을 할애할 수 있도록 자신의 경력을 위해 쓰는 시간을 줄였다. 괘가 보내는 메시지에 귀를 기울였기 때문에 부부는 갈라서지 않았을 뿐만 아니라 오늘날에도 함께 각자의 목표를 추구하며 행복한 삶을 살고 있다.

직장을 구한 주역

회사의 임원이 직원에게 다가가 말했다. 지식이 많고 실력이 뛰어나며 양심적이라서 사람들이 그를 존경한다며 승진을 제안했다. 급여는 훨씬 많아지고 책임과 권위도 늘어날 것이다. 그는 이런 날이 오기를 바라면서 아주 꼼꼼하게 일했고 경영진은 그가 노력해서 키우려던 자질을 정확하게 꿰뚫어 봤다. 친구와 가족, 동료들은 정말 좋은 기회라며 그 제안을 받아들이라고 했다.

그런데도 이 남성은 뭔가가 마음에 걸렸다. 그래서 잠재의식으로부터 나오는 이 느낌을 따라야 하는지 물었고 감정을 좀 더 구체적으로 들여다보기 위해 주역에 답을 구했다.

본괘는 박괘剝卦괘였고 효가 동하여 '진보'를 뜻하는 진괘晉卦로 변했다. 진괘는 사람들의 사랑을 받고 큰 명예를 얻은 '권력을 쥔 왕자'에 관한 것인데 자신의 상황을 많이 반영하는 듯했다. 하지만 한 변효는 어둠이 가까워지고 재난 현장을 떠나는 걸 의미했다. 이 시나리오를 강조하듯 지패는 선의 힘을 점차 무력화하는 암흑의 형상을 상징했다. 주역은 지금 행동하면 안 된다는 조언을 주고 있었다.

　메시지는 분명했다. 경영진은 승진을 권했고 친구와 가족도 그걸 바랐지만 남성은 제의를 정중하게 거절했다. 얼마 후 주역이 왜 그런 결정을 내리라고 조언했는지 분명해졌다. 승진 제안을 한 임원은 꼼수를 사용해 회사로부터 자금을 빼돌린 혐의로 해고되었다. 시간이 지나고 보니 남성에게 제안했던 자리에 대신 들어간 직원은 계략의 중심에 서 버렸다. 그것도 자발적으로 관여한 게 아닌 새로운 일을 맡으면서 미숙한 부분을 이용당했다. 다시 말해 그 남성이 승진했다면 범죄를 저지르려는 의도를 가진 임원에게 속아 넘어간 사람이 되었을 것이다. 사회적 지위가 올라가기는커녕 기껏해야 멍청이로 보였을 수도 있었다.

　나중에 그는 성공했다. 아마 그 성공이 더 크게 느껴진 이유는 다른 모든 사람이 잡으라고 조언했던 기회를 마다하고 주역의 조언을 따랐기 때문일 것이다.

9
주역 64괘의 의미

주역에 질문을 하고 그에 대한 답으로 하나 이상의 괘를 얻었다면 이 장에서 풀이를 읽고 그 의미를 되새겨 볼 수 있다. 408쪽의 표에서 괘를 찾아서 살펴보면 된다.

괘의 구조에 대해 더 심도 있게 익히고자 각각의 효를 살펴보는 것은 괜찮지만, 질문에 대한 답변을 받기 위해서는 특정한 경우의 '동효'를 고려해야 함을 명심하라. 사람들은 개인적인 질문에 답을 받을 때 괘 하나만을 살펴보지만 마음과 정신을 풍요롭게 하려고 지혜의 책을 읽는 것처럼 64괘에 대한 풀이를 읽다 보면 많은 것을 배울 수 있을 것이다.

건괘乾卦 : 창조적

 상괘: 건, 창조적, 하늘
하괘: 건, 창조적, 하늘

고대 중국의 신비주의자들에 따르면 우주와 인간을 창조하기 위해 신은 인간을 남성/여성 둘로 나눴고, 양(남성)과 음(여성)의 상호작용을 통해 온 우주가 탄생했다.

괘를 실질적으로 해석하기 위해서는 먼저 건을 내 안에 있는 남성적인 원칙, 즉 선택하고 선정할 수 있는 능력을 갖춘 현재의식으로 바라보아야 한다. 그러한 능력이 있기에 건은 주도권을 가지는 힘이 있다. 잠재의식은 잠재의식에 남긴 인상을 충실하게 발현해 내므로 이미지, 사고 패턴을 비롯해 잠재의식에 어떤 인상을 남길지 선택할 수 있다.

현재의식은 신이 우주에 있는 태양과 달, 별, 은하 등 우주에 있는 모든 것을 창조하신 과정과 비슷한 과정을 거쳐 나의 조건과 경험, 사건을 만들어 내기 때문에 현재의식은 영에 비유될 수 있다.

나는 신의 이미지를 가지고 신과 비슷한 모습을 띤다. 나의 마음은 신의 마음이고 나의 영은 신의 영이다. 현재의식, 추론하는 마음, 선별적이고 의지가 있는 마음은 영처럼 절대적으로 순수하고 티 하나 없이 깔끔하며 완벽하지는 않다. 하지만 기능하는 능력 즉 선택하고 시작하는 능력이 있다는 점에서는 영과 일치한다. 이를 설명하는 건 주역의 괘가 정신 상태 그리고 나의 특정한 세계와 밀접한 관련이 있다는 것을 분명히 밝히기 위해서다.

괘사 빛이 밝힌 현재의식은 오직 신의 아이디어와 영원한 진리만을 택한다. 영원한 진리의 실체를 느낄 때 진리는 잠재의식에 가라앉아 씨앗처럼 뿌린 대로 자란다.

괘상 신은 전능하신 생령이자 유일한 현존, 원인, 권능 그리고 실체다. 지고한 권세와 정신적으로 하나가 되면 삶이 활기차고 강력해진다.

초구　당분간 잠잠하고 침착하게 있으면 제때 올바른 길이 펼쳐질 것이다. "잠잠하고 신뢰하여야 힘을 얻을 것이다."(이사야 30장 15절)

구이　내가 존중하고 신뢰하는 사람에게 조언을 구하는 것이 유리하다. 신께서 나를 적절한 사람에게 인도하심을 알아라.

구삼　일을 마치고 집에 돌아오면 긴장을 풀고 모든 걸 놓아주어라. 하루의 근심과 다툼에서 벗어나 내 안에 임재하는 신에 대해 곰곰이 생각하라. 조화를 이루는 신의 능력이 나를 통해 흐른다는 걸 알아야 한다. "모든 권세는 하나님께로부터 온 것이며"(로마서 13장 1절) 사랑 안에서 걸으면 모든 일이 잘 풀릴 것이다.

구사　신의 바른 행동이 나를 지배하고 있다는 걸 알고 믿으며 분명한 결정을 내려라. "모든 일을 사랑으로 행하라."(고린도전서 16장 14절)

구오　영적인 마음을 가진 사람을 만나 조언과 자문을 구하는 게 좋다. 모든 면에서 영적인 인도를 받는다는 걸 알아라. 행운은 나의 것이다.

상구　모든 사람 안에 있는 신성에 경의를 표하라. 친절하고 배려심을 가지고 모든 사람이 건강하고 행복하기를 빌라. 평화로운 삶과 인생의 모든 축복을 누리기를 빌어 주어라. 자신 또는 다른 사람에 대해 부정적인 생각을 품은 것을 용서하라. "너의 이웃을 네 몸처럼 사랑하여라."(레위기 19장 18절) "사랑 안에 있는 사람은 하나님 안에 있고"(요한일서 4장 16절) "너희도 사랑으로 살아가라."(에베소서 5장 2절)

곤괘坤卦 : 수용적

상괘: 곤, 수용적, 땅
하괘: 곤, 수용적, 땅

곤괘는 신의 여성적인 측면을 뜻한다. 성모 마리아, 페르시아의 성 소피아, 수동적인 원리, 성령, 우주적 잠재의식, 위대한 창조자 또는 법칙이라고도 불린다. 성경에서는 마음(잠재의식)이라고도 불리며 율법 또는 여성과 아내라고 일컬어지기도 한다. 성경은 남편이 아내를 다스려야 한다고 말한다. 즉 남성적인 측면이 스스로의 여성적 측면을 수태시키면 패턴이 만들어진다는 뜻이다.

이 책의 목적에 부합하려면 2괘인 곤괘를 나의 창조적인 매체인 잠재의식으로 보아야 한다. 잠재의식은 모든 창조물의 '노하우'를 가지고 있다. 현재의식 그리고 선택하는 마음은 아이디어와 계획 또는 목적을 선택한다. 그리고 이러한 아이디어를 마음속 더 깊은 곳으로 넘길 때 나름의 방식으로 아이디어를 실현한다. 나의 잠재의식이 속해 있는 우주적인 잠재의식은 세계가 어떻게 생겨났는지 알고 있다. 잠재의식은 신체를 창조하고 신체의 과정과 기능을 알고 있다. 무한한 지혜와 무한한 지성을 가진 존재다. 현재의식이 주의를 기울이고 자신감을 가지고 지탱하는 모든 패턴에 잠재의식은 결실을 가져다줄 것이다. 잠재의식은 모든 것을 실현하는 마음의 표면이다.

괘사 나의 잠재의식은 신의 모든 능력과 속성, 자질을 품고 있다. 성경에서 이는 결혼 전에 성령을 임신한 마리아라고 불리는데, 성령은 거룩하거나 온전한 영을 의미한다. 임신한 상태에서 다스리시는 신의 능력이 있으며 성취의 노하우를 가지고 있다. 잠재의식의 힘을 두 가지 방법으로 사용할 수 있다. 좋은 생각을 하면 좋은 일이 생기고 나쁜 생각을 하면 나쁜 일이 생긴다. 무엇이든 진실하고 고귀한 신과 같은 것을 생각하면 건강과 행복, 평화를 놀라울 정도로 수확할 것이다.

괘상 정원에 씨앗을 뿌리는 것과 같은 방식으로 잠재의식에 원하는 것을 뿌릴 수 있다. "신은 나를 사랑하고 지배합니다. 모든 면에서 나를 인도하고 지도합니다"라는 확신이 나를 지배하게 하라. 그렇게 하면 외부 세계는 나를 지배하는 확신의 이미지와 유사하게 녹아들 것이다.

초육 마음을 나쁜 감정과 원망으로부터 깨끗이 해라. 다른 사람들을 용서했을 때를 스스로 안다. 마음속에서 그 사람들을 만날 수 있고 남아 있는 상처가 없을 때 진정으로 용서한 것이다. "선한 일에 전념하도록 하라."(디도서 3장 8절)

육이 무슨 일을 하든 번영할 것이다. 신성하게 옳은 행동과 성공은 지금 나의 것이라는 걸 알아 두자. "하는 일마다 잘될 것이다."(시편 1편 3절)

육삼 신은 나의 공급의 근원이자 상사이며 통치자, 지도자임을 깨우쳐라. 이 모든 영광을 신께 돌려라. 자랑하거나 뽐내지 마라. "나는 신의 힘으로 모든 것을 할 수 있습니다. 신의 힘은 나를 강인하게 합니다"라는 진리를 깨달아라.

육사 긴장을 풀고 모든 걸 놓아주라. 잠잠하고 침착하여야 한다. 신을 신뢰하면 모든 일이 잘 풀릴 것이다. "아무것도 염려하지 말고, 모든 일을 오직 기도와 간구로, 바라는 것을 감사하는 마음으로 하나님께 아뢰어라."(빌립보서 4장 6절)

육오 무슨 일을 하든 번영한다. "오늘은 우리 주님의 거룩한 날로 주님 앞에서 기뻐하면 힘이 생기는 법이니"(느헤미야 8장 10절) "지혜의 길은 즐거운 길이요, 그 모든 길에는 평안이 있다."(잠언 3장 17절)

상육 마음에 어떤 갈등이 있든 결국에는 선으로 악을 극복할 수 있다는 것을 깨달아야 한다. 부정적인 생각과 싸우지 말고 사랑, 조화, 평화의 건설적인 생각을 심어라. 빛이 없는 것을 어둠이라 하므로 빛은 어둠을 몰아낸다. 이제 신과 일치됨을 느껴 보라. 그럼 신의 평화의 강이 나를 통해 흐르고 괴로운 마음에 평화를 가져다줄 것이다.

둔괘屯卦 : 시작의 어려움

 상괘: 감, 수렁, 물
하괘: 진, 솟아남, 우뢰

괘사 모든 해결책은 끈기와 인내를 통해 나오며 전능하신 신의 힘을 통해 목표를 달성할 수 있음을 안다. 올바르게 생각하고 느끼고 행동하며 올바른 사람이 되어야 한다. "끝까지 견디는 사람은 구원을 얻을 것이다."(마태복음 10장 22절)

괘상 신이 모든 문제 위에 군림하심을 알고 용기 있게 해야 할 일과 맞붙어 싸우라. 신성한 법과 질서가 나의 모든 활동을 지배한다는 것을 깨달아야 한다.

초구 내 잠재의식에 있는 무한한 지성이 내가 알아야 할 모든 것을 알려 주고 지금 내게 필요한 사람들이 나를 도와주고 신성하게 인도해 주리란 걸 깨달으면서 인내하라. "네 갈 길을 주님께 맡기고 주님만 의지하여라. 주님께서 이루어 주실 것이다."(시편 37편 5절)

육이 배에 가만히 앉아 마음을 가라앉혀라. 아무것도 날 방해하게 둬서는 안 된다. 당분간 참을성 있게 기다리면 신성한 해결책과 조화로운 결말이 있을 것이다. "잠잠히 주님을 바라고 주님만을 애타게 찾아라."(시편 37편 7절)

육삼 불안해하지 마라. 내가 있는 곳에 머물러라. 날이 밝으면 모든 그림자가 사라짐을 알라. 현재를 위해 가만히 앉아 있어라. "그들이 너희를 도울 수 있다는 생각은 헛된 망상일 뿐이다."(이사야 30장 7절)

육사 씨앗에게 억지로 싹을 틔우라고 할 수는 없다. 물과 비료를 주고 인내심을 가져야 한다. 마찬가지로 잠재의식에 가라앉은 소망은 신성한 질서에 따라 적절한 때에 이루어질 것이다. "너는 주님을 기다려라. 강하고 담대하게 주님을 기다려라."(시편 27편 14절)

구오 악은 선으로 이긴다. 마음속에서 무언가에 저항하거나 싸울 때 대상을 크게 만들어 역행하는 행동의 법칙을 실행에 옮긴다. 다시 말해 마음이 조마조마하고 흥분되고 씩씩대고 화가 날 때 기도하면 정반대의 결과를 얻는다. 마음을 조용하고 차분하게 가라앉히고 모든 일이 신성한 법칙과 질서에 따라 이루어지리라고 생각하라. "나는 너희에게 말한다. 악한 사람에게 맞서지 말아라."(마태복음 5장 39절)

상육 모든 단계에 한결같은 자세로 임하면 성취의 기쁨을 누릴 것이다. "계속 기도하라. 감사하는 마음으로 기도하면서 깨어 있으라."(골로새서 4장 2절)

몽괘蒙卦: 청춘의 어리석음

 상괘: 간, 부동, 산
하괘: 감, 수렁, 물

괘사 "우리의 아들들은 어릴 때부터 나무처럼 튼튼하게 잘 자라고"(시편 144편 12절) "젊을 때에 너는 너의 창조주를 기억하여라."(전도서 12장 1절) 어렸을 때는 성숙하지 못하기 마련이다. 배우고 훈련받기 위해 학교에 가는 것이지, 학생을 가르치는 법이나 학교를 운영하는 법을 선생님에게 말해 주기 위해 학교에 가는 게 아니다. 지혜에 굶주리고 목말라 있어야 한다. 그리고 권위와 예로부터 전해 내려오는 지혜를 존중해야 한다. 그럼 모든 방면에서 앞으로 나아갈 것이다.

괘상 참된 교육이 이뤄지려면 세속적으로 일어나는 일과 과학에 대해 배울 뿐 아니라 인생의 영적 가치를 알아야 한다. 나는 신을 찬미하고 영원히 향유하려고 이 자리에 있음을 깨우쳐야 한다. 즉 내면에 있는 무한한 보물창고를 발견해야 한다.

초육 훈육 없는 사랑은 없고 사랑 없는 훈육은 없다. 성경에 나오는 이러한 진리는 오늘날까지도 적용된다. "마땅히 걸어야 할 그 길을 아이에게 가르쳐라. 그러면 늙어서도 그 길을 떠나지 않는다."(잠언 22장 6절) "매와 꾸지람은 지혜를 얻게 만들어 주지만, 내버려 둔 자식은 그 어머니를 욕되게 한다."(잠언 29장 15절)

구이 세상에는 다루기 어려운 사람들이 많다. 그들에게 맞춰 주고 아량을 베풀라. 판단을 보류하라. 신체적 장애나 가정생활에서 어려움이 있어서 성격이 모난 사람을 생각해 보자. 분노하거나 원망하는 대신 그들을 축복하며 나의 길을 계속 걸을 것이다. 나와 다른 사람을 대할 때도 그런 자세를 취해야 한다. 나는 나의 우주에서 유일하게 생각하는 사람이기 때문에 생각하는 방식에 책임을 져야 한다. 생각과 감정, 행동, 반응을 훈련하고 언제나 황금률을 따르라. "남을 심판하지 말아라. 그리하면 하나님께서도 너희를 심판하지 않으실 것이다."(누가복음 6장 37절)

육삼 기다려라. 지금은 심거나 포용할 때가 아니다. "모든 일에는

다 때가 있다. 세상에서 일어나는 일마다 알맞은 때가 있다. 태어날 때가 있고 죽을 때가 있다. 심을 때가 있고 뽑을 때가 있다."(전도서 3장 1~2절) "껴안을 때가 있고 삼갈 때가 있다."(전도서 3장 5절)

육사 나의 비전과 마음이 집중되는 방향에 주의를 기울이라. 나는 정신적인 이미지에 기반을 두고 실용적으로 행동해야 한다. 나의 상상력은 훈련되고 통제되며 현명하고 분별력 있는 방향으로 사용되어야 한다. 꿈이나 아이디어는 마음 가장 깊은 곳에서 진실하게 느껴지지 않는 한 결코 빛을 보지 못할 것이다. "계시가 없으면 백성은 방자해지나"(잠언 29장 18절)

육오 아이는 개방적이고 수용적이며 무엇이든 잘 믿는다. 마찬가지로 진리를 받아들일 수 있도록 마음을 열어 놓고 수용적인 사람이 되어라. 생각은 사물이어서 내가 느끼는 것을 끌어당기고 상상한 대로 된다. 행운이 있다고 믿으면 행운을 경험한다. 믿는다는 것은 무언가를 사실이라고 받아들이고 그 진리에 따라 사는 것을 뜻한다. "내가 진정으로 너희에게 말한다. 너희가 돌이켜서 어린이들과 같이 되지 않으면 절대로 하늘나라에 들어가지 못할 것이다."(마태복음 18장 3절)

상구 용서와 용납은 다르다. 어린아이가 사과를 훔치는 것을 용서할 수 있지만 용납하지는 않을 것이다. 도둑질을 용납하면 커서 도둑이 되기 때문이다. 집안일을 시키고 집안일을 한 대가로 용돈을 주는 방식으로 아이를 훈육할 수 있다. 그런 다음 훔친 사과의 가격만큼 일했다면 사과나무 주인에게 용돈을 들고 찾아가 땀 흘려 일한 돈으로 값을 치르라고 할 것이다. 아이 또는 누군가를 훈육할 때 그가 황금률을 지키는지를 가장 중요하게 살펴보라.

수괘需卦 : 기다림 (자양분)

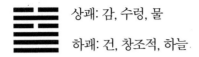

상괘: 감, 수렁, 물
하괘: 건, 창조적, 하늘

괘사 마음의 방향을 잡고 인생의 고차원적 측면이나 더 크고 위대한 경험에 주의를 집중하면 좋다. 하지만 겉으로 드러나는 행동을 취하지 않는 것이 좋다. 마음속에 있는 장소에서 벗어나 새로운 결정을 향해 나아가되 주변 사람이 나의 선례를 보고 자신만의 리듬과 방식으로 도달하도록 하라. 자신만의 시간과 방식을 통해 도달하도록 하라.

괘상 최고를 기대하며 기쁨 속에서 살아가면 가장 좋은 일이 나에게 다가올 것이다. 수용적인 태도로 인생의 축복에 마음을 활짝 열고 이러한 축복을 받아들여라. "너희가 먹을 것을 하늘에서 비처럼 내려줄 터이니"(출애굽기 16장 4절)

초구 더 좋은 일이 일어나기 위해 모든 일이 순조롭게 진행되고 있다는 걸 알면서 일상적인 문제에 주의를 기울이라. 때가 되면 길이 열린다. "잠잠하고 신뢰하여야 힘을 얻을 것이다."(이사야 30장 15절)

구이 마음이 무한자와 조화를 이루도록 해라. 다른 사람에게 힘을 실어 주면 안 된다. 나를 제외한 그 누구도 나를 방해할 수는 없다. 다른 사람의 말이나 행동, 암시는 아무런 힘이 없다. 힘은 내 생각을 움직이는 데서 나온다. 신과 그분의 사랑이라는 생각을 지키면 그 어떤 것도 어떤 방식으로도 상처 주지 못할 것이다. "주님께 의지하는 사람들은 늘 한결같은 마음을 가진 사람들이니, 그들에게 평화에 평화를 더하여 주어라."(이사야 26장 3절)

구삼 결코 두려움에 굴복하지 마라. 두려움은 잘못된 것을 믿는 것처럼 앞뒤가 뒤집힌 믿음이다. 내 안에 있는 신의 현존과 정신적으로 하나가 되어 "신의 사랑이 내 영혼을 채우고 마음을 정화합니다. 신성한 사랑은 나보다 먼저 가면서 곧고 완벽한 길을 나에게 열어 줍니다. 사랑은 자신과 다른 모든 것을 녹입니다"라고 확언하라. "내가 약할 때 오히려 내가 강하기 때문이다."(고린도후서 12장 10절)

육사 저항하거나 마음속에서 전투를 벌이지 마라. 불안한 상황만 악화될 것이다. 잠재의식에 있는 힘과 지혜가 신성한 질서에 따라 신성한 해결책을 밝히고 즐거운 결말을 내보일 것이다. "네게는 어떤 불행도 찾아오지 않을 것이다. 네 장막에는 어떠한 재난도 가까이하지 못할 것이다."(시편 91편 10절) "주님께서 너희를 구하려고 싸우실 것이니 너희들은 진정하라."(출애굽기 14장 14절)

구오 신을 사랑한다는 것은 온 마음을 바쳐 내 안에 있는 하나의 힘, 즉 전능하신 영, 원인과 권세에 충실하고 헌신하며 충성을 다하는 것이다. 또한 모든 창조물에 힘을 부여하지 않는 것이다. 그러므로 신이 내 삶에서 행동하시며, 내 주변 모든 것이 조화롭고 평화롭다는 걸 알아야 한다. 이 진리를 고수하면 축복이 찾아올 것이다. "하나님을 사랑하는 사람들 (…) 모든 일이 서로 협력해서 선을 이루는 것을 우리는 안다."(로마서 8장 28절)

상육 우울하거나 낙담했을 때 내면에 계신 신께 시선을 돌려라. 신에 대한 믿음은 산을 옮길 수도 있다. 사랑은 평화와 행복, 건강 그리고 번영의 법칙을 실현시킨다. 모든 사람에게 사랑과 선의를 발산하라. 다른 사람들 안의 신성에 경의를 표하고 삶에서 축복을 기원하라. 그렇게 하면 인생에 기적이 일어날 것이다. "네가 하는 모든 일에서 주님을 인정하라."(잠언 3장 6절) "네가 물 가운데로 건너갈 때에 내가 너와 함께 하고, 네가 강을 건널 때에도 물이 너를 침몰시키지 못할 것이다. 네가 불 속을 걸어가도 그을리지 않을 것이며 불꽃이 너를 태우지 못할 것이다."(이사야 43장 2절)

송괘 訟卦 : 갈등

상괘: 건, 창조적, 하늘

하괘: 감, 수렁, 물

괘사 "여러분은 이 시대의 풍조를 본받지 말고"(로마서 12장 2절) "사람의 원수가 자기 집안 식구일 것이다."(마태복음 10장 36절) 여기서 '집안'은 나의 마음을 뜻한다. 내가 이겨야 하는 적은 두려움, 분노, 적대감 같은 내면의 부정적인 생각이다. 마음속에서 전투를 일으키지 말라. 부정적인 감정에 휘둘려서는 안 된다. 부정적인 생각을 건설적인 사고로 대체하고 신성한 인도와 내면의 평화를 주장하라. 지도와 영적 조언을 구하는 게 유리하다.

괘상 내 안에 있는 신의 조화로운 치유력은 모든 일이 신성한 법과 질서에 따라 진행되도록 한다.

초육 문제로부터 거리를 두고 무한자와 조화를 이루라. 행동하시는 신께서 내 인생에 조화와 평화, 축복을 가져다주신다는 것을 알아야 한다. "너희의 짐을 주님께 맡겨라. 주님이 너희를 붙들어 주실 것이니"(시편 55편 22절)

구이 내 안에 있는 지혜와 힘이 불화가 있는 곳에 평화를 가져다주고 필요한 것마다 풍족하게 마련해 줄 것이니 진리를 굳건히 고수하라. 정신적인 힘이나 강제력, 의지력을 사용할 때 노력 역행의 법칙이 적용되어 원하는 것과 정반대의 결과물을 얻을 수 있다. 잠잠히 있으면서 인생에서 신께서 행동하심을 알아라. "너희의 걱정을 모두 하나님께 맡겨라. 하나님께서는 너희를 돌보신다."(베드로전서 5장 7절)

육삼 신은 나를 고용하셨고 나는 신을 위해 일하고 있다는 것을 깨달아라. 나와 함께 일하는 모든 사람 안에 있는 신성에 경의를 표하라. 이 모든 영광과 영예를 신께 돌려라. "모든 일이 서로 협력해서 선을 이룬다는 것을 우리는 안다."(로마서 8장 28절) "너희는 서로 영광을 주고받으면서 오직 한 분이신 하나님께서 주시는 영광은 구하지 않으니 어떻게 믿을 수 있겠느냐?"(요한복음 5장 44절)

구사 신성하고 조화로운 해결책이 신의 지혜와 힘을 통해 나타나리라는 사실을 알고 계속 견지하라. 신의 평화가 마음과 가슴을 지배하게 하면 모든 것이 평안하리라. "하나님이 침묵하신다고 하여, 누가 감히 하나님을 비난할 수 있겠는가?"(욥기 34장 29절)

구오 "하나님께서 그와 함께하셔서 모든 환난에서 그를 건져 내시고"(사도행전 7장 9~10절) 기도에 대한 행복한 결말과 멋진 답이 있다.

상구 우리가 쟁취한 승리는 반드시 생각과 감정, 행동, 반응을 뛰어넘는 것이어야 한다. 자신을 훈련하여 진실하고 사랑스럽고 고귀하며 신과 같은 영적 기준에 부합하도록 하라. 시기와 다툼이 있다면 혼란스럽고 모든 것이 안 좋게 보일 것이다. 진정한 승리란 신의 사랑으로 영혼을 채우고 내 생각과 형상, 감정을 지배하는 것이다. 신의 사랑으로 영혼을 채우면 결국 승리하는 삶으로 이끌린다. "모든 일을 사랑으로 행하라."(고린도전서 16장 14절)

사괘師卦: 군대

 상괘: 곤, 수용적, 땅

하괘: 감, 수렁, 물

괘사　군대는 마음속에 품은 수많은 생각과 아이디어, 의견, 믿음, 이미지를 상징한다. 이것들을 모두 모아 세상에는 오직 하나의 힘, 즉 전능하신 생령이 있다고 가르쳐라. 이 힘은 생각과 이미지를 통해 흐른다. 그러면 나는 훈련된 군대를 가질 것이다. 나는 마음속에 있는 모든 사람(생각)을 지배하고 통제하며 평화와 행복에 대한 믿음으로 그들을 인도하기 위해 이곳에 있다. "네 믿음이 너를 구원하였다. 평안히 가거라."(누가복음 7장 50절) 전능하신 권능에 대한 믿음과 확신이 나를 지탱해 주고 문제를 딛고 성공하고 승리하게 해줄 것이다. "하나님이 우리 편이시면 누가 우리를 대적하겠는가?"(로마서 8장 31절)

괘상　진정한 리더가 되려면 내 마음속에 소용돌이치는 생각과 잡다한 감정들을 책임져야 한다. 진리만을 보고 들으며 선과 악을 분별하고 삶의 영적 가치를 흡수하며 마침내 진리와 삶의 영적 가치를 잠재의식에 통합시키면 진정한 리더가 될 수 있다. 정신적·감정적으로 영원한 진리에 거하면 진리는 잠재의식으로 가라앉을 것이다. 잠재의식의 법칙은 강박적이기 때문에 성공하고 승리할 수밖에 없다.

초육　"남은 일들을 정리하고"(디도서 1장 5절) 그러한 질서는 하늘의 제1법칙이라고 불린다. "내가 하는 일마다 신성한 법칙과 질서가 지배하며 내가 추구하는 모든 것이 신성한 사랑 안에서 신성한 질서에 따라 다가옵니다"라고 큰 소리로 주장하라. 신성한 법칙과 질서라는 개념을 가지고 잠재의식에 인상을 남기면 나 자신을 가장 높은 수준에서 표현하기 시작할 것이다. 숨겨진 재능이 드러날 것이고 삶의 모든 국면에서 평온과 평화, 조화가 넘쳐 날 것이다.

구이 신이 통치자이자 인도자임을 알고 인정하라. 내 안에 있는 지고한 현존을 사랑하고 드높일 때 그리고 최고로 충성할 때 자연스럽게 다른 사람의 신성을 존중하고 존경함으로써 하는 일마다 번영하고 성장할 것이다. "네가 나를 부르면 내가 너에게 응답하겠고, 네가 모르는 크고 놀라운 비밀을 너에게 알려 주겠다."(예레미야 33장 3절)

육삼 "죽은 사람들을 장사하는 일은 죽은 사람들에게 맡겨 두고"(누가복음 9장 60절) 마음속에 묘지를 짓지 말라. 비탄, 슬픔, 원한에 푹 빠지면 묘지를 짓는 것이다. 과거의 고충과 상처를 캐서 다시 곱씹어 보는 건 마음속 무덤을 다시 여는 것이나 다름없다. 과거에 대한 생각은 일종의 정신적·감정적 죽음이다. 어떤 부정적인 생각도 건드리지 마라. 과거를 청산하고 부정적인 생각을 올바른 생각으로 대체하라. 신성한 사랑이 마음을 지배하게 하라. 좋은 일은 지금 이 순간에 일어난다. 나의 미래는 현재 생각의 발현이다.

육사 병에 걸리면 의사를 찾아간다. 믿음이 있었다면 스스로 치유할 수도 있었겠지만, 그럴 시간이 없었을지도 모른다. 어떤 문제에 직면하든 상황이 악화될 때까지 기다리지 말고 즉시 주의를 기울이라. 특정 상황을 충족시킬 수 없다고 자신을 비난하지 말라. 차선책을 취하고 마음을 편하게 가지라. 장애물을 극복할 수 없어 보이면 그 조건과 싸우지 말고 조언과 도움을 구하고, 인도해 달라고 기도해야 한다. 신의 의식 안에서 걸으면 절대 아프지 않고 모든 문제를 해결할 수 있다는 것을 기억하라. 나는 아직 그 고원에 도달하지 못했다. 사실 소수만

이 계속해서 고원에 머물러 있다. "어떤 임금이 다른 임금과 싸우러 나가려면, 2만 명을 거느리고서 자기에게로 쳐들어오는 그를 자기가 1만 명으로 당해 낼 수 있을지를, 먼저 앉아서 헤아려 보아야 하지 않겠느냐?"(누가복음 14장 31절)

육오 "형이 동생을 섬길 것이라 하셨으니"(로마서 9장 12절) 두려움, 분노, 원망 또는 복수가 나의 행동을 지배하도록 내버려 두어서는 안 된다. '형'은 집단의식, 생각, 어린 시절 받은 훈련 그리고 잘못된 믿음, 편견, 다른 사람의 의견에 세뇌받음을 의미한다. 나는 신체와 환경을 첫 번째로 인식한다. 그다음에는 나의 깊은 곳에서 영적 가치와 신의 현존에 대해 배우고 그 결과 지혜와 진리, 아름다움이 나를 지배한다. 이게 참된 가치와 영적인 마음을 가진 사람이 '형'을 지배해야 하는 이유다. 마음속에 신의 사랑을 품지 않고 그 대신 예전의 생각이 나를 지배하도록 내버려 둔다면 실패할 것이다. 좋은 생각을 하면 좋은 일이 생기고 나쁜 생각을 하면 나쁜 일이 생긴다.

상육 "네가 하나님과도 겨루어 이겼고, 사람과도 겨루어 이겼으니"(창세기 32장 28절) 내 마음과 가슴속에 신에 대한 진실함, 정직함, 자신감이 최고로 군림할 때 나는 통치자가 된다. 시간을 초월하고 변하지 않는, 영원한 진실과 신의 진리에 근거해 명을 내린다. 내가 가는 모든 길은 즐거움과 평화의 길이다.

비괘比卦 : 하나로 묶음(결합)

상괘: 감, 수렁, 물
하괘: 곤, 수용적, 땅

괘사 정직과 진실, 정의를 엄격하게 추구하라. 마음속 깊이 따라야 하는 올바른 길이라고 알고 있는 그 경로를 벗어나서는 안 된다. "네가 생명에 들어가기를 원하면 계명들을 지켜라."(마태복음 19장 17절)

괘상 내 안의 신을 드높이면 자연스럽게 내 주변 사람들 안의 신도 드높일 것이다. 그렇게 함으로써 나는 가족과 동료들의 조화와 평화, 번영에 이바지한다. "너희 빛을 사람에게 비추어서, 그들이 너희의 착한 행실을 보고 하늘에 계신 너희 아버지께 영광을 돌리게 하여라."(마태복음 5장 16절)

초육 사랑이란 마음을 쏟는 행위이고, 특정 개인과 상관없이 모든 이에게 보이는 선의다. 이런 태도를 유지하는 동안 끌어당김의 법칙이 나를 위해 작동하므로 모든 방면에서, 놀랄 정도로 빠르게 셀 수 없는 축복을 가져다줄 것이다. "말이나 혀로 사랑하지 말고, 행동과 진실함으로 사랑하라."(요한일서 3장 18절)

육오 계속해서 모든 이에게 활기와 선의를 발산하면 성공과 번영이 보장된다. "선한 사람은 선한 것을 쌓아 두었다가 선한 것을 내고, 악한 사람은 악한 것을 쌓아 두었다가 악한 것을 낸다."(마태복음 12장 35절)

육삼 "자기 집을 해치는 사람은 바람만 물려받을 것이요"(잠언 11장 29절) 여기서 집은 나의 마음이다. 조화와 건강, 평화, 기쁨, 선의의 생각만 품도록 하라. 영원한 진리에 근거한 생각을 마음속에서 연상할 경우 자신의 영적 기준과 부합하지 않는 사람들과는 어울리지 않을 것이다. 영적 기준에 부합하는 친구들만 사귀게 된다.

육사 "여러분의 말은 소금으로 맛을 내어 언제나 은혜가 넘쳐야 합니다. 여러분은 각 사람에게 어떻게 대답해야 마땅한지를 알아야 합니다."(골로새서 4장 6절) 소금을 뿌려야 풍미를 느낄 수 있다. 소금으로

간을 하는 건 삶을 더 활기차고 생동감 넘치게 하는 열의, 열정, 내면의 기쁨을 가지는 것을 뜻한다. 이 내면의 느낌은 전염성이 있어 삶의 모든 단계에서 확장과 성장을 가져오며 주변 사람들에게 전달된다.

구오　신성한 행동이 나를 대신해서 작동한다는 걸 알면 성공과 승리를 확신할 수 있다. "의인에게는 바라는 일이 이루어진다."(잠언 10장 24절)

상육　소망과 열망을 충족시키기 위해서는 지속적인 조화와 합의가 필요하다. 다시 말해 나를 지배하는 확신은 신성한 법칙과 질서에 근거해야 한다. 마음이 혼란스러우면 상실과 실패로 이어질 수 있기 때문이다. "두세 사람이 내 이름으로 모여 있는 자리, 거기에 내가 그들 가운데 있다."(마태복음 18장 20절)

소축괘小畜卦: 작은 것을 길들이는 힘

 상괘: 손, 온화함, 바람

하괘: 건, 창조적, 하늘

괘사　내 안에 있는 신의 현존은 나를 지켜보고 있으며 신이 나를 인도하고 지금 나의 욕망을 충족시킨다는 증거는 충분히 있다. "주님은 나의 목자이시니, 내게 부족함 없어라."(시편 23편 1절)

괘상　믿음과 자신감 안에서 살면 나는 삶의 모든 영역에서 발전하고 성장하며 앞으로 나아갈 수 있다. "주님께서 내 곁에 서서 나에게 힘을 주셨다."(디모데후서 4장 17절)

초구　무한자와 조화를 이루면 마음속 가장 소중한 소망을 성취하고 완수하며 이루리라고 확신할 수 있다. "정직한 사람에게 좋은 것을 아낌없이 내려 주신다."(시편 84편 11절)

구이 "하나님께서 그와 함께하셔서 모든 환난에서 그를 건져 내시고"(사도행전 7장 9~10절) 무언가를 강제로 하려고 하면 안 된다. 긴장을 풀고 모든 걸 놓아주며, 무한한 지성이 올바른 방법과 적절한 시기에 일을 실현하게 하리라고 믿어라.

구삼 집은 나의 마음이다. 마음이 혼란스럽거나 화가 나면 일이 잘 풀리지 않는다. 상황이 뜻대로 되지 않아도 감정을 차분하게 가라앉히고 빛으로 돌아가라. "한 가정이 갈라져서 싸우면, 그 가정은 버티지 못할 것이다."(마가복음 3장 25절)

육사 다른 사람에게 힘을 실어 주면 안 된다. 내 생각을 제외하고 나를 방해하거나 해치는 힘을 가진 사람은 없다. 만약 내면에 있는 신께 모든 힘을 내어 주고 매사가 신성한 질서에 따라 진행된다는 걸 알면 마음에 있던 모든 두려움이 사라질 것이다. "하나님이 침묵하신다고 하여, 누가 감히 하나님을 비난할 수 있겠는가?"(욥기 34장 29절)

구오 내 안에 있는 신을 드높이면 내 동료들은 그 진동과 열정을 느껴 모두가 번영할 것이다. "주님께 의지하는 사람들은 늘 한결같은 마음을 가진 사람들이니, 그들에게 평화에 평화를 더하여 주어라."(이사야 26장 3절)

상구 매사에는 때가 있는 법이다. 지금은 휴식을 취하고 놓아줄 때다. 무한한 지성이 모든 것을 적절한 시기에 적절한 방법으로 실현하리라는 것을 믿어라. "하나님은 나의 견고한 요새이시다. 내가 걷는 길을 안전하게 하여 주신다."(사무엘하 22장 33절)

이괘履卦 : 디딤(행동)

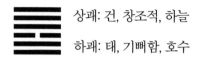

상괘: 건, 창조적, 하늘

하괘: 태, 기뻐함, 호수

괘사 "선한 말은 꿀송이 같아서, 마음을 즐겁게 하여 주고, 쑤시는 뼈를 낫게 하여 준다."(잠언 16장 24절) "부드러운 대답은 분노를 가라 앉지히만"(잠언 15장 1절) 나에게 군림하려는 사람이 있다면 정면 대결을 하지 말고 예상치 못하게 부드러운 말로 무장 해제를 시켜라. 행운은 나의 것이다.

괘상 신중하게 생각을 선택하고 분별을 실천하라. 마음속에서 가치 있는 것과 가치 없는 것을 구분하라. 모든 사람은 신성한 자의 본보기라는 것을 깨달으면서 내 안의 신성에 경의를 표하면 좋은 일이 생길 것이다. "우리는 서로 화평을 도모하는 일과, 서로 덕을 세우는 일에 힘을 씁시다."(로마서 14장 19절)

초구 내면에 있는 신의 현존을 인식하고 마음속의 행복은 어디에서나 친절과 선의와 맞닿아 있다는 것을 알면 다른 사람도 그렇게 느낄 것이다. 만족스러운 결과물을 경험한다. "주님을 찾는 사람은 복이 있어 아무런 부족함이 없을 것이다."(시편 34편 10절)

구이 셰익스피어는 햄릿의 폴로니우스의 입을 통해 이런 말을 남겼다. "자신에게 진실하라. 그러면 꼭 밤이 낮을 따르듯 남에게도 거짓을 행하지 못한다." 인생에서 자신의 이상과 목표에 충실하면 하는 일 모두 번영한다.

육삼 "네 눈이 성하면 네 온몸이 밝을 것이요."(마태복음 6장 22절)

즉 내 안에 계신 신의 현존에 관심을 기울이고 신의 영광과 힘을 삶에서 가장 중요하다고 여기면 신성의 통로가 될 것이고, 나의 눈이 성하여 내 총체는 빛과 사랑으로 가득 찰 것이다. 비유에는 두 가지 의미가 있는데 하나는 내적 의미이고 다른 하나는 내적 의미에 상응하는 외적 의미다. 내면의 기분이나 느낌은 외부 세계를 통제한다. 다른 사람을 탓하지 말고 다른 사람들이 나의 신경을 거슬리게 하도록 내버려 두지 말라. 진정한 자아(신)가 나의 상사임을 깨닫고 내면의 선과 진리, 아름다움의 법칙을 따르면 그 무엇도 나에게 상처를 줄 수 없을 것이다. 원망을 품고 정서적으로 불안하면 나는 여러 방법으로 상실을 경험한다. "미련한 사람이 입에 담는 잠언은, 저는 사람의 다리처럼 힘이 없다."(잠언 26장 7절) "잠잠하고 신뢰하여야 힘을 얻을 것이다."(이사야 30장 15절)

구사 어리석은 짓을 하지 마라. 모든 일에 통상적인 주의를 기울이고 상식을 사용하라. 나를 강인하게 하는 신의 힘을 사용하여 모든 것을 할 수 있다는 사실을 알아야 한다. "선한 일에 전념하도록 하라."(디도서 3장 8절)

구오 기민한 자세로 경계하고 현명한 결정인지 되짚어라. 명철이란 곤경에서 벗어나는 법과 지구상에서 평화와 조화를 이루며 사는 법을 아는 것이다. 무한한 지성이 내가 하는 일마다 인도하고 지도하며, 나를 뒤덮는 현존이 언제나 지켜보고 있다는 것을 알아야 한다. "분별력이 너를 지켜 주고, 명철이 너를 보살펴 줄 것이다."(잠언 2장 11절)

상구 현명하게 생각하면, 저절로 현명한 결정을 내린다. 나의 태도가 옳고 최고의 일이 일어나리라고 기대하면 분명히 최고의 일이 나에게 일어날 것이다. 성공과 번영은 이제 나의 것이다. "나 지혜로 말미암

아 네가 오래 살 것이요, 네 수명도 길어질 것이다."(잠언 9장 11절)

태괘泰卦: 평화

 상괘: 곤, 수용적, 땅

하괘: 건, 창조적, 하늘

괘사 마음이 내 안의 영적인 현존에 머무르도록 하라. 마음이 평안하고 무한자와 조화를 이룰 때 가정과 직장, 삶의 모든 면이 평화로울 것이다. 게다가 내가 꿈꿔 왔던 것보다 더 크게 번영할 것이다. "주님께 의지하는 사람들은 늘 한결같은 마음을 가진 사람들이니, 그들에게 평화에 평화를 더하여 주어라."(이사야 26장 3절)

괘상 "땅에서 너희 가운데 두 사람이 합심하여 무슨 일이든지 구하면, 하늘에 계신 내 아버지께서 그들에게 이루어 주실 것이다."(마태복음 18장 19절) 이는 나의 현재의식과 잠재의식의 의견이 일치할 때 창조력(신)이 소망을 이루게 함을 뜻한다. 현재의식과 잠재의식이 동의하고 동시성을 띠며 나의 이상과 목표로 하나가 될 때 모든 이는 응답을 받는 기쁨을 누릴 수 있다.

초구 형통, 그러니까 번영한다는 건 정신적·영적·물질적·재정적으로 모든 방면에서 성장하고 확장함을 의미한다. 끌어당김의 법칙은 이제 나를 위해 작동하고, 내 목표 달성을 돕고 원조해 줄 사람을 내 인생에 가져온다. "하는 일마다 잘될 것이다."(시편 1편 3절)

구이 "생명으로 이끄는 문은 너무나도 좁고, 그 길이 비좁아서, 그것을 찾는 사람이 적다."(마태복음 7장 14절) 내 마음가짐이 바뀔 때만 외적인 조건이 바뀔 수 있다. 이를 좁은 문, 부처님의 중도라고 하는데 가장 가치 있는 일을 중심에 두고 사는 길을 뜻한다. 조화, 평화, 번영, 건강을 경험에 불어넣는 유일한 방법은 조화, 평화, 풍요, 안정감에 관한 생각을 잠재의식에 주입하는 것이다. 다른 사람이나 외부인에게 힘을 실어 줘서는 안 된다. 별이나 악한 실체에 대한 믿음, 숙명, 업보, 운명 등 집단의식의 그릇된 믿음을 인정하지 말라. 내면에 있는 신께 모든 힘을 드리고 유일한 힘과 원인에 믿음과 자신감을 가지고 땅 위를 걸어라. 그러면 내가 하는 모든 일에서 이기고 승리할 것이다.

구삼 "이 또한 지나가리라"라는 오래된 말이 있다. 모든 것은 상반된 방향으로 변한다. 단호하게 '신성한 법과 질서가 나의 삶 전체를 지배하고 신성하고 옳은 행동이 나를 언제나 지배합니다'라고 확언함으로써 우여곡절 없는, 균형 잡히고 창의적인 삶을 살 수 있다. 나는 인생에 흥미를 더하는 변화만을 원할 뿐이다. 흥분했다가 우울하고, 기분이 좋았다가 슬퍼하는 등 기분이 오락가락하는 사람이 많다. 화창한 날뿐만 아니라 비가 오는 날에도 행복할 수 있다. 정신과 영의 날씨를 주의하라. 이는 인생의 모든 경험을 결정한다. 성공과 성취의 분위기를 즐기고 승리를 확신하라.

육사 다른 사람을 도울 때는 매우 신중해야 한다. 내가 도와주는 방식이 지혜나 잠재의식의 힘을 두드리는 노하우를 주는 게 아니라면 '아니 도와주니만 못하다.' 이러한 힘에 관해 깨우치면 나(또는 타인)에게 동냥하거나 밥 한 그릇 또는 낡은 옷 한 벌을 달라고 하지 않게 될 것이다. 인생이 주는 교훈은 두 발로 스스로 일어서는 법과 개인적인 문제와 도전을 극복하는 법을 배워야 한다는 것이다. 너무 쉽게 도와주면 진정한 자존감과 자립심을 부정하고 빼앗아 버린다. 하지만 신성함과 부의 진정한 원천을 가르치면 그 시점부터 자신의 삶을 변화시킬 힘을 줄 수 있다. 남을 도와주는 건 좋지만 나에게 기대지 않게 하라. 신께 의지하도록 가르치면 언제나 신께서 보살펴 준다. "그런 것들도 반드시 행해야 하지만, 이런 것들도 소홀히 하지 않았어야 했다."(누가복음 11장 42절)

육오 신은 사랑이며, 사랑이 두 마음을 하나로 묶을 때 이 둘은 일치하고 조화를 이룬다. 사랑이 아닌 다른 이유로 한 결혼은 진정한 의미에서의 결혼이 아니라 거짓, 웃음거리, 가면극일 것이다. 심리학적 측면에서 결혼은 사업 계약, 파트너십 또는 직업적인 제휴 관계를 의미할 수 있다. 이러한 모든 합의는 두 사람 간의 선의와 조화를 바탕으로 이루어져야 하며 모두 이에 동의하고 서로 만족스러워야 한다. 조화로운 합의로부터 성공과 행복이 보장된다. "하나님이 짝지어 주신 것을 사람이 갈라놓아서는 안 된다."(마태복음 19장 6절)

상육 "악한 사람에게 맞서지 말라. 누가 네 오른쪽 뺨을 치거든 왼쪽 뺨마저 돌려서 대라."(마태복음 5장 39절) 이 구절에는 성공하고 행복한 인생을 사는 비결이 담겨 있다. 정신적으로 바람직하지 않거나 불쾌한 상태에 저항하면, 더 많은 힘을 써 자동으로 문제가 악화된다. 내 안의 분노와 원망을 부추겨 정신적으로 상황에 맞서면서 달려들지 말라. 삶에서 행동하시는 신을 곰곰이 생각함으로써 저항을 삼가고 신성한 조화의 법칙이 내 안에서, 내 주변에 있는 사람에게 작용한다는 점을 이해하라. 그러면 모든 문제가 사라지고 문제로부터 자유로워진 것이다. 사람들은 적을 사랑하라는 게 진정으로 무엇을 의미하는지 혼란스러워한다. 적을 사랑하는 건 고도의 정신적 전략으로, 적을 사랑하면 내가 이긴다.

비괘否卦: 멈춤(침체)

상괘: 건, 창조적, 하늘

하괘: 곤, 수용적, 땅

괘사 진리의 원칙을 준수해 그 누구도 조화와 건강, 평화의 원칙에서 벗어나게 하지 말라. 잠잠하고 침착하게, 조화의 법칙을 믿으면 모든 일이 신성한 질서에 따라 이루어질 것이다. "악인에게는 두려워하는 일이 닥쳐오지만, 의인에게는 바라는 일이 이루어진다."(잠언 10장 24절) "하나님께서 하시는 일은 완전하며, 주님께서 하시는 말씀은 신실하다. 주님께로 피하여 오는 사람에게 방패가 되어 주신다."(사무엘하 22장 31절)

괘상 이상을 정하라. 화를 내고 비난이나 혹평을 가할지라도 이상에 충실하라. 선과 정직, 진실성을 바탕으로 하는 내면의 강령과 삶의 패턴에 꾸준히 충실하라. 이러한 의미에서 내게 올바른 행동은 모든 사람에게 꼭 필요한, 옳은 행동이라는 것을 알아야 한다. 남이 만류하거나 곁길로 새게 할지라도 이에 흔들리지 말라.

초육 진정한 자아인 내면에 있는 지고한 지성에 확신과 믿음을 가지라. 지고한 지성은 나의 안녕, 영적 성장, 확장에 관심이 있다. 신께서 나를 사랑하고 돌봐 주며 무한한 영이 나를 지켜 주고 나의 다음 단계를 드러낸다는 것을 명심하라. 이제 묵상하고 기도할 시간이다. 이 시간 뒤에는 행복과 성공이 뒤따를 것이다. "주님을 믿는 사람은 행복하다."(잠언 16장 20절)

육오 알랑거리는 사람이나 의미 없는 아첨에 주의를 기울이지 말고, 영원하고 절대 변하지 않는 삶의 영적인 가치를 엄격히 준수하라. 계속해서 지혜를 구하는 일에 열정을 가지면 크고 강한 것들이 나의 삶을 풍요롭게 하고 이해하기 어려울 정도의 평화를 경험할 것이다. "험담하며 돌아다니는 사람과는 어울리지 말라."(잠언 20장 19절)

육삼 "누구든지 자기를 높이면 낮아질 것이요"(누가복음 14장 11절) 편협한 수단, 속임수 또는 부당한 이득을 취해 앞으로 나아가는 사람은 잘못된 방식으로 자신을 높이며 잠재의식의 법칙을 오용하고 있다. 잠재의식이 열등감과 죄책감, 결핍을 인지하면 잘못된 방식으로 얻은 위치에서 물러날 수밖에 없다. 정치, 비즈니스 및 전문 분야에서 외적으로 더 높은 곳으로 올라가기 위해 자신을 밀어붙이고 애쓸수록 더 빠르게 추락하기 마련이다. 인간은 잠재의식에 성공과 진실, 열성, 열정을 새겨 자신을 더 높이 끌어올릴 수 있으며, 그러한 이미지가 잠재의식에 확립되면 위로 올라갈 수밖에 없다. 다시 말해 인간은 마음가짐이나 현재의식의 상태로 자신을 높일 수 있다.

구오 신은 가장 높고 위대한 권위자이고 가장 위대한 지혜다. 지고한 지성은 내 안에 있으며, 지혜가 충만하고 영생하며 모든 걸 다 안다. 내면의 힘을 불러일으키면 영감을 받고 올바른 일을 하도록 안내받을 것이다. 번영하고 성공할 것이며 나와 관련된 모든 사람을 축복할 것이다. "사람에게 슬기를 주는 것은 사람 안에 있는 영, 곧 전능하신 분의 입김이다."(욥기 32장 8절)

구오 지혜는 내 안에 있는 신의 현존과 권능을 인식하는 것이다. "지혜는 슬기로운 한 사람을, 성읍을 다스리는 통치자 열 명보다 더 강하게 만든다."(전도서 7장 19절) "오직 주님을 소망으로 삼는 사람은 새 힘을 얻으리니, 독수리가 날개를 치며 솟아오르듯 올라갈 것이요, 뛰어

도 지치지 않으며, 걸어도 피곤하지 않을 것이다."(이사야 40장 31절)

이러한 진리를 새기면서 신의 현존과 함께하라. 전능자의 권능이 나를 대신해서 움직이면 이에 대적할 사람은 없다는 것을 알아야 한다. 이런 자세로 살아가면 모든 문제에서 승리를 거두며 일어설 것이다. 성경에서 말하는 '기다림'은 마음을 가라앉힌 다음 삶에서 활발하게 움직이고 강력하게 작용하는 무한한 힘을 불러일으키라는 뜻이다. 무한자는 실패할 수 없다. 무한자를 대적하거나, 막거나, 해칠 수 있는 것은 없다. 무한자는 전능하다.

상구 "너희는 잠깐 손을 멈추고, 내가 곧 하나님인 줄 알아라."(시편 46편 10절) 이는 마음을 가라앉히고 스스로 있는 자I-AM-NESS는 곧 신이라는 걸 알고, '나는 ○○하다I AM'라고 나에게 말하면서 내면에 있는 신의 임재를 알리는 것이다. 즉 순수한 존재, 내 안에서 저절로 발생하는 지성, 무조건적 의식, 인식, 생명의 원리를 알리는 걸 의미한다. 신의 이름에는 신의 본질이 담겨 있다. 왜냐하면 신은 원래 이름이 없는 분이기 때문이다. 삶에서 행동하시는 신을 깨닫고 인정할 때 모든 일이 질서 있고 조화롭게 변함을 발견할 것이다. 인생에서 부정적인 일은 지나가고 많은 축복을 경험한다.

동인괘同人卦: 동료애

상괘: 건, 창조적, 하늘

하괘: 리, 붙잡음, 불

괘사 자신감을 가지고 힘차게, 더 크고 위대한 경험을 하는 쪽으로 마음의 방향을 잡아라. 내 마음이 있는 곳으로부터 새로운 직업, 과업 또는 터전으로 이동해라. 성경에서 나의 마음은 물로 지칭된다. 내가 원하는 것, 하고 싶은 것, 갖고 싶은 것을 마음속에서 받아들임으로써 내가 지금 있는 곳에서 다른 곳으로 정신적으로 이동할 때 나는 물을 건넌다. 기도는 약속의 땅으로 가는 정신적 여정이거나 또는 마음속 소망의 실현이다. 하와이 등 다른 장소로 여행을 가야 할 일이 생겼을 경우 기회를 잡아 꿈을 이루면서 기뻐하라. 나는 번영할 것이다. "하나님이 당신들과 함께 가시면서, 당신들을 떠나지도 않으시고 버리지도 않으실 것이다."(신명기 31장 6절)

괘상 모든 이에게 사랑과 선의를 발산하라. 목표와 목적을 세우면 유사성의 법칙이 나를 도와주고, 내 소망 성취를 도와줄 모든 사람을 나에게 끌어당길 것이다. 신성한 지혜는 나를 지배하고 나는 올바른 길로 인도될 것이다. "네 갈 길을 주님께 맡기고, 주님만 의지하여라. 주님께서 이루어 주실 것이다."(시편 37편 5절)

초구 "우리가 걷는 길이 주님께서 기뻐하시는 길이면, 우리의 발걸음을 주님께서 지켜 주시고"(시편 37편 23절) 내가 하는 일마다 정직과 성실, 공정과 선의가 지배할 것이며 영의 동지애가 승리하고 관련된 모든 이에게 축복을 내릴 것이다.

육이 어떤 나쁜 감정이나 편협함, 편견도 나의 결정을 지배하게 두어서는 안 된다. 만인에 대한 선의를 바탕으로 동기를 가지고 행동하며 결정을 내려야 한다. 그러지 않으면 손실과 제한을 끌어당긴다. "자기 형제자매를 사랑하는 사람은 빛 가운데 머물러 있으니, 그 사람 앞에는 거리낌이 없다."(요한일서 2장 10절)

구삼 "원수를 갚는 것은 내 일이니, 내가 갚겠다"(로마서 12장 19절)

나쁜 감정이나 원망을 품거나 다른 사람이 나에게 피해를 준 만큼 되갚을 여유가 없다. 적대적으로 생각하고 느끼는 사람은 나 자신임을 명심하라. 이런 마음가짐을 가지면 활력과 열정, 에너지가 사라지고, 육체와 정신이 망가진다. 다른 사람을 마음속에서 놓아주어라. 타인이 잘못을 저지르면 그 사람의 마음의 법칙이 알아서 할 것이다. 다른 사람을 위해 기도하는 것은 나 자신을 위해 기도하는 것과 같으므로, 신께 나를 내어 주고 그 사람이 인생의 모든 축복을 누리도록 기도해 주는 게 최선이다. 이렇게 하면 마음속 쓰라린 상처를 다 지워 낼 수 있다. "너희가 서서 기도할 때에 어떤 사람과 서로 등진 일이 있으면, 용서하여라."(마가복음 11장 25절) "남을 용서하여라. 그리하면 하나님께서도 너희를 용서하실 것이다."(누가복음 6장 37절)

구사 "우리가 서로 사랑하면, 하나님이 우리 가운데 계시고"(요한일서 4장 12절) 다른 사람 안에 신께서 임재함을 깨닫고, 조화와 평화, 이해가 최고로 군림한다고 주장할수록 성공하고 평화를 느낀다.

구오 "마음에 가득 찬 것을 입으로 말하는 법이다. 선한 사람은 선한 것을 쌓아 두었다가 선한 것을 내고"(마태복음 12장 34~35절) 두 마음이 하나가 되어 고동칠 때 두 마음은 합일하고 서로 조화를 이루며 서로를 이해한다. 끌어당김의 법칙은 신성한 질서에 따라 둘을 하나로 모으고 함께 위대한 일을 성취하게 한다.

상구 사랑은 마음의 손길을 뻗는 것. 즉 모든 이에 대한 선의를 의미한다. 활력을 뿜어내고 내가 만나는 모든 사람 안의 신성에 경의를 표하라. 과거는 죽었다. 지금 이 순간 외에 중요한 건 아무것도 없다. 현재의 생각을 바꾸고 새로운 사고방식을 고수하면 운명이 바뀔 것이다. "너희도 사랑으로 살아가라."(에베소서 5장 2절) "너희는 지나간 일을

기억하려고 하지 말며, 옛일을 생각하지 말라."(이사야 43장 18절)

대유괘大有卦: 많이 소유함

상괘: 이, 붙잡음, 불
하괘: 건, 창조적, 하늘

괘사 하는 일마다 아주 훌륭하게 해낼 것이다. "하나님이 당신들의 모든 소출과 당신들이 손을 댄 모든 일에 복을 주셨기 때문에 즐거워하는 것이다."(신명기 16장 15절)

괘상 "의인의 입은 지혜를 말하고"(시편 37편 30절) 지혜란 내 안에 있는 신의 현존과 권능을 인식하는 것이다. 모든 힘을 내 안의 지성, 신께 드려라. 부정적인 생각 또는 사람, 장소, 사물에 그 어떤 힘도 실어주어서는 안 된다. 사랑스럽고 선한 일만 열망하라.

초구 두려움은 신에 대한 믿음이 부족해서 생긴다. 두려움은 거짓된 것에 대한 믿음이다. 그 어떤 종류의 부정적인 생각에도 빠지지 않도록 하라. 신에 대한 믿음과 모든 좋은 일로 부정적인 생각을 단번에 대체하라. "하나님께서는 우리에게 비겁함의 영을 주신 것이 아니라, 능력과 사랑과 절제의 영을 주셨다."(디모데후서 1장 7절)

구이 "너희의 짐을 주님께 맡겨라. 주님이 너희를 붙들어 주실 것이니"(시편 55편 22절) 내 안에서 힘을 주는 반석을 찾아야 한다. 신의 나라는 내 안에 있다. 신을 의식하면 힘으로 쌓은 탑을 발견할 것이다. 무한한 힘이 나 그리고 나와 연결된 모든 것을 통해 흐르기에, 나는 모든 장벽을 뛰어넘고 목적을 달성할 수 있다.

구삼 신은 모든 것을 소유하고 계신다. 나는 신성한 분의 간사이므로, 내가 가진 재능과 부를 현명하고 분별력 있게 건설적으로 사용해야 한다. 신이 공급의 근원임을 인정하고 모든 축복의 근원에 영예와 영광을 돌려라. 마가복음 10장에 나오는 부자 청년은 신과 인생, 우주에 대한 선입견과 그릇된 신념으로 가득 찬 사람이었다. 그의 마음은 질병에 대한 그릇된 믿음으로 어수선했으며, 온갖 종류의 부족과 제한으로 괴로워했다. 모든 거짓 믿음과 신조에서 벗어나라. "모든 것을 풍성히 주셔서 즐기게 하시는 하나님"(디모데전서 6장 17절)을 믿고 모든 거짓 믿음과 신념을 떨쳐 버려라. "아무것도 가지지 않은 사람 같으나 모든 것을 가진 사람이다."(고린도후서 6장 10절)

구사 모든 사람의 성공과 행복을 기원하라. 나는 유일무이하고 세상에 나와 똑같은 사람은 존재하지 않는다. 신은 절대 반복하는 분이 아니기 때문이다. 신이 만물의 근원임을 알고 내면으로 나의 부를 주장하라. 잠재의식이 그에 따라 반응할 것이다. 나는 의식할 권리 외에는 아무것도 받지 않았다. "사랑은 시기하지 않으며"(고린도전서 13장 4절) "모든 일을 사랑으로 행하라."(고린도전서 16장 14절)

육오 사랑으로 다른 사람을 섬기면 나 스스로를 섬기게 되고, 그에 따라 번영한다. "사랑으로 서로를 섬기어라."(갈라디아서 5장 13절)

구육 "오른쪽으로나 왼쪽으로 치우치지 않도록 하여라. 그러면 네가 어디를 가든지 성공할 것이다."(여호수아 1장 7절) 이는 생령이 나를 대신해 움직인다는 것을 알면서 오른쪽(객관적 세계)이나 왼쪽(운명에 대한 믿음, 과거의 힘, 업보, 실체)에 어떠한 힘도 실어 주지 않고, 모든 힘을 내 안에 있는 신께 드리는 걸 의미한다. 그렇게 하면 나는 수많은 축복을 경험하고 무엇을 하든 번영할 것이다.

겸괘謙卦 : 겸손함

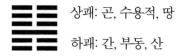

상괘: 곤, 수용적, 땅

하괘: 간, 부동, 산

괘사 겸손은 마음이 열려 있어 수용적인 상태로 신의 진리에 닿기 쉽다. 그러면 성장과 확장, 성취가 자연스럽게 따라온다. 위인은 겸손하다. 진정으로 겸손한 사람은 모든 것 중에서 진리를 가장 중시하며 받아들일 준비가 되어 있다. 겸손은 부와 명예 그리고 더 풍요로운 삶으로 보상받는다. "겸손함과 온유함과 오래 참음을 옷 입듯이 입으라."(골로새서 3장 12절) "겸손하면 영광이 따른다."(잠언 15장 33절)

괘상 "온유한 사람은 복이 있다. 그들이 땅을 차지할 것이다."(마태복음 5장 5절) '땅'은 삶에서 몸으로 발현되는 모든 것을 의미한다. 즉 사업, 가정, 직업, 경험 등을 일컫는다. 이 모든 것은 내면, 곧 마음가짐의 표현이다. 성경에서 온유는 신께 자신의 힘과 영광을 모두 드리는 사람을 뜻한다. 그리고 신이 모든 사람에게 아름답고 즐겁고 매혹적이며, 내가 꿈꿔 왔던 것보다 더 많은 걸 주신다는 것을 깨닫는 사람을 의미한다. 온유함은 건강과 행복, 풍요, 안정감의 열쇠다.

초육 결정을 내리라. 삶에서 성취하고 싶은 지점으로 여행을 떠나라. 결정에 영양분을 공급하고 확신과 믿음으로 감싸면 실제로 이루어질 것이다. 내가 마음의 물을 건넜으므로 물과 육지를 건너는 모든 외부의 여행이 나에게 축복을 가져다줄 것이다. "슬기로운 사람이 걷는 생명의 길은 위쪽으로 나 있어서"(잠언 15장 24절) "자, 이제 갈 길을 서두르자. 내가 앞장을 서마."(창세기 33장 12절)

육이 주님은 잠재의식의 힘을 뜻하는데, 잠재의식에 조용히 인상을 남긴 것을 겉으로 표현하게 하여 정신적·영적·물질적으로 성장하도록 돕는다. 성공과 승리가 보장된다. "주님께서 그에게 큰 승리를 안겨 주셨다."(사무엘하 23장 12절)

구삼 "하는 일마다 다 잘되고"(욥기 22장 28절) 모든 좋은 일이 나에게 생기리라는 걸 마음과 머리로 알면서 그러한 태도를 유지하면, 마음에 품은 소망이 열매를 맺는다.

육사 나는 인생에서 내 몫을 해내야 한다. 온 힘을 쏟고 재능을 사용하여 인류의 이익에 이바지해야 한다. 두 발로 딛고 일어나서 문제와 맞닥뜨려라. 그렇게 하면 신의 힘으로 성공할 것이다. 나는 인류의 일원이고, 인류의 평화와 행복에 이바지함으로써 봉사하고 재능을 펼치기 위해 이 자리에 있다. "사람은 각각 자기 몫의 짐을 져야 한다."(갈라디아서 6장 5절)

육오 "악에게 지지 말고, 선으로 악을 이겨라."(로마서 12장 21절) 바울은 '악'이라는 단어를 사용하는데, 이는 부정적인 생각이 내 마음에 머물러 나를 지배하도록 허용해서는 안 된다는 뜻이다. 영적인 생각과 신성한 사랑으로 부정적인 생각을 대체하라. 주변 사람들 안에 임재하는 신을 보라. 결함이 눈에 들어온다면 그만큼의 미덕도 있다고 상상하라. 타인의 결함을 곱씹으면 내 정신에도 그 결함이 생겨난다. 내 안의 신을 드높이면 나뿐만 아니라 다른 사람에게도 이득이 될 것이다.

상육 자만하는 사람은 언제나 굴욕감을 느낀다. 하지만 겸손하면 허풍과 자존심, 허영으로부터 해방된다. 겸손한 사람은 순박하고 매사에 균형 잡혔다는 특징이 있다. 다른 사람의 행동이나 말이 예의 바르든 아니든 존경하고 존중한다. 겸손한 사람은 겸손한 태도로 신의 영광을 드높이는 일을 한다. 내 생각과 감정을 길들이고, 주의가 어지러울 때는 신의 거룩한 현존을 다시 한번 곰곰이 생각해 보아라. 그럼 하는 일마다 분명 승리하고 성공할 것이다. "무슨 일을 하든지 경쟁심이나 허영으로 하지 말고 (…) 자기 일만 돌보지 말고 서로 다른 사람들의 일도 돌보라."(빌립보서 2장 4절)

예괘豫卦: 열정

 상괘: 진, 솟아남, 우뢰
하괘: 곤, 수용적, 땅

괘사 "네게 기쁨과 즐거움이 되고"(누가복음 1장 14절) 열정이란 신에게 홀린 것을 뜻한다. 어떤 계획이나 명분, 주제를 받아들이거나 활발하게 관심을 가질 때 즉 아이디어에 불이 붙고 마음이 기뻐할 때 틀림없이 성공한다. 또한 열정은 전염성이 있으므로 다른 사람도 열정을 느낀다.

괘상 신의 통로가 되어 신의 지성, 지혜, 사랑, 조화, 풍요가 나를 통해 흐르게 할 때 만물의 아버지이신 신께 영광을 돌린다. 희생이란 신성하게 만드는 행위로, 다시 말해 신의 지혜가 나를 인도하고 지배한다는 것을 알면서 나의 모든 일을 신께 바치는 것을 뜻한다. 이렇게 하면 내가 가는 모든 길이 즐겁고 평화로워진다. "이와 같이, 너희 빛을 사람에게 비추어서, 그들이 너희의 착한 행실을 보고, 하늘에 계신 너희 아버지께 영광을 돌리게 하여라."(마태복음 5장 16절)

초육 "너희는 믿음을 통하여 은혜로 구원을 얻었다. (…) 행위에서

난 것이 아니다. 그러므로 아무도 자랑할 수 없다."(에베소서 2장 8~9절) 잠재의식은 절대적으로 공정하고 대단히 정의롭다. 은혜란 습관적인 사고와 이미지에 대한 더 깊은 마음의 응답을 뜻한다. 나의 경험, 지위, 부, 직책은 나의 믿음과 내적 확신이 수리적이고 정확하게 재현된 것이다. 자랑하거나 뽐내지 마라. 나는 곧 내 생각의 발현이므로, 마음으로 느끼지 못하는 일에 진실한 척 행동하는 건 아무 소용이 없다. 나는 언제나 신념과 가정을 보여 주고 있다. 더 높은 비전을 위해 노력하고 신의 능력을 통해 그 비전에 도달할 수 있다는 것을 깨우쳐야 한다. 나는 비전이 있는 곳으로 간다. 인간은 믿음이 표현된 존재이므로 마음의 법칙에 대한 믿음은 보이기 마련이다. 그렇지 않다면 이는 참된 믿음이 아니다.

육이 "비가 내리고 홍수가 나고 바람이 불어 집에 들이쳤지만, 무너지지 않았다. 그 집을 반석 위에 세웠기 때문이다."(마태복음 7장 25절) '반석'은 그 어떤 외부의 힘도 무너뜨릴 수 없고 보이지 않으며, 휘둘리지 않는 것을 상징한다. '집'은 생각이나 느낌, 믿음, 의견이 머무는 공간이다. 나는 전능하며 지고한 권능을 절대적으로 믿어야 한다. 이러한 믿음을 가지면 그 누구도 나의 목적을 의심하거나 목표에서 벗어나게 할 수 없다. 믿음이란 잠재의식을 통해 응답하고, 마음속에 품은 소중한 소망을 이루게 하는 지상의 권세에 자신감을 가지는 것을 뜻한다. 믿음을 가지면 성공이 보장된다.

육삼 "그는 두 마음을 품은 사람이요, 그의 모든 행동에는 안정이 없다."(야고보서 1장 8절) 기회가 왔을 때 이를 받아들일 준비가 되어 있어야 한다. 프로젝트가 내 눈에 좋게 보이면 프로젝트를 받아들이고 좋다고 말하라. 그리고 내 삶에서 신이 행동하신다고 주장하라. 망설이거나 미루거나 불안해하며 결정을 내리지 못하면, 앞으로 나아갈 기회를 잃는다. 모든 길을 인도해 주시는 분을 신뢰하라. 기민하게 반응하라. 기회는 항상 문을 두드리고 있다는 사실을 깨달아야 한다.

구사 축복이 솟아나는 내면의 원천을 바라보라. 신께서 모든 면에서 나를 인도하고 번영하게 한다는 걸 믿어라. 그러면 새로운 창조적 아이디어가 잠재의식에서 드러나 내가 꿈꿔 왔던 것을 넘어 그 이상으로 나아가리라. "네가 나를 부르면 내가 너에게 응답하겠고, 네가 모르는 크고 놀라운 비밀을 너에게 알려 주겠다."(예레미야 33장 3절)

육오 신은 생명이다. 신의 생명은 지금 나의 생명이기도 하다. 신은 내면에 있는 생명의 원리다. 느낌을 담아 "나는 신의 평화를 들이마시고 신의 사랑을 모든 이에게 내뿜습니다. 사랑은 건강과 행복, 평화, 풍요의 법칙을 실현한다는 것을 알고 있기 때문입니다"라고 확언하라. 내 안에 계신 신이 지금 나를 치유해 주시리라. "하나님의 영이 나를 만드시고, 전능하신 분의 입김이 내게 생명을 주셨다."(욥기 33장 4절) "나는 너희를 치료하는 하나님이다."(출애굽기 15장 26절)

상육 언제나 공급의 원천을 바라보라. 삶의 성쇠와 부침이 너무 두드러지지 않도록 자신을 통제하라. 기분이 오락가락하지 않게 스스로를 보호하고 언제나 균형을 유지하라. 흥미로운 인생을 살려면 변화가 충분히 있어야 한다. 신성한 법과 질서가 나를 언제나 지배함을 알고, 어느 쪽으로도 치우치지 말라. 신의 평화의 강이 나를 지배하므로 모든 일이 다 잘될 것이다. "하나님이 당신들의 조상에게 맹세하신 그 언약을 이루시려고 오늘 이렇게 재산을 모으도록 당신들에게 힘을 주셨음을 기억해야 한다."(신명기 8장 18절)

수괘隨卦: 따름

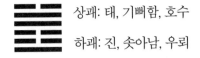

상괘: 태, 기뻐함, 호수

하괘: 진, 솟아남, 우뢰

괘사 "끝까지 견디는 사람이 구원을 얻는다."(마가복음 13장 13절) '구원'은 문제에 대한 해결책을 의미한다. 올바르게 생각하고 느끼고 행동하면 잠재의식이 반응하여 기도의 응답을 받을 것이다. 인내심, 끈기, 선을 추구하는 결단력을 지니고 나와 다른 사람을 축복한다면 결국 원하는 바가 이루어진다.

괘상 "주님께서 너를 늘 인도하시고"(이사야 58장 11절) 정기적으로 신성한 현존과 교감하는 시간을 가지는 것을 계획해 보라. 내 안에 머무는 신께 주의를 돌려 인도를 받고, 능력과 힘, 지혜가 나의 결정과 행동을 지배한다고 주장하면 노고에 축복이 있을 것이다. 정신과 영의 배터리를 정기적이고 체계적으로 충전하라.

초구 "우리가 걷는 길이 주님께서 기뻐하시는 길이면, 우리의 발걸음을 주님께서 지켜 주시고"(시편 37편 23절) 신의 올바른 행동이 나를 지배한다는 것을 깨닫고, 모든 이에게 활기와 선의를 발산하라. 그럼 목적을 달성하는 데 필요한 협조와 도움을 얻을 수 있을 것이다.

육이 사업을 하든 직업을 선택하든 나와 관계된 모든 사람이 성장과 안녕과 번영의 사슬에서 영적인 연결고리가 된다고 생각하라. 영적인 기준에 의해 모든 동료를 선택해야 한다. 즉 신성한 것을 경외하는 사람이어야 한다. 삶에서 신을 최우선으로 두고 신께 모든 영예와 영광을 드리면 자동으로 올바른 일을 할 수 있다. "네게 유익하도록 너를

가르치며, 네가 마땅히 걸어야 할 길로 너를 인도하는 하나님이다 하셨다."(이사야 48장 17절)

육삼 올바르게 생각하고 느껴라. 곧은 사람이 되고 바른 행동을 하라. 내 안에 있는 무한한 조화의 원리라는 관점에서 말하고 생각하고 행동하라. 인생에서 성공하려면 더 큰 것을 위해 작은 것을 포기해야 한다. 나는 성장하고, 일어나며, 인생의 문제를 초월하기 위해 이 자리에 있다. 정신적인 측면이든, 다른 측면이든 가장 높고 좋은 분과 걸으면 언제나 최고를 경험할 것이다. "부지런한 사람의 길은 확 트인 큰길과 같다."(잠언 15장 19절)

구사 "사람들이 서로서로 거짓말을 해대며, 아첨하는 입술로 두 마음을 품고서 말합니다."(시편 12편 2절) 마음을 다스리고 진실이라고 알고 있는 걸 고수하라. 무한한 현존이 나를 대신해서 움직인다고 절대적으로 확신하면서 침착하게 휴식을 취하라. 모두의 이익을 위한 동기를 품어야 한다. 언제나 평화와 사랑, 조화 안에서만 말씀하시는 신성의 내면의 소리에 귀를 기울이라. "너의 뒤에서 '이것이 바른길이니, 이 길로 가거라' 하는 소리가 너의 귀에 들릴 것이다."(이사야 30장 21절)

구오 신이 인도한다는 확신과 최고의 일만이 일어나리라는 기대와 하나가 되면 풍성하게 수확할 수 있다. "내가 걷는 길을 안전하게 하여 주신다."(사무엘하 22장 33절)

상육 결말을 결정짓는 신성에 경외심을 가진 사람에게 영적인 도움과 모든 종류의 원조를 구하라. 내가 이끄는 대로 그들은 따라올 것이다. "하나님은 나의 견고한 요새이시다. 내가 걷는 길을 안전하게 하여 주신다."(사무엘하 22장 33절)

고괘蠱卦: 엎질러진 것을 수습함(부패)

상괘: 간, 부동, 산
하괘: 손, 온화함, 바람

괘사 "물 위로 걸어서, 예수께로 갔다."(마태복음 14장 29절) 성경에 묘사된 예수님은 현재의 곤경에서 나를 구하고자 하는 마음의 소망을 깨닫는 것을 의미한다. 배가 고플 때는 음식이 나의 구세주다. 목이 마르면 물이, 감옥에 갇혀 있다면 자유가, 아프다면 건강이 나의 구세주가 된다. 상징적으로 물은 마음을 의미한다. 내 안에 있는 현재의식과 잠재의식이 물을 가로질러 더 웅장하게 표현하는 쪽으로 마음의 방향을 바꾸거나 의도를 세우는 게 유리하다. 마음속 새로운 집에 살기 시작하라. 즉 새로운 결정에 자양분을 공급하고 믿음으로 지탱하라는 뜻이다. 만약 어디 밖으로 여행을 떠나야 한다면 모든 수단을 동원하여 여행을 떠나라. 내면은 외면을 통제하는 법이다. 새로운 기회를 수락하라. 믿음과 확신을 가지기 시작하면 최종적으로 모든 면에서 성공하는 결과를 낳는다. 시작과 끝은 같다.

괘상 "네가 하는 모든 일에서 주님을 인정하라. 그러면 주님께서 네가 가는 길을 인도하실 것이다."(잠언 3장 6절) 신께서 삶에서 행동하심을 알고 위와 같은 진리를 주장할 때 나는 위로 올라가고 영감을 받을 것이며 모든 장애물이 제거될 것이다. 나의 고양된 영이 계획을 실현하는 데 도움을 줄 다른 사람들과 소통할 것이다.

초육 "내가 그 허물어진 곳들을 다시 세우겠다"(이사야 44장 26절) 영원한 건 없고 모든 것은 변한다. 과거는 죽었으며, 미래는 아직 살아 있지 않다. 지금 이 순간 외에는 중요한 건 아무것도 없으며, 지금 이 순간을 바꿔야 운명을 바꿀 수 있다. 과거의 실수를 돌아보면서 슬퍼하고 시간을 낭비하지 말라. 미래는 현재 생각의 발현이다. 마음의 동산에 신과 같은 생각을 심으면 풍성한 수확을 거둘 것이다.

구이 "지금이야말로 구원의 날입니다."(고린도후서 6장 2절) 현재를 살라. 현명하게 미래를 준비하고 과거를 내버려 둬라. 구원이란 지금 신이 해답 또는 해결책을 가지고 있다는 것을 의미한다. 그러므로 이미 지나간 과거에 에너지를 낭비하는 건 어리석다. 좋은 생각을 하면 좋은 일이 뒤따를 것이다. 주변 사람들 안에서 신을 보고 건강과 행복, 평화를 빌어 주면 좋은 일이 따른다.

구삼 내가 가진 모든 생각과 교리적 믿음을 살펴보고 영원한 진리에 부합하는지 확인해 보자. 마음에는 시공간이 없다. 건설적이고 현명하게 생각하는 순간, 잠재의식으로부터 즉각적이고 자동적인 반응이 일어난다. 화학의 원리를 올바르게 사용하기 시작하면 화학 실험실에서 생겼던 오류들이 사라지는 것과 마찬가지로 과거의 실수와 오류가 없어진다. 과거는 잊고 그 누구도 탓하지 말라. 나는 생각과 느낌으로 운명을 창조하고 빚어 나간다. "주님의 이름을 부르는 사람은 누구든지 구원을 얻을 것입니다."(로마서 10장 13절)

육사 논리에 어긋나고 비합리적이고 비과학적인 잘못된 믿음이나 낡은 신념을 절대 받아들이지 말라. 나를 치유하고, 축복하며, 영감을 주고, 존엄하게 하고, 드높이는 아이디어와 진리를 받아들여야 한다. 과거와 그릇된 믿음, 전통에 지나치게 빠져 살면 삶에 손실과 결핍, 한계가 생겨난다. "너희는 지나간 일을 기억하려고 하지 말며, 옛일을 생각하지 말라."(이사야 43장 18절)

육오 나에게 좋은 일만 생긴다는 진리를 말하면 내가 하는 일에서 그러한 진리가 발현된다. 모든 면에서 신성하게 인도받을 것이다. 잠재의식의 무한한 지성은 나의 꿈과 열망을 실현하는 데 도움을 줄 모든 이를 나에게 끌어당길 것이다. "주님을 찾는 사람은 복이 있어 아무런 부족함이 없을 것이다."(시편 34편 10절)

상구 높은 곳으로부터 영감을 받으면 삶에서 진정한 모습을 표현할 수 있고 내가 좋아하는 일을 할 것이다. 말하고, 행동하고, 글을 쓰고 창조하는 등, 내가 하는 모든 것은 인류를 축복할 수밖에 없다. 나는 신성한 지혜의 진정한 통로가 될 것이다. "사람에게 슬기를 주는 것은 사람 안에 있는 영, 곧 전능하신 분의 입김이다."(욥기 32장 8절)

임괘臨卦 : 접근

상괘: 곤, 수용적, 땅

하괘: 태, 기뻐함, 호수

괘사 "그가 나를 부를 때에, 내가 응답하고, 그가 고난을 받을 때에, 내가 그와 함께 있겠다. 내가 그를 건져 주고, 그를 영화롭게 하겠다."(시편 91편 15절) "원수가 강물처럼 몰려오겠으나, 주님의 영이 그들을 물리치실 것이다."(이사야 59장 19절) 무한자와 조화를 이루면, 전진하여 모든 면에서 앞으로 나아간다. 무한한 지성에 요청하면, 내가 요청한 바의 본질에 따라 응답한다. 마음속으로 지나치게 두려워하거나 걱정하거나 원망하지 말라. 이러한 부정적인 감정은 상실과 한계를 가져온다. 마음을 사랑과 믿음, 자신감의 개념으로 채우면 모든 부정적인 것을 뿌리 뽑을 수 있다. 배에 물이 차지 않는 이상 바다에 있는 어떤 물도 배를 가라앉게 할 수 없다. 마찬가지로 부정적인 생각이나 다른 사람의 행동을 마음속에서 탐닉하지 않으면 나를 해칠 수 없다. 신성한 사랑으로 그런 생각을 없애고 화장하며 불태워라.

괘상 내가 필요로 하는 모든 에너지와 활력, 지혜, 능력, 힘은 나에게 자유롭게 주어졌다. 신은 필요할 때마다 이것들을 즉각적으로 영원히 공급하고 지원해 주며, 내가 지혜를 더 많이 나눠 줄수록 더 큰 지혜를 얻게 한다. 내 안의 무한한 보물창고는 소진되지 않는다. "나의 하나님께서 자기의 풍성하심을 따라 그리스도 예수 안에 있는 영광으로 너희에게 필요한 것을 모두 채워 주실 것이다."(빌립보서 4장 19절)

초구 모든 선이 나를 위해 펼쳐진다는 위대한 진리를 믿으면 그 진리를 눈에 보이는 방식으로 소유할 것이다. "또 너희가 기도할 때에, 이루어질 것을 믿으면서 구하는 것은, 무엇이든지 다 받을 것이다."(마태복음 21장 22절)

구이 "하나님이, 마음에 드는 사람에게는 슬기와 지식과 기쁨을 주시고"(전도서 2장 26절) 그 무엇도 나를 움직이거나 방해할 수 없으며, 걱정을 불러일으키지 않는다. 왜냐하면 "이 또한 지나가리라"라는 구절이 나를 지탱하기 때문이다. 모든 일은 지나가기 마련이다. 신은 그 자체로도 충분한 분이며, 계획을 이루는 데 필요한 모든 지혜와 힘, 창의적인 아이디어를 주셨다. 내가 하는 모든 일은 번영한다.

육삼 "이것은 유익이 없고, 헛될 뿐이다."(디도서 3장 9절) 마음을 소홀히 하고 부정적인 감정이 나를 지배하도록 한다면 무슨 일을 하든 잘 풀리지 않을 것이다. 일에 신경 쓸 여유도 없고 무심해진다. 나를 인도하는 선로 위에 기도가 있게 해야 한다. 그렇지 않으면 집단의식은 두려움, 결핍, 걱정, 불안의 생각으로 나를 지배하기 시작한다. 생각을 바꾸고 그 생각을 고수하라.

육사 나의 마음은 감정과 사랑이 자리 잡는 곳이다. 믿음과 확신으로 가득 찬 내 안의 현존에 관심을 돌리면 내가 하는 모든 일이 번영할 것이다. "그렇지 않으면 누가 감히 목숨을 걸고, 나에게 가까이 올 수가 있겠느냐? 나 주의 말이니라."(예레미야 30장 21절)

육오 "주님께서 나를 위해 그들에게 갚아 주시니"(시편 138편 8절) 내 안에 있는 주님의 권능에 감사하고 인정하면 모든 것이 신성한 질서에 따라 이루어질 것이다.

상육 신과 모든 사람과 하나가 됨을 느끼면서, 모든 이에게 활기와 사랑, 선의를 뿜어내라. 이 길을 걷기 때문에 나와 마주치는 모든 사람이 축복을 받을 것이다. "진실로 주님의 선하심과 인자하심이 내가 사는 날 동안 나를 따르리니, 나는 주님의 집으로 돌아가 영원히 그곳에서 살겠습니다."(시편 23편 6절)

관괘觀卦 : 사색(관점)

 상괘: 손, 온화함, 바람

하괘: 곤, 수용적, 땅

괘사 "네가 나를 부르면, 내가 너에게 응답하겠고, 네가 모르는 크고 놀라운 비밀을 너에게 알려 주겠다."(예레미야 33장 3절) 인간은 자신이 깊이 생각하는 내용 그 자체이며, 깊이 생각하는 모든 건 형태를 갖추어 표현된다. 성경에 등장하는 '희생'은 더 큰 것을 위해 더 작은 것을 포기하는 것, 즉 부정적인 생각을 건설적인 생각으로 대체함을 의미한다. 내면의 영의 위엄과 주권을 인정하고 인도를 구하면 신성한 질서에 따라 응답이 내게 올 것이다.

괘상 신은 언제나 임재하며 도움을 준다는 진리를 인정하고, 바른 말을 하고 올바른 일을 하라고 영감과 지시를 받았다고 주장하면, 그 상황에 맞게 말하고 행동하는 나를 발견할 것이다. "네가 하는 모든 일에서 주님을 인정하라. 그러면 주님께서 네가 가는 길을 인도하실 것이다."(잠언 3장 6절)

초육 세상에는 절대 변하지 않는 원칙과 진리가 있다는 것을 깨달아야 한다. 어제도 오늘도 영원히 똑같다. 종교를 믿는 자는 진실하고 정직해야 하며 삶의 진리에 순응해야 한다. 내가 확언하는 건 마음속에서 진짜라고 느껴져야 한다. 영원한 진리를 말하기만 하고 실제로 믿지 않는다면 무의미하다. "누가 스스로 경건하다고 생각하면서도, 혀를 다스리지 않고 자기 마음을 속이면, 이 사람의 신앙은 헛된 것이다."(야고보서 1장 26절)

육이 "네 눈이 성하면 네 온몸이 밝을 것이요."(마태복음 6장 22절) 내가 관심을 두는 모든 것을 물질적으로 경험할 것이다. 삶을 편협하고 제한된 관점으로 바라보지 마라. 끊임없이 변화하는 외부의 상황과 상태에 주의를 둔다면 스스로를 제한하고 번영을 저해할 수밖에 없다. 신께 주의를 기울이고 신의 지혜와 능력이 내 삶에 먼저 다가오게 하라. 그럼 나는 하나에만 집중하고, 하는 일마다 축복을 받을 것이다.

육삼 "주님께서 몸소 생명의 길을 나에게 보여 주시니."(시편 16편 11절) 잠재의식에 있는 무한한 지성이 나에게 다음 단계를 알려 준다고 주장하고 알아야 한다. 추론하는 현재의식에 명확하게 들어오는 인도를 따르라. 신성한 행동이 언제나 나를 지배한다.

육사 "하늘 나라가 가까이 왔다"(마태복음 3장 2절) 무한한 지성과 끝없는 지혜, 신성한 본질로부터 나오는 모든 힘이 내 안에 있다. 이를 알고, 내 생각의 왕국을 지배하는 왕이 되라. 올바르게 생각하고 느껴라. 곧은 사람이 되고 바른 행동을 하라. 나는 생각과 형상, 감정, 행동, 반응을 절대적으로 통제할 수 있다. 모든 면에서 신성한 조화의 법칙에 부합하므로 마음을 다스리는 왕으로서 특권을 행사하라.

구오 "슬기로운 사람이 걷는 생명의 길은 위쪽으로 나 있어서"(잠언 15장 24절) 나는 생명과 사랑, 진리, 아름다움을 갈수록 더 많이 표현하기 위해 이 자리에 있다. 모든 방면에서 다른 사람을 축복하고 그들이 번영하기를 소망하는 것이 타인을 향한 동기가 되어야 한다.

상구 "마음이 깨끗한 사람은 복이 있다. 그들이 하나님을 볼 것이다."(마태복음 5장 8절) 성경에서 '청결'이란 만물을 일으키는 유일하고 진정한 원인이자 권능인 신을 생각하고 인식하는 것이다. 인생에서 신의 사랑과 조화를 곱씹으면, 모든 질병이 낫고 곤경에서 벗어나고 다른 사람에게 지혜와 선의를 전할 수 있다.

서합괘噬嗑卦: 씹음

상괘: 이, 붙잡음, 불
하괘: 진, 솟아남, 우뢰

괘사 나의 선함에 대해 곰곰이 생각하고 전능하신 권능이 나를 뒷받침해 준다는 걸 알면 모든 장애물을 뛰어넘을 것이다. 모든 일은 나를 위하는 방향으로 신성한 질서에 따라 해결되고 있다는 것을 알아야 한다. "이 율법책의 말씀을 늘 읽고 밤낮으로 그것을 묵상하여, 이 율법책에 씌어진 대로, 모든 것을 성심껏 실천하라. 그리하면 네가 가는 길이 순조로울 것이며, 네가 성공할 것이다."(여호수아 1장 8절)

괘상 "폭행과 탄압을 그치고, 공평과 공의를 실행하라."(에스겔 45장 9절) 나의 모든 행동은 올바른 행동과 정의에 기반을 두어야 한다. 올바름의 기준을 타협해서는 안 된다. 마음속에서 내리는 판단이나 결정은 조화의 법칙이나 모든 사람에게 베푸는 선의에 근거해야 한다.

초구 "네 발이 너를 죄짓게 하거든, 그것을 찍어 버려라."(마가복음 9장 45절) 성경에서 '발'은 이해를 의미한다. 나는 인생에서 무엇을 이해하고 있는가? 절대 불변하는 생명의 법칙 위에 서야 한다. 조화와 사랑, 올바른 행동과 평화의 영원한 원칙 위에 서야 한다. 절대로 진리에서 벗어나서는 안 된다. 이면의 동기로부터 자신을 정신적으로 분리하고 다른 사람이 나를 이용하게 내버려 두지 마라.

육이 "귀가 있어도 듣지 못하고, 코가 있어도 냄새를 맡지 못하고"(시편 115편 6절) 성경에서 냄새를 맡는다는 것은 분별을 실천하는 것을 상징한다. 즉 겨에서 밀을 골라내듯 악과 선을 분리하며 사랑스럽고 가치 있는 것을 고수함을 뜻한다. 옳고 선한 일을 위해 굳게 서라.

육삼 "내 양식은 나를 보내신 분의 뜻을 행하고"(요한복음 4장 34절) 성경에서 양식은 신의 자질, 능력, 속성을 뜻한다. 용기와 믿음, 자신감, 사랑, 선의에 대해 묵상하라. 이게 바로 천국의 양식이다. 나쁜 감정과 비통함, 적대감, 분노를 오물거리면 그런 감정이 독이 되어 유기체 전체를 약하게 하는 경향이 있다는 것을 인식해야 한다. 정신적 독을 멀리하고 내 안에 있는 신을 드높여라.

구사 "나에게는 너희가 알지 못하는 먹을 양식이 있다 하셨다."(요한복음 4장 32절) 언제나 닿을 수 있는 보이지 않는 권능과 현존이 존재한다. 단호하게 확언하고 끈기를 가지라. 전지전능한 힘이 나를 뒷받침해 주고 있다는 것을 깨달아야 한다. 모든 면에서 영감과 인도를 받아 마음에 품었던 소망이 이루어질 것이다.

육오 "단단한 음식물은 장성한 사람들의 것입니다. 그들은 경험으로 선과 악을 분별하는 세련된 지각을 가지고 있는 사람들입니다."(히브리서 5장 14절) 정서적으로, 또 영적으로 성숙한 사람의 역할을 맡아야 한다. 거짓된 것을 붙잡지 마라. 진리에 충실하고 나에게 올바른 행동은 모든 사람에게 올바른 행동임을 깨달아야 한다.

상구 "그들은 진리를 듣지 않고, 꾸민 이야기에 귀를 기울일 것이다."(디모데후서 4장 4절) 존재의 진리를 듣기를 거부하고 내 길만을 고집하려는 이는 어려움에 부닥치고 상실과 실패를 경험할 것이다.

비괘賁卦: 영광

 상괘: 간, 부동, 산
하괘: 이, 붙잡음, 불

괘사 "너희는 믿음을 통해 은혜로 구원을 얻었다."(에베소서 2장 8절) 은혜란 습관적인 생각과 상상에 대한 무한한 지성의 수학적이고 정확한 반응이다. 무한한 지성에 구하면 내가 요청한 바의 본질에 걸맞은 응답을 필연적으로 받는다. 그러니 신의 인도 아래 하는 일마다 모두 성공한다.

괘상 "제때 주시는 도움을 받기 위해 담대하게 은혜의 보좌로 나아가라."(히브리서 4장 16절) 내주하시는 신께 주의를 돌려 인도와 영감을 구하라. 그럼 나의 결정은 관련된 모든 이에게 옳은 결정이 될 것이다.

초구 "그리스도께서 내려 주시는 은혜와 평화가 너희에게 있기를 비노라."(고린도후서 1장 2절) 은혜는 신의 영이 나를 재생시키고 강하게 만들고자 내 안에서 기능하는 상태를 의미한다. 신성한 길을 따르면 신성한 사랑이 나를 앞서나가 내 길을 곧고 즐겁게 만들어 줄 것이다.

육이 "너희의 말은 소금으로 맛을 내어 언제나 은혜가 넘쳐야 한다. 너희는 사람에게 어떻게 대답해야 마땅한지를 알아야 한다."(골로새서 4장 6절) 이 구절은 생각과 말, 행동이 황금률과 사랑의 법칙에 부합되어야 함을 의미한다. 열의와 열정을 담아 진리를 말할 때 그 말에는 소금이 담겨 있다. 소금으로 음식에 간을 하면 음식의 풍미가 살아난다. 마찬가지로 나의 말이 다른 사람을 격려하고 열광시키고 깨우침을 줄 때 내가 말하고 행동하는 것에 색을 입힐 수 있다.

구삼 "하나님의 은혜에서 떨어져 나가는 사람이 아무도 없도록 주의하라."(히브리서 12장 15절) 부지런하고 조심스럽게 움직여라. 신의 영이 나를 다스리고 인도하면 반드시 승리한다.

육사 "우리는 또한, 그리스도로 말미암아 지금 서 있는 이 은혜의 자리에 믿음으로 들어감을 얻었으며"(로마서 5장 2절) 신의 선함과 권능, 매사가 잘 풀리리라는 믿음을 가지라. 그럼 내 안에 임재하는 신께서 나의 소망에 응답하고, 나의 계획이 이루어질 것이다.

육오 "백성이 광야에서 은혜를 입었다."(예레미야 31장 2절) 내가 어디에 있든 내 안에 있는 신의 은총을 불러일으켜 나를 통치하고 지도하는 신의 현존을 느낄 수 있다. 우리를 만드신 신 안에서는 작은 것과 큰 것을 구분 짓지 않는다. 마음에 사랑을 품으면 도처에서 더 많은 사랑과 기쁨을 발견할 것이다. 사랑은 모든 것을 정복한다. 큰 성공이 보장된다.

상구 "주님께서는 은혜와 영예를 내려 주시며, 정직한 사람에게 좋은 것을 아낌없이 내려 주신다."(시편 84편 11절) 신은 이제 나를 통해 흐르며 삶의 모든 빈 그릇을 채운다. 신성한 사랑이 생각과 말, 행동에 흐른다. 모든 좋은 일은 나의 것이다.

박괘剝卦 : 분열

 상괘: 간, 부동, 산

하괘: 곤, 수용적, 땅

괘사 "가정도 서로 싸우면 무너진다."(누가복음 11장 17절) 집은 나의 마음이다. 마음속에 갈등이 있을 때 새로운 모험을 시작하는 것은 무의미하다. 잠잠하고 침착한 태도로 내 마음과 몸 그리고 현실의 상황에서 신의 평화를 곱씹어라. 그럼 점차 균형 잡힌 정신 상태에 도달할 것이다. 신의 인도를 믿어라.

괘상 "누구든지 이 산더러 '번쩍 들려서 바다에 빠져라' 하고 말하고, 마음에 의심하지 않고 말한 대로 될 것을 믿으면, 그대로 이루어질 것이다."(마가복음 11장 23절) 두려움, 후회, 빚, 마음을 다치게 하는 습관이나 질병의 산이 있다면 모든 문제 위에 신이 군림할 것이다. 신의 힘이 압도하리라는 믿음과 확신을 가지고 문제와 싸우면 나는 산(장애물)을 넘어 설 수 있다. 산은 사라지고 산산조각 난다. 신성한 해결책을 경험할 것이다.

초육 "일어나서 네 자리를 걷어서 걸어가거라."(마가복음 2장 9절) 내 마음속 '자리', 즉 침대에서 부정적인 생각과 이미지와 함께 동침하는 건 잘못된 일이다. 왜냐하면 부정적인 경험과 안 좋은 상황을 불러올 것이기 때문이다. 영원한 것은 없고 모든 것은 사라진다는 사실을 깨달으며 침착하고 잠잠하게 나아가라. 신의 진리로 마음을 채우고 "신께서는 나를 사랑하고 돌보십니다"라고 계속 확언하라. 상실과 실패를 초래할 수 있으므로 모든 부정적이고 파괴적인 생각을 즉시 버려야 한다.

육이 "어둠 속에 잠자리를 펴고 눕는 것뿐이다."(욥기 17장 13절) 생각과 믿음, 의견, 이미지는 내 마음에 사는 사람에 빗댈 수 있다. '어둠'은 빛이 없는 상태를, '잠자리'는 마음속에 누워 있는 대상, 그러니까 마음속에 품고 함께 살아가는 대상을 의미한다. 그 본질이 부정적이면 부정적인 결과를 낳는다. 성경은 원수는 내 가정(마음)의 원수를 뜻한다고 설명한다. 시편 23편과 91편을 읽고 신과 함께하는 사람이 다수라는 걸 깨달아라. "이 또한 지나가리라"라는 오래된 격언을 마음에 새겨야 한다.

육삼 내주하시는 신과 그분의 사랑에 계속해서 마음을 두고 "지금 신께서 나를 인도하고 계십니다. 신의 평화가 내 영혼을 채웁니다. 모든 것이 좋다고 믿으면, 신의 사랑에서 나오는 치유의 빛이 잠재의식에 퍼져 모든 부정적인 것이 파괴됩니다"라고 주장하라. "주님께 의지하는 사람들은 늘 한결같은 마음을 가진 사람들이니, 그들에게 평화에 평화를 더하여 주어라."(이사야 26장 3절)

육사 "맏아들이지만 그의 아버지의 잠자리를 더럽혔으므로 그의 맏아들의 권리가 이스라엘의 아들인 요셉의 아들들에게 넘어갔고"(역대상 5장 1절) 아버지의 침상을 더럽힌다는 건 분노와 자기 비난, 원망 등으로 마음을 더럽힘을 상징한다. 이런 부정적인 감정은 삶의 모든 단계에서 결핍과 한계를 불러일으키는 정신적인 독이다. 부정적인 생각을 용서하고 모든 사람에게 삶의 축복을 빌어 주고 내 가운데 있는 신을 드높여라. 신은 모든 병을 고쳐 줄 만큼 전능하다.

육오 "예수께서 그들에게 말씀하셨다. 나를 따라오너라. 나는 너희를 사람을 낚는 어부로 삼겠다."(마태복음 4장 19절) '사람'은 마음이 품은 대상을 의미한다. 다시 말하자면, 나는 내 마음속 깊은 곳에서 아이디어를 낚을 수 있다. 아무 사람이나 따를 수는 없겠지만, 마음의 법칙을 인식하여 영원한 진리와 하나가 될 수 있다. 영원한 진리를 적용하고 따를 수 있으며, 잠재의식에서 모든 문제에 대한 해결책을 낚을 수 있다. 해답은 내 안에 있다. 신성한 해답과 아이디어가 잠재의식 깊숙한 곳에서 나오고 있으며 모든 것이 번영할 것이다. 해답은 지금 나에게로 오고 있다.

상구 "성령의 열매는 사랑과 기쁨과 화평과 인내와 친절과 선함과 신실과 온유와 절제다. 이런 것들을 막을 법은 없다."(갈라디아서 5장 22~23절) 빵 한 조각을 먹으면 살과 피로 변하듯 내면에 있는 생명나무(신의 현존)를 먹으면, 다시 말해 조화와 평화, 사랑, 기쁨, 영감에 대해 곰곰이 생각하면 진리는 삶에 흡수되어 자동으로 표현된다. 잠재의식에 신의 진리를 합치면 내 삶에서 갑자기 온갖 기적이 일어나는 걸 볼 것이다. 모든 악은 결국 스스로 파멸한다는 것을 명심하라. 신의 맷돌은 느리지만 아주 곱게 갈기에 아무도 피해 갈 수 없다. 선함에 대한 믿음과 자신감은 지금 여기서 충분히 보상받는다.

복괘復卦: 귀환(전환점)

▤▤

상괘: 곤, 수용적, 땅

하괘: 진, 솟아남, 우뢰

괘사 "너희는 회개하고 마음을 편안하게 하여야 구원을 받을 것이며, 잠잠하고 신뢰하여야 힘을 얻을 것이다."(이사야 30장 15절) "전능하신 분에게로 겸손하게 돌아가면, 너는 다시 회복될 것이다."(욥기 22장 23절) 즉, 내면의 무한한 현존과 일치할 때 그분의 권능은 삶에서 활발해지고 강력해진다. 신성과 내적으로 교감하면서 강한 힘과 인도, 임재하는 그분의 사랑을 느껴라. 이런 영적 영향력하에서 새로운 모험을 시작하는 것은 유리하며, 무슨 결정을 내리든 번영할 것이다.

괘상 "주님의 천둥소리가 회오리바람과 함께 나며, 주님의 번개들이 번쩍번쩍 세계를 비출 때"(시편 77편 18절) 이 구절은 무한자의 영감을 느끼고 영적으로 고양되며 영적인 감정이 솟아나는 내 마음속 천국을 가리킨다. 우뢰는 내부의 빛 또는 신의 지혜로 인해 지성이 빛나는 것을 일컫는다. 마음을 가라앉히고 침착하기에 좋은 시기다. 에머슨이 말했듯이 '신들의 속삭임'에 귀를 기울이라.

초구 "내 기도가 내 품으로 돌아왔다."(시편 35편 13절) 일상의 한 절차로서 모든 부정적인 생각을 건설적인 생각으로 대체하는 습관을 들여라. 목표나 이상에 관심을 집중하고 자양분을 공급하고 정신적·감정적으로 유지하면 잠재의식에 가라앉을 것이다. 큰 성공과 행복은 이제 나의 것이다.

육이 "오늘 내가 당신들에게 명령한 주님의 모든 말씀을 순종하십시오.”(신명기 30장 2절) 나의 삶에서는 신이 행동하고 거하면서, 넉넉할 정도로 조화와 평화를 가져다준다. 내면에서 울려 퍼지는 직감의 소리를 들어 보라. 그럼 푸른 초원과 영원한 풍요로 인도받을 것이다.

육삼 “폐허로 바꾸어 놓고, 그곳을 지나다니는 사람이 없게 하겠다.”(에스겔 35장 7절) 어떤 이유로 미루거나, 흔들리거나, 떨리거나 마음을 정하지 못하면 나는 모든 면에서 불안정해진다. 진리에 충실하고 치유하고 축복하며 영감을 주고 영혼을 높이고 존엄하게 하는 아이디어로 마음을 분주하게 하라. 사랑스럽고 고귀하며 신과 같은 영적 기준에서 벗어나는 것을 거부하라.

육사 “목자들은 하나님께 영광을 돌리고 찬미하며 돌아갔다.”(누가복음 2장 20절) 내 마음은 목자가 필요하다. 생각과 태도, 감정을 보살펴라. 신의 사랑의 의식 속에서 걸으면 신의 사랑을 자동으로 표현할 뿐만 아니라 행운을 경험한다.

육오 내 안에 있는 신의 현존에 주의를 기울일 때 자동적인 반응이 일어나는데, 이를 상호 관계의 법칙이라고 한다. 신의 권능은 벌을 내리는 법이 없다. 대신 부정적인 생각으로 스스로를 벌하고 건설적인 사고로 스스로를 치유한다. 보상과 응징은 오로지 내 생각과 행동에 달려 있다. 부정적인 생각을 품은 자신을 용서하고 이 방식으로 더는 부정적인 생각에 푹 빠져 있지 않겠다고 마음먹어라. 그럼 나는 용서받고 자유로워질 것이다. “이제 너희는 나에게로 돌아오너라. 나도 너희에게로 돌아가겠다.”(말라기 3장 7절)

상육 어떤 실수를 저질렀든 간에 이제 잠재의식에 건설적이고 생명을 주는 영적인 패턴을 부여할 수 있다. 그럼 더 깊은 마음에서 새로운 기준에 부합하는 반응이 즉시, 자동으로 나올 것이다. 마음에는 시간이

나 공간이 없다. 법칙을 올바르게 사용하기 시작하는 순간, 과거는 잊히고 더는 기억되지 않는다. 만약 신과 같은 길로 향하는 걸 거부한다면, 나는 모든 방면에서 손실과 실패, 장애를 경험할 것이다. "그가 이 모든 음행을 한 다음에 다시 나에게로 돌아오려니, 하고 생각했다. 그러나 그는 끝내 돌아오지 않았다."(예레미야 3장 7절)

무망괘 无妄卦 : 결백(예상치 못함)

 상괘: 건, 창조적, 하늘
하괘: 진, 솟아남, 우뢰

괘사 "내게는 잘못이 없다. 나는 잘못을 저지르지 않았다. 나는 결백하다. 내게는 허물이 없다."(욥기 33장 9절) 순전하다는 건 결백하고 도덕적인 잘못으로부터 자유로우며 죄가 없다는 것을 뜻한다. 악한 의도나 동기가 단 하나도 없음을 내포하기도 한다. 이는 우주의 법칙과 질서를 뜻하는데, 세상에 그 무슨 일도 우연히 일어나지 않는다는 것이다. 행운과 불운은 어떠한 영향도 주지 못한다. 내 동기가 옳고 신성한 법과 질서가 나를 지배하고 있다고 주장하면 목표를 향해 성공적으로 나아갈 것이다.

괘상 "우레 같은 소리로 말하노니"(요한계시록 6장 1절) 주역과 성경에서 우레와 천둥은 모두 의식이 무조건적인 상태에서 조건적인 상태로 이동하는 것을 뜻한다. 우레는 생명의 여정에서 앞으로 나아갈 때 신의 영이 활발하게 되살아나는 것을 의미한다.

초구 "나의 하나님이 천사를 보내셔서 사자들의 입을 막으셨으므로, 사자들이 나를 해치지 못했다. 그것은, 하나님 앞에서 나에게는 죄가 없다는 사실이 드러났기 때문이다."(다니엘 6장 22절) '천사'는 더 높이 솟아오르는 내면의 충동, 즉 내 안에서 솟아나는 아이디어를 말한다. 사자는 장애물, 문제, 고난을 상징한다. 모든 문제가 극복되며 성공과 행복이 보장될 것이다.

육이 "네게도 추수할 일을 정했느니라."(호세아 6장 11절) 잠재의식에 씨를 뿌리면 생각의 형태와 조건, 사건으로 나타난다. 이게 바로 잠재의식에서 거두는 추수다. 잠재의식은 습관적인 사고를 재현하고, 내가 저장해 놓은 걸 크게 불린다. 좋은 씨를 뿌리면 좋고, 나쁜 씨를 뿌리면 나쁘다. 언제 어디서 어떻게 기도의 응답을 받을지 궁금해하지 마라. 다만 나름의 방법대로 실현되리라는 더 깊은 마음을 믿어라.

육삼 "잃었던 드라크마를 찾았다"(누가복음 15장 9절) 신과 소통하지 않고 기도를 통해 신과 맞닿아 있지 못하면 여러 방법으로 상실을 경험한다. 무언가를 잃었다면 마음의 왕국으로 들어가 선과 하나가 될 수 있으며 이를 통해 잠재의식이 반응하여 선을 배로 늘릴 것이다. 이익과 손실 같은 모든 거래는 마음속에서 일어나므로 마음에서 생기는 손실을 받아들여서는 안 된다. 내가 잃어버린 것과 정신적·영적으로 하나가 되면 잠재의식은 예상치 못한 많은 방법으로 다시 채워 줄 것이다. 의식할 권리right of consciousness가 있기에 의식함으로써 얻을 수 있는 대상을 잃어버릴 수는 없다.

구사 "온갖 기도와 간구로 언제나 성령 안에서 기도하라. 이것을 위하여 늘 깨어서 끝까지 참으면서"(에베소서 6장 18절) 결단력이 있고 태도가 올바르면 목표를 달성할 수 있다. 그 누구도 나를 대신해서 움직이는 무한자의 힘에 반할 수 없다.

구오 "즐거운 마음은 병을 낫게 하지만"(잠언 17장 22절) 나를 창조한 무한한 치유력이 나를 통해 조화와 건강, 평화로 흐르고 있다는 것을 깨달아라. 생명의 원리는 나를 치유하고 완벽하게 건강한 상태로 회복시키는 경향이 있다. 의사의 진료를 볼 때 의사도 신의 사람이며 신이 그를 인도하고 있음을 깨달아라. 의사의 조언은 나를 축복할 것이며 그 조언을 따르면 온전한 건강을 보장받을 것이다.

구육 "모든 일에는 다 때가 있다. 세상에서 일어나는 일마다 알맞은 때가 있다."(전도서 3장 1절) 신은 시공간을 초월하지만 나는 객관적으로 삼차원의 시공간의 세계에 살고 있다. 씨를 뿌릴 때가 있고 거두어들일 때가 있다. 잠잠하고 침착하게 있으면서 때를 기다려라. 앞으로 나아갈 적당한 시기가 나중에 찾아온다.

대축괘大畜卦: 대인의 길들이는 힘

상괘: 간, 부동, 산

하괘: 건, 창조적, 하늘

괘사 "끝까지 견디는 사람이 구원을 얻는다."(마태복음 10장 22절) 전능하신 신이 나를 뒷받침해 준다는 자신감과 믿음을 가지고 목표를 고수하면 성공할 수 있다. 새로운 방향으로 힘차고, 또 단호한 태도로 마음을 집중하는 게 좋다. 이는 정신적으로 내가 머물고 있는 장소에서 마음속 새로운 장소로 여행함을 의미한다. 결정을 내렸다면 외부 세계에서의 여행도 축복이 될 것이다.

괘상 "하나님의 나라는 너희 안에 있다."(누가복음 17장 21절) 신의 모든 능력과 자질 속성은 내 안에 있다. 영원의 보물이 내 안에 있다. 조화, 건강, 평화, 사랑, 올바른 행동과 신성한 인도에 대해 깊이 생각하라. 이런 진리를 마음에 품고 살면 인생에서 기적이 일어날 것이다.

초구 "항해하기에 위태로운 때가 되었다."(사도행전 27장 9절) 폭풍이 몰아치는 바다로 모험을 나가기보다는 (침착하고 차분한 자세로) 배에 가만히 앉아서 꾸준하게 해안선을 따라 항해해야 할 때다.

구이 "바퀴의 축은 받침대 안에다 넣었다."(열왕기상 7장 32절) 잘 알다시피 바퀴는 축을 중심으로 회전한다. 신과 정신적·영적 운명을 같이하기로 하면 올바른 행동이 뒤따른다. 주역과 성경의 상징에 따르면, 축이 제거되면 움직임이 일어나지 않는다. 이 구절은 마음을 차분하게 하고 일상적인 일들에 신경을 쓰다 보면, 적당한 시기에 알맞은 방법으로 성장하도록 인도를 받음을 뜻한다.

구삼 "그리고 내가 보니, 흰 말 한 마리가 있는데, 그 위에 탄 사람은 활을 가지고 있었습니다. 그는 면류관을 쓰고 있는데, 그는 이기면서 나아가고, 이기려고 나아갔다."(요한계시록 6장 2절) 자신의 자각, 그러니까 스스로 있음Amness이 유일한 원인이자 실체, 사실이라는 것을 깨달았을 때 나는 백마(임재하는 신의 힘)를 탄다. 신의 현존을 전적으로 신뢰할 때, 하나의 힘의 주권과 패권에 충성과 헌신을 다할 때, 진정한 의미에서 백마를 타고 승리를 향해 달려갈 수 있다. 조건이나 상황, 사건에 힘을 실어 줘서는 안 된다. 내가 마주하는 모든 일에는 신이 군림할 것이며, 나는 내가 세운 목표에 도달하여 꿈을 이룰 것이다.

구사 "힘으로도 되지 않고, 권력으로도 되지 않으며, 오직 나의 영으로만 될 것이다."(스가랴 4장 6절) 힘들이지 않는 노력이 답이다. 무한한 힘은 우주에서 유일한 힘이기 때문에 무한한 힘에 힘을 더할 수는 없다. 신성한 질서에 따라 모든 일이 이루어진다는 것을 알면서, 이 힘이 쉽고, 조용히, 또 사랑스럽게 나를 통해 흐르도록 하라. 억지로 하거나 강제로 하지 말라. 마음을 편하게 가지면 정복한다.

구사 "멧돼지들이 숲에서 나와서 마구 먹고, 들짐승들이 그것을 먹어 치우게 하십니까?"(시편 80편 13절) 내 안에 동물적인 성향을 점검해야 할 때다. 주역과 성경에서의 동물은 감정, 느낌, 어조, 기분, 감정적 반응 등 활성화된 의식 상태를 대표한다. 나의 정서적 본성은 건설적인 통로가 되어야 한다. 평화롭고 자신감 넘치는 모습을 유지하면 마음속 소망을 이룰 수 있을 것이다.

상구 "주님은 그의 하늘 보좌에 앉아 계신다."(시편 11편 4절) 내 마음에 있는 하늘은 평화롭다. 주님의 보좌란 주님의 권능 또는 내 안에 임재하는 신이자 나의 실체를 뜻한다. 내 안의 생령(신)은 나를 통해 움직이고, 나에게 인생의 축복을 가져다주고 소망을 실현하게 해 준다.

이괘頤卦: 입의 구석(자양분 공급)

상괘: 간, 부동, 산
하괘: 진, 솟아남, 우뢰

괘사 "주님께서 지혜를 주시고, 주님께서 친히 지식과 명철을 주시기 때문이다."(잠언 2장 6절) 신의 입은 곧 인간의 입이다. 나의 마음은 높은 곳으로부터 오는 지식과 진리, 아름다움, 믿음, 자신감, 영감의 음식을 먹어야 한다. 이게 마음을 위한 올바른 음식이다. 신의 진리로 마음을 채우면 마음속에서 신과 다른 성질의 것을 모두 몰아낼 것이다.

마음속으로 들어오는 것에 비판적이고 선택적인 태도를 보이고, 내 마음에 들어오는 게 온전하고 진실한지 확인하라. 정신적으로 신의 진리를 계속 곱씹으면 큰 축복을 경험할 것이다.

괘상 "그분의 권능에 찬 우렛소리를 누가 이해할 수 있겠느냐!"(욥기 26장 14절) 주역과 성경에서 우렛소리는 내 안에 있는 영이 활발해지는 걸 의미한다. 즉 내가 무한자의 관점에서 생각하고 말하고 행동하기 시작하면 말과 표현이 지혜와 진리, 사랑에 근거한다는 것이다. 다른 사람에게 말을 할 때는 그들을 돕고 격려하며 영감을 주는 말을 해야 한다.

초구 "땅에 기어 다니는 길짐승 가운데서 너희에게 부정한 것은, 족제비와 쥐와 각종 큰도마뱀과 수종과 육지악어와 도마뱀과 모래도마뱀과 카멜레온이다."(레위기 11장 29~30절) 거북이는 느리게 움직이며 땅 위를 기어 다닌다. 이는 먼지 속 벌레와 같은 태도를 상징하는데, 다시 말해 사물의 겉모습과 표면만을 바라보는 사람을 말한다. 나는 내 안에 있는 생명의 샘으로 가 내가 원하는 것, 즉 부와 성공, 직업에서의 영예를 얻겠다고 주장할 능력이 있다. 그럼 내가 주장한 바에 생명의 원리가 답할 것이다. 살아 있는 사람의 머리카락 한 올도 다치게 하지 않고, 다른 사람의 권리와 자유를 그 어떤 방식으로도 침해하지 않으면서 내가 필요한 것을 무한자로부터 모두 얻을 수 있다. 에머슨은 "누군가를 부러워함은 무지에서 오고 누군가를 모방하는 건 자살과 다름없다"라는 말을 남겼다. 다른 사람을 시기하는 것은 열등감과 편협함을 나타내며 이러한 태도는 더 많은 상실감과 결핍, 한계를 불러온다.

육이 "믿음의 말씀과 그대가 지금까지 좇고 있는 좋은 교훈으로 양육을 받아"(디모데전서 4장 6절) 내 안에 있는 신의 현존으로부터 인도와 힘 그리고 영광을 구하라. 잠재의식의 무한한 지성은 내가 있어야 할 자리를 알려 준다. 다른 사람들에게 기대거나 지지를 구하는 것은 잘못되었다. 인생의 중대한 교훈은 스스로 일어서서 문제를 극복할 수 있도록 준비하라는 것이다. 다른 사람에게 기대거나 도움을 너무 쉽게 받아들이면 자존감과 자립심이 무너지고 성격 발달이 저해된다. 이런 태도는 실패를 불러오는 태도다.

육삼 빵만으로는 세상을 살아갈 수가 없다. 용기와 믿음, 자신감, 기쁨, 웃음, 영감 등 보이지 않는 음식이 필요하다. 두려움, 근심, 걱정, 시기, 질투, 부정적인 선전을 동반하는 집단의식은 상실과 질병, 혼란을 초래하기에 먹기에 적절한 음식이 아니다. 그분, 아름다우신 분 그리고 선한 분께 돌아가기에 늦지 않았다. "모든 식구가 아쉬운 것이 없도록 해 드리겠습니다"(창세기 45장 11절)

육사 경계심을 늦추지 말고, 이상적인 음식으로 마음에 자양분을 공급하고 온갖 종류의 두려움, 의심, 부정으로부터 마음을 지키고 보호해야 한다. 선한 것에 주의를 기울이면서 전지전능하신 신의 권능이 나의 꿈을 실현할 수 있다는 것을 기억하라. 내면의 인식이 내가 가는 길에서 이상적으로 도움을 주는 사람들을 끌어당기게 할 것이다. "'내가 형님들을 모시고, 형님들의 자식들을 돌보겠습니다.' 이렇게 요셉은 그들을 간곡한 말로 위로했다."(창세기 50장 21절)

육오 내면에 있는 신의 현존으로 돌아가 나를 통해 흐르는 신의 평화와 권능, 힘이 나를 인도하고 이끈다고 주장하라 현명한 사람을 만나 정신적·영적 도움을 받으면 좋을 것이다. 그러는 동안 잠잠하고 차분히 있으면서 여행을 피하라. 적당한 시기가 올 것이다. "그리하면 너희는 마음에 쉼을 얻을 것이다."(마태복음 11장 29절)

상구 "임은 백합꽃밭에서 양을 치네. 날이 저물고 그림자가 사라지기 전에 나의 임이여"(아가 2장 16~17절) 기쁨과 조화, 평화, 아름다움, 신성한 법과 질서 등 신과 천국의 백합꽃 사이에서 먹이를 먹이라. 나의 모든 계획과 여정, 사업이 번영할 것이다. 그러므로 날이 저물고 그림자가 사라지기 전까지 신께 변치 않는 믿음을 가지고 의지해야 한다.

대과괘大過卦: 대인이 우세함

 상괘: 태, 기뻐함, 호수
하괘: 손, 온화함, 바람, 나무

괘사 "너희의 짐을 주님께 맡겨라. 주님이 너희를 붙들어 주실 것이니"(시편 55편 22절) 짐이 너무 무겁거나 부담이 크게 느껴질 때 내 안에 있는 신의 권능이 나를 지탱하고 강하게 할 뿐 아니라 문제를 해결할 수 있음을 기억하라. 느낌과 확신에서 변화가 일어나면 차이를 만들어 낼 것이다. 기도가 나를 고양하므로 "나는 신의 사랑, 지혜, 평화에 둘러싸여 그로부터 지지와 인도를 받습니다"라고 확언하면 효과적이다. 인생에서 성공하고 목표에 도달할 것이다.

괘상 "하나님이 그 성 안에 계시니, 그 성이 흔들리지 않는다. 동틀녘에 하나님이 도와주신다."(시편 46편 5절) 성경에서 말하는 '물'은 감정을 의미한다. 감정이 동요해서는 안 된다. 신은 정말로 내 존재 가운데 계시면서 나의 마음속 호수를 잔잔하게 한다. 신의 평화가 나를 통해 흐른다는 걸 깨달으면 나는 요동치지 않고 평안하고 잠잠한 상태를 유지할 것이다.

초육 예의와 공손이란 가장 친절한 방식으로 가장 친절하게 말함을 뜻한다. 친절은 사랑의 자녀다. 사랑과 친절의 위대한 법칙에 따라 매사에 행동을 조심하라. "겸손하라."(베드로전서 3장 8절)

구이 "그 강변 버드나무 가지에 우리의 수금을 걸어 두었더니"(시편 137편 2절) 이 구절은 내 안의 신의 은총을 불러일으킨다는 뜻이다. 수금은 모든 한계를 딛고 일어나며 위대한 일을 성취하게 하는 영혼의 음악이나 내면의 기쁨을 상징한다. 하는 일 마다 축복을 받을 것이다.

구삼 "항해하기에 위태로운 때가 되었다."(사도행전 27장 9절) 바다에 폭풍이 불 때는 배를 타고 항해하지 않는 게 좋다. 지도와 조언을 구하고 침착함을 유지하라. 무언가를 억지로 하거나 강압적으로 한다면 상실과 실패로 이어질 것이다.

구사 "겸손함과 온유함과 오래 참음을 옷 입듯이 입으라."(골로새서 3장 12절) "겸손하면 영광이 따른다."(잠언 15장 33절) 겸손한 자세는 매우 중요하다. 수용적이고 다가가기 쉬운 사람이 되어야 한다. 그럼 성장과 성취가 뒤따른다. 이 땅의 위인은 겸손하고 정직하며 선한 동기를 가진다. 신의 권세가 나에게 힘과 능력을 주고 나를 인도한다고 믿어라. 그럼 성공이 보장된다.

구오 다양한 종목의 운동선수들은 젊은 시절 온갖 경기에 참여해 실력을 겨루지만 나이가 들면서는 정신적·영적 진리에 더 큰 관심을 가져야 한다. 소위 '잃어버린 청춘'을 되찾으려고 하면 안 된다. 만약 내가 65세 혹은 70세면 19세 청년만큼 빨리 달릴 수 없다. 시도하지 마라. 그렇게 행동한다면 "마치 자기 목숨을 잃는 줄도 모르고 그물 속으로 쏜살같이 날아드는 새와 같으니"(잠언 7장 23절) "늙어서도 여전히 열매를 맺으며"(시편 92편 14절) 내 안에 있는 위대한 신의 진리를 발산하는 게 지금 내가 해야 할 일이다.

상육 "물로 그때 세계가 홍수에 잠겨 망했다"(베드로후서 3장 6절) 부정적인 생각이 마음에 넘치면 내면에 유독한 '물'이 쌓여 부정적인 결과를 초래할 수 있다. 마음의 물을 고요하게 가라앉힌 다음 내 안의 신이 나에게 평화와 조화, 자유를 가져다주신다는 걸 깨달아야 한다.

감괘坎卦: 수렁, 물

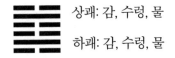

상괘: 감, 수렁, 물

하괘: 감, 수렁, 물

괘사 "물이 소리를 내면서 거품을 내뿜고"(시편 46편 3절) 이제는 바람이 불 때마다 표류하거나 휩쓸리지 않을 것이다. 또한 파도의 자비에 의지해 떠다니는 나뭇조각처럼 파도에 휩쓸리지도 않을 것이다. 신을 신뢰하면 '푸른 초장과 쉴 만한 물가'로 인도받는다.

괘상 "네가 물 가운데로 건너갈 때에, 내가 너와 함께하고, 네가 강을 건널 때에도 물이 너를 침몰시키지 못할 것이다."(이사야 43장 2절) 신성한 사랑은 내 앞에 곧고 즐거운 길을 놓는다는 것을 깨달아야 한다. 신은 삶의 모든 빈 그릇을 채우며 나를 통해 흐른다.

초육 진실하고 사랑스럽고 고귀하며 신과 같은 자질을 가졌지만 신의 기준에서 벗어나면 상실과 한계를 경험한다. 신의 영광의 광선으로 돌아가 신의 사랑과 올바른 행동이 나의 모든 행동을 지배하게 하라. "나는 길을 잃은 양처럼 방황하고 있습니다."(시편 119편 176절)

구이 "우리가 걷는 길이 주님께서 기뻐하시는 길이라면"(시편 37편

23절) 지금 일을 강요하려 들지 마라. 정신적인 저항이 든다면 내버려 두지 말고, 내주시는 신께로 돌아가 걸음걸음이 신성한 명령에 따른 것이라고 주장하라. 주의를 기울이고 기본적인 상식을 따르라.

육삼 "내가 고난을 받을 때에 주님께 부르짖었더니, 주님께서 나에게 응답하여 주셨다."(시편 120편 1절) 진퇴양난의 순간에 있다가 어디로 가야 할지 모를 때는 마음을 가라앉히고 무한한 지성에 탈출구를 알려 달라고 물어라. 그럼 해답이 나올 것이다. 주의를 기울이라. 해답과 해결책은 언제나 존재한다.

육사 "정직한 사람에게는 어둠 속에서도 빛이 비칠 것이다."(시편 112편 4절) 내면의 빛이신 내 안의 신은 역동적인 힘이다. 신은 나의 빛이 될 것이며 적시에 올바른 일을 하고 주변 사람에게 바른말을 하게 할 것이다.

구오 "불의한 이익을 탐내는 사람은 자기 집에 해를 끼치지만"(잠언 15장 27절) 마음에 다툼이나 논쟁이 없게 하라. 내가 정신적으로 받아들일 수 있는 양보다 더 많은 일을 성취하려고 하거나 주려고 하지 마라. 잠재의식에 창조적 지성이 나를 안전하게 이끌고 인도하리라고 믿으면, 정확히 그렇게 된다.

상육 "빚진 돈을 갚을 때까지 갇혀 있게 했다."(마태복음 18장 30절) 세상에는 공포, 질병, 원망의 감옥이 있고 사람을 속박하고 노예의 신분으로 만드는 나쁜 감정이 있다. 이 구절에서 살펴볼 수 있듯, 돌담이 교도소를, 쇠창살이 새장을 만드는 건 아니다. 가장 무시무시한 감옥은 자신에게 벌을 내려 죄책감을 느끼는 마음의 지하 감옥으로, 타인과 혼란을 빚는다. 부정적인 생각을 품은 자신을 용서하고 다른 이들을 확실하게 용서해야 한다. 그 사람들을 생각할 때 더는 가슴이 쓰리지 않는다면 다른 사람을 용서하는 데 성공한 것이다. 정신의 감옥에서 나와 신의 사랑의 햇살 안으로 들어가라.

이괘離卦: 붙잡음, 불

 상괘: 이, 붙잡음, 불
하괘: 이, 붙잡음, 불

괘사 "끝까지 견디는 사람이 구원을 얻는다."(마태복음 10장 22절) 즉, 잠재의식의 지혜가 나를 지탱하고 인도하리라는 것을 이해하고 믿음과 확신을 가지고 목표를 견지해야 한다. 기쁨과 자유로 영혼을 채우지 않는 일이 절대 잠재의식에 들어가지 못하도록 현재의식을 단단히 지켜라.

괘상 "이스라엘의 빛은 불이 되며"(이사야 10장 17절) 성경과 주역에서 불은 빛 또는 내가 알아야 할 모든 것을 보여 주고 다른 사람에게 빛을 전달하게 하는, 잠재의식이 가진 지고한 지성을 상징한다.

초구 세상의 두려움과 의심, 불안, 선전에 지배당하지 말고 나에게 인상을 남기지 못하도록 하라. 아침에 일어나자마자 첫 번째로 해야 할 일은 무한자와 연결되어 신성하게 인도를 받고 신성한 법칙과 질서에 따라 일이 진행되며 높은 곳에서 영감을 받는다고 주장하는 것이다. 신과 모든 선한 일들에 대한 확신을 가지고 영적·정신적 배터리를 충전하라. 시작과 끝은 같다. 신과 함께 시작하면 좋은 결과가 있을 것이다. "주님께 의지하는 사람들은 늘 한결같은 마음을 가진 사람들이니, 그들에게 평화에 평화를 더하여 주어라."(이사야 26장 3절)

육이 "너의 의를 빛과 같이, 너의 공의를 한낮의 햇살처럼 빛나게 하실 것이다."(시편 37편 6절) 정오가 되면 태양은 그림자를 쫓아낸다. 내면의 원칙이 신성하고 압도적인 성공으로 이끌기 때문에 그 무엇도 목표에서 방향을 틀게 할 수 없다.

구삼 "해가 져서 날이 저물 때 사람들이 모든 병자와 귀신 들린 사람을 예수께 데리고 왔다."(마가복음 1장 32절) 성경과 주역에서의 태양은 무한한 생명의 원리 또는 무한한 지성을 나타낸다. 세상에 빛과 생명을 주는 태양을 상징하는 무한한 지성은 모든 사람에게 생명을 준다. 생명은 죽을 수 없으므로 나는 영생한다. 나를 치유하고 축복하며 영감을 주는, 내면의 빛을 거부하면 세상의 잘못된 믿음과 의견을 받아들일 수 있으므로 해가 진 것과 다름없다. 그러한 태도는 나에게 손실을 준다. 나이는 세월의 흐름이 아니라 지혜가 동트는 새벽이다.

구사 "활활 치솟는 그 불꽃이 꺼지지 않아서"(에스겔 20장 47절) "주님의 빛을 받아 환히 열린 미래를 봅니다."(시편 36편 9절) 영원한 빛은 내 안에 있다. 무한자와 조화를 이루고, 내 안에 있는 신의 권능으로 모든 것을 할 수 있다는 걸 깨달으면 영원한 빛은 언제나 나를 위해 빛을 발한다. 신의 법과 질서를 따라 모든 일을 해야 한다. 뇌와 신경 또는 근육에서 진짜 힘이 나온다는 믿음을 버려야 한다. 힘과 성공은 내 안에 있는 신에게서 나온다. 모든 일을 할 때마다 신의 영광을 생각한다면 인생의 기복과 운명의 큰 변동을 피할 수 있다. 정신적 등가물이 없는데 더 높은 위치로 가기 위해 노력하고 움직이고 조종하려는 것은 헛되다. 마음의 법칙에 따라 손실이 생길 것이기 때문이다. 다른 사람에게 외적으로 자신의 매력을 보이려는 시도를 멈추라. 잠재의식을 성장, 확장, 성공, 올바른 행동이라는 아이디어로 채울 때 진정으로 내 매력을 보여 줄 수 있다.

육오 "그들의 모든 눈물을 닦아 주실 것이니"(요한계시록 21장 4절) 영원한 건 없다. 슬픔과 애통, 질병은 지나가고 기쁨이 슬픔을 쫓아내 며 눈물은 즐거움에 자리를 내준다. 폭풍 후에는 잔잔한 순간이 찾아온 다. 우울하거나 슬플 때 해결책, 즉 탈출구에 주의를 기울이라. 그럼 신 으로부터 나오는 모든 힘이 주의가 집중되는 지점으로 흘러, 기도의 응 답을 받는 기쁨을 누릴 수 있을 것이다.

상구 "악에게 지지 말고, 선으로 악을 이겨라."(로마서 12장 21절) 영 어로 '살다'라는 뜻의 'live'의 철자를 거꾸로 하면 악이라는 뜻의 'evil' 이 된다. 악은 조화롭고 평화로우며 사랑스럽게 흐르는 생명의 흐름에 반대되는 걸 의미한다. 왜냐하면 신은 생명이기 때문이다. 원한, 복수 심, 적대감 등의 부정적이고 나쁜 감정은 내 생명의 힘을 강탈하는 마 음속 강도와 같다. 이런 감정들을 마음속에서 쫓아내고 그 대신 조화와 신성한 질서, 평화를 생각하라. 나는 생각의 왕국을 다스리는 왕이며 생각과 느낌, 감정, 행동, 반응을 지배하는 절대 군주다. 지금 나의 주권 을 주장하라.

함괘咸卦: 영향력(구애)

상괘: 태, 기뻐함, 호수

하괘: 간, 부동, 산

괘사 "이 율법책의 말씀을 늘 읽고 밤낮으로 그것을 공부하여, 이 율법책에 씌어진 대로, 모든 것을 성심껏 실천하라. 그리하면 네가 가는 길이 순조로울 것이며, 네가 성공할 것이다."(여호수아 1장 8절) 마음의 법칙이란 잠재의식에 주입하는 모든 아이디어나 소망을 잠재의식이 실현하는 법칙을 의미한다. 정신적·정서적으로 자신의 이상에 자양분을 공급해 나감으로써 끈기 있고 결단력 있게 행동하면 모든 일이 잘 풀릴 것이다. 성경과 주역에서의 결혼은 내 안에 있는 선과의 정신적·영적 결합을 의미한다. 말 그대로 조화를 이루는 남성과 여성 간의 혼인을 뜻할 수도 있다.

괘상 "예수께서 게네사렛 호숫가에 서 계셨다."(누가복음 5장 1절) 성경과 주역에서의 호수는 무한자의 모든 보물이 있는 신성한 생명의 바다를 의미한다. 일상적인 언어에서 호수는 나의 잠재의식을 뜻한다. 잠재의식에 있는 무한한 지성에 인도와 지시를 구하라. 나의 지성을 뛰어넘는 내면의 지혜를 겸손하게 받아들여라. 내면의 지혜는 모든 것을 알고 모든 것을 보는 바로 그 존재이기 때문이다.

초육 "그 발가락의 일부가 쇠이고 일부가 진흙인 것 같이, 그 나라의 일부는 강하고 일부는 쉽게 부서질 것입니다."(다니엘 2장 42절) '발'은 신성한 법칙에 대한 명철과 이해를 뜻한다. '발가락'은 생각이나 이상, 계획 또는 목적을 나타낸다. 감정과 열정이 뒷받침되지 않으면 이는 객관적인 세계에서 펼쳐질 수 없다. '쇠'는 힘과 안정성, 능력을, '진흙'은 객관적인 세계를 의미한다. 나의 계획이 조건, 상황, 무미건조한 사람들로 인해 방해받을 수 있다고 생각한다면, 창조자보다 피조물에게 힘을 실어 주는 행위이기 때문에 좋은 일을 막는다.

육이 "너희 발바닥이 닿는 곳은 어디든지 내가 너희에게 주겠다."(여호수와 1장 3절) 즉 확고하고 확실한 심리적 상태로 들어가지 않고 신성하고 옳은 행동에 동기를 부여받지 않는 한 계획을 진행하면 안 된다는 뜻이다. 주역과 성경에서 '발'은 이해를 의미한다.

구삼 "야곱의 허벅지 관절을 쳤다."(창세기 32장 25절) 허벅지는 남성 성기의 완곡한 표현으로, 의식과 잠재의식을 구성하는 창조적 힘을 뜻한다. 현재의식과 잠재의식이 사랑스럽고 좋은 일에 뜻을 같이할 때 창조력을 건설적으로 사용할 수 있다. 부정적인 감정이나 이면의 동기에 의해 조건이 형성되고 다른 사람으로부터 이득을 취하려고 한다면 매우 부정적인 결과가 따를 것이다.

구사 "너희의 걱정을 모두 하나님께 맡겨라. 하나님께서는 너희를 돌보신다."(베드로전서 5장 7절) 천국은 내 안에 있으며, 평화와 조화, 기쁨, 사랑, 즐거움의 분위기 속에 있다. 마음을 가라앉히고 나 자신을 신성한 인도와 신성한 사랑에 내어 주면 성공할 것이다. 모든 기도에 응답을 받으리라는 진리를 굳건히 지키면 불화에 평화가 있고 필요한 것 모두가 넘칠 정도로 마련될 것이다. 어떤 상황에서도 다른 사람의 마음을 억지로 돌린다든가, 어떤 식으로든 다른 사람을 이용하려 들지 말라. 그런 태도는 결국 상실과 혼란을 초래한다.

구오 "목에는 억센 힘이 들어 있어서, 보는 사람마다 겁에 질리고 만다."(욥기 41장 22절) 나의 목은 축 위에 놓여 있는데, 어떤 상황에 있든 언제나 진리를 향할 수 있으며 조화와 올바른 행동, 선의의 지배를 받을 수 있음을 상징한다. 나를 모든 방면에서 지도하고 지휘하는 전능자의 영을 느껴 보라. 그런 태도는 항상 좋은 결과를 가져온다.

상육 "지혜로운 사람의 혀는 좋은 지식을 베풀지만, 미련한 사람의 입은 어리석은 말만 쏟아낸다."(잠언 15장 2절) "따뜻한 말은 생명나무와 같지만, 가시 돋친 말은 마음을 상하게 한다."(잠언 15장 4절) 나의 말은 생명의 가치와 영원한 진리에 근거해야 한다. 무한자의 관점에서 생각하고 말해야 한다. 쓸모없는 잡담과 허울뿐인 말로는 아무것도 이룰 수 없다. 진실하고 정직한 태도는 다른 사람에게 무의식적으로 느껴지기 마련이다. 내가 말하는 것은 마음에서 우러나와야 하고 사랑과 선의에 기초해야 한다.

항괘恒卦 : 지속

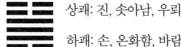 상괘: 진, 솟아남, 우뢰
하괘: 손, 온화함, 바람

괘사 "부귀와 영화도 내게 있으며, 든든한 재물과 공의도 내게 있다."(잠언 8장 18절) 올바른 생각과 적절한 느낌, 바른 행동을 꾸준히 고수하면 나는 조화, 건강, 평화뿐만 아니라 물질적 풍요를 경험할 것이다. 어떤 목표를 달성하려 하든, 어떤 목적지에 도달하려 하든 모든 일에서 성공한다.

괘상 "우레 같은 소리로 말하노니"(요한계시록 6장 1절) "통치자들마다 광풍을 피하는 곳과 같고"(이사야 32장 2절) 우렛소리의 의미 중 하나는 세상의 소음 또는 두렵거나 불안한 마음이다. 나는 어제도 오늘도 그리고 영원히 변하지 않는 법칙에 지배되기 때문에 흔들리지 않는다. 나는 무한한 인도의 원칙에 지배를 받으며 신성한 법칙과 질서가 나를 목표로 이끌어 줄 것이다.

초육 "너는 급하게 소송하지 말라."(잠언 25장 8절) 잠잠한 마음으로 신뢰해야 힘을 얻는다는 사실을 깨달아라. 일을 완수하는 것은 차분하고 침착하며 평화로운 마음이다. 아이들에게 빨리 크라고 강요할 수는 없다. 아이는 보편적인 법칙에 따라 성장하고 커갈 것이다. 무분별하고 경솔하며 지나친 언행은 실패로 이어진다. 급히 서두르면 일을 망친다.

구이 "너희는 지나간 일을 기억하려고 하지 말며, 옛일을 생각하지 말라."(이사야 43장 18절) 과거는 죽었다. 과거의 행동을 후회하지 말라. 새로운 시작은 새로운 끝이다. 마음의 법칙은 화학이나 수학, 물리학의 법칙과도 같아서 나에게 원한을 품지 않는다. 올바르게 생각하고 느끼고 행동하면 잠재의식이 즉각적이고 자동으로 반응하여 좋은 일이 생기게 한다.

구삼 "그는 두 마음을 품은 사람이요, 그의 모든 행동에는 안정이 없다."(야고보서 1장 8절) 공허하고 흔들리는 신경증적인 정신 상태는 혼란과 실패로 이어진다. 내면의 마음 상태가 어떠냐에 따라 인생의 경험이 달라진다. 세상의 두려움과 의심, 불안감 그리고 선전이 나를 지배하도록 내버려 둔다면 결과적으로 결핍과 제한을 겪을 것이다. 잠재의식의 가정과 믿음, 신념이 모든 현재의식의 행동을 좌우하고 통제한다. 올바른 생각은 올바른 행동으로 이어진다.

구사 "주님은 나의 목자시니, 내게 부족함 없어라."(시편 23편 1절) '주님'은 내면에서 모든 걸 알고 보는 지고한 지성을 의미한다. 무한한 지성은 다름 아닌 진정한 자아를 뜻한다. 목자가 자신의 양을 보살피듯이 무한한 지성이 나를 보살피고 인도하도록 선택한다면, 나는 모든 면에서 신성하게 인도될 것이다. "무한한 지성은 내가 좋아하는 일을 하고, 신성하게 행복하고, 신성하게 번영하는 인생에서 진정으로 있어야 할 자리로 이끕니다"라고 확언하고 나에게 다가오는 인도를 따르라. 인생에서 잘못된 자리에 있거나 적응하지 못하는 곳에 있거나 부적격한 곳에 있는 일이 없게 된다.

육오 "남편은 아내의 머리가 됩니다."(에베소서 5장 23절) 성경과 주역에서 아내는 나의 정서적 본성 또는 잠재의식을 의미한다. 남편은 생각과 아이디어 또는 추론하는 현재의식을 뜻한다. 나의 잠재의식은 현재의식에 의해 통제된다. 감정은 생각을 따르기에, 감정을 조절하고 싶다면 습관적인 사고를 조절해야 한다. 무한한 지성이 안내하고 지휘한다는 사실을 현재의식이 자각하고 받아들이게 하면 아내(잠재의식)가 응답할 것이다. 부정적인 감정이 판단이나 결정을 지배하게 내버려 둬서는 안 된다. 마음속에서 추론한 다음 선하고 진실하며 신과 같은 결정을 내리면 감정이 나를 지탱해 줄 것이다.

상육 "잠잠하고 신뢰하여야 힘을 얻을 것이다."(이사야 30장 15절) 현재의식이 평온하고 차분하며 고요할 때 잠재의식의 지혜는 마음의 표면으로 떠올라 해답을 준다. 무한자와 조화를 이루지 않고, 집단의식의 두려움, 불안 그리고 잘못된 믿음에 통제와 지배를 받으면 혼란과 실패가 뒤따를 것이다. 차분한 마음은 일을 완수하게 함을 기억하라.

돈괘遯卦: 후퇴

상괘: 건, 창조적, 하늘
하괘: 간, 부동, 산

괘사 "너희는 회개하고 마음을 편안하게 하여야 구원을 받을 것이며"(이사야 30장 15절) 내면에 있는 무한자로 돌아가 정신적으로 평화와 조화, 힘, 올바른 행동을 주장하라. 무한자에 구하면 응답을 받는다. 중요한 일을 하거나 결정을 내리기 전에는 지혜가 있어야 하며, 인도를 받아야 한다. 지금은 앞으로 나아갈 때가 아니다. 신성하게 옳은 행동은 나의 것이라고 주장하면 적절한 때에 올바른 방법으로 앞으로 나아갈 것이다.

괘상 "기도하러 산에 올라가셨다."(누가복음 9장 28절) 신의 임재와 권능을 생각할 때 나는 산에 오른다. 여기서 산은 높은 의식 상태를 나타낸다. 영적으로 고양되면 두려움, 원망, 분노와 같은 모든 부정적인 생각이 신의 사랑의 빛으로 녹는다.

초육 "하나님이 침묵하신다고 하여, 누가 감히 하나님을 비난할 수 있겠습니까?"(욥기 34장 29절) "고요하고, 잠잠하여라"(마가복음 4장 39절) 어려움에 부닥친 것처럼 보여도 나의 진정한 자아는 영원한 조화와 평화 속에 머무른다는 걸 기억하라. 내 생각이 악한 대상에 힘을 실어주지 않는 이상, 악에는 힘이 없다. 무언가가 나를 해칠 수 있다는 생각을 잊었을 때 조화의 법칙이 발현하리라는 걸 알고 느긋하고 잠잠하게 그 자리에서 머물러라. 이때는 앞으로 나아가지 않는 것이 현명하다.

육이 "전능하신 분에게로 겸손하게 돌아가면, 너는 다시 회복될 것이다."(욥기 22장 23절) 답과 해결책을 구하기 위해서는 무한자를 바라보라. 주장과 믿음을 자신감 있게 끌고 가며 안 된다는 말을 듣더라도 계속해서 나아가라. 끈질기게 구하고 문을 두드리면 이익을 얻고 해답이 나올 것이다.

구삼 "주님께서는 그가 병상에 누워 있을 때에도 돌보시며"(시편 41편 3절) 피곤하고 지치고 정신적으로 혼란스러울 때 내면에 임재하는 신에게 빨리 돌아가, 신의 평화와 조화의 강이 나의 마음과 몸, 모든 일에 흐르고 있다고 주장하라. 나에게 조화를 이루는 건 모든 사람에게도 조화를 이룬다. 나를 축복하는 것은 모든 이를 축복하는 것이다. 어떤 행동이 옳음을 알고 느끼면, 이런 행동은 누구에게도 해를 입힐 수 없으며 해를 입히지 않을 것이다.

구사 "하나님은 나의 견고한 요새이시다. 내가 걷는 길을 안전하게 하여 주신다."(사무엘하 22장 33절) 특정 활동을 그만두거나 다른 일을 시작하는 등 어떤 결정을 내리든 적합한 결정이다. 왜냐하면 나에게 적합한 결정이라는 걸 내가 알기 때문이다. 내 안에 있는 지고한 현존과 권능이 인도하고 지휘한다는 것을 인정하지 않는 자는 강풍(혼란)과 파도(두려움과 걱정)에 휩쓸린다.

구오 "내 도움은 하늘과 땅을 만드신 주님에게서 온다."(시편 121편 2절) "사람의 도움이 헛되니"(시편 60편 11절) 나에게 옳고 좋은 결정이라고 결론지었다면, 다른 사람의 생각이나 말에 주의를 기울이지 마라. 신의 권능과 지혜가 결정의 중심으로 흐른다는 것을 알고 결정을 고수하라. 그 어떤 사람들의 말에도 귀 기울이지 말고 나를 통해 비추는 신의 내면의 빛을 좇아라.

상육 "주님께서 너를 늘 인도하시고"(이사야 58장 11절) 나는 무한한 지성의 인도를 받고 있으며 내가 하는 모든 일이 번영할 것이다.

대장괘大壯卦 : 대인의 힘

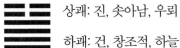

상괘: 진, 솟아남, 우뢰
하괘: 건, 창조적, 하늘

괘사 "너희 가운데서 누구든지 위대하게 되고자 하는 사람은 너희를 섬기는 사람이 되어야 하고"(마가복음 10장 43절) 에디슨, 퀴리, 아인슈타인, 포드 등 위인들은 인류의 발전에 기여했다. 사랑스럽고 충실하며 옳은 일을 하기로 마음먹으면 성공할 것이다.

괘상 "주의 우렛소리가 있으며"(시편 77편 18절) 주역과 성경에서 '우렛소리'는 나의 진정한 자아가 나에게 지금의 위치보다 더 높이 올라가라는 호통 소리다. 천국은 평화로운 마음 상태를 의미한다. "신께서는 더 높은 차원에서 표현하라고 하십니다"라고 말하면서 무기력하고 안일한 나를 각성시킨다. 무한한 지성이 신의 사랑을 통해 신성한 질서에 따라 계획과 목적이 이루어지는 걸 드러냄을 인지하라.

초구 "오른발 엄지에도 발라라."(출애굽기 29장 20절) '발'은 생명의 법칙을 이해함을 뜻한다. 사람은 다섯 감각을 상징하는 다섯 개의 발가락을 가지고 있다. 만약 집단의식이나 조건, 사건 등과 같은 외부의 지배를 받는다면 부족과 한계를 경험할 것이다. 다시 말해, 피조물에 힘을 실어 주고 창조자(생각과 느낌)보다 피조물을 더 위대하게 여긴다면 실패와 상실을 경험할 것이다. 내면은 외면을 통제한다는 점을 기억하라. 외부가 지배하게 내버려 둔다면 곤경에 처할 것이다.

구이 "네 갈 길을 주님께 맡기고, 주님만 의지하여라. 주님께서 이루어 주실 것이다."(시편 37편 5절) 마음의 법칙을 엄격하게 준수하면, 다시 말해 깊게 생각한 내용이 언제나 현실에서 이루어지리라고 확신하는 태도를 지니면 그리고 두려움이나 부정적인 제안에 휘둘리지 않는다면, 마음속 더 깊은 곳으로부터 응답을 받아 반드시 성공한다.

구삼 "누구든지 자기를 높이면 낮아질 것이요, 자기를 낮추면 높아질 것이다."(누가복음 14장 11절) 그러므로 인식할 권리(내면을 정신적으로 발전시킬 권리) 외에는 아무것도 받거나 가질 수 없다. 자신의 모습이 아닌데 무언가를 자랑하고 뽐내는 건 명망, 성공과 성취로 가는 확실한 길을 가지 않겠다고 스스로 부정하는 꼴이다. 즉 묵상과 기도를 통해 잠재의식에 내적 가치와 자존감, 성실함, 성공을 길러 나가야 한다. 외적인 방면에서 나아가려고 아무리 자신을 밀어붙여도, 내면에서 진짜라고 느끼지 않는 건 외부로 표현할 수 없음을 기억해야 한다. 자신을 그만 비하하라.

구사 "네가 하는 모든 일에서 주님을 인정하라. 그러면 주님께서 네가 가는 길을 인도하실 것이다."(잠언 3장 6절) 나를 대신하여 역사하시는 전능한 권능이 있으며, 이에 반대하거나 이의를 제기하거나 권능을 헛되게 할 수 없음을 인정하라. 신의 능력은 마음의 소망을 실현할 수 있는 길을 열어 주며, 이제 나를 위해 모든 문이 열리리라는 것을 온전히 이해해야 한다.

육오 "매일 염소 한 마리를 속죄제물로 마련하여 놓고"(에스겔 43장 25절) 염소는 희생의 상징이다. 즉 더 큰 것을 위해 작은 것을 포기한다는 의미다. 예를 들어 원한이나 불만, 적대감에 자양분을 공급하면 나는 염소 위에 올라타 육체, 정신, 금전 등 모든 측면에서 부정적인 경험을 한다. 마음에 품은 적대감을 버리고 신의 힘과 사랑에 굴복하면 평화가 찾아오고 길이 열린다.

상육 "목자가 양과 염소를 가르듯이 그들을 갈라서"(마태복음 25장 32절) 나는 목자의 역할을 해야 한다. 즉 마음속에 거짓과 참을 구분해야 한다. 내 안에 있는 무한한 지성은 지혜가 충만하고 전능하며 그 무엇도 이에 반할 수 없다는 명확한 결정에 도달하라. 그럼 마음속에 있는 두려움과 그릇된 생각이 현실이 아니라는 것을 깨닫는다. 두려움과 그릇된 생각은 단순히 사악한 그림자의 집합체일뿐이며, 이를 뒷받침해 주는 건 아무것도 없다. 결정을 내리고 무한한 지성이 나를 위해 길을 열어 주고 있다는 것을 깨달으면 성공과 성취가 보장된다.

진괘晉卦: 진보

상괘: 이, 붙잡음, 불

하괘: 곤, 수용적, 땅

괘사 "임금님께서 타시는 말을"(에스더 6장 8절) 말 위에 올라탄 왕은 이제 인생의 모든 영역에서 그리고 내가 기울인 모든 노력에서 승리의 분위기가 감돌고 승리와 성공 위에 올라탔다는 것을 상징한다.

괘상 "그때에 의인들은 그들의 아버지의 나라에서 해와 같이 빛날 것이다."(마태복음 13장 43절) 태양은 마음속 모든 어두운 곳을 밝히는 내 안의 무한한 지성을 상징한다. 계속해서 내가 모든 방면에서 신성하게 인도받는다는 걸 알면, 세상에 들어오는 모든 사람을 비추는 빛은 우리 발에 등불이 되고 길을 비추어 줄 것이다.

초육 "주님께서 너를 늘 인도하시고"(이사야 58장 11절) 주님은 내 안에 있는 신의 권능이자 무한한 지성을 뜻한다. 임재를 믿고 나의 목표를 따라가면 성공은 나의 것이 된다.

육이 "주님께서 친히 말씀하시기를, 내가 결코 너를 떠나지도 않고 버리지도 않겠다 하셨습니다."(히브리서 13장 5절) 신의 현존은 곧 나의 생명이다. 이 현존은 항상 나와 함께 있으며, 나를 지탱하고 나를 통해 표현하는 걸 좋아한다. 잠재의식이 기쁨과 평화를 가져다주면서 길을 보여 주고 문을 열어 줄 것을 믿고 인생의 목표를 고수하라.

육삼 "부지런한 사람의 길은 확 트인 큰길과 같다."(잠언 15장 19절)

잠재의식의 무한한 지성은 나의 목표를 실현하는 데 도움을 줄 모든 사람을 나에게 끌어당길 것이다. 신의 지혜를 사용하면 평탄한 길을 가고 모든 장애물을 이겨낸다.

구사 "흠 없는 사람은 그의 옳은 행실로 그가 사는 길을 곧게 하지만, 악한 사람은 자신의 악 때문에 쓰러진다."(잠언 11장 5절) 사랑과 정직, 성실로 모든 일을 행하고 바른 행동의 원칙에서 벗어나지 말라. 다른 사람에게서 이익을 취하거나 상처를 준다면 자신에게 되돌아올 뿐이다. 정직이 최상의 방책이다.

육오 "너희는 지나간 일을 기억하려고 하지 말며, 옛일을 생각하지 말라."(이사야 43장 18절) 후회와 걱정은 영적으로 눈이 멀고 믿음이 부재함을 나타낸다. 옛일을 돌아보면서 시간을 낭비하지 말고 과거의 실수를 지나치게 생각하면서 시간과 에너지를 낭비하지 말라. 생각을 바꾸고 바꾼 생각을 고수하라. 모든 계획과 사업이 신성한 질서에 따라 번영하리라 확신해야 한다.

상구 "내가 그 뿔을 유심히 살펴보고 있자니"(다니엘 7장 8절) 사람은 뿔을 컵이나 액체를 담는 그릇, 나팔로 사용했다. 동물은 뿔을 사용해 방어를 하므로 뿔은 힘과 명예, 승리, 지배를 상징하기도 한다. 진정한 원수는 내 마음속에 있음을 잊어서는 안 된다. 내가 가진 뿔은 장애물을 마주하고 극복하게 하는 힘이다. 마음속의 두려움, 원망, 나쁜 감정, 적대감을 단호하고 역동적으로 쫓아내라. 조화와 믿음, 자신감, 신성하고 올바른 행동이 마음의 왕좌를 차지하게 하라. 타인에게 분노를 쏟지 말고, 주위의 모든 사람이 신성하고 올바르게 행동한다고 주장하라. 하지만 동시에 마음속에서 받은 만큼 되돌려 주겠다는 복수심이나 욕망이 없어야 한다. 신성한 법과 질서가 나를 지배하면 승리한다.

명이괘明夷卦: 빛이 어두워짐

 상괘: 곤, 수용적, 땅

하괘: 이, 붙잡음, 불

괘사 "하나님이 빛과 어둠을 나누셔서"(창세기 1장 4절) 어떤 생각이 참인지 거짓인지는 스스로 마음속에서 결론지어야 한다. 부정적이거나 그릇된 생각을 받아들이면 곤란해진다. 빛은 진리와 이해, 명철을 의미한다. 선함을 확언하고 빛을 어둠으로부터 분리하라. 어떤 차질이 빚어지고 어떤 문제가 생기든 간에 내 안에서, 나를 통해 역사하시는 신의 권능에 확고하게 의지하면 승리할 것이다.

괘상 "네 속에 있는 빛이 어두우면, 그 어둠이 얼마나 심하겠느냐?"(마태복음 6장 23절) 문자 그대로 빛은 어둠이 될 수 없다. 이 구절이 의미하는 바는 만약 내가 가진 지식이 그릇되거나 잘못되고 영원한 진리와 삶의 원리에 부합하지 않는다면 이를 바로잡아야 함을 뜻한다. 빛으로 돌아가라. 신과 함께하는 사람이 다수이며, 나에게 상처를 줄 수 있는 사람은 나밖에 없단 걸 깨달아야 한다. 사람이나 장소, 사물에 힘을 실어 줘서는 안 된다. 주위에 있는 사람들을 축복하고 내 안에 있는 빛이 어둠을 없애리라는 사실을 계속해서 견지하라.

초구 "너희 빛을 사람에게 비춰 그들이 너희의 착한 행실을 보고, 하늘에 계신 너희 아버지께 영광을 돌리게 하여라."(마태복음 5장 16절) 신성의 통로가 되어라. 생명과 사랑, 조화, 신에 대한 명철이 내 안에 흐르도록 하라. 내 가운데 신을 드높이고 모든 문제 위에 신께서 군림한다는 것을 깨달아라. 조화롭지 않은 상황이나 불화 또는 실망스러운 일이 일어난다면 신이 나를 인도하고 목표를 달성하는 방법을 알려 주신다는 것을 끊임없이 자각해야 한다.

육이 "여러분을 어둠에서 불러내 자기의 놀라운 빛 가운데로 인도하신 분의 업적을, 여러분이 선포하는 것입니다."(베드로전서 2장 9절) 어떤 종류의 문제나 어려움에 부닥쳤을 때 빛이 어둠을 없애며 모든 문제나 도전 위에 신이 군림함을 깨달아야 한다. 끈질기게 버티면 무한자의 무한한 권능이 응답하고 문제를 극복하게 도와준다. 동시에 나와 관련된 사람들 모두를 정신적으로 고양시킨다.

구삼 어떤 어려움이나 문제가 닥치더라도 반드시 지나갈 것이며 빛(나의 영적 기쁨)이 돌아오리라는 사실을 기억하라. 여행 중에는 몹시 나쁜 길을 가야 할 수도 있다. 다소 흔들릴 수 있지만 우회로에는 끝이 있다. 곤란하고 불리한 상황에 부닥쳤을 때는 성급하거나 경솔하게 행동하지 마라. 빛으로 주의를 돌려 "앞에 승리가 있다"라고 확언하라. "흑암 속에서 주님의 기적을, 망각의 땅에서 주님의 정의를 경험할 수 있겠습니까?"(시편 88편 12절) "너희는 잠깐 손을 멈추고, 내가 하나님인 줄 알아라."(시편 46편 10절)

육사 "헐뜯기를 잘하는 사람의 말은 맛있는 음식과 같아서, 뱃속 깊은 데로 내려간다."(잠언 26장 22절) 주역과 성경에서 배는 잠재의식을 의미한다. 나는 상대방의 마음속 어둠을 관통할 수 있지만, 다른 사람의 마음에 있는 부정적인 패턴까지 책임질 수는 없다. 내 안의 치유 빛으로 돌아가 상대방에게 축복을 내리고 내 길을 걸어가라.

육오 "그때에는 하나님이 그 등불로 내 머리 위를 비추어 주셨고, 빛으로 인도해 주시는 대로, 내가 어둠 속을 활보하지 않았던가?"(욥기 29장 3절) 어떤 제한적인 상황에 부닥치든, 어떤 속박에 묶여 있든 정신적으로 맞서 싸우려 들지 마라. 무한한 지성이 반드시 새로운 문을 열어 주고 자유와 마음의 평화를 가져다주리라는 점을 알아야 한다. 종일 수시로 문제에 대해 불평해서는 안 된다. 신이 나를 통해 탈출구를 드러내 보이신다는 점을 명심하라. 이러한 태도를 유지한다면 나는 어둠을 지나 새로운 날이 동틀 때까지 헤쳐 나갈 수 있다.

상육 "흑암을 틈타서 퍼지는 염병과"(시편 91편 6절) 우울과 암울, 적대감, 나쁜 감정에 빠져 있을 때 나는 어둠 속에 있다. 자신이나 타인을 비난하는 행위는 어두울 때 퍼지는 전염병과 같다. 타인이 나에게 적대적으로 행동한다면, 이는 내 감정이 혼란스럽다는 것을 뜻한다. 조화의 법칙을 위반하면 문제가 생긴다. 나와 타인을 용서하고 내 안에 있는 신을 드높이면 전능하신 그분이 나를 치유해 준다.

가인괘家人卦 : 가족(씨족)

상괘: 손, 온화함, 바람

하괘: 이, 붙잡음, 불

괘사 "지혜로운 여자는 집을 세우지만"(잠언 14장 1절) 집은 나의 마음이다. 마음을 신의 진리로 채움으로써 집을 짓고, 그렇게 함으로써 영광과 지혜, 이해가 자라난다. 주역에서 '여인'은 감정이나 느낌의 본질, 즉 나의 주관적인 면을 말한다. 현재의식과 잠재의식이 동시에 맞물려 조화를 이루고 삶의 영적인 가치 위에 하나가 될 때 그러한 결합에서 조화와 평화, 풍요, 활력, 건강, 안전이라는 자녀가 태어난다. 객관적인 측면에서도 마찬가지다. 남편과 아내가 서로를 사랑하고 그 안에 있는 신을 드높일 때 결혼 생활은 세월을 거치면서 점점 더 발전하고 축복을 받는다.

괘상 "그분이 명하신 대로 따르는 세찬 바람아"(시편 148편 8절) "내가 너희에게 한 이 말은 영이요 생명이다"(요한복음 6장 63절) '세찬 바람'은 내 안에 있는 영을 뜻한다. 나는 마음속에서 우러나오는 말을 내뱉어야 한다. 즉 내가 하는 말이 사실처럼 느껴져야 하고 내가 하는 말이 진실이라는 확신에 가득 차 있어야 한다.

초구 "하나님의 궤가 (…) 그에게 딸린 모든 것에 복을 내려 주셨다."(역대상 13장 14절) 신의 궤는 모든 가족 구성원을 하나로 묶어 주시는 신의 사랑을 상징한다. 훈육 없는 사랑은 없고 사랑 없는 훈육은 없다. 자녀를 사랑하는 부모들은 자녀가 올바른 일을 하도록 애쓰고, 그 결과 자녀가 십계명, 황금률, 사랑의 법칙 등 삶의 영적 가치를 경외하는 것을 본다. 아이들은 이미지 속에서 자라고 가정을 지배하는 정신적이고 영적인 분위기와 비슷해진다.

육이 "슬기로운 아내는 주님께서 주신다."(잠언 19장 14절) '아내'에 담긴 의미는 본인이 남성이든 여성이든 관계없이 정신적·감정적으로 하나가 된 대상을 뜻한다. 아내는 또 잠재의식을 의미하기도 한다. 영감과 자신감, 믿음, 사랑, 선의 그리고 산 자의 땅에서 선하신 신에 절대적인 확신을 두고 마음에 자양분을 공급하라.

구삼 "지식에 절제를 더하고, 절제에 인내를 더하고, 인내에 경건을 더하고"(베드로후서 1장 6절) 부부 또는 남매 사이에 가끔 감정이 폭발하는 건 나쁘지 않다. 원한이나 불만이 쌓이거나, 분노를 억제하면 혼란스러워지기 때문이다. 가끔 말다툼이 없다면 아주 무미건조한 결혼 생활일 것이다. 당시에만 말다툼이 지속되다가 시간이 지나서 잊히고 상대방을 용서한다면 그 결과는 해롭지 않다. 행동뿐만 아니라 생각과 감정의 제어는 행복한 삶을 위해 꼭 필요하다. 매사에 절제하라고 지시하는 효다.

육사 "의인의 집에는 많은 재물이 쌓이나"(잠언 15장 6절) 무한한 보물창고는 무한한 지성과 끝없는 지혜를 가진 잠재의식에 있다. 생각과 말과 행동으로 온종일 신이 표현되고 있다고 주장할 때 나는 이 보물을 꺼내 큰 성공과 풍요를 거머쥘 수 있다.

구오 "당신이 말한 대로 나는 왕이오."(요한복음 18장 37절) 나는 생각과 정신적 이미지, 감정과 반응을 책임지고 모든 일을 신이 하실 법한 방식으로 지휘할 때 왕이 된다. 정신적·영적 힘을 지휘하는 지배력은 온전히 나에게 있다는 점에서 나는 생각의 왕국을 다스리는 왕이다. 마음속에 평화와 조화, 사랑을 품고 있으면 모든 이에게 선의를 발산한다. 하는 일마다 번영하고 많은 축복을 받는다.

상구 "우리가 무엇을 하여야 하나님의 일을 하는 것이 됩니까?"(요한복음 6장 28절) 사랑이 담긴 친절함으로 매사를 행하라. 성격은 운명이다. 그리고 신의 영광을 드높이기 위해 모든 일을 한다면, 인생에서 기적이 일어난다. 성공과 번영은 이제 나의 것이다.

규괘睽卦: 반대

 상괘: 이, 붙잡음, 불
하괘: 태, 기뻐함, 호수

괘사 "주님께서는 내게 너무 잔인하십니다. 힘이 세신 주님께서, 힘이 없는 나를 핍박하십니다."(욥기 30장 21절) 성공과 실패의 차이는 단순하다. 마음속에서 성공과 실패에 관한 생각이 충돌하면 실패한다. 나는 성공하기 위해 태어났다. 무한자는 실패할 수 없다. 마음속에서 승리와 성취의 노래를 불러라. 성공으로 향하는 아이디어를 믿음과 열정으로 뒷받침하면 잠재의식은 그에 따라 반응하여 성공할 수밖에 없게끔 한다. 왜냐하면 실패에 관한 생각이 마음속에서 사라지기 때문이다. 반대되는 생각은 내 마음 안에 있지, 마음 밖에 있는 게 아니다. 생각은 쌍으로 나오고, 하나가 살기 위해서는 다른 하나가 죽어야 한다. 인생에서 상반되는 것은 각각 전체의 절반을 이룬다. 남성과 여성이 조화롭게 결합하듯 상반되는 것끼리 화해하면 평화와 조화가 생긴다.

괘상 "우리가 불속으로, 우리가 물속으로 뛰어들었다. 그러나 주님께서 우리를 마침내 건져서서, 모든 것이 풍족한 곳으로 이끌어 주셨다."(시편 66편 12절) '불'과 '물'은 각각 열정과 흥분, 감정적 격변과 방해를 상징한다. 이런 모든 경우에 잠재의식의 무한한 지성은 어떠한 어려움도 헤쳐 나갈 수 있다는 점을 기억하라. 신의 평화의 강이 물을 잠잠하게 하고, 신성한 사랑이 나의 마음을 평온하고 평화로운 상태로 회복시킨다. 다른 사람이 나를 분노와 원망의 수준으로 끌어내리도록 내버려 둬서는 안 된다. 무한자와 조화를 이루면 언제나 일이 잘 풀린다.

초구 "말에게 강한 힘을 준 것이 너냐?"(욥기 39장 19절) 말은 교통수단이고 나의 목표로 향하는 분위기와 정신적인 성격을 뜻한다. 다른 사람의 행동이나 말로 감정이 상했다면, 비판하거나 원망하거나 앙갚음하려는 시도를 절대 해서는 안 된다. 상대방처럼 행동하면 나도 똑같은 수준의 사람이 되어 부정적인 진동에 빠진다. 고요하고 차분한 태도를 유지하면 신성한 이해가 승리할 것이다.

구이 "내 영혼이 주님을 찬양하며"(누가복음 1장 46절) 주는 내 안에 계신 신의 힘을 뜻하지만, 심리학적으로 주님은 내 마음을 다스리는 지배적인 아이디어를 일컫는다. 비슷한 성질의 것끼리 끌어당기기 마련이다. 끌어당김의 법칙에 따라, 내 마음속 가장 높은 곳에 계신 분과 같은 사람을 끌어당기고 만날 것이다. 쉽게 말해 이게 바로 행동하는 마음의 법칙이다.

육삼 "모세는 수레와 황소를 받다가"(민수기 7장 6절) '모세'가 가진 내적인 의미는 잠재의식에서 신의 지혜와 힘을 끄집어내 목표와 승리를 향해 가는 사람이다. 소와 수레는 나를 위해 짐을 싣고 목적지까지 가는, 짐을 나르는 짐승을 뜻한다. 다시 말해서 잠재의식을 완전히 신뢰한다면 잠재의식의 힘이 내 짐을 대신 져줄 것이다. 실패를 겪고 차질이 생겼을 때 다른 사람이 나를 비판하거나 조롱할 때 잠재의식의 힘은 나를 목표로 이끈다. 침착함을 유지하라. 내적인 인도에 의지하고, 잠재의식의 지혜와 힘을 통해 신성하고 조화로운 해결책을 얻으리라는 것을 알면 행복한 결말을 경험할 수 있다.

구사 "유대 사람들이 반대하고 비방하므로"(사도행전 18장 6절) 반대하는 자는 내 마음속에 있다. 기도로 모든 문제를 해결하고 마음속에서 대적하는 자를 기도로 화해시킬 수 있다. 기도는 가장 높은 곳에서 신의 진리를 묵상함을 뜻한다. 무한한 지성이 내가 찾는 동업자들을 끌어당기리라고 믿으면 응답을 얻을 것이다. 유사성의 법칙은 이제 나를 위해 작동하며, 나는 흡족한 답변을 받을 것이다.

육오 "너희는 지나간 일을 기억하려고 하지 말며, 옛일을 생각하지 말라."(이사야 43장 18절) 과거는 죽었다. 지금 이 순간 외에 중요한 건 아무것도 없다. 생각을 바꾸면 운명을 바꿀 수 있다. 나의 미래는 현재 생각의 발현이다. 믿음과 자신감이라는 새로운 정신적 태도를 보이면 모든 장벽과 장애물을 돌파하고 성공할 수 있다.

상구 "그 사람은 그를 들로 보내서 돼지를 치게 하였다."(누가복음 15장 15절) 주역과 성경에 나오는 돼지는 부정한 정신 상태를 나타낸다. 무의식적으로 죄책감을 느끼면, 다른 사람에게 거부당할까 봐 두려워한다. 다른 사람이 자신을 무시할 거라고 생각하기 때문이다. 두렵고 예민한 사람은 다른 사람에게 적대감과 반감을 투영한다. 즉 혼란스러운 내면을 타인에게 투사하는 것이다. 문제는 내 안에 있다. "신의 사랑이 내 영혼을 채우고 신의 평화가 내 마음에 흐릅니다. 신의 빛은 길을 드러내고 그분의 사랑의 햇살은 나보다 앞서서 길을 내어 주십니다"라고 크게 확언하면 신께서 축복을 내리실 것이며 변화하는 세상에서 평화와 조화를 경험할 것이다.

건괘蹇卦: 장애물

상괘: 감, 수렁, 물

하괘: 간, 부동, 산

괘사 어떤 문제점이 생기면, 내 안에 있는 무한한 힘을 인식하라. 인내심을 가지고 영적인 조언을 구하라. 정신적으로 상황에 맞서 싸우지 말라. 무한한 지성은 모든 장애물을 뛰어넘을 방도를 알고 있다. 조화로운 해결책이 나올 것이다. "모든 권세는 하나님께로부터 온 것이며"(로마서 13장 1절) "주님께서 너희를 구하려고 싸우실 것이니 너희들은 진정하라."(출애굽기 14장 14절)

괘상 "사람의 생각은 깊은 물과 같지만"(잠언 20장 5절) 주역과 성경에서 마음은 잠재의식을 의미하며, 깊은 물에 비유되기도 한다. 다음과 같이 확언하면 깊은 물로부터 인도를 받을 수 있다. "무한한 지성은 나에게 해답을 드러내고 내가 가야 할 길을 보여 줍니다. 마음속으로 들어오는 인도를 따릅니다"라고 확언하라. 문제와 어려움은 내 마음속에 있으므로 마음속에서 문제가 해결되어야 한다는 점을 잊어서는 안 된다. 신성한 현존과 맞닿으면 모든 도전을 딛고 일어설 수 있다. 신성한 현존은 믿는 자에게 모든 일을 가능케 하신다.

초육 "주님을 기다리면, 그분이 너를 구원하신다."(잠언 20장 22절) 주님은 잠재의식의 힘과 지혜를 뜻한다. 기다린다는 것은 긴장을 풀고, 자유롭게 놓아주며 마음속에서 모든 투쟁과 저항을 멈춤을 의미한다. "신의 바른 행동은 나의 모든 행동을 지배하고, 내 안에 인도하는 법칙은 현재의식에 적시에 적합한 방법으로 다음 단계를 드러냅니다. 나는 올바른 행동이 승리하리라는 걸 알면서 믿음과 기대 속에서 기다립니다"라고 주장하라.

육이 "곧 일어날 일들을 보여 주시려고 천사들을 보내셨다."(요한계시록 22장 6절) 흔히 천사라고 번역되는 하인servant은 생각과 아이디어, 정신적 이미지, 소망을 뜻한다. 마음의 법칙을 올바른 방법으로 사용하면 하인은 반드시 순종한다. 나의 문제를 마주하고 신께서 문제 위에 군림하신다는 걸 깨달아라. 어려움에 부닥쳐도 신의 권능과 지혜에 굳건히 의지하면 안전한 곳에 있는 나를 발견할 것이다. 신의 사랑과 임재를 인식하라. 이러한 인식은 위험에 맞서는 방어책이 되어 준다.

구삼 "네가 하는 모든 일에서 주님을 인정하라. 그러면 주님께서 네가 가는 길을 인도하실 것이다."(잠언 3장 6절) 내 안의 현존으로 들어가 신성한 지시를 받았다고 주장하라. 정면으로 부딪치지 말라. 대신 정신적으로 문제를 뛰어넘고 신이 알고 계시며, 신이 나에게 신경 써주신다는 것을 이해해야 한다. 침착함과 평정심을 유지하라. 지금은 모든 측면에서 나를 다스리는 신성한 현존을 신뢰하면서 집에서 조용히 지낼 때다.

육사 "주님의 법을 사랑하는 사람에게는 언제나 평안이 깃들고, 그들에게는 아무런 장애물이 없다."(시편 119편 165절) 나는 잠재의식에 무한한 지성과 끝없는 지혜의 존재를 깨닫기만 하면 된다. 능력을 최대한 발휘하기 위해 해야 할 일을 하고, 폭풍이 끝날 때까지 나를 지도하고 인도할 내면의 무한한 현존에 마음을 고정하라. 지금이 바로 신 안에서 조용하게 있을 때다. 그러면 내 목표를 달성하는 데 도움을 줄 모든 사람을 끌어들일 것이다.

구오 "사랑이 언제나 끊어지지 않는 것이 친구고"(잠언 17장 17절) 세상에서 가장 의리 깊은 친구는 신, 즉 내 안에 있는 생명의 원리다. 이 현존이 나를 만들었고 창조했으며 지탱하고 있다. 신은 본인이 창조한 대상을 버리지 않는다. 신과 함께하고, 신과 함께라면 모든 일을 할 수 있다고 깨달아라. 나아가 나를 강하게 하는 신의 권능을 통해서는 모든 일을 할 수 있다는 것을 알아차려야 한다. 꿈을 이루기 위해 나를 도와줄 사람들을 끌어당길 것이다.

상육 "너는 하나님과 화해하고, 하나님을 원수로 여기지 말라."(욥기 22장 21절) 지금 무한자와 조화를 이루면, 신의 현존과 화목할 수 있다. 내게 평화의 강물이 흐르고 옳은 일을 하도록 인도하신다는 걸 느껴라. 나는 세상에 봉사하고 재능을 펼치기 위해 세상에 왔다. 나는 주관적이고 객관적인 세계에 살고 있으며, 나의 소망을 이루기 위해 객관적으로 도와줄, 신뢰할 만한 사람에게 충고와 조언을 얻어야 한다. 성공과 번영은 이제 나의 것이다.

해괘解卦 : 구제

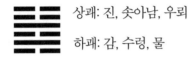
상괘: 진, 솟아남, 우뢰
하괘: 감, 수렁, 물

괘사 "포로가 된 사람들에게 해방을 선포하고"(누가복음 4장 18절) 나를 고양하고 치유하고 회복하고 인도하며 지휘하는 무한한 치유력이 있다. 이 현존은 속박과 제한으로부터 나를 해방시키고 자유와 평화의 왕도 위에 놓는다. 신성한 법과 질서가 내 삶에서 기능하고 있으므로 무슨 일을 하든 번영할 것이다. 이 상황에서는 미흡하거나 과한 행동은 없다. 올바른 행동만이 있을 뿐이다.

괘상 "너희가 서서 기도할 때에, 어떤 사람과 서로 등진 일이 있으면, 용서하라."(마가복음 11장 25절) 용서는 상대방의 행복을 기원하는 것이다. 나를 다치게 하고 상처를 입힌 사람을 마음속에서 진정으로 용서하여, 그 사람을 생각했을 때 더는 마음이 쓰라리지 않아야 한다. 용서한다는 건 '호구'가 되라는 의미가 아니다. 원망하거나 다른 사람이 벌받는 걸 보고자 하면 내 영혼 역시 썩고 어떤 일을 해도 골칫거리가 사라지지 않을 것이다. 예를 들어 부정적인 생각을 품은 자신을 용서하고 다른 사람을 마음속에서 놓아줄 때 생명과 사랑, 진리, 풍요의 강이 내 경험에 흐를 수 있도록 길을 내어 줄 수 있다.

초육 "하나님은 사랑이니, 사랑 안에 있는 사람은 하나님 안에 있고 하나님도 그 사람 안에 계신다."(요한일서 4장 16절) 사랑과 선의에 대한 감각은 나의 몸을 새롭게 하고 영감과 내면의 평화, 평온을 가져다주며 모든 방면에서 확장할 수 있는 길을 열어 준다.

구이 "포도원을 망가뜨리는 새끼 여우"(아가 2장 15절) 여우는 교활하고 기만적인 태도를 나타낸다. 그 어떤 이면의 동기도 없어야 한다. 신의 사랑이 영혼을 가득 채운다는 것을 깨달으며 부정적인 감정을 해소하고, 내가 가진 소망을 다른 사람을 위해서도 빌어 주라. 기도와 정의, 선의로 문제를 해결한다면 반드시 성공한다.

육삼 "누구든지 자기를 높이면 낮아질 것이요, 자기를 낮추면 높아질 것이다."(누가복음 14장 11절) 나의 모습이 아닌 데 그게 내 모습인양 행동하지 마라. 나는 의식할 권리 외에는 그 무엇도 소유할 수 없다. 되고 싶은 모습이 있다면, 마음속에 정신적인 등가물을 세워야 한다. 사람 사이에서 명성을 얻기 위해 얼마나 공격적으로 밀어붙이냐에 따라 얼마만큼 실패할지가 정해진다. 세상에서 중요한 존재가 되려면 내면의 가치와 성실함, 품성을 지녀야 한다. 잠재의식은 내가 어떤 의식적 노력을 하든 상관없이, 나를 내가 있어야 할 자리에 놓는다. 나는 내가 생각한 대로, 마음속으로 진짜라고 느낀 바처럼 된다. 그 이상도 그 이하도 아니라 딱 그만큼의 사람이다.

구사 "오른쪽 엄지발가락에"(레위기 8장 24절) '발'은 이해를, '오른쪽'은 객관적인 세계 또는 오감의 세계를 뜻한다. 겉모습으로 판단해서는 안 된다. '엄지발가락'은 오감의 지배를 받아 마음속에서 잘못된 방향으로 나아가고 있음을 의미한다. 겉모습과 집단의식의 거짓 인상으로부터 스스로를 분리하고 신을 나의 대주주로 모셔라. 신의 현존은 나를 모든 면에서 이끌고 인도한다. 그렇게 하면 신성한 질서에 따라서

적절한 동료를 끌어당긴다.

육오 "행함이 없는 믿음은 죽은 것입니다."(야고보서 2장 26절) 신에 대한 믿음, 좋은 일만 생기리라는 믿음을 보여야 한다. 마음속 부정적인 패턴을 뿌리 뽑으려면 명확한 결정에 도달하라. 부정적 패턴에 관심을 기울이지 않거나 무시한다면 생각에 그 어떤 정신적·감정적 자양분도 공급하지 않기 때문에 패턴은 소멸한다. 잠재의식에 조화와 평화, 올바른 행동, 번영을 심어 주면 원치 않는 일과 반기지 않는 사람들이 사라진다.

상육 "당신들이 먹지 못하는 새가 있습니다."(신명기 14장 12절) "각종 매와"(신명기 14장 15절) 새는 맹금이다. 상징적으로 말해서, 다른 사람에게 부정직한 행동을 하거나 그들을 이용해서는 안 된다는 의미다. 일요일에 함께 기도해도, 월요일에는 서로를 못 잡아먹어서 안달이라는 말이 있다. 마음속 이면의 동기를 지우고 나의 동기와 행동이 반드시 황금률과 사랑의 법칙에 기반하면 하는 일마다 반드시 흥할 것이다.

손괘損卦 : 감소

상괘: 간, 부동, 산
하괘: 태, 기뻐함, 호수

괘사 "그는 흥하여야 하고 나는 쇠하여야 한다."(요한복음 3장 30절) 직감 또는 신의 지혜는 늘어나거나 성장해야 하되 지성과 물질에 대한 삶의 관념은 줄여야 한다. 내 지성에는 신의 지혜라는 성수가 부어졌다. 일단 이를 이해하면 추론하는 현재의식이 내면의 신성으로 하여금 명을 내리게 한다. 생각이 쉽게 변하듯 몸과 환경도 쉽게 변한다. 외부 세계는 언제나 나의 진실한 믿음을 반영한다. 번영과 풍요, 신의 부를 확보했다는 사실을 정신적으로 곱씹으면 나의 습관적인 사고가 경험으로 변한다.

괘상 "노하기를 더디 하는 사람은 용사보다 낫고, 자기의 마음을 다스리는 사람은 성을 점령한 사람보다 낫다."(잠언 16장 32절) 충만하고 행복한 삶을 영위하기 위해서는 감정 조절이 필수다. 감정을 다스리고 통제하려면 생각에 통제권을 쥐는 게 필요하다. 다른 방법으로 평화를 찾을 수 없다. 의지력을 사용하거나 무언가를 강요한다 해서 평화가 오는 건 아니다. 신과 같은 생각을 마음속 왕좌에 앉히면 해답이 나온다. 평화와 조화, 선의의 개념을 쉴 새 없이 생각하면, 그분의 내면의 평화가 나를 고요한 물가와 푸른 초원으로 인도할 것이다.

초구 나는 스스로를 완전하게 표현하기 위해, 인생에서 있어야 할 자리를 찾기 위해, 인류의 이익을 위해, 재능을 펼치기 위해 세상에 왔다. 나는 인류라는 거대한 바다의 일부이며 내 몫을 하기 위해 이 자리에 있다. 만약 나의 도움으로 다른 사람이 스스로 자립할 수 있다면, 그런 방식의 이타적 도움은 긍정적이다. 세상 사람 모두는 숨겨진 힘을 발견하고 두 발로 일어서기 위해, 자신의 문제를 단호하게 해결하는 법을 배우기 위해 이 자리에 있다는 걸 명심하라. 도움을 덥석 받는 사람은 자기 능력을 발휘하여 앞으로 나아가는 일을 포기한다. 스스로를 일으키는 사람이 되는 대신 남에게 의존하는 사람이 된다. "짚을 공급받을 때만큼 벽돌을 만들어 내야 한다."(출애굽기 5장 13절)

구이 신성한 것에 관심을 기울이고 내면의 직관적 목소리에 귀를 기울여야 할 때다. 마음이 완전히 평온해지고 그것이 옳은 일이라는 내면의 조용한 지식을 얻을 때까지 어떤 일도 수행하지 말라. 다른 사람을 도울 때는 극도로 조심해야 한다. 자신이 가진 신성과 잠재의식 내면의 힘을 두드리는 방법을 가르쳐라. 그럼 다른 도움은 필요하지 않을 것이다. 미련하게 에너지를 소진하지 말라. "주님께 의지하는 사람들은 늘 한결같은 마음을 가진 사람들이니, 그들에게 평화에 평화를 더하여 주어라."(이사야 26장 3절)

육삼 "길을 떠나는 데는 아무것도 가지고 가지 말라."(누가복음 9장 3절) 이 구절은 어디를 가든 마음속 신에 대한 믿음과 함께 가라는 뜻이다. 나는 언제나 마음속 문제에서 해결책으로 여행을 떠난다. 길을 걸어가면서 마음속에 품은 생각을 지키고 다른 사람과 논의하지 말라. 자신의 조언을 따르고 '그 누구에게도 말하지 말라.' 내 계획이나 열망, 소망을 다른 사람에게 말하면 기도하는 내용을 조롱하거나 그만두라고 설득하는 경향이 종종 있다. 게다가 시기를 불러일으킬 수도 있다. 계획을 비밀로 유지하고 그 누구와도 논의하지 말라. 신성한 동반자인 그분의 지혜가 마음속 소망을 실현한다는 것을 알면 모든 계획은 형통할 것이다.

육사 "미처 깨닫지 못한 죄까지도 깨끗하게 씻어 주십시오."(시편 19편 12절) 좋든 나쁘든, 정신적으로 어떠한 아이디어에 동의한다는 것은, 내가 느낄 수 있는 정도까지 잠재의식에 아이디어를 가라앉혔다는 뜻이다. 마음속에서 사랑과 선의, 친절, 조화, 평화 그리고 신성하게 올바른 행동에 동의하면 나의 잘못을 뿌리 뽑을 수 있다. 이러한 진리를 곱씹으면 진리가 경험에 통합되어 사회적으로, 금전적으로, 가정생활에서 이득을 본다.

육오 "주님의 이름을 부르는 사람은 누구든지 구원을 얻을 것입니다."(로마서 10장 13절) '이름'은 신의 본질을 뜻한다. 신은 전능하고, 세상에 존재하는 단 하나의 힘이다. 신과 함께하는 사람이 다수다. 지상의 권세에 반할 수 있는 건 그 무엇도 없다. 믿음과 확신을 가지고 조용히 신의 현존을 바라보며, 신께서 나의 길을 열어 주고 문제를 해결해 준다고 확언하라. 그분께 불가능한 것은 아무것도 없으며 큰 축복을 받으리라는 점을 상기하라.

상구 "자라게 하시는 분은 하나님이십니다."(고린도전서 3장 7절) 신은 만물의 근원이다. 무한자와 자신을 일치시키고 큰 소리로 확언하라. "신께서는 좋은 일을 차고 넘칠 정도로 늘리십니다. 신의 부는 나에게 자유롭고 즐거우며 사랑스럽게 흐릅니다." 그럼 나는 넉넉하게 축복받을 것이다. 지혜를 더 많이 나눠 줄수록 나의 지혜는 늘어나며 사랑과 선의를 더 많이 발산할수록 더 많은 사랑과 선의를 가지게 된다. 나를 축복하는 건 모든 사람을 축복한다. 신을 찬미하고 마음속에서 신의 조화를 드높이면서 이 땅 위를 걸으면 모든 사람이 축복받을 것이다. 왜냐하면 신의 길을 걷기 때문이다.

익괘益卦: 증가

 상괘: 손, 온화함, 바람

하괘: 진, 솟아남, 우뢰

괘사 "하나님이 당신들의 모든 소출과 당신들이 손을 댄 모든 일에 복을 주셨기 때문에 즐거워하는 것입니다."(신명기 16장 15절) 신은 모든 방면에서 나를 인도하고 번영하게 한다. 더 성장하고 확장하며 개인적인 재능을 펼치기 위해 내리는 결정은 이롭다.

괘상 "주님 앞에서 기뻐하면 힘이 생기니"(느헤미야 8장 10절) 인생은 연속되며 끊임없이 펼쳐지는 생명의 사다리다. 인생의 단계로 차근차근 올라가는 게 아니므로 한동안 전진하다가도 사소한 장애물을 만나 주춤할 수 있다. 그곳에서 위로 나아가기 위해 힘을 다지고 지혜를 결집한다. 인생의 진정한 움직임이란 위로 향하는 것이다. 신성한 사랑이 마음속의 모든 부정적인 생각과 두려움에 불을 붙여 태울 때 훨씬 더 빨리 일어설 수 있다.

초구 "주님께서 집을 세우지 아니하시면 집을 세우는 사람의 수고가 헛되며"(시편 127편 1절) 인생에서 진정한 성공과 성취는 영감으로부터 나온다. 신의 힘과 지혜가 지금 나를 통해 흐르고 있다. 열심히 일해도 아무런 문제가 없지만 지나치게 애쓰면 안 된다. 나는 높은 곳으로부터 영감을 얻었고 내가 하는 모든 일은 훌륭하게 번영할 것이다.

육오 "무릇 그 마음의 생각이 어떠하면 그의 사람됨도 그러하니"(잠언 23장 7절) 마음의 법칙이란 잠재의식에 새긴 모든 것이 실현됨을 의미한다. 마음은 잠재의식을, 마음속 생각은 감정이 이입되고 진실로 느껴지는 생각과 아이디어가 객관화되는 것을 의미한다. 잠재의식은 그 안에 가라앉은 모든 것을 크게 만든다. 사랑스럽고 평판이 좋은 것을 생각하라. 신과 하나됨을 느끼면, 하늘에서도 땅에서도 나의 성공을 막을 사람은 없다.

육삼 "너희는 잠깐 손을 멈추고, 내가 곧 하나님인 줄 알아라."(시편 46편 10절) 멈추지 않고 돌아가는 마음의 수레바퀴를 차분하게 하고 내 안에 신께서 거한다는 사실을 상기하라. 차질이 생기거나 실망할 때마다 좋다고 말하라. 신께서 행동한다고 확언하라. 신께서 행동한다는 건

전반적으로 조화롭고 평화로움을 뜻한다. 이 상황이 문제처럼 보여도 뜻밖의 좋은 결과를 가져다줄 것이다. 운전사가 기중기의 전원을 켠 후 놔두면 무거운 짐을 들어 올리는 것과 같은 방식으로 무한자와 하나가 되라. 전기를 사용하면 애를 쓰지 않고도 원하는 높이로 하중을 들어 올릴 수 있다. 신의 권능이 나를 통해 작용하게 하면 나의 믿음은 넉넉히 보상을 받을 것이다.

육사 "그러므로 너희는 그 열매를 보고 그 사람들을 알아야 한다."(마태복음 7장 20절) 발전하고 높은 곳으로 올라가는 비결은 신이 내가 하는 일마다 나를 통해 역사하심을 아는 거다. 먼저 봉사하려는 마음을 가지고 최대한 성실하고 실용적이며 효율적으로 행동하라. 그럼 결과를 보고 깜짝 놀라게 된다. 다른 사람이 나를 신뢰하고 나는 드높여질 것이다.

구오 "서로 친절히 대하며, 불쌍히 여기며"(에베소서 4장 32절) 친절은 사랑의 자녀로, 이미 마음속에는 사랑과 친절이 존재한다. 사랑은 자신과는 달리 모든 것을 녹인다. 마음속에서 친절이 나오면 다른 사람들은 친절을 주관적으로 받아들이고, 이에 따라 반응한다. 오래된 명언이 있다. "무엇을 할지 모를 때는 친절한 일을 하라." 친절은 사랑의 결과물이다. "정중함이란 가장 다정한 방법으로 가장 친절한 일을 하고 친절한 말을 내뱉는 것이다." 놀라운 축복이 내 안에 숨겨져 있다. 좋은 일만 생길 것이다.

상구 "믿음이 강한 우리는 믿음이 약한 사람들의 약점을 놀보아 주어야 합니다. 우리는 자기에게 좋을 대로만 해서는 안 됩니다. 우리는 저마다 자기 이웃의 마음에 들게 행동하면서, 유익을 주고 덕을 세워야 합니다."(로마서 15장 1~2절) 나는 인류라는 큰 전체의 한 부분이고,

성공과 성취의 상당 부분을 다른 사람에게 빚지고 있다는 점을 이해해야 한다. 사람들이 제품을 구입하고 지지를 보내기에 사업을 할 수 있다. 마찬가지로, 나는 현명하고 관대하고 분별력 있고 사랑스럽게 타인에게 이바지하기 위해 이 자리에 있다. 이웃의 발전에 동참하고 병적인 이기심을 버려라. 모든 사람에게 사랑과 선의를 발산하라. 무한자와 조화를 이루고, 정당하고 옳은 일을 하라. 조화의 신성한 법칙에서 벗어날 때 곤경과 상실을 경험한다.

쾌괘 夬卦: 돌파구(결연함)

 상괘: 태, 기뻐함, 호수
하괘: 건, 창조적, 하늘

괘사 "잠잠하고 신뢰하여야 힘을 얻을 것이다."(이사야 30장 15절) 기도할 때 노력을 쏟아부으면 실패한다. 정신적으로 더 많은 스트레스를 받고 안간힘을 쓸수록 마지막에는 더 적은 결과물을 얻을 것이다. 정신적 세계에서는 물리적인 세계와 반대되는 일이 일어난다. 차량의 속력을 높일수록 목적지에 더 빨리 도달한다. 하지만 사고의 삶에서는 이와 정반대의 원리가 적용된다. 정신적으로 압박하면 미리 실패가 운명 지어진다. 마음이 긴장되고 화가 나면 더 깊은 마음은 창의적으로 반응하지 않는다. 긴장을 풀고 선으로 악을 이긴다는 사실을 깨우쳐라. 무한한 신의 사랑의 바다에 뛰어들어 신의 사랑은 자신의 본질과는 다른 모든 것을 녹인다는 걸 알아야 한다. 이러한 태도를 취한다면 목표를 달성할 수 있다.

괘상 "남에게 나누어 주는데도 더욱 부유해지는 사람이 있는가 하면, 마땅히 쓸 것까지 아끼는데도 가난해지는 사람이 있다."(잠언 11장 24절) 이 구절은 현명하게 베풀수록 더 많이 가지게 됨을 뜻한다. 백만장자는 인류의 이익을 위해 유용하고 건설적인 목적을 가지고 엄청난 돈을 기부하는데, 그만큼 엄청난 돈이 다시 돌아온다. 이를 땅에 씨앗을 뿌리는 행위에 비유할 수 있다. 땅에 뿌린 씨앗이 자라나면 백배, 천배의 열매가 열린다. 건설적이고 현명하게 베풀어라. 반드시 내가 베푸는 재능은 인류의 정신을 고양시키고 일반적으로 유익해야 한다. 이는 나의 지혜와 지식, 정신적 감각 그리고 물질적 부를 베풀라는 뜻이다. 신의 인도 아래 이 모든 일을 행하라.

초구 "너희 가운데서 누가 망대를 세우려고 하면, 그것을 완성할 만한 비용이 자기에게 있는지를, 먼저 앉아서 셈하여 보아야 하지 않겠느냐?"(누가복음 14장 28절) 이 구절에는 비유가 쓰였는데, 비유의 숨겨진 의미를 탐구하지 않으면 풀이가 왜곡될 수 있다. 예를 들어 몸이 아프거나 종양이 생겼다고 치자. 기도로 낫지 않는다면 의사나 외과 의사에게 당장 진찰을 받아야 한다. 의사에게 축복을 내리고 질병을 뿌리 뽑아라. 기도를 통해 이빨이 자라지 못하게 한다면 아주 좋겠지만 그렇지 않다면 치과에 가보아야 한다. 같은 원리로 새집을 짓고 싶다고 치자. 집을 짓는 데 필요한 돈이 나의 수중에 들어오고 신성한 질서에 따라 집이 완성되리라는 믿음을 가지면, 집을 짓는 데 성공한다. 믿음에 대한 갈망이나 간절하게 꼭 붙잡고 있는 믿음은 진정한 의미에서 믿음이 아니다. 집을 짓는 데 필요한 믿음이 없다면 돈이 생길 때까지 기다린 후에 집을 지어라.

구이 "사랑에는 두려움이 없다. 완전한 사랑은 두려움을 내쫓는다."(요한일서 4장 18절) 두려움이란 잘못된 대상에 대한 믿음이다. 두려움은 마음속의 그림자이고, 앞뒤가 뒤바뀐 믿음이다. 신은 임재하시는 유일한 분이고 세상에 존재하는 유일한 권능이며 사랑이다. '사랑은 병들지 않는다.' 내 안의 무한한 힘에 충성하고 충실하고 헌신하는 정도에 이르면 두려움을 잃는다. 신의 우주에는 두려워할 것이 없다는 사실을 깨달아야 한다. 두려움은 마음속에 있는 일종의 생각이다. 두려움을 좋은 일이 생긴다는 믿음으로 대체하라. 두려움이 마음의 문을 두드려 봤자 그 안에는 아무도 없을 것이다.

구삼 "내 모든 원수들의 뺨을 치시고"(시편 3편 7절) '뺨'은 나의 현재의식을, 원수는 현재의식이 품은 두렵고 제한적인 생각을 나타낸다. "그는 나쁜 소식을 두려워하지 않으니, 주님을 믿으므로 그의 마음이 굳건하기 때문이다."(시편 112편 7절) 신에 대한 믿음을 굳게 지키라. 그 누구에게도 힘을 실어 주지 말라. 오직 내면의 무한자만이 힘을 가지고 있다. 나는 선하고 진실한 것을 추종하고 이에 충실하기 때문에 그 누구도 나를 해칠 수 없다.

구사 "그의 옷과 넓적다리에 이름이 적혀 있으니"(요한계시록 19장 16절) "내가 알기에, 너는 완고하다."(이사야 48장 4절) '다리'는 인간의 생식기를 완곡하게 지칭하는 표현으로, 인간 안에 있는 신의 창조력에 대한 남근적 상징이다. 믿음과 확신이 부족하면 망설여지고 앞으로 나아갈 수 없다. 고집을 세우지 말고 아집에 빠지지 말라. 기도할 때 의지력은 쓸모가 없고, 의지력을 발휘한다고 해서 얻을 수 있는 건 아무것도 없다.

구오 "바다풀이 내 머리를 휘감았다."(요나 2장 5절) '바다풀'은 끈질기게 달라붙는 부정적이고 두려운 생각을 상징한다. 명확한 결정을 내리고 부정적인 생각을 품어서는 안 된다. 부정적인 생각이 습관적으로 마음속에 들어오면 즉시 건설적인 생각으로 대체하라. 시간이 어느 정도 지나면 추진력을 잃고 나는 목표에 도달할 것이다.

상육 "그러나 끝까지 견디는 사람은 구원을 얻을 것이다."(마태복음 24장 13절) 두려움이나 의심, 원망이라는 부정적인 생각을 계속 주시하고 없애버려야 한다. 이러한 부정적인 생각은 영혼을 부식시킨다. 꾸준한 정신 훈련은 필수다. 결핍과 상실, 제한에서 벗어나지 못하면 끝없는 경계를 대가로 치러야 한다. 정신 훈련을 꾸준히 하지 않으면 손실을 본다.

구괘姤卦: 만나러 옴

 상괘: 건, 창조적, 하늘

하괘: 손, 온화함, 바람

괘사 "불로 젊은 총각들을 삼켜 버리시니, 처녀들은 혼인 노래를 들을 수 없었다."(시편 78편 63절) '불'은 열정과 정욕을 나타낸다. 사랑 이외의 이유로 결혼하는 것은 진정한 결혼이 아니다. 신의 사랑이 두 마음을 하나로 묶어야 하고, 상대방과 조화를 이루어야 한다. 이 구절에서 처녀는 모든 감정 상태를 의미한다. 만약 목표에 숨겨진 동기가 있다면, 그 어떤 계약에도 발을 들이면 안 된다. 또한 누군가가 어떤 제안을 하면서 다가오면 포기하는 게 현명하다. 모든 종류의 계약은 정직에 기반해야 하며 서로 만족스러워야 한다.

괘상 "바람은 불고 싶은 대로 분다."(요한복음 3장 8절) 바람은 내면의 성령의 움직임을 나타낸다. 내가 진실이라고 주장하고 느끼는 것은 인생의 모든 방면에서 실현된다. 나의 잠재의식은 잠재의식에 인상을 남기는 모든 것을 경험과 조건으로 만들어 낸다.

초육 "네가 하는 말을 듣고 있자니 모두 나를 모욕하는 말이다. 그러나 깨닫게 하는 영이 내게 대답할 말을 일러주었다."(욥기 20장 3절) 다른 사람을 비난하거나, 검열한다면 또는 원망한다면 이런 태도는 좋은 일이 생기는 것을 막고 손실을 가져온다. 신성한 사랑의 불길로 내면에 있는 추악한 감정을 태우고 외부에 있는 모든 이에게 선의를 발산하라.

구이 "생선을 달라고 하는데 뱀을 줄 사람이 어디에 있겠느냐?"(마태복음 7장 10절) 이 구절에서 '생선'은 내가 선한 '낚시꾼'이라면 문제를 해결할 수 있는 아이디어나 해결책, 해답을 잠재의식에서 낚을 수 있음을 상징한다. 다시 말해 마음을 잠잠하게 하고, 주의를 고정한 채 답을 구하라. 내가 수용적이라면 생선(아이디어)은 잠재의식으로부터 추론하는 현재의식으로 솟아오를 것이다. 사랑과 선의, 평화의 분위기를 잠재의식으로부터 낚아서 내 주변에 있는 모든 사람에게 발산하라.

구삼 "그의 옷과 넓적다리에 이름이 적혀 있으니"(요한계시록 19장 16절) 다리는 인간의 생식기를 상징하는데, 이는 내 안에 있는 남성적, 여성적 원리, 즉 현재의식과 잠재의식을 의미한다. 다리에 피부가 없다는 건 단 하나의 힘에 대한 믿음과 확신으로 뒤덮여 있지 않고 외적인 조건에 방해받음을 뜻한다. 신 같은 통로를 따라 나의 감정의 방향을 돌리고 신성하고 올바른 행동의 광선 위로 되돌아가라.

구사 "지금 잡은 생선을 조금 가져오너라."(요한복음 21장 10절) 다른 사람이 나와 협력하길 원한다면, 충성심을 사고 싶다면 내 안의 깊은 곳으로부터 신성한 인도와 올바른 행동, 조화를 건져 올려야 한다. 잠재의식으로부터 선함과 친절, 협력의 분위기를 끌어내라. 그렇게 하면 손실과 제한을 방지할 수 있다.

구오 "생선을 공짜로 먹던 것이 기억에 생생한데, 그 밖에도 오이와 수박과 부추와 파와 마늘이 눈에 선한데"(민수기 11장 5절) 수박은 더운 기후에서 나는 맛있는 과일이다. 히브리인들이 고대하던 먹을거리 중 하나로 광야에서 난다. 수박은 내 안에 있는 성령의 열매, 즉 사랑과 기쁨, 평화, 고요, 믿음, 겸손 그리고 모든 사람에 대한 선의를 나타낸다. 이러한 감정을 발산하면 흘러넘쳐 다시 나에게 돌아온다.

상구 "이것들은 유다와 이스라엘과 예루살렘을 흩트린 뿔이다."(스가랴 1장 19절) 뿔은 힘을, 유다는 신을 드높임을 의미한다. 세상에는 단 하나의 힘만 존재한다. 그리고 이러한 힘을 잘못된 방식으로 사용하면 인생의 모든 국면에서 문제가 발생한다. 마음속에 있는 조건과 맞서 싸우는 걸 멈춰야 한다. 그러지 않으면 힘은 흩어지고 활력은 감소할 것이다.

췌괘 萃卦: 한곳에 모음(집결)

상괘: 태, 기뻐함, 호수
하괘: 곤, 수용적, 땅

괘사 "암탉이 병아리를 날개 아래 품듯이, 내가 몇 번이나 네 자녀들을 모아 품으려 하였더냐!"(마태복음 23장 37절) 생각과 아이디어, 계획을 한데 모아라. 나는 신의 임재 안에 있다. 암탉이 날개 아래 병아리들을 모아 병아리들이 해를 입거나 다치지 않도록 깃털로 감싸는 것처럼 유일한 현존, 원인, 힘(즉, 내 안의 신) 전지전능한 생령에 믿음을 두기로 하면 신의 현존이 나를 보호하고 인도하며 지켜 줄 것이다. 쉽게 말해 신에 대한 충성과 충실함이 신께 바치는 제물이다.

괘상 모든 결정을 내리는 데 있어 무한한 지성의 인도를 받는다는 믿음이 마음의 리더이자 지배적 확신이어야 한다. 중요한 결정을 내릴 때에 인도를 구하라. 신성하게 인도를 받고 있다는 것을 알고 믿어라. 얼마 동안은 내가 원하는 대로 일이 풀리지 않을 수도 있지만, 내가 확언하는 바를 진정으로 믿기에 궁극적인 결과는 좋을 것이다. 모든 상황을 고려하여 그때그때 올바르다고 생각하는 일을 하라. 올바른 행동을 하려는 느낌은 다른 사람에게 전달되어 나와 관련된 모든 사람에게 축복을 내릴 것이다. "하나님 아버지께서 여러분을 미리 아시고 성령으로 거룩하게 해주셔서, 여러분은 순종하게 되고, 예수 그리스도의 피 뿌림을 받게 되었습니다."(베드로전서 1장 2절)

초육 "우리가 그 소망에 대하여 확신과 자부심을 지니고 있으면"(히브리서 3장 6절) 끝까지 한결같아야 한다. 무한한 지성이 내가 가는 모든 길을 인도하리라고 믿어라. 약해지거나 흔들리지 마라. 그럼 마음이 두 갈래로 나뉘어 버린다. 행복한 결말을 상상하고, 긍정적인 태도에 반응하는 잠재의식의 힘을 사용하면 나는 성공할 것이다.

육이 "모든 것은 다시 하늘로 들려 올라갔다."(사도행전 11장 10절) '하늘'은 평화로운 마음 상태, 무한자와 조화를 이루는 상태를 의미한다. 끌어당김의 법칙이 지금 나를 위해 작용하고 있다. 무한한 지성은 나와 조화를 이루는 모든 사람을 나에게 데려온다. 올바른 행동의 원칙을 신뢰하면 모든 것이 번영한다.

육삼 "즐거움과 기쁨이 넘칠 것이니, 슬픔과 탄식이 사라질 것이다."(이사야 35장 10절) 슬프고 탄식할 때 결국 모든 것은 지나가리라는 것을 깨달아야 한다. 다른 사람에게 나를 화나게 할 수 있는 힘을 실어 주지 마라. 평정심을 유지하라. 내 안에 임재하는 신과 함께하고, 언제나 내 본연의 자리에 있으며, 신께서 맡기신 일을 하고 있다고 믿어라. 계속 앞으로 나아가라. 옳은 길로 가는 나를 막을 자는 그 누구도 없다. 신성하고 옳은 행동은 지금 나의 것이다.

구사 "나는 스데바나와 브드나도와 (…) 온 것을 기뻐한다."(고린도전서 16장 17절) '스데바나'는 승리의 관을 씀을, '브드나도'는 지금 나에게 영적·물질적 풍요가 흘러옴을 의미한다.

구오 "하나님을 사랑하는 사람들 (…) 모든 일이 서로 협력해서 선을 이루는 것을 우리는 안다."(로마서 8장 28절) 외부나 다른 사람에게 힘을 실어 주는 것을 거부할 때 나는 신을 사랑한다. 오직 하나뿐인 힘에 충실하고 헌신하라. 세상에 오직 하나뿐인 힘에 대적할 힘은 존재하지 않는다는 사실을 깨달아야 한다. 진리, 성실성, 정의, 바른 행동의 원칙을 준수하면 내 의견에 동의하지 않더라도 나에게 경의를 표하고 선하게 행동할 수밖에 없을 것이다.

상육 "그들 눈에서 모든 눈물을 닦아 주실 것이니"(요한계시록 21장 4절) 눈물을 흘리는 날도 언젠가는 지나갈 것이다. 그 무엇도 나를 방해하거나 화나게 하거나, 슬프게 하도록 두어서는 안 된다. 신을 제외한 모든 것은 지나가기 마련이다. 신은 그 자체로도 충분한 분이다. 내 안에 있는 신성한 현존에 나를 내어 주라. 신성한 현존은 내 안에서 행동하는 신으로, 이는 내 삶이 전반적으로 조화롭고 평화로우며 결과가 모두 좋으리란 걸 의미한다.

승괘升卦: 위로 밀어 올림

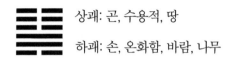

상괘: 곤, 수용적, 땅

하괘: 손, 온화함, 바람, 나무

괘사 "사람의 영은 위로 올라가고 짐승의 영은 아래 땅으로 내려간다고 하지만, 누가 그것을 알겠는가?"(전도서 3장 21절) 신의 영은 나에게 활기를 주고 뒷받침하며 강하게 한다. 신께서 나를 도와주고 나를 옳은 길로 인도해 줄, 내게 딱 맞는 상담자에게 인도해 줄 것을 알아라. 나는 신성하게 행동하며, 하는 일마다 훌륭하게 번영할 것이다.

괘상 "들과 거기에 있는 모든 것도 다 기뻐하며 뛰어라. 그러면 숲속의 나무들도 모두 즐거이 노래할 것이다."(시편 96편 12절) 나무의 뿌리는 성장에 필요한 모든 화학물질과 수분을 땅에서 흡수한다. 주관적 지혜는 자동으로 기능하기 때문에 성장을 위해 필요한 것을 흡수하며 그 결과 모든 나무는 하늘 위로 뻗어 나가는 경향이 있다. 마찬가지로 믿음과 자신감을 가지고 앞으로 나아갈 때 나는 계획을 펼치거나 꽃피우는 데 필요한 모든 것을 끌어당기며 하는 일마다 성공할 것이다.

초육 이 효는 "잠잠하고 신뢰하여야 힘을 얻을 것이다"(이사야 30장 15절)를 의미한다. 어떤 계획을 품었든 지금 큰 축복을 받으리라는 절대적인 확신을 가지고 앞으로 나아가야 한다.

구이 "그를 성실하고 진실하게 섬기십시오."(여호수아 24장 14절) 온갖 속임수와 허위에서 벗어나 정직과 성실, 정의를 고수하면 성공하는 데 도움이 된다. 성경에 언급된 제물과 희생은 더 큰 것을 위해 작은 것을 포기함을 의미한다. 예를 들어 평소 말투가 무례하다면, 친절하고 다정하게 말하기 시작해야 한다. 말투를 바꾸는 건 내가 바치는 제물이자 희생이다.

구삼 기쁘고 자신감 넘치게 앞으로 나아갈 때 신의 모든 힘은 나를 대신해 움직인다. 내가 하는 일마다 성공하고 번영하리라고 확신하라. "정직한 사람에게 좋은 것을 아낌없이 내려 주신다."(시편 84편 11절)

육사 앞으로 나아가고 즐겁고 행복해하며 모든 축복의 근원에 감사하라. 그리하면 명예와 특권이 수여된다. "주님께서 나를 너그럽게 대하여 주셔서, 내가 주님께 찬송을 드리겠습니다."(시편 13편 6절)

육오 "그는 해를 하늘 높이 뜨게 하셔서, 어둠 속과 죽음의 그늘 아래에 앉아 있는 사람들에게 빛을 비추게 하시고, 우리의 발을 평화의 길로 인도하실 것이다."(누가복음 1장 78~79절) 기다리면서 초조하거나 짜증이 난다면 이러한 감정을 억눌러야 한다. 차근차근 성장하려면 상황이 어렵더라도 끈질기게 용기를 내야 한다. 차분하고 평화로운 마음이 자신감으로 가득 차 있을 때 일을 완수한다. 나는 신성한 질서 안에서 점진적이고 점차적으로 멋지게 발전한다.

상육 "어둠 속과 죽음의 그늘 아래 앉아 있는 사람들에게 빛을 비추게 하시고, 우리의 발을 평화의 길로 인도하실 것이다."(누가복음 1장 79절) 어둠이란 빛의 부재를 뜻한다. '빛'은 어둠(문제, 어려움, 장애물)을 헤쳐 나가는 방법을 아는 내면의 무한한 지성을 의미한다. 내 안에 있는 무한한 지성을 조건 없이 믿어 모든 방면에서 나를 이끌고 인도하도록 하라. 모든 문제 위에 신이 군림한다는 위대한 진리를 고수하라. 마음속 문제나 어려움과 싸우지 마라. 이러한 태도는 문제를 악화시킬 수 있다. 내면의 인도하는 원리를 따르라. 이 원리는 언제나 평화로운 어조로 말하고 우리를 결코 혼란스럽게 하지 않는다.

곤괘困卦 : 탄압(소진)

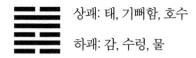
상괘: 태, 기뻐함, 호수

하괘: 감, 수렁, 물

괘사 "재난을 당할 때에 낙심하는 것은, 너의 힘이 약하다는 것을 드러내는 것이다."(잠언 24장 10절) 인생의 모든 문제와 어려운 상황에 맞서라. 문제를 직시하고 내 안에 있는 신의 힘과 지혜를 통해 어려움을 정복하라. 명확한 시야를 가지고 실용적인 태도와 이해도를 지닌다면, 잠재의식의 힘을 끌어낼 기회를 얻는다. 그러면 어떤 종류의 것들로 내가 만들어졌는지 알게 된다. 또한 극복하는 데 큰 기쁨이 있고, 내 안에 있는 것은 외부에 있는 그 무엇보다 강하다는 걸 깨닫는다. 조용하고 침착하며 자신감을 가진다면 성공할 것이다.

괘상 "강물이 말라 버려서"(요한계시록 16장 12절) 무한자와 조화를 이루지 못하고 영감과 신앙, 자신감, 인도, 용기를 마시지 못하면 물이 말라 버릴 것이다. 정신적·영적 배터리를 충전하고 내 안에 임재하는 신의 힘에 충실해야 한다. "나에게 다시 새 힘을 주시고"(시편 23편 3절)라는 성경 구절을 마음에 새겨라.

초육 "억압하는 힘을 의지하지 말고"(시편 62편 10절) 억압받고 우울하고 암울할 때 그런 정신적 분위기에서 살아가면 삶이 더 비참해짐을 기억하라. 잠재의식은 내가 주의를 기울이는 모든 것을 크게 불리기에, 부정적인 태도를 지니면 실패한다. 좋은 영적인 조언자를 찾아 조언을 구하라.

구이 "하나님의 나라는 먹는 일과 마시는 일이 아니라, 성령 안에서 누리는 의와 평화와 기쁨입니다."(로마서 14장 17절) 가장 맛있는 음식을 먹더라도 아프고 우울하고 불행할 수 있다. 반복해서 규칙적으로 기도함으로써 영적인 음식을 받아먹어야 한다. 내 마음을 조화와 올바른 행동, 평화, 기쁨, 사랑, 높은 곳으로부터 오는 영감으로 채우는 게 영적인 음식을 먹는 것이다. 무한한 지성에 구하면 응답해 줄 것이다. 기도하면서 내 마음이 옳다고 느낄 때까지 그 어떤 계획도 수행하지 마라.

육삼 "땅은 너에게 가시덤불과 엉경퀴를 내리라."(창세기 3장 18절) "예수께서 돌을 옮겨 놓아라 하시니."(요한복음 11장 39절) 여기서 돌은 무지와 공포, 미신을 믿는, 경직되고 이기적이며 유연하지 않은 정신 상태를 나타낸다. 돌은 내가 놓아주기를 꺼리는 급성 우울증 상태를 의미할 수도 있다. 가시덤불과 엉경퀴는 활력과 열정, 에너지를 뺏는 짜증과 원망을 뜻한다. 이런 마음가짐은 상실과 실패를 끌어당긴다. 치유를 받으려면 먼저 자신과 다른 사람을 용서해야 한다.

구사 "사람들의 억압에서 나를 건져 주십시오."(시편 119편 134절) 올바른 곳에 자신감을 두면 문제에서 벗어날 수 있다. 여기서 올바른 곳은 모든 것을 알고 모든 것을 보며 언제나 해결책을 가진 내면에 임재하는 신을 뜻한다. "나를 모든 방면에서 인도하고 전능한 힘으로 나를 뒷받침해 줍니다"라고 확언하면 신성한 질서에 따라 인생의 목표에 도달한다.

구오 "그들이 너의 코와 (…) 잘라 낼 것이며"(에스겔 23장 25절) 코는 분별하고 판단하며 결정을 내리는 기술을 의미한다. 개는 음식에 상한 냄새가 나면 먹지 않는다. 개처럼 우리도 마찬가지로 참과 거짓을 구분해야 한다. 세상에는 단 하나의 힘(내 안에 있는 생령)만 있다는 결론에 도달하면 나는 현존에 눈을 돌려 조화와 평화, 올바른 행동과 나에게 힘이 되어 주는 주님의 기쁨을 주장할 수 있다. 이렇게 하면 '날이 저물고 모든 그림자가 사라질 것'이다.

상육 "너희는 지나간 일을 기억하려고 하지 말며, 옛일을 생각하지 말라."(이사야 43장 18절) 과거는 잊어라. 과거는 죽었고 지금, 이 순간만이 살아 있다. 현재의 생각을 바꾸고 새로운 사고방식을 고수하면 운명이 바뀐다. 원한, 불만, 상처를 생각하면 그러한 생각을 통해 자신을 재감염시키게 된다. 미래는 현재 생각의 발현이다. 부정적인 생각을 품은 자신을 용서하고 지금부터 그러한 단점은 멀리하라. 다른 사람을 용서하라. 엎지른 물을 보고 울어도 소용이 없다. 새로운 방향으로 나아간다는 확실한 결론을 마음속에서 내리면 모든 일에서 성공할 것이다.

정괘井卦: 우물

상괘: 감, 수렁, 물

하괘: 손, 온화함, 바람, 나무

괘사 "두레박도 없고, 이 우물은 깊은데"(요한복음 4장 11절) '우물'은 나의 잠재의식이다. 이 우물에서 나는 원하는 것은 무엇이든 끌어낼수 있다. 그릇(양동이)에 물을 길어 올릴 때 쓰는 밧줄은 잠재의식의 무한한 지성에 대한 믿음과 자신감이며, 그 본질은 나의 확신에 부응한다. 확신이 없으면 무한한 지성과 맞닿을 수 없다.

괘상 "다윗은 계속 호레스에 머물렀으나"(사무엘상 23장 18절) 호레스(숲이 우거진 곳)는 고대에 배를 만들 때 외에도 번제 제물로 사용되었다. '다윗'이라는 단어는 내면에 있는 무한한 지성을 사랑하거나 충성하는 사람을 의미한다. '호레스에 머무는 것'은 내면에 생명을 주는 분에게 생명을 건강하게 유지해 달라고, 힘과 지혜를 가질 수 있게 해 달라고 구하는 것을 의미한다. 나무는 내면의 생명나무를 상징한다. 영감과 기쁨, 용기를 들이마셔라.

초육 "이 물을 마시는 사람은 다시 목마를 것이다. 그러나 내가 주는 물을 마시는 사람은 영원히 목마르지 아니할 것이다. 내가 주는 물은 그의 안에서 영생에 이르게 하는 샘물이 될 것이다."(요한복음 4장 13~14절) 생명의 물이 어디에 존재하는지 모르는 사람이 많다. 주역과 성경에서의 물은 영적 가치에 원기를 북돋는 힘을 의미한다. 인간은 외적인 세계에서 안전과 평화, 행복을 추구하지만 실제로 이것들은 자신 안에서 나온다. 인간은 잠재의식에 온갖 잘못된 지식, 두려움, 편견이라는 인상을 남긴 결과, 부정적인 감정에 지배당하는데, 이를 동양에서는 진흙으로 상징한다. 부정적인 감정을 품지 말고 그러한 감정을 신의 사랑으로 대체하라.

구이 "그 물을 나에게 주셔서, 내가 목마르지도 않고"(요한복음 4장 15절) '우물'은 내면의 가치, 잠재의식, 감정적인 삶을 의미한다. 우물은 모든 지혜와 지식, 능력, 모든 형태의 비물질적인 생명을 담고 있는 무한한 창고다. 잠재의식으로부터 모든 경험이 탄생한다. 옳지 않다고 생각하고, 바르지 않다고 느끼고, 잘못된 행동을 할 때 나는 잠재의식의 지혜와 인도를 활용하지 못한다. 집단의식은 내 마음에 영향을 주고 혼란, 무능력, 실패라는 결과를 낳는다.

구삼 "그는 너에게 생수를 주었을 것이다."(요한복음 4장 10절) '생수'는 영감, 진리, 치유, 지도 그리고 영적으로 원기를 회복하는 데 필요한 모든 것을 의미한다. 제한과 곤경, 고통, 불행에 영향을 받지 않고 이로부터 벗어날 수 있는 심리적 능력이 있다는 진리를 거부하는 것이다. 내 안에서 솟는 생명의 샘물을 마시기 시작하라.

육사 "의인의 입은 생명의 샘이지만"(잠언 10장 11절) 무엇이든 진실하고 사랑스럽고, 고귀한 대상에 관해 계속 생각하면 잠재의식의 부정적인 패턴이 점차 바뀐다. 그리고 영원한 진리를 바탕으로 건설적으로 생각하기 시작하면 점진적인 변화를 인식하게 된다.

구오 "너희 모든 목마른 사람들아, 어서 물로 나오너라. 돈이 없는 사람도 오너라. 너희는 와서 사서 먹되, 돈도 내지 말고 값도 지불하지 말고 포도주와 젖을 사거라."(이사야 55장 1절) 내 안의 무한자에 귀를 기울이고 영감과 인도, 신성한 사랑, 조화를 주장하라. 그럼 나는 무한한 생명, 즉 결코 마르지 않는 샘물을 마신다. 샘물을 마시는 대가로 모든 축복이 흐르는 근원에 관심을 가지고 이를 충실하게 받아들여야 한다. 지금 내 일을 잘 풀기 위해 모든 것이 힘을 합치고 있다.

상육 "먼 데서 오는 기쁜 소식은 목이 타는 사람에게 주어지는 냉수와 같다."(잠언 25장 25절) 기쁨과 평화, 영감과 자신감이 부족할 때 나는 영적으로 목마르다. 지혜와 진리, 아름다움, 기쁨, 조화, 힘, 사랑이 나를 통해 흐른다고 주장하면 높으신 분으로부터 수없이 많은 축복을 받을 것이다. 내 안에 있는 영원한 우물에서 힘을 끌어내고 있으며 내가 하는 모든 일이 멋진 방식으로 번영할 것이다.

혁괘革卦 : 혁명(탈피)

상괘: 태, 기뻐함, 호수

하괘: 이, 붙잡음, 불

괘사 "여러분은 이 시대의 풍조를 본받지 말고, 마음을 새롭게 함으로 변화를 받아서"(로마서 12장 2절) 낡은 전통적 신념을 모두 버리고 어제와 오늘, 영원히 변하지 않는 삶의 원칙과 진실을 마음의 왕좌에 앉히면 나는 모든 면에서 발전한다. 잠재의식에 생명을 불어넣는 패턴을 부여하면 인생에서 기적이 일어난다. 과거는 잊히고 더는 기억나지 않는다. 성공이 보장된다.

괘상 "이 생명책에 기록되어 있지 않은 사람은 누구나 다 이 불바다에 던져졌습니다."(요한계시록 20장 15절) 생명책은 잠재의식으로, 나는 좋든 나쁘든 내가 받은 인상과 믿음, 의견 그리고 잡다한 개념을 계속 잠재의식에 기록하고 있다. 불못은 양심의 불길, 인간의 영혼을 괴롭히는 공포, 죄책감, 인간의 영혼에 고뇌를 안겨 주는 적개심을 상징한다. 이제 나는 내 마음을 진정시키는 신의 사랑과 조화의 힘으로 모든 부정적인 감정을 해소하고 있다. 신의 평화의 강은 마음과 가슴에 넘치고, 나는 내 마음과 몸, 주변에 질서를 가져온다.

초구 "그 날에는 비록 한 농부가 어린 암소 한 마리와 (…) 기르지 못해도"(이사야 7장 21절) 암소는 잠재의식을 나타낸다. 또한 깨달음을 얻었을 때 우유를 주는 암소처럼 나에게 자양분을 공급해 주는 소망을 상징하기도 하다. 암소는 영양과 평온, 마음의 평화를 상징한다. 당분간 조용하고 평화로운 상태를 유지하며 이상에 믿음과 자신감이라는 영양분을 공급하면 목표에 도달할 때까지 점차 강해질 것이다.

육이 "똑똑히 보아라. 오늘 내가 뭇 민족과 나라들 위에 너를 세우고, 네가 그것들을 뽑으며 허물며, 멸망시키며 파괴하며, 세우며 심게 하였다."(예레미야 1장 10절) 이 구절은 잘못된 믿음, 그릇된 의견, 온갖 나쁜 감정을 마음속에서 뿌리 뽑고 단호하고 역동적으로 행동해야 함을 의미한다. 또한 가정과 직장에서 일하는 방식을 완전히 바꾸고 사랑의 법칙과 신성한 조화의 관점에서 확언하고 모든 일을 행해야 한다는 것을 의미한다. 그러면 인생의 모든 국면에서 진정한 혁명을 경험할 뿐 아니라 신에 대한 믿음으로 모든 문제를 극복할 수 있다.

구삼 기도할 때 노력은 적으면 적을수록 좋다. 조용하고 평화롭게 기도하라. 바닷물 위에 뜨기 위해서는 물살을 휘젓지 않아도 된다. 자신감과 믿음을 가지고 내 안에 있는 창조적 지성을 바라보며 주저하거나 흔들리지 마라. 무한한 지성이 신성한 질서에 따라 나에게 문을 열어 주리라고 확언하라. 신성하게 인도된다고 믿고, 기도를 통해 내주하시는 신과 찬찬히 공감하라. 신께 불가능한 일은 없음을 명심하고 기대하면 결과를 얻을 것이다. "너희의 걱정을 모두 하나님께 맡겨라. 하나님께서는 너희를 돌보신다."(베드로전서 5장 7절) "이것을 의지하는 사람은 불안하지 않을 것이다."(이사야 28장 16절)

구사 "보아라, 내가 새 하늘과 새 땅을 창조할 것이니, 이전 것들은 기억되거나 마음에 떠오르거나 하지 않을 것이다."(이사야 65장 17절) '새 하늘'은 생명의 진리에 헌신하는 마음이다. 새 하늘로부터 새 땅이 나는데 여기서 새 땅이란 새로운 정신적 패턴에 걸맞은 새로운 조건, 상황, 환경의 변화를 뜻한다. 과거는 죽었고 나는 더는 오래된 상처와 고충을 곱씹지 않는다. 이제 마음에 새로운 정부를 세웠다. 올바른 행동과 정의, 선의, 정직, 성실이 마음을 지배하고 마음속에 세운 정부에 많은 축복이 따른다.

구오 "나 주는 변하지 않는다. 그러므로 너 야곱의 자손아, 너희는 멸망하지 않는다."(말라기 3장 6절) 신의 현존은 변하지 않고 어제도 오늘도 영원히 똑같다. 나는 생각한 대로 되기에, 신의 진리를 곱씹으면 변할 것이다. 신성한 사랑을 생각하고 느끼고 모든 이에게 발산함으로써 나의 마음을 신성한 사랑으로 채워라. 이렇게 하면 내 문제를 해결하고 다른 사람을 도우며 그들로부터 협력을 얻게 하는 신의 사랑을 생생하게 깨달을 수 있을 것이다.

상육 "표범이 새끼 염소와 함께 누우며 (…) 어린아이가 그것들을 이끌고 다닌다."(이사야 11장 6절) 주역과 성경에서 표범은 아름다움과 조화의 상태를 상징한다. 어린아이는 내 안에 있는 신의 힘에 대한 자각을 뜻한다. 처음으로 영적 능력을 깨쳤을 때를 어린아이로 비유한다. 신의 인도를 받으며 나의 마음은 조화와 아름다움, 평화, 이해로 변하고 있다. 그리고 나의 감정은 신과 같은 방식으로 변한다. 모든 일이 나에게 좋게 풀리리라고 알고 있어라. 존재의 진리를 고수하면 결과가 따라올 것이다.

정괘鼎卦: 솥

상괘: 이, 붙잡음, 불
하괘: 손, 온화함, 바람, 나무

괘사 "콧구멍에서 펑펑 쏟아지는 연기는, 끓는 가마 밑에서 타는 갈대 연기와 같다."(욥기 41장 20절) 솥은 지혜와 힘, 사랑이 넘치는 마음속 깊은 곳의 또 다른 이름이다. 내뿜는 연기는 내 안에 있는 영이 신이라는 사실을 드높임을 뜻한다. 나는 높은 곳으로부터 인도를 받고 있으며 내가 하는 모든 일이 번영한다.

괘상 "솥과 등잔대와"(예레미야 52장 19절) 이 구절은 인간은 주님의 촛불로, 삶의 모든 국면에서 자신의 빛(지성)을 비춰야 함을 상징한다. 신이 나를 인도하고 신성하고 옳은 행동이 모든 면에서 나를 지배하리라고 믿으면 솥(잠재의식)이 응답할 것이다. 여기에서 삶의 모든 조화와 평화를 찾을 수 있다.

초육 "이 성읍은 가마솥이다. 그러나 나는 너희를 이 성읍에서 내쫓겠다."(에스겔 11장 7절) 성읍은 내 마음이다. 자신에게 믿음과 자신감, 기쁨, 즐거움, 선의를 불어넣어 성읍을 주기적이고 체계적으로 깨끗하게 청소해야 한다. 이러한 자질로 마음을 채울 때 내 잠재의식(가마솥)의 모든 부정적인 패턴을 무력화하고 씻어 낼 수 있다. 아래는 언제나 위에 속하기 마련이다. 나는 위대한 성취와 달성을 향해 가고 있다.

구이 "하나님이 침묵하신다고 하여, 누가 감히 하나님을 비난할 수 있겠습니까?"(욥기 34장 29절) 내 안에 계시는 신과 함께하라. 그 누구도 나를 해치지 못한다는 걸 깨달아라. 왜냐하면 '신과 함께하는 사람이 다수'이기 때문이다. 누군가가 날 질투하고 나에 대해 안 좋게 말한다 해도 내게 상처를 줄 수는 없다. 왜냐하면 다른 사람의 부정적인 생각과 암시에는 창조력이 없다는 것을 알기 때문이다. 신에 관한 내 생각은 창조적이다. 그분의 평화와 큰 성공 그리고 번영을 경험한다.

구삼 "제사장들은 나 주가 어디에 있는지를 찾지 않으며, 법을 다루는 자들이 나를 알지 못하며"(예레미야 2장 8절) 여기서 주는 우주적·주관적 마음으로 내 안에 있는 그분의 능력을 뜻한다. 이 힘을 올바른 방법으로 사용하지 않으면 문제가 생긴다. 충만하고 행복한 삶을 영위하는 데 필요한 모든 지혜와 능력, 지성은 내 안에 있지만 신이 주신 능력을 사용하지 않고 있다. 내면의 저수지를 두드려 삶에서 인도를 구하고 조화와 풍요를 주장하기 시작하라. "신께서는 하늘에서 축복을 내려 주십니다"라고 굳게 말하면 번영과 성공을 누릴 수 있을 것이다.

구사 "모세의 율법을 어기지 않으려고"(요한복음 7장 23절) '모세의 율법'은 내가 깊이 생각하는 대상을 뜻한다. 나는 내가 상상하고 느끼는 걸 창조한다. 목표를 달성하는 데 필요한 믿음과 자신감을 가져야 한다. 열등감과 편협함은 상실과 한계를 끌어당기기 때문이다. 자존감과 자신감을 키워야만 성공할 수 있다. 생명의 가치에 신경 쓰지 않고 주의를 기울이지 않으면 실패하게 된다.

육오 "금고리 두 개를 만들어"(출애굽기 30장 4절) 금은 힘과 순수, 맑은 하늘과 좋은 날씨, 정결한 마음과 정서적인 분위기를 의미한다. 고리는 사랑과 평화, 신과의 합일을 상징한다. 원을 이루는 고리는 신의 사랑이 무한함을 상징한다. 쉽고 일상적인 언어로 풀어 보면, 이 구절은 현재의식과 잠재의식을 조화와 건강, 평화, 올바른 행동에 일치시키고 있다는 의미다. 이 절차를 따르면 나는 끌어당김의 법칙에 따라 마음속 소망을 이루는 데 다른 사람의 도움과 지지를 받는다.

상구 "금고리 두 개를 만들어서"(출애굽기 28장 23절) 주역에서 금은 신의 힘을, 옥은 순결과 아름다움, 기쁨을 상징한다. 나는 생명의 영적 가치(금과 옥)와 동일시되고 생명의 영원한 진리에 관심을 기울이는 만큼 모든 면에서 성공과 승리를 경험할 것이다.

진괘震卦: 솟아남(충격, 우뢰)

 상괘: 진, 솟아남, 우뢰
하괘: 진, 솟아남, 우뢰

괘사 "바로 그날로 주님께서 천둥을 보내시고, 비를 내리셨다."(사무엘상 12장 18절) "너희가 먹을 것을 하늘에서 비처럼 내려 줄 터이니"(출애굽기 16장 4절) 천둥은 굉음을 내고 때로는 충격도 주지만 천둥이 치면 비가 내린다. 신성한 인도를 받으면 축복이 따른다.

괘상 "우레 같은 소리로 말하노니"(요한계시록 6장 1절) 심리적으로나 영적으로나 '우레 같은 소리'는 내 안의 영이 내면에서 움직이면서 새로운 탄생과 새로운 시작을 알리는 것을 뜻한다. 영이 내면에서 움직이면 나는 무조건적 상태에서 조건적인 상태로 움직일 것이다. 신성한 법과 질서가 내 인생을 지배한다는 것을 알면서 집요하게 계속하라.

초구 "천국에 주님의 우렛소리가 있었고, (…) 땅이 떨리고 흔들렸다."(시편 77편 18절) '천국'은 눈에 보이지 않는 부분, 즉 나의 마음을 뜻한다. 마음속 우렛소리는 인생의 큰 변화를 지칭한다. 두려워하지 마라. 폭풍이 지나간 후에는 만사가 평안하고, 기쁨과 축복이 찾아온다.

육이 "땅이 꿈틀거리고, 흔들리며"(사무엘하 22장 8절) 땅은 몸과 환경, 비즈니스, 그러니까 외부 세계를 의미한다. 흔들리거나 괴로울 때, 장애물을 마주하고 상실을 겪을 때 정신적으로 이런 조건이나 경험에 맞서 싸우려고 하지 마라. 그 대신 내가 잃은 것과 나 스스로를 정신적·영적으로 일치시키면서 내가 마음속에서 잃었다고 인정하지 않은 이상 실제 세계에서는 아무것도 잃지 않았음을 깨달아야 한다. "나는 부와 재산을 가진 사람이라고 느끼고 이를 받아들입니다. 내가 주장하고 진실이라고 받아들이는 건 신성한 질서에 따라 더 크게 실현됨을 압니다"라고 확언하면 잃은 것을 되찾는다.

육삼 "하나님 앞에서 땅이 흔들렸고 하늘도"(시편 68편 8절) 땅은 몸, 가정, 사업, 삶, 동료에 대한 표상이자 표현이다. 만물은 흙 또는 땅이라는 조건에서 나온다. 건강이 나빠지거나 금전적 손실이 발생하는 등 외부의 일이 어그러지더라도 두려워하지 마라. 단호하게 진심을 담아 "신은 나의 피난처이고 요새입니다. 언제나 도움을 주시는 분입니다. 나를 살펴 주십니다. 신께서는 신성한 해결책을 내놓으십니다"라고 확언하라. 그러면 모든 문제를 딛고 올라설 수 있다.

구사 "하나님이 일어나실 때에, 하나님의 원수들이 흩어지고"(시편 68편 1절) 성경에서 두려움과 의심, 자기 비난, 병든 의지, 분노를 적이라고 한다. '하나님이 일어나실 때에'는 내면에 있는 신의 지혜와 힘을 높이면, 이러한 현존이 샘물처럼 솟아나 축복과 은총으로 떨어짐을 뜻한다. 마음이 뒤죽박죽하고 혼란스러울 때 부정적인 생각에 푹 빠지면 좌절하고 장애물 앞에서 막힌다.

육오 "민족이 으르렁거리고 왕국이 흔들리는데"(시편 46편 6절) 민족(이도교)은 마음을 교란하고 혼란스럽고 우울하게 만드는 모든 종류의 그릇된 생각과 두려움, 의심, 자기비판과 부정을 의미한다. 신성하고 바른 행동과 조화를 생각함으로써 내 안에 계신 신의 현존을 굳게 붙잡아라. 신의 평화의 강이 나를 통해 흐르고 실수와 격동의 왕국이 움직일 것이다. 평온과 고요가 나를 회복시켜 준다.

상육 "너희는 잠깐 손을 멈추고, 내가 하나님인 줄 알아라. 내가 뭇 나라로부터 높임을 받는다. 내가 이 땅에서 높임을 받는다."(시편 46편 10절) 고충을 곱씹거나 마음속 문제와 맞서 싸우지 마라. 격동과 혼란에서 단호하게 벗어나, 치유하시는 신의 사랑과 조화가 나와 내가 하는 모든 일에 흐른다고 곰곰이 생각하라. 이게 바로 문제를 헤쳐 나가는 방법이다. 실수와 두려움은 쇄도하고 여기에 정신없이 빠지게 하는 경향이 있다. 지금이 바로 마음을 차분히 가라앉히고 신이 신성한 해결책을 주신다는 걸 알아야 할 때다. 다른 사람이 나를 방해하도록 두지 말라. 그들은 자기 생각에 책임을 져야 한다.

간괘艮卦: 잠잠히 있음, 산

 상괘: 간, 부동, 산
하괘: 간, 부동, 산

괘사 "너희는 잠깐 손을 멈추고, 내가 곧 하나님인 줄 알아라."(시편 46편 10절) 마음을 고요히 하고 주의를 내면으로 돌리면, 신이 신이신 이유를 안다. 마음을 차분히 하고 신에 대해 깊이 생각하는 건 가장 강력한 행동이다. 내 안에 계시는 신께 주의를 고정하고 집중하라. 눈을 감고, 몸의 긴장을 풀고 마음을 편안하게 한 다음, 무한자의 행복과 조화, 평화, 힘, 아름다움, 위엄을 묵상하라. 신은 지고한 지성이자 끝없는 사랑, 절대적인 조화와 무한한 지혜임을 깨달아라. 이렇게 하면 생명과 사랑의 강이 흐를 것이며 모든 면에서 신성하게 번영하는 자신을 발견할 것이다.

괘상 "주님의 의로우심은 우람한 산줄기와 같고"(시편 36편 6절) 주역과 성경에서의 산은 영적인 사고 또는 신을 깊이 생각함을 뜻한다. 의로움에 대해 생각하는 건 바른 생각이다. 침착한 태도로 생각하며 현재의 프로젝트에 관심을 가지라. 모든 각도에서 살펴보라. 옳은 일을 하기 위해 신으로부터 영감을 받았으며 그게 바로 내가 해야 할 일임을 알아야 한다.

초육 "그 발가락의 일부가 쇠이고, 다른 일부가 진흙인 것 같이."(다니엘 2장 42절) '발가락'은 마음의 법칙을 이해하는 것을 뜻한다. '쇠'와 '진흙'은 강하고 약한 아이디어를 의미하는데 이는 일종의 흔들림을 의미한다. 차분하고 침착하게 무한한 지성과 조화를 이루라. 바른 생각을 하고 옳다는 느낌을 받고 올바른 행동을 계속하면 나의 목표에 도달할 수 있다.

육이 "하나님께는 불가능한 일이 없다."(누가복음 1장 37절) 곤경과 어려움이 내 통제를 벗어난 것처럼 보일 때 문제를 신의 손에 맡기고 다음과 같이 확언하라. "나를 위해 보상해 주실 것입니다." 선과 진리, 아름다움, 완전한 정직함에 어긋나는 걸 거부하라. 그러지 않으면 후회할 것이다.

구삼 "정강이와 넓적다리를 쳐서"(사사기 15장 8절) 성경에서 정강이와 넓적다리는 생식기와 성욕을 가리킨다. 억누르고 억제하는 건 내면의 갈등을 낳기에 답이 아니다. 모든 충동과 소망은 신과 같은 방식으로 흘러가야 한다. 성행위는 정욕이 아닌 사랑에서 나와야 한다. 금욕, 엄격한 태도, 정신적·육체적 훈련은 신과 교감하는 방법이 아니다. 마음과 임재의 실천을 통해서, 한마디로 가장 이상적인 신의 모습을 묵상함으로써 신과 진정으로 교감할 수 있다.

육사 "하나님이 침묵하신다고 하여, 누가 감히 하나님을 비난할 수 있겠습니까?"(욥기 34장 29절) 다음과 같이 몸과 대화하면 긴장이 매우 효과적으로 풀린다. "발가락이 편안해집니다. 종아리가 편안해집니다. 척추의 긴장이 완전히 풀립니다. 가슴과 폐의 긴장이 풀립니다. 어깨의 긴장이 풀립니다. 목의 긴장이 풀립니다. 뇌의 긴장이 풀립니다. 온몸이 완전히 편안합니다. 평화의 강이 나를 타고 흐릅니다." 이러한 진리를 확언할 때 몸은 이완된다. 몸은 나의 말을 따르기 때문이다. 몸은 움직이라는 대로 움직이고 행동하라는 대로 행동한다. 마음이 편안하고 무한자와 조화를 이룰 때 신의 지혜가 내 마음속에 떠오르며, 높은 곳으로부터 영감을 받을 것이다.

육오 "여러분의 말은 소금으로 맛을 내어 언제나 은혜가 넘쳐야 합니다. 여러분은 각 사람에게 어떻게 대답해야 마땅한지를 알아야 합니다."(골로새서 4장 6절) 말을 조심하라. 말은 생각으로 표현된다. 소금은 음식을 보존하는 역할을 하지만 맛을 더해 주기도 한다. 이 구절에서 은혜는 지혜와 나를 통해 기능하는 신의 사랑을 의미한다. 나의 말이 우아하고 건설적이며 모든 이에 대한 선의로 가득 차게 하라. 그럼 그 어떠한 일도 후회하지 않는다.

상구 "어느 집에 들어가든지, 먼저 '이 집에 평화가 있기를 빕니다!' 하고 말하여라."(누가복음 10장 5절) 주기적으로 마음을 가라앉히고 평화의 신에 대해 깊게 생각하라. 황폐한 마음 위에 흐르며 생기와 영감을 주고 모든 면에서 나를 인도하는 평화의 강을 느낄 수 있을 것이다. 마음을 차분하게 하여 내면의 평화를 발견하고 무한자와 조화를 이루면 나의 궤도에 오르는 모든 이에게 평화의 축복을 선사할 수 있다. 성공과 번영은 이제 나의 것이다.

점괘漸卦 : 개발(점진적 발전)

 상괘: 손, 온화함, 바람
하괘: 간, 부동, 산

괘사 "그러므로 자기의 약혼녀와 결혼하는 사람도 잘하는 것이지만"(고린도전서 7장 38절) 성경과 주역에서 결혼의 의미는 하나 이상이다. 잠재의식의 힘과 지혜가 모든 소원을 이루어 준다는 걸 알면서 정신적·감정적으로 하나가 되면 그리고 그 길의 단계마다 충실하면, 자신의 아이디어와 소망, 열망과 결혼하게 된다. 남성이 여성에게 환심을 사는 것과 비슷하다. 남성은 여성을 칭찬하고 여성의 가치를 높게 평가하며 선물과 관심으로 구애한다. 구애한 끝에 결혼에 성공하고 둘은 하나가 된다. 기도하는 절차도 마찬가지다. 끝까지 한결같아야 한다.

괘상 "이기는 사람에게는 내가 하나님의 낙원에 있는 생명나무의 열매를 주어서 먹게 하겠다."(요한계시록 2장 7절) 묵상할 때 또는 나를 고양하고 존귀하게 하며 칭찬할 만한 생각으로 정신을 배불리 채울 때 나는 생명나무의 열매를 먹게 된다. 생명나무는 내 안에 임재하는 신을 뜻한다. 내가 찾는 것은 모두 내면에 존재한다. 조화와 평화, 기쁨, 사랑으로 배를 채우고 이러한 자질을 다른 사람에게 내뿜으면 내가 사는 온 세상이 변하고 나는 다른 사람과 조화로운 관계를 경험할 것이다.

초육 "잠잠하고 신뢰하여야 힘을 얻을 것이다."(이사야 30장 15절) 목표, 목적은 한 번에 달성할 수 없고 마음속 소망은 단번에 실현되지 않는다. 일반적으로 일련의 단계가 있다. 사이사이의 단계들을 환영해야 한다. 일시적으로 일이 지연되거나 좌절하거나 비판을 받을 수 있지만 이런 지나가는 불편함을 발전의 디딤돌로 삼아야 한다. 더 높은 단계로 가게 해달라고 기도하면 앞으로 나아간다.

육이 "아무것도 너희를 해하지 못할 것이다."(누가복음 10장 19절) 내면의 무한자와 하나됨을 느끼기에 나는 길 위에 있으며 안전하다고 느낀다. 예를 들어 캘리포니아주 오클랜드에서 샌프란시스코로 가고 있다고 하자. 샌프란시스코 다리를 지난다면, 목적지로 가는 길 위에 있는 것이다. 모든 개선과 발전은 마음의 소망을 향한 움직임이다. 성공과 번영은 이제 나의 것이다.

구삼 "너는 하나님과 화해하고, 하나님을 원수로 여기지 말라."(욥기 22장 21절) 서두르지 말라. 서두르면 에너지와 활력, 안목이 사라진다. 스스로나 다른 사람을 원망하거나 정죄하지 말라. 현재의식에서 일어나 나와 다른 사람을 자유롭게 하라. 용서는 최고의 약이다. 정신적인 강압을 사용하여 일을 억지로 하려고 하면 선을 막아 손실이 발생한다. 신의 현존에 귀를 기울이고 신의 평화와 힘을 느껴라. 좋은 생각을 하면 좋은 일이 뒤따를 것이다

육사 "너희의 걱정을 모두 하나님께 맡겨라. 하나님께서는 너희를 돌보신다."(베드로전서 5장 7절) 괴롭거나 걱정이 되거나 위험에 빠졌을 때는 내면에 있는 신의 현존에 나를 내어 주어라. 모든 기도에 응답해 주시리라는 진리에 굳게 의지하면 불화처럼 보이는 곳에 평화가 있고 모든 피해로부터 몸을 지킬 수 있으며 보호를 받는다.

구오 "험담하며 돌아다니는 사람은 남의 비밀을 새게 하지만, 마음이 믿음직한 사람은 비밀을 지킨다."(잠언 11장 13절) 내가 인생에서 승승장구하고 군계일학 같은 존재가 될 때 사람들은 나에게 돌을 던진다. 나에 대해 험담하고 질투를 드러낸다. 다른 사람이 나를 해치거나 괴롭히면 내 발전은 방해를 받는다. 그들에게 축복을 내리고 걸어가라. 나는 비전이 있는 곳으로 가서 조화와 승진을 경험할 것이다.

상구 나는 복되고 기쁜 소식을 가지고 온다. 마음속에는 신의 평강이 군림하며 내 안에는 신의 빛이 비친다. 나의 여정은 앞으로 위로 신을 향해 나아간다. "희소식을 전하려고 산을 넘어 달려오는 저 발이여! 평화가 왔다고 외치며, 복된 희소식을 전하는구나."(이사야 52장 7절)

귀매괘歸妹卦: 처녀를 시집보냄

상괘: 진, 솟아남, 우뢰
하괘: 태, 기뻐함, 호수

괘사 "이 세상 사람들은 장가도 가고, 시집도 가지만"(누가복음 20장 34절) '결혼'은 나에 대한 개념 또는 스스로에 대한 가치 판단이고, 나의 '자녀'는 나에 대한 내면의 감정을 바탕으로 인생에서 경험하는 일과 조건, 사건을 나타낸다. 기도할 때 수용적인 마음가짐은 인상을 받아들인다는 측면에서 처녀, 신부, 태아에 비유될 수 있다. 내가 가진 지배적인 생각은 잠재의식 또는 처녀를 수태시키기 때문에 남편이라고 할 수 있다. 나는 최고와 최선과 합일해야 한다. 자신을 비하하거나 낮추지 말고 자신이 평범하거나 열등하다는 생각에 지나치게 빠져 있지 말라. 그러면 온갖 종류의 한계와 실패를 경험하게 된다.

괘상 "하나님이 짝지어 주신 것을 사람이 갈라놓아서는 안 된다."(마태복음 19장 6절) 신은 사랑이다. 진정한 사랑이 마음속에서 남성과 여성을 하나로 묶으면 이 부부의 신성한 약속에 신도 함께한다. 문제나 논쟁이 생기면 각자는 신의 사랑의 빛에 비추어 문제를 해결한다. 각각은 혼인 서약에 충실하며 두 사람 사이에 참된 영적 결합이 있는 만큼, 이혼은 없다. 그 누구도 원하지 않기 때문이다. 사랑, 선의와 이해는 모든 인간관계의 열쇠다.

초구 "누가 신실하고 슬기로운 청지기겠느냐? 주인이 그에게 자기 종들을 맡기고, 제때에 양식을 내주라고 시키면, 그는 어떻게 해야 하겠느냐?"(누가복음 12장 42절) 우리 모두는 마음의 포도밭에서 일하는 청지기다. 내가 맡은 일을 즐겁고 충실하게 수행할 때 나의 잠재의식 (주님)이 반응하고 나를 높은 곳으로 향하게 하며 장애물을 제거하는 것을 볼 것이다. 건설적인 비전을 가지고, 나의 비전에 충실하고 권위를 존중하라. 그러면 법칙(잠재의식)은 건설적인 성격을 띠며 모든 면에서 나를 번영시킬 것이다.

구이 "네 눈이 성하면 네 온몸이 밝을 것이요."(마태복음 6장 22절) 눈은 영적 지각을 상징한다. 무엇이 되었든 내가 관심을 기울이는 건 삶을 통제하고 이끈다. 사람들이 나를 배반했든 나의 신뢰를 저버렸든, 다른 사람이 나에게 어떤 일을 했든 간에 신, 즉 내면의 생령에 주의를 돌려 단단하게 고정하라. 신의 영광과 평화에 대해 깊이 생각하면 신이 먼저 내 삶으로 들어와 신의 법칙(잠재의식)이 응답하고 긍정적인 일만 생기고 좋은 경험만 하게 된다.

육삼 "정직한 사람에게 좋은 것을 아낌없이 내려 주십니다."(시편 84편 11절) 삶과 타협해야 한다고 생각하지 말라. 나는 내면으로 들어가 좋은 일이 생기리라고 주장할 수 있고, 잠재의식은 이에 응답하고 내 주장을 검증한다. 신은 선물을 주는 분이자 선물인 분이다. 나는 나에게 주어진 것이 나의 것이라고 주장해야 한다. 신께서는 내 안에 거하며, 신은 곧 나의 생명이다. 더 높은 곳을 보고 비전이 있는 곳으로 가야 한다는 것을 명심하라. 그만 자신을 비하하거나 낮추어라. 내 가운데에서 신을 높이면 나를 위해 모든 일을 행하실 것이다.

구사 혼전 성관계는 행복한 결혼 생활에 도움이 되지 않는다. 남성은 쉽게 가진 여성에게 믿음을 주지 않는 경우가 종종 있다. "결혼 전에 그랬다면 결혼 후에도 다른 남성에게 그럴 거야"라고 자신에게 말한다. 결혼 생활에서의 행복은 사랑, 충실함, 진리에 대한 헌신, 진실성 그리고 배우자를 모든 면에서 드높이려는 소망에 달려 있다. 허름한 모텔에 여성을 데려가는 건 사랑이 아니다. 주차한 차 안에서 막간에 숨어서 하는 불법 행위로 표현되지 않는다. 한 사람만을 바라보고 순결을 지키면 더 큰 이익이 되고 기도의 응답을 받는 기쁨을 누린다. "성령에 속한 생각은 생명과 평화입니다."(로마서 8장 6절)

육오 "무슨 일을 하든 경쟁심이나 허영으로 하지 말고, 겸손한 마음으로 하고, 자기보다 서로 남을 낫게 여기십시오."(빌립보서 2장 3절) 나는 허세를 부리지 않고 자만심에 눈이 멀지 않는다. 이해하면 겸손해지고 신의 영광을 위해 행하면 큰 축복이 나에게 온다.

상육 "그것을 모두 한 광주리에 넣어서"(출애굽기 29장 3절) 광주리는 나의 마음, 그러니까 모든 경험이 나오는 잠재의식을 의미한다. 광주리에서 나와야 하는 열매는 사랑과 기쁨, 평화, 온유, 믿음, 자신감, 선의다. 기도할 때 나의 현재의식과 잠재의식은 서로 동의하고 동시에 움직여야 하며, 머리와 마음은 합일해야 한다. 건강, 행복, 풍요, 안전과 같은 좋은 열매를 맺으려면 그 전에 느낌이나 생기, 열정이 있어야 한다. 마음속에 진리를 품지 않았는데 머릿속으로 무언가에 동의하거나 말을 한다고 해서 이루어지는 건 아무것도 없다.

풍괘豐卦: 풍부함(충만함)

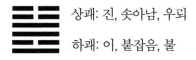

상괘: 진, 솟아남, 우뢰
하괘: 이, 붙잡음, 불

괘사 "가진 사람은 더 받아서 차고 남을 것이며, 가지지 못한 사람은 가진 것마저 빼앗길 것이다."(마태복음 13장 12절) 신이 모든 축복의 원천임을 깨달으면서 풍요의 의식 속을 걸을 때 그리고 진정한 근원에 충실하고 충성을 다할 때 나의 잠재의식은 좋은 일을 차고 넘칠 정도로 크게 불릴 것이다. 한낮의 태양처럼 그림자를 드리우지 않는다. 신이 주신 생명이나 사랑, 진리, 아름다움, 번영을 더 많이 표현하는 나의 목표에서 방향을 벗어나서는 안 된다.

괘상 "겸손한 사람들이 오히려 땅을 차지할 것이며, 그들이 크게 기뻐하면서 평화를 누릴 것이다."(시편 37편 11절) 온유한 자들은 존재의 진리에 열려 있고 이를 받아들이는 사람을 뜻한다. 그들은 두려움, 무지, 미신, 의심, 나쁜 감정과 같은 모든 적이 마음에 있다는 걸 알고 있기에 그 누구도 적이라고 생각하지 않는다. 온유한 사람은 모든 축복의 근원과 하나됨을 느끼며 다른 사람이나 조건에 아무런 힘도 실어 주지 않는다. 모든 사람이 친구가 될 수는 없지만, 적도 아니다. 신과 함께하는 사람이 다수라는 걸 깨닫고 마음에 평화를 세우면 좋은 일이 더해질 것이다.

초구 "마음속에 가득 찬 것을 입으로 말하는 법이다."(누가복음 6장 45절) '마음'은 잠재의식을 뜻한다. 잠재의식에 부, 번영, 성공이라는 아이디어로 인상을 남기면 신성한 질서에 따라 나와 협력하는 올바른 사람을 끌어당길 것이다. 나의 말과 행위는 신의 풍요를 인식하고 있단 것을 가리킨다.

육이 "홀연히 나의 천막집도 무너지고, 순식간에 나의 장막집도 찢긴다."(예레미야 4장 20절) 나는 살아 계신 신의 장막 또는 성막이고, 내 휘장은 생각과 느낌, 신념을 가리는 막이다. 다른 사람을 부러워하거나 질투해서 목표로부터 멀어지지 말고 다른 사람에게 힘을 실어 주지 마라. 온 힘을 내 안에 계시는 신께 드리고 신를 인정하라. 신께서 나를 위하신다면 그 누구도 나와 대적할 수 없음을 깨우쳐야 한다. 악을 이기려 들지 말고 오직 전능하신 신에 대한 선한 생각과 믿음, 자신감을 가지고 악을 이겨라. 전능하신 신은 나에게 응답을 주고 나를 승리로 이끌며 마음속 소망을 이루게 한다. 성공은 나의 것이다.

구삼 "해는 검은 머리털로 짠 천과 같이 검어지고"(요한계시록 6장 12절) 주역에서 해가 의미하는 바 중 하나는 현재의식이다. 달은 잠재의식이라 일컫는다. 태양의 빛을 반사해서 달이 빛나는 것처럼 잠재의식은 언제나 습관적인 생각을 반영한다. 검은색은 어둠과 혼란, 음모를 뜻한다. 이겨낼 수 없는 장애물에 둘러싸여 괴롭다면 가만히 앉아 전진하지 마라. 배에 가만히 앉아서 신성한 법칙이 매사를 조정한다 믿고 모든 일을 흐르는 대로 두어라.

구사 "진실로 주님은 내 등불을 밝히신다. 주 나의 하나님은 나의 어둠을 밝히신다."(시편 18편 28절) 어둠은 어려움과 무지, 두려움을 의미하고, 빛은 어둠을 밝힌다. 잠재의식에 있는 무한한 지성이 탈출구를 알고 나에게 해답을 알려 줌을 깨달아라. 나는 신성하게 인도되며 내 안의 인도하는 원리는 내 꿈의 실현을 돕는 사람들을 나에게 끌어당긴다. 날이 저물고 모든 그림자가 사라진다. 성공은 나의 것이다.

육오 "나의 하나님께서 자기의 풍성하심을 따라 그리스도 예수 안에 있는 영광으로 너희에게 필요한 것을 모두 채워 주실 것이다."(빌립보서 4장 19절) 나의 더 깊은 마음은 좋은 일을 차고 넘칠 정도로 불리고 나는 모든 면에서 신성하게 인도를 받는다. 그리고 협조하고 도와주고 지지해 주는 사람들을 자연스럽게 끌어당길 것이다. 많은 축복을 받는다.

상육 재물과 재산은 영성을 저해하지 않는다. 삼차원의 세계를 살아가려면 재물과 재산이 필요하다. 신이 모든 걸 소유하고 계시므로 내가 진정으로 가진 건 아무것도 없다. 나는 신성한 분의 간사이므로 나의 재능과 부를 현명하고 분별력 있고 건설적으로 사용해야 한다. 가족과 지혜롭게 나누고 공동선에 이바지해야 하며 신의 지혜가 모든 행동을 인도한다고 주장해야 한다. 다음 차원으로 넘어갈 때 유일하게 가지고 갈 수 있는 건 마음속 보물이다. 자신과 모든 축복의 근원인 지혜와 사랑, 믿음, 자신감, 관대함, 신성에 대한 경외가 여기에 포함된다. 나는 지금까지 나의 성공을 도와준 다른 사람에게도 빚을 졌다. 사랑은 나와 가족 그리고 모든 이를 하나로 묶어 준다. 진정한 부자는 모든 선의 근원을 인정하는 사람이다. 모든 이에게 지혜롭고 이해심이 깊으며 친절하고 사랑과 선의가 넘친다. 다른 사람을 깔보면서 우월감을 느끼고 우쭐해하거나 자아에 도취한 태도는 여러모로 손실을 준다. "내 영혼에게 말하겠다. 영혼아, 여러 해 동안 쓸 많은 물건을 쌓아 두었으니, 너는 마음 놓고, 먹고 마시고 즐겨라. 그러나 하나님께서 말씀하셨다. 어리석은 사람아, 오늘밤에 네 영혼을 네게서 도로 찾을 것이다. 그러면 네가 장만한 것들이 누구의 것이 되겠느냐?"(누가복음 12장 19~20절)

여괘旅卦 : 방랑자

상괘: 이, 붙잡음, 불
하괘: 간, 부동, 산

괘사 "날짐승이 그의 주검을 먹으려고 기다리고 있으니, 더 이상 앞날이 없음을 그는 깨닫는다.”(욥기 15장 23절) 세계 곳곳을 여행할 때 어느 곳을 여행하든 진정한 생명의 빵은 내 안에 임재하는 신이란 사실을 깨달아야 한다. 신께서 나를 인도하며, 전능하고 지혜가 충만하신 분은 나를 보살펴 주고 나에게 일용한 양식을 주며 실수를 저지르지 않게 발걸음을 인도한다는 걸 느껴라. 다른 사람에게 동화되거나 다른 사람 대신 좋은 것을 소화시키는 건 불가능하다. 신과 생생하게 맞닿도록 하라. 모든 사람에게 사랑과 선의를 비추면 나는 번영하고 내가 가는 여정에서 성공할 것이다.

괘상 내가 있어야 할 자리는 언제나 신과 하나가 되고, 신성한 법칙과 질서가 모든 방면에서 나를 지배한다는 사실을 깨닫는 곳이다. 무엇이 옳고 바른 일인지에 대해 신속한 결정을 내리고 올바른 행동의 원칙에서 벗어나지 말라. 다시 둥지로 돌아가야 한다. 다시 말해 신이 거하는 내 존재의 중심으로 돌아가 나와 관련된 모든 사람을 위해 꾸준히 정직하고 진실하게 행동하며, 행운이 깃들기를 주장하라. “고향을 잃고 떠도는 사람은, 둥지를 잃고 떠도는 새와 같다.”(잠언 27장 8절)

초육 “이 집 저 집 돌아다니면서 (…) 남의 일에 참견하고, 해서는 안 되는 말을 할 것이다.”(디모데전서 5장 13절) 성경에는 “어느 집에 들어가든지, 먼저 ‘이 집에 평화가 있기를 빕니다!’ 하고 말하여라.”(누가복음 10장 5절)라는 구절이 있다. 누군가의 현존 안에 들어가거나 집에 들어갈 때마다 마음속에서 축복을 내려라. 부정적인 말을 하거나 다른 사람을 비난하지 말아야 한다. 인행은 활기차고 온전하며 희망을 주어야 한다. 다른 사람을 비판하고 조롱하면 나에게 상실과 한계를 불러온다.

육이 “내가 온 마음을 다하여 주님을 찾습니다. 주님의 계명에서 벗어나지 않게 하여 주십시오."(시편 119편 10절) 가장 중요한 계명은 신의 현존에 대한 사랑이다. 이는 현존에 최고로 충성을 다하고 무한자와 조화를 이룸을 의미한다. 신이신 진정한 자아를 사랑하고 존중하며 공경할 때 자동으로 다른 사람 안의 신성을 존중하고 공경할 수 있기에, 삶에서 나를 도와줄 사람과 내게 알맞은 동반자를 끌어당길 것이다.

구삼 "여관에 그들이 들어갈 방이 없었기 때문이다."(누가복음 2장 7절) 여관은 사람들이 모여 험담을 하고 타인의 단점을 찾는 장소다. 집단의식이 미신과 공포, 증오, 분노, 적대감으로 다스리는 곳이기도 하다. 그러한 집단의식에는 치유하고 마음을 평화롭게 회복하며 인도하고 지도하는 신성한 현존을 불러일으킬 수 있는 여지가 없다. 신은 집단의식 밖에 있는 분이기 때문에 수백만 명의 사람들에게 낯설게 느껴질 수 있다. 지성과 자존심으로 삶의 문제를 해결할 수 있다고 생각하라. 무한한 지성과 맞닿지 못하며 무한한 지성의 힘과 지혜가 나를 지배하지 못할 때 곤경에 빠지고 상실을 끌어당긴다.

구사 불안감, 개인적인 위험, 소외감 등 부정적인 감정을 곱씹으면 더 큰 문제가 생긴다. 신께서 나를 사랑하며 나를 돌보시기에 나는 전능하신 분의 그늘에 머무른다는 진리를 의식적으로 곱씹으면 언제나 안전하다. 이런 진리는 나의 피난처이자 요새, 참된 터전이다. 무한자와 맞닿는 데 실패하면 낯선 땅의 이방인처럼 느껴질 것이다. "땅 끝까지 흩어져 있는 사람들아! 모두 나에게 돌아와서 구원을 받아라."(이사야 45장 22절)

육오 "하나님이 우리에게 베푸시는 사랑을 알았고 믿었다. 하나님은 사랑이니, 사랑 안에 있는 사람은 하나님 안에 있고 하나님도 그 사람 안에 계신다."(요한일서 4장 16절) 타인에 대한 사랑 또는 선의는 언제나 창의적이다. 사랑은 삶을 연장하고 영감을 주며 새로운 문을 열어 주고 새로운 친구를 끌어당긴다. 관심사를 넓히고 사업을 확장하며 모든 장애물을 극복한다. 모든 이에 대한 사랑이 마음에 가득하면 어디에서나 환영받고 이방인이 되지 않는다.

상육 "둥지에서 흩어진 새끼 새들처럼"(이사야 16장 2절) 나는 신이 거하는 보금자리다. 그리고 내가 보금자리(마음과 몸)를 돌볼 때 신은 나를 돌봐 줄 것이다. 분노, 원망, 적대감의 불길이 보금자리를 태워서는 안 된다. 주역과 성경에서 소는 인간의 친절함, 사랑, 평화, 단순함이라는 젖을 나타낸다. 이러한 자질과 자신을 동일시하는 데 실패하면 손실과 제한을 끌어당긴다.

손괘巽卦 : 온화함(관통, 바람)

상괘: 손, 온화함, 바람, 나무

하괘: 손, 온화함, 바람, 나무

괘사 "주님의 종은 다투지 말아야 한다. 그는 모든 사람에게 온유하고"(디모데후서 2장 24절) 스스로에게 인내심을 가지라. 사소한 일을 시작하는 날이라도 이를 얕봐서는 안 된다. 슬기로운 부모가 까다롭거나 반항적인 아이를 현명하게 다루듯이 자신을 친절하고 참을성 있게 다루라. 즉각적인 성장을 기대하시 않으면서 온화함이 깃든 단호함으로 다루라. 눈에 보이지는 않지만, 성장하고 확장하는 과정이 진행되고 있음을 알고 있어야 한다. 목표에 눈을 고정하고 율법을 충실히 섬기라. 시선을 고정하면 뭐가 되었든 성장하고 이룰 것이다. 신께서 우리를 인도함을 알고 자신감을 가지고 계획을 전진시켜라. 현명하게 상담해 줄 사람에게 조언을 구하라.

괘상 "바람은 불고 싶은 대로 분다."(요한복음 3장 8절) 바람은 내 안에 있는 영의 움직임을 상징한다. 영이 들어올 수 있도록 마음과 정신을 활짝 열어라. 생각과 말, 행동에 흐르는 신의 영을 받아들여야 한다. 정신적으로 하는 일은 눈에 보이지 않고 조용하고 온화한 특성을 띤다. 인생에서 가장 먼 곳으로 도달하는 활동이자, 잠재의식이 정신적인 행동을 받아들여 주변 사람 모두가 경험하게 된다. 잡음이 들리지 않는 나만의 사원(성격)을 만들어 보라. 내 생각에는 소리가 없다. 좋은 생각을 하면 모든 방면에서 좋은 일이 생긴다.

초육 "행함이 없는 믿음은 죽은 것이다."(야고보서 2장 26절) 기도하기 시작할 때 초반에는 외부 세계가 변하지 않는 것처럼 보인다. 만일 심지가 굳고 믿음이 굳세면, 겉으로는 아무런 변화가 없는 것처럼 보일지라도 길이 열릴 것이다. 우리는 신과 좋은 일이 생기리라는 믿음을 지켜야 한다. 그럼 반드시 좋은 결과가 있을 것이다.

구이 "하나님은 빛이시요, 하나님 안에는 어둠이 전혀 없다."(요한일서 1장 5절) 신은 사랑이며 전능하신 지성이다. 두려운 생각이나 죄책감을 내 추론의 빛이 비치는 곳으로 끌어올리면, 마음속 생각은 실체도 힘도 없다는 걸 깨달을 것이다. 부정적인 제안은 힘을 실어 주지 않는 이상 아무런 힘도 없다. 악하거나 해로운 생각 대신에 신의 빛이 마음을 비추게 하라. 신께 믿음을 두고, 무한자와 조화를 이루며 삶에서 신성한 법칙과 질서를 주장하면 나의 모든 길은 즐겁고 평온할 것이다. 그 어떤 힘도 신께 도전할 수 없다. 신과 함께하는 사람이 다수다. 큰 축복은 나의 것이다.

구삼 "잠잠하고 신뢰하여야 힘을 얻을 것이다."(이사야 30장 15절) 종일 수시로 문제를 파고들거나 불평하지 말라. 이런 마음가짐을 지니면 문제가 지속된다. 모든 각도에서 상황을 살펴보고 신이 나를 인도함을 이해한 다음, 명확하고 확실한 결정을 내려라. 잠재의식의 주관적인 지혜는 신성한 질서에 따라 반응한다. 흔들리거나 결정을 내리지 못하면 혼란과 좌절만 가져다줄 것이다.

육사 "너희가 나를 찾으면, 나를 만날 것이다. 너희가 온전한 마음으로 나를 찾기만 하면"(예레미야 29장 13절) 올바르게 생각하고 조화이자 건강, 평화, 온전함, 풍요가 신의 임재를 실천하면 부서질 수 없는 법칙이 따르고 목표를 성취하도록 이끈다는 걸 깨달아라. 목표에 마음을 다하면, 즉 나의 계획에 사랑과 열정을 투입하면 해답을 찾을 수 있다.

육오 "의심을 떨쳐버리고 믿음을 가지라."(요한복음 20장 27절) 내가 믿는 것에 믿음을 가지라. 내 안의 인도하는 원리를 진정으로 믿고 이에 확신을 두어야 한다. 믿음이 없으면 기도하지 않을 것이다. 기도한다는 건 쉽게 말하면 일을 시작하기에 충분한 믿음이 있다는 뜻이다. 잠재의식에 있는 무한한 지성을 계속 신뢰하여 모든 면에서 나를 인도하고 지도하게 하라. 많은 축복을 받게 될 것이다.

상구 "누가 여러분을 홀렸습니까?"(갈라디아서 3장 1절) 그릇된 생각을 할 때, 주변에 잘못된 조건을 만들어 내기 시작한 다음 이러한 조건이 진짜라고 믿을 때 스스로를 꾀는 법이다. 내가 원인임을 잊고 부정적인 생각과 감정에 사로잡힌다. 신은 곧 권능이자 무한한 지성, 끝없는 사랑임을 깨우쳐야 한다. 이 현존과 권능에 기도하지 않고 부정적인 것에 탐닉한다면 손실을 경험한다.

태괘兌卦: 기뻐함, 호수

상괘: 태, 기뻐함, 호수
하괘: 태, 기뻐함, 호수

괘사 "주님을 모시고 사는 삶에 기쁨이 넘친다."(시편 16편 11절) 직장이나 일에서 즐거움과 기쁨의 원천을 찾아라. 기쁨을 보여 주면 다른 사람들도 이 분위기를 느낄 것이다. 내 생각이 창의적이라는 걸 알 때 기쁨이 찾아온다. 사랑스럽고 고귀하며 신과 비슷한 대상을 생각할 때 사고 패턴이 가진 힘 안에 성령이 흐르며 좋은 일들이 생기리라고 확신한다. 아무도 이러한 지식을 나에게서 빼앗아갈 수 없다. 나는 하는 일마다 힘을 주는 주님의 기쁨(법칙)을 알고 있다. 기도(생각)할 때 지금 하는 기도는 내 안에 있는 신을 기쁜 마음으로 보러 가는 행동임을 깨달아라. 이를 실천하면 내 세상은 멋지게 바뀔 것이다.

괘상 "주님께서 내 오른쪽에 계시니, 이 큰 즐거움이 영원토록 이어질 것이다."(시편 16편 11절) 주역과 성경에서 '손'은 신의 힘을 의미한다. 오른쪽, 즉 '오른손'은 현명하고 건설적으로 힘을 사용함을 뜻한다. 영은 신이자 지상의 권세와 원인이다. 신의 영이 내 생각과 이미지에 흐르고 있음을 느끼고 기쁨으로 시작하면 승리와 성공으로 끝날 것이다. 시작과 끝은 같다. 기뻐하려면 이러한 진리를 알아야 한다. 기쁨은 행복이자 마음에서 나오는 즐거움이다. 웃음이자 선의, 조화와 평화다. "즐거운 마음은 병을 낫게 하지만"(잠언 17장 22절)이라는 구절에도 이러한 진리가 드러나 있다. 신의 영이 나에게 흐르고 있다는 걸 아는 태도는 주변 사람 모두에게 기쁨과 만족감을 준다.

초구 "정직한 사람들아, 너희는 다 함께 기뻐 환호하라."(시편 32편 11절) 최근에 어떤 엔지니어가 해준 얘기다. 여태까지 받아 본 일 중 가장 어려운 일을 맡았다고 한다. 프로젝트를 하면서 숱한 실패를 겪었다. 늦게까지 일했고 계속되는 장애물에 고생을 거듭했으며 실망했지만, 곧 기쁨을 맞이할 수 있다는 생각에 견뎌 냈다. 승리하고 극복하는 데서 오는 기쁨을 생각하며 참아 낸 것이다. 그는 승리를 거뒀고 인내의 결과로 기쁨을 만끽할 수 있었다. 이러한 자세로 삶에 접근하면 축복을 받고 모든 어려움을 이겨 낼 힘을 가지게 된다.

구이 "적절한 대답은 사람을 기쁘게 하니, 알맞은 말이 제때에 나오면 참 즐겁다."(잠언 15장 23절) 다른 사람을 격려하고 자신감을 주는 말은 용기를 북돋아 준다. 그리고 그들이 성장하고 확장하는 모습을 보며 기쁨을 느낄 수 있다. 나의 모든 말과 행동은 기쁨과 행복을 주어야 한다. 가정과 직장에서 또는 내가 처한 환경과 관계없이 신의 임재를 실천하면 흥이 나고 힘을 얻는다. 내 안에 있는 무한자와 접촉하면 내면의 기쁨을 느낄 수 있다. 그렇게 하면 삶에서 기적이 일어남을 발견할 것이다.

육삼 "생각이 모자라는 사람은 미련함을 즐기지만"(잠언 15장 21절) 우스꽝스러운 연극, 시끄러운 음악, 경박한 라디오나 TV쇼, 외설스러운 드라마 등 인위적으로 만든 오락물에서 즐거움을 찾고 있는가? 그렇다면 내가 하는 모든 일은 좌절로 이어질 것이다. 그러나 "주님 앞에서 기뻐하면 힘이 생기는 법"(느헤미야 8장 10절)이다.

육사 결정을 내려야 할 때다. 올바른 결정이란 영원한 삶의 진리에 관심을 기울이는 것을 뜻한다. 진정한 기쁨은 내 안의 영적인 힘과 가까워지는 데서 온다. 내 안에 있는 신은 만물의 원인이다. 신을 나의 주인이자 나를 지배하는 분으로 모셔라. 전지전능하고 가장 높으신 분이다. 생각 속에서 신의 권능과 하나가 되어 신성한 사랑이 나와 모든 생각과 정신적 이미지를 통해 흐르고, 내 앞길을 즐겁고 행복하게 만든다는 걸 깨달아야 한다. 이러한 태도는 내면의 기쁨을 불러일으킨다. 이를 신을 경배한다고 일컫는데, 주권자와 내 안에 있는 권능과 원인을 인식하고 모든 관심을 기울이며 승리의 노래를 부르는 것을 뜻한다. 지금 올바른 판단을 내리면 주님의 기쁨은 나의 힘이 된다. "주님께 의지하는 사람들은 늘 한결같은 마음을 가진 사람들이니, 그들에게 평화에 평화를 더하여 주어라."(이사야 26장 3절)

구오 "잠잠하고 신뢰하여야 힘을 얻을 것이다."(이사야 30장 15절) 외부 조건이나 상황에서 자신감을 얻어서는 안 된다. 모든 건 한때다. 마음을 가라앉혀 긴장을 풀고 흘러가도록 내버려 두라. 어제도 오늘도 내일도 절대 변하지 않고, 완전히 기댈 수 있으며, 내면에 임재하는 신에 주의를 기울이라. 참된 믿음은 삶에서 일시적이고 짧게 지속되는 대상이 아닌, 신과 모든 것이 선하다는 믿음에서 나와야 한다.

육삼 "너는 가서 즐거이 음식을 먹고"(전도서 9장 7절) 인생에서 진정한 기쁨을 경험하고 싶다면 영적인 음식을 먹어야 한다. 즐거움은 신의 임재를 실천하는 데서 온다. 정신적으로 조화와 올바른 행동, 평화, 사랑, 선의, 영감의 음식을 섭취하라. 이러한 것들로 마음을 바쁘게 하면 기쁨은 내 것이 될 것이다. 세상의 감언이설과 유혹에 휩쓸린다면, 나는 '먹고 마시고 죽자' 식으로 살아가고 감각적 즐거움의 지배를 받는다. 그럼 결국 집단의식의 나를 다스려 실패와 좌절로 귀결될 것이다. 신의 아이디어가 나를 지배하는 것을 거부하면 집단의식에서 나오는 두려움과 한계의 희생자가 될 것이며, 불어오는 모든 바람이 일으키는 예측 불허의 변화에 굴복한다.

환괘渙卦: 분산(용해)

상괘: 손, 온화함, 바람

하괘: 감, 수렁, 물

괘사 "지혜로운 사람의 입술은 지식을 전파하지만"(잠언 15장 7절)
내 안에 있는 생명의 법칙과 영의 길을 가까이하면 지혜롭게 살아갈
수 있다. 생명의 원리는 인간의 공통된 선조다. 우리는 하나의 아버지
를 두고 서로 긴밀하게 연결되어 있다. 사랑과 조화, 선의는 인종과 종
교, 피부색과 관계없이 사람을 하나로 묶는다. 모든 이에게 사랑과 평
화, 선의를 쏟아붓고, 절대 변하지 않는 생명의 원리에 관한 지식을 전
파할 수 있다. 목표를 향해 나아가면 나에게 이득이 된다. 신과 같은 동
기를 가지면 목표에 도달할 것이고 어떤 여정을 가든 신성한 질서 안
에 놓일 것이다.

괘상 "어찌하여 네 샘물을 바깥으로 흘러 보내며"(잠언 5장 16절)
생명의 샘물은 내 안에 있다. 영감과 인도 확신, 자신감의 물을 마시라.
지상의 권세와 현존을 부르면 응답을 받고 기분이 상쾌해지며 생기가
돈다. 내가 소망하는 바를 다른 사람에게 빌어 주라. 근원을 인식하고
인으로 들어갈 수 있는 나의 능력을 인식하면서, 내가 원하는 걸 얻는
데에는 욕심이나 시기, 질투가 필요하지 않다고 주장하라. 생명의 샘은
생명의 샘물을 마시려는 사람과 생명의 샘이 응답을 준다고 믿는 사람
에게 답을 준다.

초육 "전쟁을 대비하여 군마를 준비해도"(잠언 21장 31절) 군마는 감정의 힘을 나타내는데, 그러한 힘은 언제나 신과 같은 방식으로 흘러야 한다. 조화, 신성하고 옳은 행동, 신성한 명철에 주의를 집중하라. 내 안에 있는 신성한 명철과 사랑이 모든 오해를 해소함을 깨달아라. 신의 사랑이 내가 하는 모든 일에서 나보다 앞선다는 걸 인지하면, 감정의 본성이 반응하여 번영하고 성공한다.

구이 "너희가 서서 기도할 때에, 어떤 사람과 서로 틀진 일이 있으면, 용서하여라."(마가복음 11장 25절) 용서하려면 먼저 주어야 한다. 다른 사람을 향해 나쁜 감정이나 증오, 원망을 품었다면 사랑과 평화, 선의를 주어라. 나는 세상의 유일한 사상가로, 무언가에 대해 생각하고 느끼면서 나만의 생각과 느낌을 경험 속에서 만들어 낸다. 원망과 나쁜 감정은 내게 좋은 일이 생기는 걸 막는다. 다른 사람을 신께 내어 주고 삶에서 축복을 기원하라. 더는 마음이 쓰라리지 않으면 누군가를 용서했다는 것이다. 타인을 용서하고 자유로워져라.

육삼 "너희는 먼저 하나님의 나라와"(마태복음 6장 33절) 내 안에 있는 무한한 능력에 마음을 두라. 인내심을 갖고 영이 나의 모든 행동을 이끌고 인도하며 지시한다는 것에 확신을 가지라. 목표나 목적의 현실성에 대해 깊게 생각해 보고 전능하신 권능이 나를 대신하여 움직인다는 걸 알면, 신성한 질서에 따라 목표를 달성하도록 인도해 줄 것이다.

육사 "주님의 도가 정직한 사람들에게는 힘이 되어 주지만"(잠언 10장 29절) "주님께서 주시는 힘을 얻고, 마음이 이미 시온의 순례길에 오른 사람들은 복이 있습니다."(시편 84편 5절) 내가 하는 모든 일은 영원한 진리와 생명의 원리의 관점에서 행해야 한다. 내 주변에 있는 모든 사람은 성장과 복지, 번영의 사슬에 영적인 연결고리가 되어야 한다. 정직, 진실, 정의의 원칙에서 벗어난 사람들과 관계를 끊고, 대신 절대 변하지 않는 존재의 진리를 고수해야 한다. 이렇게 하면 큰 축복과 성공을 경험할 수 있다.

구오 "지혜가 부르고 있지 않느냐? 명철이 소리를 높이고 있지 않느냐?"(잠언 8장 1절) 지혜는 모든 문제를 해결하고 괴로운 마음에 평화를 가져다주는 신의 현존과 권능을 인식함을 뜻한다. 이러한 진리를 일상에 적용하여 모든 장벽과 장애물, 어려움을 딛고 일어서라. 방해를 받거나 일이 막히는 것처럼 보일 때는 언제나 해답과 해결책이 있으며 내 안에 임재하는 신만이 답을 알고 있다는 걸 기억하라. 다음과 같이 확언하라. "신께서는 탈출구를 아시고 제게 답을 알려 주십니다. 제게 다가오는 인도를 따릅니다." 내가 모르는 깊은 곳으로부터 문제를 해결할 수 있는 아이디어가 나온다.

상구 "네게는 어떤 불행도 찾아오지 않을 것이다. 네 장막에는 어떠한 재난도 가까이하지 못할 것이다."(시편 91편 10절) 나는 신의 권능이 내 피난처이자 요새라고 믿는다. 신의 사랑이 나와 가족을 모두 감싸고 있다는 진리를 정기적으로 곱씹으므로 그 어떤 어려움도 나를 건들지 못한다. 신의 인도와 보호를 주기적으로 묵상하고 그러한 가정 속에서 걷고 행동하면 모든 종류의 위험에 면역이 생긴다. 올바른 행동이 승리한다.

절괘節卦 : 제한

 상괘: 감, 수렁, 물
하괘: 태, 기뻐함, 호수

괘사 "이제 나에겐 주님의 자비와 긍휼이 그쳤습니다."(이사야 63장 15절) 신에게 한계는 없지만, 인간에게는 한계가 있다. 한계를 마주할 때 내 안에 있는 신성과 힘을 발견한다. 신성과 힘이 정신적·영적 도구를 갈고닦아 모든 문제를 딛고 올라서게 해준다. 위대한 생명의 법칙에 따르려면 쉼과 움직임도 필요하다. 어느 정도 휴양하고 휴식을 취하며 기쁨과 즐거움을 누려야 한다. 쉼은 너무 많이도 아니고 적당량만 필요하다. 기도하고 묵상하며, 쉬고 자는 시간도 필요하다. 이 모든 건 균형 잡힌 삶을 사는 데 필수적이다. 다시 말해, 매사에 적당함이 필요하다. 하지만 내 안에 있는 신의 권능은 그 어떤 식으로든 제한되지 않으며 그분과 결합하면 어려움을 딛고 일어나 뛰어넘을 수 있음을 기억하라. 극단을 피하라. 자연은 극단을 혐오한다.

괘상 "하나님께는 불가능한 일이 없다."(누가복음 1장 37절) 어떤 문제나 어려움이 통제 범위를 벗어나면 도전이나 어려운 일에 신이 군림한다고 결론을 내리고, 앞으로 나아가고 영적으로 성장할 기회로 바라보라. "신께서는 나를 위하여 보상해 주실 것입니다"라고 굳게 확언하라. 이 구절에는 엄청난 힘이 서려 있다.

초구 "분별력이 너를 지켜 주고, 명철이 너를 보살펴 줄 것이다."(잠언 2장 11절) 나는 내가 내리는 판단에 근거하여 결정하거나 행동할 권리가 있다. 나에게는 선택의 자유가 있다. 그러므로 나는 분별력을 가지고, 말과 행동을 신중히 해야 한다. 명철을 지니고 살아간다는 건 흐르는 물살에 몸을 맡기는 것과 같다. 큰 물살과 맞서 싸우거나 헤엄칠 필요는 없다. 기다리고 기도하면 적절한 때가 올 것이다. 그럼 그때 무엇을 어떻게 해야 하는지 알게 된다.

구이 "의심하는 사람은 마치 바람에 밀려서 출렁이는 바다 물결과 같습니다."(야고보서 1장 6절) 기회가 문을 두드리면 기회를 잡고 단번에 앞으로 나아가라. 마음이 불안정하고 흔들릴 때 나는 모든 면에서 마음이 두 갈래로 분열된 불안한 사람과 다름없다. 엘리베이터에서 올라가는 버튼과 내려가는 버튼을 동시에 누른다면, 엘리베이터는 올라가지도 내려가지도 않는다. 이러한 마음가짐은 상실과 실망, 좌절감을 불러일으킨다.

육삼 "속이는 저울은 나쁜 것이다."(잠언 20장 23절) 반드시 균형 잡힌 삶을 살아야 한다. 나는 주관적인 세계와 객관적인 세계에 살고 있다. 외부의 일에 모든 시간을 쏟아붓고, 무분별하게 에너지를 발산하고, 신체를 남용한다면 거부반응이 일어난다. 천상의 음식으로 마음에 영양분을 공급하고 치유하고, 축복하며, 영감을 주고, 드높이며 존재 전체를 존엄하게 만드는 아이디어를 자주 되새겨야 한다. 안은 밖을 통제하는 법이다. 마음속의 사랑과 기쁨은 나의 외적인 삶을 지배하여 그 결과 외면과 내면의 균형을 이룬다. 신성한 본성을 무시하고 육체의 쾌락을 지나치게 탐하면 부정적인 결과를 초래할 것이다.

육사 "나는 어떤 처지에서도 스스로 만족하는 법을 배웠습니다."(빌립보서 4장 11절) 내가 바꿀 수 없는 일은 슬기롭게 견뎌야 한다. 세상을 바꾸는 데 에너지를 소진하지 말라. 나만 바뀌면 된다는 사실을 기억하라. 지구가 회전하는 축이나 천체의 움직임 등 세상에는 바꿀 수 없는 것들이 많다. 하지만 생각을 바꾸고 무한한 지혜와 힘과 하나가 되면 자신을 변화시킬 수 있나.

구오 "경건 훈련은 모든 면에 유익하니"(디모데전서 4장 8절) 나의 모든 계획과 모험이 신과 같은 성질을 지니게 하라. 모든 일을 신의 영광을 위해 행하라. 내가 소망하는 바를 다른 사람에게 빌어 주고, 다른 사람에게 한계나 제한이 있다고 생각하지 말라. 왜냐하면 그 생각을 스스로 재현하기 때문이다. 바르고 정직하게 행동하라. 그리고 신의 인도와 올바른 행동이 나를 지배하고 있음을 확언하라. 그럼 나는 무엇을 하든 칭송을 받고 매사가 형통할 것이다.

상육 "그러므로 여러분의 몸으로 하나님을 영화롭게 하십시오."(고린도전서 6장 20절) 신체를 지나치게 혹사하는 건 옳지 않다. 신체는 신이 임재하는 도구이기 때문이다. 내핍하고 경직되며 금욕적인 생활에는 영적인 의미가 없다. 일반적으로 신체의 건강과 조화에 해롭다. 나의 몸은 신이 거하는 보금자리이므로 내 몸을 활력과 온전함, 아름다움, 완벽함을 위한 통로로 만들어야 한다. 과거에 대한 후회는 나를 파괴한다. 그리고 과거에 저지른 몇몇 실수에 대해 깊이 통탄하며 후회하는 건 정신적 독이 되어 전체적인 유기체를 악화시킨다. 신은 벌을 내리지 않는다. 내가 스스로를 벌하는 것이다. 자신을 용서하고 생각의 습관을 바꾸라. 신이 생각하시는 것처럼 생각하라. 그럼 현재의 생각이 발현되어 미래가 형성될 것이다. 자신을 벌주는 걸 멈춰야 한다. 멈추지 않으면 계속 부정적인 반응을 경험할 것이다. 이제 자책은 그만두고 내 가운데에 있는 신을 드높여야 할 때다.

중부괘 中孚卦: 내면의 진실

상괘: 손, 온화함, 바람

하괘: 태, 기뻐함, 호수

괘사 "의인은 아무런 해도 입지 않지만, 악인은 재난에 파묻혀 산다.”(잠언 12장 21절) “하나님을 아는 백성은 용기 있게 버티어 나갈 것이다.”(다니엘 11장 32절) 황금률과 사랑의 법칙에 따라 올바르게 생각하고 느끼고 행동할 때 나는 의인이 된다. 신의 사랑과 선하심을 분명하게 확신하면, 나는 이러한 내면의 가정을 잠재의식적으로 다른 사람에게 전달하며, 사랑과 올바른 행동이 만드는 유대감을 바탕으로 다른 사람들과 진정으로 결합할 수 있다는 걸 드러낼 것이다. 이러한 태도는 나를 축복하고 목표를 향해 나아갈 수 있게 한다. 나는 번영한다.

괘상 “겉모양으로 심판하지 말고, 공정한 심판을 내려라.”(요한복음 7장 24절) 나의 판단이나 결정은 언제나 진리에 근거해야 한다. 거짓과 참을 분리하고 불변하는 신의 원칙과 진리에 따라 결정을 내려야 한다. 신의 법칙의 관점에서 생각하고 말하고 행동하면 의로운 판단을 내릴 수 있다.

초구 “네 믿음이 너를 구원했다. 평안히 가거라.”(누가복음 7장 50절) 믿음이란 영적 원리에 대한 확신으로, 가장 높은 수준의 자신감이다. 내 안에 계신 신, 즉 내적 본성을 의지하고 신뢰하라. 주식, 채권, 인맥 등 외부에서 자신감을 얻었다면 이 모든 것은 계속 변화하며 안정적이지 않음을 명심하라. 신과 신의 선하심을 믿을 때 나는 번성하고 성공할 것이다.

구이 “두루미도 저마다 돌아올 때를 지키는데”(예레미야 8장 7절) 주역과 성경에서 나오는 두루미는 기쁨을 의미한다. 기쁨과 열정을 억제하지 못할 때 나는 자동으로 진동을 내뿜는다. 다른 사람은 주관적으로 나의 진동을 느끼고, 그렇게 삶의 여정에서 영적 동반자를 끌어당긴다. 나의 분위기는 나와 비슷한 분위기의 사람을 끌어당기기 때문이다. 나에게 힘이 되어 주는 주님의 기쁨을 의식하면서 걸을 때 정신의 방송은 신호를 받기 위해 안테나를 켜고 있는 사람들을 모두 축복한다. 내면의 기쁨과 고양된 마음 상태는 전염성이 있기에, 내가 이 길을 걸으면 모든 사람은 축복받는다.

육삼 미소를 지으며 쭉 뻗은 채 쉬고 계신 무한자와 조화를 이루라. 평화의 강이 생각과 말, 행동, 반응을 통해 흐른다고 주장하라. 인간관계에서 누군가를 소유하려 하거나, 내 생각대로 타인이 행동하게 만들려고 힘쓰지 마라. 다른 사람이 내 마음의 평화를 빼앗게 내버려 둬서는 절대 안 된다. 나의 평화와 내적인 균형, 기쁨은 다른 사람이 아니라 신으로부터 온다. 다른 사람들에게 축복을 내리고 평화 속에서 걸어가라. "주님께 의지하는 사람들은 늘 한결같은 마음을 가진 사람들이니, 그들에게 평화에 평화를 더하여 주어라."(이사야 26장 3절)

육사 "태양이 멈추고, 달이 멈추어 섰다."(여호수아 10장 13절) 해는 현재의식을, 달은 잠재의식을 뜻한다. 달이 태양의 빛을 반사하듯, 나의 잠재의식도 현재의식의 명령이나 사고, 이미지를 반영한다. 현재의식을 잠잠하고 침착하게 하면('태양이 멈춘다'의 의미) 그리고 신의 현존, 빛, 사랑, 진리, 힘, 아름다움을 깊게 생각할 때 잠재의식은 잠잠해져 부정적인 움직임이 무력해지고 잠잠해진다. 되고 싶은 사람이 되었다는 느낌이 가득 찰 때를 보름달이라고 하며, 다시 말해, 잠재의식에 분위기를 스며들게 하는 데 성공했다는 뜻이다. 무한한 지성이 나를 인도하고 지도하고 있다는 걸 깨달아라. 이 진리를 고수하고 다른 사람에게 힘을 실어 주지 마라. 그러면 성공할 것이다.

구오 신만이 유일한 현존이자 권능임을 인식하고 신과 하나됨을 느끼면, 나와 연결된 모든 사람에게 내면의 확신을 비추고 그들은 나의 확신을 주관적으로 받아들일 것이다. 나를 위해 모든 일이 잘 풀릴 것이다. "권세는 하나님께로부터 온 것이며, 이미 있는 권세들도 하나님께서 세워주신 것이다."(로마서 13장 1절)

상육 "베드로가 아직 말을 채 끝내기도 전에, 곧 닭이 울었다."(누가복음 22장 60절) 닭은 동이 틀 때 우는데, 울음소리가 햇빛을 가져온다고 믿는다고 한다. 마음속으로 진실하다고 느끼지 못하는 걸 자랑하고 그런 척해 봐도 소용이 없다. 그럴싸한 말을 의미 없이 반복하거나 기계적인 확언이나 기도를 해 봤자 쓸모없다. 빵 한 조각을 먹고 소화되면 피가 되어 흐르는 것처럼 신의 진리는 내 정신에 동화되고, 내 것이 되며, 소화되어야 한다. 공허한 공상에 빠지거나 헛된 일을 반복하는 건 나를 낮추고 비하하는 것이다.

소과괘小過卦: 작은 것이 우세함

상괘: 진, 솟아남, 우뢰
하괘: 간, 부동, 산

괘사 "하늘을 나는 새가 네 말을 옮기고, 날짐승이 네 소리를 전할 것이다."(전도서 10장 20절) 주역과 성경에서 '새'는 생각과 느낌을 상징한다. 그래서 두 개의 날개가 달렸다. 새는 공중으로 날아가지만, 먹이를 구하고, 둥지를 짓고, 새끼를 돌보기 위해 땅으로 내려온다. 허공에 성을 쌓고 있다면, 반드시 그 밑에 기반을 만들어 현실이 되도록 하라. 직장 생활에서 내가 도달할 수 있다고 느끼는 합리적인 목표를 선택한 후 신의 힘을 사용해서 성공할 수 있다는 것을 알아야 한다. 나의 기도에 응답을 받으면, 사다리에서 한 단 더 위로 올라갈 수 있다. 새가 되어 땅으로 돌아와라. 나의 아이디어는 마음속에서 진실이라 느껴져야 한다. 왜냐하면 내가 영양분을 공급하고 지탱하고 감정을 불러일으키는 소망이나 계획, 꿈, 열망은 주관화되어 실현될 것이기 때문이다. 크게 성공할 것이다.

괘상 영적 원리에 주의를 집중하면서 내 안에 흐르는 평화의 강을 느껴 보라. 내 영혼이 평화로울 때 나는 평화를 발산하고 다른 사람은 내가 발산하는 평화를 직관적으로 받아들인다. 예를 들면, 사랑하는 사람을 잃었다면, 이차원에서 삶을 마치고 더 높은 차원으로 간 그 사람 안에서 기뻐하라. 그리고 그런 사람이나 친구에게 신의 사랑이나 평화를 발산하라. 마음이 평화로 가득 차 있을 때 필요한 돈을 모두 가질 것이며, 근원이 영원하다는 걸 알기에 마음 놓고 돈을 쓸 것이다. 진정한 마음의 평화는 마음을 재생시키고, 충만하고 행복한 삶을 영위하게 한다. 모든 종류의 극단을 피하면 이해할 수 있는 정도를 넘어선 평화를 경험할 것이다.

초육 "마치 자기 목숨을 잃는 줄도 모르고 그물 속으로 쏜살같이 날아드는 새와 같으니"(잠언 7장 23절) 최근에 들은 한 70대 남성의 이야기다. 그는 핸드볼이나 테니스, 등산을 할 때 20살 아들에게 실력이 뒤지지 않도록 노력했다. 그는 젊음과 지구력을 자랑했고, 아들처럼 빠르게 달리려고 했다. 하지만 그 결과 심장마비가 왔다. 60~70세의 사람은 영적이고 정신적인 활동과 운동을 해야 하고, 자신의 힘이 되어주는 주님의 기쁨을 발산해야 한다. 나이에 맞추어 살라. 나이는 세월의 흐름이 아니라 지혜가 동트는 새벽임을 깨달아야 한다. 정신적으로 억지를 부리면서 일을 강제로 하려고 하면 그리고 지나치게 노력하면 성공하지 못한다. 마찬가지로 나는 가장 나다워야 하고, 어떤 사람이 되어야 한다는 세상의 압력에 굴하거나 나와 다른 사람을 따라 하려고 해서는 안 된다.

육이 "여러분 중 누구든 지혜가 부족하다면, 모든 사람에게 아낌없이 주시고 나무라지 않으시는 하나님께 구하십시오."(야고보서 1장 5절) "맺은 언약을 기억할 것이다. (…) 나는 주다."(레위기 26장 45절) 언약은 신과 인간의 합의다. 신의 현존은 내 안에 있으며 나는 신의 자녀 또는 신의 표현이다. 무한한 지성에 구하면 응답을 받는다. 신은 모든 이를 똑같이 대하고, 마음의 법칙 역시 그러하므로 이러한 진리는 모든 사람에게 적용된다. 조상에게 기도를 올려서는 안 된다. 주역에서의 '조상'은 지혜의 저장고인 잠재의식과 무한한 지성, 끝없는 지혜를 가진 사람을 의미한다. 무한한 지성이 나를 인도하고 지도한다는 진리 속에 신의 지혜가 내 모든 행동을 지배하고 그로부터 모든 행동이 나옴을 깨달아야 한다. 그럼 나는 신성한 질서에 따라 앞으로 나아간다.

구삼 "너는 밤에 찾아드는 공포를 두려워하지 않고, 낮에 날아드는 화살을 무서워하지 않을 것이다."(시편 91편 5절) '낮에 날아드는 화살'은 인간관계 문제나 사업상의 어려움 등 내가 인지한 어려움이나 위험을 의미한다. '밤의 공포'는 잠재의식에 콤플렉스가 있거나, 외부의 어떤 위험이 존재한다는 것을 암시한다. 상식적으로 행동하고 주변에서 일어나는 일에 대해 경각심을 가지고 살아야 한다. 누군가가 나에게 반하는 일을 한다면 다음과 같이 자주 기도하라. "나는 숨기는 것이 아무것도 없습니다. 드러날 것도 없습니다. 나에 대해 세상에 알려지지 않은 것은 아무것도 없습니다. 나는 항상 신의 사랑과 힘이라는 성스러운 원에 둘러싸여 있습니다." 가장 강력하게 보호해 주는 시편 구절인 시편 91편을 읽어라. 그럼 기적이 일어난다.

구사 "항해하기에 위태로운 때가 되었다."(사도행전 27장 9절) 삶을 살아가다 보면 비행기를 탔을 때, 배를 타고 바다를 건널 때, 육지에서 차를 타고 이동하거나 거리를 걸어 다닐 때 위험한 일이 생길 수 있다. 마음을 잠잠하고 침착하게 유지하면서 정신적으로 그 상황과 맞서 싸우지 말라. 신의 사랑이 나를 감싸고 둘러싸며 안아 준다는 걸 인지하면서 동시에 평상시처럼 주의를 기울이라. 내가 있는 곳에는 신이 계시며, 신이 나를 돌보신다. 신성한 인도의 원칙을 믿으면 적당한 때 적절한 방법으로 앞으로 나아가도록 인도를 받는다.

육오 "비를 내리지 않는 구름이요"(유다서 1장 12절) 구름이 땅을 씻는 물을 머금지 않았다는 건 상징적으로 나의 묵상이나 기도(구름)가 열매나 결과를 맺지 못했음을 뜻한다. 잠재의식의 무한한 지성이 탈출구를 알고, 내면의 무한한 능력을 믿음으로써 모든 장애물을 밟고 일어설 수 있으며, 특정한 일을 하는 데 나를 도와줄 사람을 끌어당긴다는 사실을 깨달으면 인생의 가뭄기를 극복할 수 있다.

상육 "영광은 새처럼 날아갈 것이다."(호세아 9장 11절) 새는 나의 사고방식을 의미한다. 새가 날아간 후 알을 낳거나, 먹을 걸 찾기 위해 또는 둥지를 지으려 땅으로 돌아오지 않는다는 것은 나의 소망이나 아이디어가 쉴 보금자리가 없고 기반이 없음을 상징한다. 한마디로 나의 소망이나 아이디어가 진짜라고 느껴지지 않았기에 잠재의식에 통합되지 않았다. 정신적으로 애를 쓰거나 억지로 무언가를 하려고 하면, 토대 없는 성을 쌓아 올리는 것과 마찬가지이며, 상실과 좌절로 이어진다. 나의 이상과 열망은 '공중에 둥둥 떠다니는' 상태가 되어서는 안 된다. 진짜처럼 받아들여져야 하고 삶에서 드러나야 한다. 신과 좋은 일을 통해 믿음을 입증해야 한다.

기제괘旣濟卦: 마무리 후

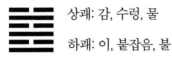

상괘: 감, 수렁, 물

하괘: 이, 붙잡음, 불

괘사 목표에 도달하기 위한 인내심, 끈기와 결단력은 이익을 가져다준다. 이미 이룬 성취에 안주하지 말라. 자유의 대가는 영원한 경각심임을 깨달아야 한다. 마찬가지로 내 생각과 마음가짐 또한 늘 경각심을 가지고 다스려야 한다. 언제나 경계심을 가지라. 사고방식을 주의하고 이에 관심을 기울이지 않으면 혼란과 상실로 이어질 수 있다. 옳게 생각하고 바른 느낌이 들면 모든 일이 잘 풀릴 것이다. "끝까지 견디는 사람은 구원을 받을 것이다."(마가복음 13장 13절)

괘상 모든 사람은 밤낮, 썰물과 밀물, 안과 밖, 더움과 추움, 질병과 건강, 달콤함과 시큼함, 딱딱하고 부드러움, 사랑과 증오, 믿음과 두려움, 남성과 여성 등 반대되는 것들의 작용을 통해 움직인다. 인생에서 상반된 요소들은 각각 전체의 절반을 이룬다. 인생을 헤쳐 나가라. 영적인 사람은 내 안에 조화의 중심으로 돌아가 반대되는 것들과 화해한다. 두려움이나 걱정이 마음속에 떠오를 때 내 중심으로 가서 신은 사랑이고 신의 사랑이 앞서가서 나의 길은 곧고 즐겁고 영광스러워진다는 사실을 깨달아야 한다. 나는 정반대의 성질로 옮겨 간 후 결국 영으로 다시 돌아왔다. 인내심을 깆고 계속 이렇게 묵상하면 아주 행복한 삶을 살 수 있을 것이다. 모든 것은 영이자 영의 발현이다. 신의 한 부분은 다른 부분과 상반되게 작용할 수 없다. 신은 한 분이며 불가분의 존재다. 다른 사람 안에 있는 신성에 경의를 표하라.

초구 "여러분은 이 시대의 풍조를 본받지 말고, 마음을 새롭게 함으로 변화를 받아서"(로마서 12장 2절) 이 구절에서 '시대', 즉 세상은 두려움과 불안, 미신, 무지로 가득 찬 집단의식을 뜻한다. 그런 대중의 마음이 나를 지배하도록 내버려 두어서는 안 된다. 생각과 삶의 방향을 직접 선택하고, 대중의 생각에 전염되어서는 안 된다. 대중은 말을 멈추는 법이 없다. 대신 내면으로 들어가 신의 인도를 구하고 신성한 법과 질서가 나의 삶에서 작동한다고 주장하라. 적절한 때 올바른 길로 나아가면 목적한 바를 이룰 것이다.

육이 "누구든지 자기를 높이면 낮아질 것이요, 자기를 낮추면 높아질 것이다."(누가복음 14장 11절) 자신의 참된 가치를 인식하고 모든 힘을 사람이나 단체가 아닌, 내면의 신께 실어 줄 만큼 겸손한 사람은 승리한다. 아무도 나를 깎아내리거나 상처를 주거나 본연의 자리를 빼앗을 수 없다. 무한자와 조화를 이룬 마음이 나의 작업장이고 선택과 태도는 정신적인 도구다. 내가 있어야 할 자리와 올바른 행동을 선택하라. 항상 본연의 자리에서 좋아하는 일을 하고 있다고 느끼고 알고 주장하면 신성하게 행복하고 번영한다. 마음의 법칙이 이를 확인시켜 주고 성공한다. 마음의 법칙 앞에서 겸손해야 한다. 잠재의식에 인상을 남기는 건 무엇이 되었든지 밖으로 표현되는 법이다.

구삼 "첫 세대와 맺은 언약을 기억할 것이다."(레위기 26장 45절) '첫 세대'의 근본적 의미는 시작이다. 태초에 신은 우리 공통의 선조이자 만유의 아버지셨다. 여기서 신은 내 안에 있는 생명의 원리를 의미하는데, 주역에서는 생명의 원리를 현조顯祖라고 부른다. 세상의 적은 사실 내 마음속에서 나온 두려움과 증오, 욕심과 탐욕이다. 기도는 악을 파괴하여 치유를 일으킨다. 좋은 생각은 영적인 진동으로, 낮은 대역에서 진동하는 부정적인 생각보다 훨씬 높은 대역에서 미세하게 진동한다. 기도는 낮은 차원에서 마음이 진동하는 걸 막아 준다. 공포와 무지, 미신은 인간의 마음을 괴롭히는 악마다. 신의 진리를 묵상하면 부정적인 생각은 어떻게 될까? 더는 존재하지 않는다. 다른 사람을 열등하게 바라보면서 두려움이나 비판 자책에 지나치게 빠져 살면 비슷하게 곤경에 처한다. 황금률을 실천하고 대우받고 싶은 대로 모두를 대우하라. 그럼 성공하고 번영할 것이다.

육사 "늘 잠에 빠져 있는 사람은 누더기를 걸친다."(잠언 23장 21절) 인간이 잠들어 내면에 있는 신의 힘을 보지 못할 때 질투와 두려움, 음모로 가득 찬 집단의식의 피해자가 되는데, 여기서 질투와 두려움, 음모가 위 구절의 해어진 옷을 상징한다. 믿음, 자신감, 사랑의 옷(분위기와 감정)을 입고 마음속에서 승리의 노래를 불러야 한다. 성경에는 다음과 같은 구절이 있다. "뱀과 같이 슬기롭고, 비둘기와 같이 순진해져라."(마태복음 10장 16절) 무슨 일이 일어나는지 알아차릴 수 있을 만큼 분별력과 지각력이 있어야 한다. 경계를 늦추고 방심하지 말며 날카로운 통찰력을 가지고 내면의 인도와 외부의 조언에 열려 있어야 한다. 진리를 행하는 데 타협을 거부하고, 순수와 평화의 상징인 비둘기가 되어야 한다. 신의 사랑과 믿음의 불로 부정적인 것을 모두 태워라.

구오 "주님께서 말씀하신다. 무엇하러 나에게 이 많은 제물을 바치느냐? 나는 이제 숫양의 번제물과 살진 짐승의 기름기가 지겹고, 나는 이제 수송아지와 어린 양과 숫염소의 피도 싫다."(이사야 1장 11절) 주역과 성경에서 '제물'은 나 이외의 존재를 만족시키기 위해서 내게 필요한 것의 희생을 의미하지 않는다. 오히려 건설적이고 조화로운 사고 패턴으로 부정적이고 파괴적인 사고를 굴복시키는 것을 뜻한다. 다시 말해, 더 큰 것을 위해 작은 걸 포기하는 것이다. 많은 사람은 의례와 의식을 행한다. 순례하고 금식하며 교회의 모든 규범과 규칙을 따른다. 하지만 그들의 삶은 혼란스럽고 비극적이다. 마음의 변화를 동반하지 않는 한 모든 외부 활동은 무의미하다. 외부 세계에 드러나는 건 마음속 깊은 곳(잠재의식)에서 자신이 정말로 믿는 것이지, 정신적으로 동의한 이론이 아니다. 무엇이 되었든 나의 소망은 신께 올리는 제물이다. 사실 그 어떤 것도 신께 제물로 바칠 수 없기 때문이다. 나의 소망은 신의 선물이다. 모든 걸 잘 아는 듯이 감정을 담아 다음과 같이 확언하라. "신께서 이런 소망을 주셨습니다. 나는 소망을 사랑으로 감싸고 있으며 내 잠재의식에 가라앉고 있음을 압니다. 그리고 신의 힘으로 소망이 이루어질 것입니다." 이는 신의 은총을 받아들이는 것을 뜻하는데, 이것이야말로 진정한 제물이다.

상육 "너희는 지나간 일을 기억하려고 하지 말며, 옛일을 생각하지 말아라."(이사야 43장 18절) 과거는 죽었다. 고개를 돌려 뒤를 돌아보면 앞으로 나아갈 수 없다. 불쾌했던 경험을 되새기는 일을 즐기는 것처럼 과거에 떨어졌을지도 모르는 구덩이에 대해 생각해 보는 건 어리석다. 진정한 건축가가 되어야 한다. 오래된 상처나 상실을 생각하면서 시간을 낭비하지 말라. 생각을 바꾸고 바꾼 생각을 고수해야 한다. 나의 미래는 현재 생각의 발현이다. 부정적인 과거를 곱씹는 건 현재에 대해 생각하는 것이기에 과거는 곧 현재의 생각으로 변한다. 생각은 창의적인 성질을 띠므로, 이러한 행위는 쉽게 말해 스스로 눈에 불을 켜고 문제를 찾는 것과 다름없다. 이런 행동을 멈추면 앞으로 나아갈 것이다.

미제괘 未濟卦 : 미완성

상괘: 이, 붙잡음, 불

하괘: 감, 수렁, 물

괘사 "포도원을 망가뜨리는 새끼 여우 떼를 좀 잡아 주오."(아가 2장 15절) 주역과 성경에서 '여우'라는 단어의 뿌리를 살펴보면 굴 파는 동물을 뜻한다. 여우는 땅에 구멍이나 굴을 판다. 공포나 걱정, 의심(여우)이 내 마음속에 굴을 파거나 숨어들게 해서는 안 된다. 그렇게 하면 여우는 좋은 일로 가득 찬 삶을 뜻하는 포도원을 헌다. 두려움과 걱정, 의심은 인생에서 장애물, 어려움, 실패를 만들어 낸다. 진리에 귀를 기울이고 단호하게 확언하라. "신께서는 나의 인도자이자 조언자이십니다. 신께서 함께 계시니 두렵지 않습니다. 신은 유일한 현존이시며 유일한 권능이십니다. 나는 신의 질서 안에서 적당한 때에 옳은 방법으로 앞으로 나아갑니다. 나는 평화로운 상태에 있습니다." 마음이 평화로워지고 자신감이 회복되면 전진할 수 있다. 두려움으로 시작하면 실패로 끝나지만, 신에 대한 믿음으로 시작하면 성공으로 끝난다.

괘상 "네가 하는 모든 일에서 주님을 인정하라. 그러면 주님께서 네가 가는 길을 인도하실 것이다."(잠언 3장 6절) 어떤 여정이나 사업에 착수하기 전에, 항상 신에서부터 시작하라. 감정을 담아 안다는 듯이 "신은 언제나 도움을 주십니다. 신은 나의 인도자이시며 나의 힘입니다. 신은 신의 사랑을 통해 신성한 질서 안에서 인생에서 모든 일을 이루어 줍니다"라고 확언하라. 항상 신이 거하는 존재의 중심으로 돌아가 신성한 음성에 귀를 기울이면 영감을 받고 만물의 조화를 이루는 데 성공하여, 내 마음속 소망을 이룰 것이다.

초육 "보십시오, 지금이야말로 은혜의 때요, 지금이야말로 구원의 날입니다."(고린도후서 6장 2절) 구원은 내 문제에 대한 해결책이다. 마음의 원리는 시공간을 뛰어넘으므로 지금 해결책을 사용할 수 있다. 시간과 공간은 내가 사는 이 객관적인 세계에 속한다. 지금은 마음을 평화롭게 할 때다. 왜냐하면 나의 마음이 혼란스럽거나 어지러우면 무슨 일을 하든 잘못되기 때문이다. 시작과 끝은 같다. 나의 마음이 혼돈으로 가득 찼다면 전진하면 안 된다. 시편 23편을 읽고 시편의 말씀에 믿음을 두어라. 행동하기 전 마음을 정리하고 평화로워질 때까지 기다려라. 믿음과 확신으로 시작하면 나의 길은 성공으로 끝날 것이다. 지금 바로 마음을 다잡아라.

구이 "믿음의 시련이 인내를 낳는다는 것을"(야고보서 1장 3절) 불안해하지 말라. 두려움이란 잘못된 것을 믿는 것이다. 서두르다가는 일을 그르친다. 나를 강인하게 하는 신의 힘을 사용하여 모든 일을 할 수 있다는 것을 알아야 한다. 그런 생각을 마음에 최우선으로 두고 앞으로 나아가라. 모든 씨앗은 뿌린 대로 자란다는 것을 알면서 끈기와 인내심을 가지라. 신의 권능을 빨리 보여 달라고 재촉하지 말라. 성공과 번영을 가져다주는 건 나의 마음가짐이다.

육삼 마음이 평화로울 때까지 전진하거나 아무런 임무도 수행하지 말라. 무엇을 시작하든, 첫 번째 단계는 무한한 분에게 귀를 기울이고 신의 힘으로 성취하리라는 절대적인 믿음을 갖는 것이다. 그럼 성공할 것이다. 내 마음이 내 안에 있는 신의 현존에 집중되어 있을 때 내 마음은 평화로워진다. 평화란 신의 마음에서 나오는 힘이다. 신성한 힘에 구하면 응답을 줄 것이다. 또한 무한한 지성이 마음의 소망을 실현하는

데 도움을 줄 수 있는 사람들을 끌어당기리란 점을 깨달으면 목표에 도달할 것이다. "주님께 의지하는 사람들은 늘 한결같은 마음을 가진 사람들이니, 그들에게 평화에 평화를 더하여 주어라."(이사야 26장 3절)

구사 "하나님은 나의 견고한 요새이시다. 내가 걷는 길을 안전하게 하여 주신다."(사무엘하 22장 33절) 신성한 사랑이 앞장서서 내 길을 곧고, 걸어가기 쉽고, 완벽하게 만든다. 두려움이나 걱정 또는 장애물이 마음에 들어오면 즉시 멈춰 확언하라. "나를 강하게 하는 신의 권능을 통해 모든 것을 할 수 있습니다." 어떤 어려움이나 의심, 장애물이 나를 막더라도 승리는 나의 것임을 명심하라. 극복하는 데서 오는 기쁨이 내 앞에 놓여 있으니, 그 기쁨을 바라보라. 길이 열리고 다양한 방법으로 보상받을 것이다.

육오 "부와 존귀가 주님께로부터 나오고, 주님께서 만물을 다스리시며"(역대상 29장 12절) 믿음과 자신감, 확신, 지혜가 마음의 부를 구성한다. 높은 곳으로부터 오는 빛이 나를 비추고 나는 모든 이에게 사랑과 선의를 발산하고 있다. 신의 부가 자유롭고 즐거우며 사랑스럽게 흘러온다. 나는 정신적·영적으로 그리고 모든 면에서 번영한다.

상구 "그들이 새 술에 취하였다"(사도행전 2장 13절) '술'은 사람의 마음에 신의 영이 일으킨 기쁨과 즐거움을 의미한다. 나는 영감을 얻을 때 마치 신께 취한 듯한 느낌을 받는데, 이는 기쁨, 성공, 성취의 술을 마셨음을 뜻한다. 문제를 극복할 때마다 항상 기쁨을 느낄 수 있다. 언제나 균형과 평정을 유지하라. 주님의 기쁨은 나에게 힘을 주고 건강과 안전을 보장해 준다. 신께 시선을 고정하면 언제나 평온과 평화를 유지할 것이다. 날이 저물고 모든 그림자가 사라지기 전에 하늘의 오래된 술을 마시도록 꾸준히 습관을 들이라.

저자 소개

조셉 머피 박사는 1898년 5월 20일 아일랜드 카운티코크에 있는 작은 마을에서 태어났다. 그리고 엄격한 가톨릭 가정에서 자랐다. 그의 아버지 데니스 머피는 예수회 교육기관인 아일랜드 국립학교의 부제이자 교사였다. 아버지는 매우 독실한 신자였을 뿐 아니라 예수회 신학생들을 직접 가르친 몇 안 되는 평신도 교사 중 하나였다. 많은 주제에 대한 폭넓은 지식을 보유했던 그는 아들 조셉 머피에게 공부를 향한 열망을 불어넣었다.

당시 아일랜드는 경제 불황기를 겪고 있었기 때문에 많은 가정이 굶주림에 시달렸다. 데니스 머피는 일자리를 계속 유지하기는 했지만, 그의 수입은 가족을 겨우 부양할 수 있을 정도였다.

국립학교에 입학한 머피 박사는 우수한 학생이었다. 사제가 되라는 권유에 따라 박사는 예수회 신학대학교에 입학했다. 그러나 10대 후반이 되자 박사는 예수회의 가톨릭적 정통성에 의문을 품어 신학교를 중퇴했다.

박사는 새로운 아이디어를 탐구하며 더 많은 경험을 하겠다는 목표를 품었다. 보수적인 가톨릭 국가인 아일랜드에서는 이러한 목표를 추구하기 어려웠기에 박사는 가족을 떠나 미국으로 건너갔다.

머피 박사는 단돈 5달러만 손에 쥐고 뉴욕 엘리스 아일랜드 연방 이민국에 도착했다. 미국에서 지낼 곳을 찾아야 했던 박사는 운 좋게도 동네 약국에서 일하는 약사와 방을 함께 쓸 수 있었다. 아일랜드에 살던 시절 집과 학교에서는 모두 게일어를 썼기 때문에 머피 박사의 영어 실력은 그다지 뛰어나지 않았다. 그래서 대부분의 아일랜드 이민자처럼 박사도 일용 노동자로 일해서 집세와 밥값은 벌었다.

머피 박사의 룸메이트였던 약사는 좋은 친구가 되어 주었다. 그러다 친구가 일하던 약국에 약사의 조수로 자리가 생겨 일하기 시작했다. 이후 머피 박사는 학교에서 약학을 공부한 뒤 약사 자격증을 취득했다. 결국 그는 자신이 일하던 약국을 매입해 몇 년 동안 약국을 성공적으로 운영했다.

미국이 제2차 세계대전에 참전하자 박사는 미군에 입대해 의료지원 부대에서 약사로 복무했다. 군 복무 기간 동안 그는 종교에 다시 관심을 두고 어마어마한 양의 책을 읽으며 여러 종교의 교리를 공부했다. 제대 후에는 약국으로 돌아가는 대신 미국 전역과 해외 여러 나라를 여행하며 다양한 대학에서 수많은 강의를 들었다.

공부를 하면서 아시아의 여러 종교에 매료된 박사는 좀더 심도 있게 공부하기 위해 인도로 건너갔다. 고대부터 현대에 이르는 위대한 동양 철학자들의 사상을 폭넓게 연구했다. 그외에 머피 박사에게 가장 큰 영향을 미친 인물은 판사이자 철학자, 의사, 교수를 겸했던 토머스 트로워드 박사였다. 머피 박사는 트로워드 박사에게 철학, 신학, 법학을 배웠다.

여행을 마치고 미국으로 돌아온 머피 박사는 신사고 운동(New Thought Movement)을 지지했다. 신사고 운동은 19세기 후반에서 20세기 초반까지 발전한 운동으로, 삶을 바라보는 새로운 방식을 설교하고 저술하며 실천했다. 신사고 운동은 사람이 생각하며 생활하는 방식을 형이상학적·영적·실용적 접근 방식과 결합해 진정 원하는 것을 달성하는 비결을 밝혀냈다. 신사고 운동 지지자들은 새로운 사고방식을 따르면, 새로운 방법과 더 나은 결과를 끌어낼 수 있으며 삶을 풍요롭게 만들 수 있다고 설파했다.

물론 머피 박사가 이러한 긍정 메시지를 전파한 유일한 목사는 아니다. 당시 신사고 운동이 여러 철학자와 사상가의 지지를 받았던 만큼, 그 영향을 받은 여러 목사와 신도들은 제2차 세계대전 이후 수십 년간 많은 교회를 세우고 발전시켰다.

그들의 행보를 따라 머피 박사 역시 로스앤젤레스에 자신의 교회를 설립해 목사가 되기로 했다. 머피 박사는 자신이 세운 조직을 신성과학교회(The Church of Divine Science)라 명명했다. 박사는 비슷한 생각을 나누는 동료들에게 종종 플랫폼을 공유하고 이들과 합동 프로그램을 진행했으며, 희망하는 사람에게 사역사 양성 교육을 제공했다.

비록 소수의 신도를 데리고 목회 활동을 시작했지만, 희망이 담긴 낙관주의적 메시지를 전파하는 박사를 따르는 신도의 수는 빠르게 늘었다. 급기야 신성과학교회 본당의 규모로는 다 감당할 수 없을 정도로 신도가 늘어나, 과거 영화관이었던 윌셔 이벨 극장을 교회 건물로 사용하기 시작했다.

교회를 키웠음에도 그의 설교를 듣고 싶어 예배에 참석하는 사람이 너무 많았기 때문에 곧 새 건물로도 모든 신도를 수용할 수 없는 지경에 이르렀다. 머피 박사와 직원들은 예배에 참석하지 못한 사람들을 위해 밤낮으로 세미나와 강의를 열었다. 이를 통해 1300~1500명의 사람이 예배당에 들어가지 못해도 박사의 가르침을 받을 수 있었다. 1976년까지 윌셔 이벨 극장에 남아 있던 신성과학교회는 이후 캘리포니아주 내 은퇴자 거주 구역 근처에 있는 라구나 힐스로 본당을 이전했다.

머피 박사는 자신의 메시지를 듣고 싶어 하는 수많은 청중을 위해 라디오로 방영되는 주간 토크쇼 프로그램도 신설했다. 매주 방송 청취자는 100만 명 이상이었다.

머피 박사의 수많은 추종자는 그의 말을 단순히 요약한 것 이상의 콘텐츠를 원했기에 강의 녹화본과 라디오 프로그램 녹음본을 제작해 달라고 제안하기에 이르렀다. 처음에는 망설이던 머피 박사도 결국 한번 해보기로 했다.

당시의 관행에 따라 머피 박사의 라디오 프로그램은 78rpm 레코드판에 녹음되었다. 박사는 레코드판 하나에 담긴 내용을 6개의 카세트테이프를 세트로 제작해 윌셔 이벨 극장 로비의 안내대에 올려놓았다. 테이프는 한 시간 만에 완판되었다. 새로운 모험의 시작을 알리는 사건이었다. 머피 박사의 성경 해석 강연, 청자를 위한 묵상과 기도문을 담은 테이프는 여러 교회와 서점에서도 판매되기 시작했고, 심지어 우편으로 배달해 그의 긍정적 메시지를 멀리까지 전할 수 있었다.

교회가 성장함에 따라 머피 박사는 자신이 담당하는 프로그램과 저서 연구 및 집필을 보조할 전담 직원을 추가 채용했다. 가장 유능했던 직원은 박사의 행정 비서였던 진 라이트 박사였다. 상사와 부하직원이었던 둘은 연인으로 발전해 결혼까지 이어졌고, 평생 동반자로서 함께 풍요로운 삶을 살았다.

1950년대 당시에는 대형 출판사들이 영적인 영감을 주는 글을 출판하는 데 관심이 없었다. 머피 부부는 로스앤젤레스의 소규모 출판사 몇 군데를 통해 30~50쪽 분량의 소책자를 제작해 권당 1.5~3달러에 판매했다. 판매량이 늘어 2~3쇄를 찍자 대형 출판사들도 그제서야 이 분야에 시장 수요가 있음을 인지하고, 자사 카탈로그에 머피 박사의 책을 추가했다.

머피 박사의 명성은 이제 책, 카세트테이프, 라디오 방송 등 다양한 매체를 통해 로스앤젤레스 밖으로 뻗어 나갔고, 전국에서 강연 요청이 빗발쳤다. 박사는 종교적 내용뿐 아니라 삶의 가치관, 사고방식 등을 주제로 하여, 서양 철학에서 동양철학에 이르기까지 세계의 모든 위대한 철학자들의 가르침을 쉽게 풀어서 설명해주는 강연을 했다. 그 강연은 이제 미국을 넘어 전 세계까지 확장되었다.

머피 박사는 운전을 배운 적이 없었기에 여러 강연 장소를 다니며 바쁜 일정을 소화할 수 있도록 도와줄 사람이 필요했다. 박사의 행정 비서이자 훗날 아내가 된 진 라이트는 머피 박사의 강연 일정을 조정하고 출장을 준비하는 업무 또한 수행했다.

이를 계기로 머피 부부는 전 세계 여러 나라를 자주 여행했다. 박사가 가장 좋아했던 출장 겸 휴가 프로그램 중 하나는 크루즈에서 개최하는 세미나였다. 크루즈 세미나는 일주일 이상 진행되었고, 세미나를 하며 머피 박사는 여러 나라를 방문할 수 있었다.

머피 박사가 가장 보람 있게 수행한 활동 중 하나는 교도소를 방문해 수감자들과 이야기를 나누는 일이었다. 수년에 걸쳐 많은 전과자가 박사에게 편지를 보내왔다. 박사의 말이 어떻게 자신의 삶을 진정으로 변화시켰으며, 의미 있는 삶에 대한 어떤 가르침을 얻었는지가 쓰여 있었다.

머피 박사는 미국과 유럽을 거쳐 많은 국가를 여행했다. 박사는 오직 한 분이자 '스스로 있는 자 Am'인 하나님을 향한 신앙을 바탕으로 잠재의식의 힘과 삶의 원리를 이해하는 일의 중요성을 강조하며 강연했다.

　머피 박사가 쓴 소책자가 크게 명성을 얻자 그는 더욱 자세하고 긴 책을 쓰기 시작했다. 아내는 글쓰기 스타일에서 머피 박사에게 통찰력을 주었다. 아내는 박사가 연필이나 펜을 세게 쥐고 글을 썼기 때문에 공책의 다음 장에 남은 흔적만 봐도 글의 내용을 알아볼 수 있을 정도라고 말한 적이 있다.

　머피 박사는 글을 쓰는 동안 무아지경에 빠진 듯 보였다. 박사는 아무런 방해를 받지 않으며 하루에 4~6시간씩 사무실에 틀어박혀 글을 썼고, 그날 쓸 글을 마무리했다 싶으면 "오늘은 충분히 썼다"라고 말하며 사무실 밖으로 나왔다. 매일 그랬다. 그날 시작한 일을 끝내면 다음 날 아침까지 사무실에 들어가지 않았다. 일하는 동안 음식을 먹거나 음료를 마시지도 않았다.

　박사는 사무실에 수많은 참고문헌을 쌓아 두고 자기 생각을 글로 써 내려갔다. 아내는 박사가 글을 쓰다 방해받지 않도록 방문객과 전화 문의를 응대했고, 교회 활동과 기타 활동에 필요한 물품들을 관리했다.

　머피 박사는 사람들에게 쉽게 설명하는 방법을 늘 연구했다. 기술이 발전하며 오디오 분야에 새로운 변화가 일어나는 것을 본 박사는 강연 내용 중 일부를 카세트테이프와 레코드 그리고 CD 등 적절한 방식을 활용해 전파했다.

　박사가 제작한 CD와 카세트테이프에는 개인이 인생에서 접하는 문제 대부분을 해결해 주는 도구에 대한 설명이 담겨 있었다. 박사의 설명대로 따르면 목표했던 바가 전부 이뤄진다는 것이, 이를 경험한 여러 사람들의 증언들이 오랜 시간 동안 쌓이며 모두 증명되었다.

　박사가 전하는 핵심 메시지는 모든 문제의 해결책은 바로 문제 안에 있다는 것이다. 외부 요소로는 생각을 바꿀 수 없다. 즉 한 사람의 마음은 그 사람의 것이다. 더 나은 삶을 살려면 외부 환경이 아니라 마음을 바꿔야 한다. 자신의 현실을 만들어 내는 운명의 주인은 바로 자신이다. 변화할 힘은 개인의 마음속에 있으며, 잠재의식의 힘을 사용하면 더 나은 변화를 끌어낼 수 있다.

　머피 박사는 30권 이상의 책을 저술했다. 그중 가장 유명한 저서인 《잠재의식의 힘》은 1963년 출간 직후 베스트셀러로 등극했다. 《잠재의식의 힘》은 역사상 가장 뛰어난 자기계발서라는 찬사를 받았다. 세계 곳곳에서 판매되고 있는 《잠재의식의 힘》의 누적 판매량은 이미 수백만 권을 넘은 지 오래다.

　이번에 발간되는 한국어역 조셉 머피 시리즈(총 5권)는 머피 트러스트에서 인정받은 유일한 공식 저서로서, 펭귄랜덤하우스에서 출간한 10권을 각각 주제별로 묶어 5권으로 새롭게 재편집한 것이다. '잠재의식의 아버지'라 불리며 잠재의식을 활용한 다양한 기법의 선구자로 알려진 저자의 대표작들을 총망라한 이번 시리즈는 1년 이상의 준비 기간을 거쳐 한국 독자에게 선보였다.

조셉 머피 박사는 1981년 12월 세상을 떠났다. 아내 진 머피 박사는 조셉 머피 박사의 사후에도 사역을 계속해 나갔다. 진 머피 박사는 1986년 한 강연에서 고인이 된 남편의 말을 인용하며 그의 철학에 담긴 메시지를 전파했다.

"모든 사람에게 내면에 있는 신성한 근원과 힘에 대해 알려 주고 싶습니다. 힘은 내 안에 있으며, 내가 나 스스로를 구원할 수 있음을 가르쳐 주고 싶습니다. 저는 많은 사람에게 다가가고 싶습니다. 힘겹게 길을 걷는 노인에게, 재능과 능력을 억압당한 채 과중한 의무를 짊어진 청년에게 다가가고 싶습니다. 저는 사람들이 의식의 각 단계와 수준을 제대로 이해함으로써 내면의 경이로움을 배우도록 돕고 싶습니다."

옮긴이 **조율리**

글로하나 출판번역 에이전시에서 영어, 스페인어, 독일어 번역가로 활발하게 활동하고 있다. 한국외국어대학교에서 국제통상학·스페인어를 전공하고 동 대학 통번역대학원을 거쳐 독일 하이델베르크대학교 석사 과정을 졸업했으며 캐나다 킹스턴대학교에서 영어 연수를 마친 뒤 주한멕시코 대사관에서 통번역사로 근무했다. 독일에 거주하면서 심리학 학사를 취득하고 스페인 AULASIC 의학번역 석사 과정을 졸업했으며 코칭과 심리 관련 과정을 다수 수료했다. 현재 언어 전문기업 플루마(PLUMA)를 이끌고 있으며, 역서로 《조셉 머피 부의 초월자》《조셉 머피 성공의 연금술》《조셉 머피 영적 성장의 비밀》《브레이브》《돈의 감정》《스토아 수업》《너무 과한데 만족을 모르는》(공역)이 있다.

조셉 머피 끌어당김의 기적

우주 에너지를 극한으로 사용하는 15가지 법칙

초판 1쇄 발행 2023년 1월 20일
초판 4쇄 발행 2024년 1월 30일

지은이 조셉 머피
옮긴이 조율리
펴낸이 김선식

부사장 김은영
콘텐츠사업2본부장 박현미
책임편집 김현아 **디자인** 마가림 **책임마케터** 문서희
콘텐츠사업5팀장 김현아 **콘텐츠사업5팀** 마가림, 남궁은, 최현지, 여소연
마케팅본부장 권장규 **마케팅1팀** 최혜령, 오서영, 문서희 **채널1팀** 박태준
미디어홍보본부장 정명찬 **브랜드관리팀** 안지혜, 오수미, 김은지, 이소영
뉴미디어팀 김민정, 이지은, 홍수경, 서가을, 문윤정, 이예주
크리에이티브팀 임유나, 박지수, 변승주, 김화정, 장세진, 박장미, 박주현
지식교양팀 이수인, 염아라, 석찬미, 김혜원, 백지은
편집관리팀 조세현, 김호주, 백설희 **저작권팀** 한승빈, 이슬, 윤제희
재무관리팀 하미선, 윤이경, 김재경, 이보람, 임혜정
인사총무팀 강미숙, 지석배, 김혜진, 황종원
제작관리팀 이소현, 김소영, 김진경, 최완규, 이지우, 박예찬
물류관리팀 김형기, 김선민, 주정훈, 김선진, 한유현, 전태연, 양문현, 이민운
외부스태프 주재명

펴낸곳 다산북스 **출판등록** 2005년 12월 23일 제313-2005-00277호
주소 경기도 파주시 회동길 490 다산북스 파주사옥
전화 02-704-1724 **팩스** 02-703-2219 **이메일** dasanbooks@dasanbooks.com
홈페이지 www.dasan.group **블로그** blog.naver.com/dasan_books
종이 신승지류유통 **인쇄** 한영문화사 **제본** 국일문화사 **코팅·후가공** 평창P&G

ISBN 979-11-306-4199-7 (04190)
    979-11-306-2671-0 (세트)

다산북스(DASANBOOKS)는 독자 여러분의 책에 관한 아이디어와 원고 투고를 기쁜 마음으로 기다리고 있습니다. 책 출간을 원하는 아이디어가 있으신 분은 다산북스 홈페이지 '투고원고'란으로 간단한 개요와 취지, 연락처 등을 보내주세요. 머뭇거리지 말고 문을 두드리세요.

'조셉 머피 잠재의식의 고전' 시리즈는 머피 트러스트에서 인정받은 유일한 공식 저서이며, 미국의 펭귄랜덤하우스에서 출간한 10권을 각각 주제별로 묶어 총 5권으로 재편집한 것이다. 21세기의 감성을 반영하기 위해 고전을 개정한 이 시리즈는 번역부터 편집까지 1년 이상 걸려 공들여 만든 국내 최초의 번역본이다.

조셉 머피 부의 초월자
: 무한의 부를 창조하는 잠재의식의 힘
528쪽 | 22,000원

'잠재의식의 아버지'라고 불리는 '조셉 머피'의 책 중에서도 부에 관련된 3권의 책을 합본한 것이다. 내 인생에 부가 들어오는 것을 가로막는 물질적·정신적·감정적 장벽을 극복하고, 잠재의식을 통해 부를 끌어들이는 방법과 사례들을 알려준다. 특히 이 책은 조셉 머피를 처음 접하는 독자들을 위해 확언, 시각화, 거울 기법 등 잠재의식을 이용하는 다양한 방법을 쉽게 알려주며, 100가지가 넘는 사례들을 통해 검증된 73가지 확언과 부·성공·인간관계·건강에 도움이 될 추천 확언이 담겨 있다.

조셉 머피 성공의 연금술
: 일에서 최고의 잠재의식을 깨우는 자기 확신의 힘
296쪽 | 18,000원

조셉 머피가 40년간의 연구를 바탕으로 일과 비즈니스에 관한 잠재의식의 법칙을 최초로 집대성했다. 목표 설정, 자신감 향상, 두려움을 마주하는 법 등 성공에 대한 자기 확신의 힘을 극대화하는 방법부터 사람을 끌어들이는 법, 역동적인 팀을 이끄는 법, 효과적인 의사소통과 시간 관리, 위기를 극복하는 법, 평범한 사람이 위대한 리더가 되는 법까지 직장에서 맞닥뜨릴 수 있는 다양한 문제들을 잠재의식으로 지혜롭게 다루는 법을 소개한다.